撰稿人

（以撰写内容为序）

姚　航　喻浩东　杜鲁帅　梁译如　蓝学友

李　昱　陶秋林　劳东燕　金鸿浩　王广利

Interpretation on Amendment XI to
the Criminal Law of the People's Republic of China

刑法修正案（十一）条文要义

修正提示、适用指南与案例解读

劳东燕 ◎ 主编
蓝学友　喻浩东 ◎ 副主编

中国法制出版社
CHINA LEGAL PUBLISHING HOUSE

前 言

Preface

1997 年刑法全面修订并施行后，已经历了十余次的修改。刑法立法修改全面进入活性化的时代，这无疑与作为外部环境的社会正经历巨大的变迁有关。在相当的程度上，刑事立法的活性化，表征的是立法者对社会问题的积极回应。应当说，立法者所做的努力值得尊重与肯定。在外部环境发生激变的背景下，通过立法修改来提升刑法的应变能力，弥合法律与社会生活实践之间的鸿沟，自有其合理之处。当然，这不意味着，刑法立法的决策判断与制度技术已臻完美，没有需要改进的地方。事实上，作为集体性的作品，任何立法都很难是完美的。尤其就刑法立法修改而言，由于采取的是“打补丁”的方式，每一个条文的增加、删除或者修改，注定会冲击作为整体的刑法条文体系，从而带来诸多需要协调或做出补正的问题。

作为从业者，1997 年之后历次的刑法立法修改，我或多或少都会有所关注。不过，由于对立法修改的动因往往难以获得真正的了解，对所修改的条文又缺乏前期系统深入的研究准备，我对过往的刑法立法修改，其实是有些淡漠的。倒不是说有意地想表现得与众不同，不去追逐立法修改的热点，而主要是觉得自己没有足够的能力，去深度把握立法修改所涉内容的实质及相应影响。与以往不同，这次的刑法修正案（十一），从草案一审稿公布开始，我就有比较密切的关注。一则，其中的不少修改重点，包括食药安全与产品责任、非法集资犯罪、涉未成年人的性侵犯罪等，正好与我近年来的研究兴趣相契合。二则，在最高人民检察院法律政策研究室的挂职工作，也让我有机会多次以实务人员的身份，参与这次立法修改的讨论并提出相应的意见，得以对真实的立法过程有切身的了解。

所以，当中国法制出版社的王熹编辑向我发出邀请，约我主编一本有关刑法修正案（十一）的解读类书籍时，我几乎没有迟疑就答应下来。这是我第一次担任主编，也是第一次推出与刑法立法修改相关的著作。在接下任务之后，我组建了主要由我的博士生担任撰写者的写作团队。为了保证写作的质量，在着手写作之前，我与博士生们反复商议，决定按条文主旨、条文对照、修正提示、修法背景与适用指南这样五个部分来写，并对内容与脚注等方面的要求做出明确，之后安排了相应的写作分工。

在依据各自的研究兴趣与专长领得写作任务之后，我和博士生们利用寒假的时间完成了初稿。之后，又经过两次较为系统的修改，最终由我全面统稿并形成定稿。在统稿的过程中，蓝学友与喻浩东两位同学协助做了大量的工作。尽管为保证书的质量尽了较大的努力，但由于写作时间偏短，估计会存在不少的疏漏，再加上一些新增的条文尚无实务案例，理论界也缺乏必要的研究，导致对相应条文难以做有深度的解读，这都是需要祈求读者诸君谅解的地方。书中的疏漏或谬误之处，作为主编我责无旁贷地要负全部的责任。唯愿本书可以做到瑕不掩瑜，在促进对刑法修正案（十一）的准确理解与合理适用上，能够对读者们有些许的助益。

劳东燕

2021 年 5 月 31 日于清华园

目　录
Contents

① 条文主旨为编者所加，下同。

刑法修正案（十一）第一条 【个别调整刑事责任年龄】

一、将刑法第十七条修改为：“已满十六周岁的人犯罪，应当负刑事责任。

“已满十四周岁不满十六周岁的人，犯故意杀人、故意伤害致人重伤或者死亡、强奸、抢劫、贩卖毒品、放火、爆炸、投放危险物质罪的，应当负刑事责任。

“已满十二周岁不满十四周岁的人，犯故意杀人、故意伤害罪，致人死亡或者以特别残忍手段致人重伤造成严重残疾，情节恶劣，经最高人民检察院核准追诉的，应当负刑事责任。

“对依照前三款规定追究刑事责任的不满十八周岁的人，应当从轻或者减轻处罚。

“因不满十六周岁不予刑事处罚的，责令其父母或者其他监护人加以管教；在必要的时候，依法进行专门矫治教育。”

【条文主旨】

本条是关于个别调整刑事责任年龄的规定。

近年来，实践中低龄未成年人实施犯罪、性侵害未成年人等涉未成年人犯罪案件较为突出，为了回应社会现实需求、更好地引导未成年人行为、降低未成年人犯罪概率以及保障未成年人权益，刑法修正案（十一）对刑事责任年龄进行了有限下调：在实体上，针对已满十二周岁不满十四周岁的低龄未成年人实施恶性侵犯生命权或者健康权的犯罪行为，在特别情况下追究刑事责任；在程序上，对上述人要求经最高人民检察院核准后才负刑事责任。同时，统筹考虑刑法修改和预防未成年人犯罪法修改的相关问题，将“收容教养”修改为“专门矫治教育”。

【条文对照】①

修正前	修正后
第十七条 【刑事责任年龄】已满十六周岁的人犯罪，应当负刑事责任。 已满十四周岁不满十六周岁的人，犯故意杀人、故意伤害致人重伤或者死亡、强奸、抢劫、贩卖毒品、放火、爆炸、投毒罪的，应当负刑事责任。 已满十四周岁不满十八周岁的人犯罪，应当从轻或者减轻处罚。 因不满十六周岁不予刑事处罚的，责令他的家长或者监护人加以管教；在必要的时候，也可以由政府收容教养。	第十七条 【刑事责任年龄】已满十六周岁的人犯罪，应当负刑事责任。 已满十四周岁不满十六周岁的人，犯故意杀人、故意伤害致人重伤或者死亡、强奸、抢劫、贩卖毒品、放火、爆炸、**投放危险物质**罪的，应当负刑事责任。 **已满十二周岁不满十四周岁的人，犯故意杀人、故意伤害罪，致人死亡或者以特别残忍手段致人重伤造成严重残疾，情节恶劣，经最高人民检察院核准追诉的，应当负刑事责任。** **对依照前三款规定追究刑事责任的不满十八周岁的人**，应当从轻或者减轻处罚。 因不满十六周岁不予刑事处罚的，责令其父母或者其他监护人加以管教；在必要的时候，依法进行**专门矫治教育**。

【修正提示】

刑法修正案（十一）对刑事责任年龄的规定作了三处修改。

其一，将刑法第十七条第二款中的“投毒”修改为“投放危险物质”。2001年12月29日公布施行的刑法修正案（三）和2002年3月15日《最高人民法院、最高人民检察院关于执行〈中华人民共和国刑法〉确定罪名的补充规定》将“投毒罪”修改为“投放危险物质罪”，取消了投毒罪罪名，作出此项修改保持了法规的一致性。

其二，对最低刑事责任年龄进行个别性调整作为第十七条第三款。修改前，刑事责任年龄为十四周岁，其中十四周岁至十六周岁的人对特定的八种犯罪行为承担刑事责任；修改后，将刑事责任年龄在特定情形下下调至十二周岁，这种微调是慎重的，即规定“已满十二周岁不满十四周岁的人，犯故意杀人、故意伤害罪，致人死亡或者以特别残忍手段致人重伤造成严

① 刑法条文修正之处采用对照表形式表现，并用黑体字及下划线予以凸显，条文主旨为编者所加。

重残疾，情节恶劣，经最高人民检察院核准追诉的，应当负刑事责任”。

其三，将“收容教养”修改为“专门矫治教育”。修改前，因不满十六周岁不予刑事处罚的，在必要的时候“也可以由政府收容教养”；修改后，因不满十六周岁不予刑事处罚的，在必要的时候“依法进行专门矫治教育”。

【修法背景】

1997 年刑法第十七条将刑事责任年龄规定为十四周岁，与当时我国未成年人整体生理发育程度、心理发展状况是相符合的。随着社会的不断发展，当前未成年人犯罪呈现出低龄化的趋势，而且，未成年人实施的恶性犯罪，特别如杀人案件同样符合相关犯罪客体上的构成要件，其社会危害性并不比成年人低。特别是一些手段残忍、令人发指的恶性案件冲击着人们的心理底线，如 2015 年湖南邵东三少年杀师案①、2017 年四川大竹 13 岁少年弑母案②、2018 年湖南益阳少年弑母案③等，涉案嫌疑人均因未满十四周岁未被追究刑事责任，引起社会关切和激烈争论，大连 13 岁男孩杀害 10 岁女童案④更是将舆论关注推向顶峰。对于应否降低刑事责任年龄以更好地应对新形势，以及降低后如何更好地贯彻刑法的“教育”与“改造”功能，社会展开了激烈的讨论。本次出台的刑法修正案（十一）为了回应社会关切问题，对刑事责任年龄规定进行了有针对性的修改。

首先，将刑事责任年龄下调至十二周岁，同时为了更好地保护未成年人的利益，此次修法将十四周岁以下的人负刑事责任的罪名仅限定为故意杀人罪与故意伤害罪这两种罪名，且在行为手段、行为结果方面，仅限于“致人死亡”或“以特别残忍手段致人重伤造成严重残疾”。在程序上也有

---

① 《湖南邵东杀师案细节　三留守少年作案后淡定上网》，载央广网，http：//sc. cnr. cn/sc/2014gn/20151023/t20151023_ 520249507_ 2. shtml，最后访问时间：2021 年 2 月 25 日。

② 《四川大竹 13 岁弑母少年：会帮爷奶干活和常遭父母打的独生子》，载环球网，https：//society. huanqiu. com/article/9CaKrnK5Zn7，最后访问时间：2021 年 2 月 25 日。

③ 《湖南益阳 12 岁弑母少年获释　专家呼吁尽快完善少年司法分级干预体系》，载央广网，http：//china. cnr. cn/yaowen/20181213/t20181213_ 524448029. shtml，最后访问时间：2021 年 2 月 25 日。

④ 根据公开报道，2019 年 10 月年仅 13 岁的蔡某某将一女童骗至家中，欲与其发生性关系，遭到拒绝后将其杀害并将尸体扔在了灌木丛中。因蔡某某未达到法定刑事责任年龄，警方依法不予追究刑事责任。《大连 13 岁杀人男孩父母被拘留 13 岁男孩杀害 10 岁女孩事件回顾》，载中华网，https：//ent. china. com/gundong/11015422/20201010/38830736. html，最后访问时间：2021 年 2 月 25 日。

严格的限制，要求经最高人民检察院核准。

此前，支持提前未成年人违法犯罪年龄的观点认为，我国未成年人身处的环境较过去已发生了巨大变化，随着物质、教育水平的提高，我国青少年的生理、心理都更早地成熟，这也是刑事责任年龄下调的基础。以往“一刀切”的规定，导致无法追究恶性刑事案件中一些未成年人的责任，这不仅不利于预防犯罪，也不利于未成年人行为的改造。倘若此时依旧沿用三十余年不变的刑事责任年龄制度，或许无法为未成年人的健康成长提供充足保障，且还有可能助长犯罪之风，从而对社会造成严重后果。① 也有不少学者反对将刑事责任年龄降低作为规制罪错未成年人的途径，认为我国真正要直面的是现实中对罪错未成年人的教育不力与惩罚虚置问题，以往对实施违法犯罪行为的低龄未成年人往往“一放了之”，使得“教育为主，惩罚为辅”的政策被视为空谈，也正是基于这种状况，才出现了“一罚了之”的两极化主张。②

针对上述两种立场，此次刑法修改充分吸收双方观点，结合未成年犯罪人的特点及犯罪低龄化的趋势，在刑事责任年龄的问题上作出谨慎的调整，既没有将刑事责任年龄作笼统下调，也回应了社会对于未成年人恶性案件的关注。对于有条件地下调刑事责任年龄，钱叶六教授指出：这一方面坚持对未成年人违法犯罪“教育为主，惩罚为辅”的原则和“教育、感化和挽救”的方针；另一方面坚持兼顾被害人和社会的感受，明确对低龄未成年人犯罪既不能简单地“一关了之”，也不能对他们实施的严重犯罪行为放任不管，从而体现了宽严相济的刑事政策。③

其次，将“投毒”改为“投放危险物质”，与刑法其他罪名保持一致，消除了以往司法适用上的模糊和争议。如前所述，刑法修正案（三）中投放危险物质罪是在原有 1997 年刑法的投毒罪基础上增设的。根据 2016 年 12 月 8 日发布的《最高人民法院、最高人民检察院关于办理环境污染刑事案件适用法律若干问题的解释》，投放危险物质罪除了包含原有投放毒害性物质外，还包括投放其他放射性、传染病病原体等物质。已满十四周岁不满十六周岁的人投毒构成犯罪的，构成投放危险物质罪一直是没有争议的。

---

① 王胜华：《降低刑事责任年龄的立法构想和配套举措》，载《重庆社会科学》2018 年第 3 期。

② 徐久生：《降低刑事责任年龄否定论》，载《当代青年研究》2020 年第 2 期。

③ 《“〈刑法修正案（十一）〉立法评析与司法适用”研讨会内容（三）》，载刑事疑案与刑法解释微信公众号，https：//mp. weixin. qq. com/s/LUwpnOnZ9zZocwdase5F3g，最后访问时间：2021 年 2 月 28 日。

例如，在“田某投放危险物质案”中，被告人田某14周岁，是某校初中一年级学生，患有轻度智力发育迟滞，因受同学欺负，为报复同学及觉得好玩，遂从学校围墙边捡来用于毒杀老鼠的有毒谷粒，分别投进正在操场进行体育锻炼的任意5名学生的饮水瓶内（经鉴定：瓶内洗涤液均检出敌鼠钠成分），导致3名学生饮水后出现不同程度的中毒症状，被送医院治疗。法院经审理后认定，被告人田某犯投放危险物质罪。①

然而，对于满十六周岁的人投放放射性、传染病病原体等危险物质的行为是否负刑事责任，存在争议。有观点认为刑法第十七条第二款规定的“投毒”包括“放射性、传染病病原体等危险物质”，从补正解释的角度来说，可以认为刑法修正案（三）遗漏了对第十七条与第五十六条的投毒概念的修改，故应当将这两个法条中的投毒补正解释为投放毒害性、放射性、传染病病原体等物质。② 也有观点认为，从刑法谦抑性的角度，不应对投放放射性、传染病病原体等危险物质的行为承担刑事责任。③ 此次修改解决了此争议问题，明确了已满十四周岁不满十六周岁的人应对投放毒害性、放射性、传染病病原体等危险物质的行为承担责任，这也显示出近年来我国对环境污染违法犯罪的重视。

最后，用“专门矫治教育”取代“收容教养”，进一步促进低龄未成年犯罪人的教育、感化、挽救工作，充分保障未成年人权益。2018年12月最高人民检察院下发了《2018—2022年检察改革工作规划》，提出要深化涉罪未成年人的教育感化挽救工作，探索建立罪错未成年人临界预防、家庭教育、分级处遇和保护处分制度。2020年12月26日第十三届全国人民代表大会常务委员会第二十四次会议修订了预防未成年人犯罪法，通过了刑法修正案（十一），它们的共同点是均不再使用“收容教养”这一概念，而是将有关措施纳入“专门矫治教育”。

【适用指南】

在刑法修正案（十一）针对刑事责任年龄做了上述修改后，在理解与适用该条时应当注意以下几点。

---

① 钟淑敏：《促进刑事审判与社区矫正“无缝衔接”》，载《人民法院报》2011年10月27日。

② 张明楷：《刑法学》（第五版），法律出版社2016年版，第314页。

③ 尹伟达：《浅论投放危险物质罪犯罪主体的刑事责任年龄》，载《法治与社会》2014年第6期。

一、如何理解修正后的刑法第十七条第三款中规定的“犯故意杀人、故意伤害罪”

刑法第十七条第三款中规定“犯故意杀人、故意伤害罪”，究竟是指具体罪名还是犯罪行为？类似问题在刑法第十七条第二款问世时便已出现，鉴于此次刑法修改依旧采用“犯……罪”的表述，在如何理解适用本款时可能也存在不同意见。一种观点认为，已满十二周岁不满十四周岁的人，只有犯故意杀人罪、故意伤害罪的，才可能负刑事责任。另一种观点则认为，“犯故意杀人、故意伤害罪”是指故意实施了杀人、伤害行为，已满十二周岁不满十四周岁的人只要故意实施了杀人、伤害行为，就可能承担刑事责任。如周光权教授认为：“这类人实施的犯罪行为是杀人、伤害行为。”①

在以往关于刑法第十七条第二款的争论中，持“罪名说”立场的学者认为，罪名说是对罪刑法定原则的坚持，其多从立法原意、防止相对刑事责任年龄制度的滥用等角度论证其观点，并将罪名说细分为整体行为触犯说和部分行为触犯说。② 持“罪行说”立场的学者则认为，“故意伤害致人重伤或者死亡”的描述，侧面印证此条文并非简单地限定为罪名，扩展到罪行的范畴似乎更能体现立法原意，否则可能导致对犯了更严重罪行者不能追究刑事责任的困境。③ 在司法实务中，全国人大宪法和法律工作委员会、最高人民法院以及最高人民检察院在其颁布的文件或解答中，采用了罪行说。④

---

① 《〈刑法修正案（十一）〉的理解与适用》，载法律出版社微信公众号，https：//mp. weixin. qq. com/s/l2eQJfNlyNMcYDjAsSL4ug，最后访问时间：2021 年 2 月 28 日。

② 整体行为触犯说认为只有当整体行为触犯 8 种罪名时，才应追究刑事责任，部分行为触犯说则坚持可以对部分行为进行独立评价，只要部分行为触犯 8 种罪名，就应追究刑事责任。参见孟庆华：《关于绑架罪的几个问题——兼与肖中华同志商榷》，载《法学论坛》2000 年第 1 期；林维：《相对刑事责任年龄的协调适用——兼对晚近有关解释的批判解读》，载《当代法学》2004 年第 6 期。

③ 孙振江：《相对刑事责任年龄人的刑法处遇》，载《当代法学》2009 年第 6 期。

④ 《全国人民代表大会常务委员会法律工作委员会关于已满十四周岁不满十六周岁的人承担刑事责任范围问题的答复意见》（法工委复字〔2002〕12 号）中提到，“刑法第十七条第二款规定的八种犯罪，是指具体犯罪行为而不是具体罪名……不是指只有犯故意杀人罪、故意伤害罪的，才负刑事责任”。《最高人民检察院关于相对刑事责任年龄的人承担刑事责任范围有关问题的答复》（高检研发〔2003〕第 13 号）中提到，“相对刑事责任年龄的人实施了刑法第十七条第二款规定的行为，应当追究刑事责任的，其罪名应当根据所触犯的刑法分则具体条文认定”。最高人民法院于 2006 年 1 月颁布的《关于审理未成年人刑事案件具体应用法律若干问题的解释》（法释〔2006〕1 号）第五条规定：“已满十四周岁不满十六周岁的人实施刑法第十七条第二款规定以外的行为，如果同时触犯了刑法第十七条第二款规定的，应当依照刑法第十七条第二款的规定确定罪名，定罪处罚”。

对于已满十二周岁不满十四周岁的未成年人追究刑事责任有严格限制，所犯的罪行要最终能够定故意杀人、故意伤害罪。已满十二周岁不满十四周岁的人实施故意杀人罪、故意伤害罪的自不待言，其参与实施绑架行为，在此过程中“撕票”的，以及抢劫、强奸过程中杀害被害人的，都有可能承担刑事责任。①

笔者认为，针对已满十二周岁不满十四周岁的未成年人追究刑事责任应当严格限制。“罪行说”的主张会使责任范围扩张过宽，对上述未成年人可以构成以危险方法危害公共安全罪，绑架罪，拐卖妇女、儿童罪等定罪处罚，与《最高人民法院关于审理未成年人刑事案件具体应用法律若干问题的解释》的规定也不相符。该司法解释其实已经对罪名确定作出了限制，即“已满十四周岁不满十六周岁的人实施刑法第十七条第二款规定以外的行为，如果同时触犯了刑法第十七条第二款规定的，应当依照刑法第十七条第二款的规定确定罪名，定罪处罚”。

原则上，应当采取“罪名说”，即只有相应行为涉嫌构成故意杀人罪、故意伤害罪，且同时符合刑法第十七条第三款规定的其他要件的，才能追究已满十二周岁不满十四周岁的人的刑事责任。需要指出的是，如果行为人所实施的系列行为中，部分行为单独来看可构成故意杀人罪、故意伤害罪，只是因法律的特别规定，整体上被评价为其他罪名，不能据此径行否定行为人的刑事责任。比如，已满十二周岁未满十四周岁的人，在绑架、抢劫的过程中故意杀害或伤害被害人的，只要其杀害或伤害的行为单独可以被评价为故意杀人罪或故意伤害罪，其同样应当承担刑事责任。

二、如何理解“致人死亡或者以特别残忍手段致人重伤造成严重残疾，情节恶劣”

“以特别残忍手段致人重伤造成严重残疾”必须同时具备手段和结果两个必要条件：（1）特别残忍手段；（2）致人重伤或造成严重残疾。判定是否属于重伤，目前应以最高人民法院、最高人民检察院、公安部、国家安全部、司法部 2013 年 8 月发布的《人体损伤程度鉴定标准》② 为依据。判定是否属于严重残疾，刑法中没有具体规定，根据最高人民法院 1999 年 10 月印发的《全国法院维护农村稳定刑事审判工作座谈会纪要》的精神，

---

① 周光权：《刑事立法进展与司法展望——〈刑法修正案（十一）〉总置评》，载《法学》2021 年第 1 期。

② 《人体损伤程度鉴定标准》自 2014 年 1 月 1 日起施行。《人体重伤鉴定标准》（司发〔1990〕070 号）、《人体轻伤鉴定标准（试行）》［法（司）发〔1990〕6 号］和《人体轻微伤的鉴定》（GA/T146—1996）同时废止。

在有关司法解释出台前的司法实践中可参照1996年国家技术监督局颁布的《职业工伤与职业病致残程度鉴定标准》(现已更新至GB/T 16180-2014),将其中的一级至六级残疾认定为属于刑法所讲的“严重残疾”,如被害人身体器官大部分缺损、器官明显畸形、身体器官有中等功能障碍、造成严重并发症等。

对于如何把握什么是“手段特别残忍”的问题,从审判实践来看,将那些采用锐器、剧烈腐蚀物等毁人容貌、挖人眼睛、割人耳鼻、砍人手足等残损他人身体的行为,认定为“手段特别残忍”应当是合乎立法本意的。值得注意的是,在认定故意伤害手段是否属于特别残忍的问题上,决不能以出现的伤害后果是否特别严重来反推伤害的手段是否残忍,伤害后果严重并不意味着伤害手段就是特别残忍。如果只看到伤害后果特别严重,而不另外分析其伤害手段是否属于特别残忍,一律认定为“以特别残忍手段致人重伤造成严重残疾”,势必导致立法关于“手段特别残忍”的要件被虚置,有违立法本意。

例如,在“夏某平等故意伤害案”中,被告人夏某平于1994年12月15日以被害人伍某凌踩到其菜地为由,与之发生激烈争执。夏某平遂回村邀集被告人夏某辉等人,手持棍、锹等对伍某凌进行围殴。在殴打中,夏某辉持木棍朝伍某凌头部猛击一下,致伍当场倒地,四肢抽搐,经送医院抢救至今仍昏迷不醒,呈“植物人”状态。2002年9月13日,南昌铁路公安局医学鉴定结论认定,被害人伍某凌意识丧失,呼之无反应、无应答,损伤程度为重伤甲级。① 本案中,行为人故意伤害致人重伤且造成被害人一直处于“植物人”状态,虽伤害后果特别严重,但其伤害手段仅是“当头一棍”,不能认定为手段特别残忍。

已满十四周岁不满十六周岁的人犯故意伤害罪、故意杀人罪,只要出现致人重伤或者死亡即可追究刑事责任,而已满十二周岁不满十四周岁的人犯故意伤害罪、故意杀人罪,除了要求出现致人死亡或者以特别残忍手段致人重伤造成严重残疾的后果外,还要求达到“情节恶劣”的程度。

根据“夏某平等故意伤害案”,“情节恶劣”不能直接、完全等同于“致人死亡或者以特别残忍手段致人重伤造成严重残疾”,其属于单独的犯罪情节,主要反映在犯罪行为的客观和主观两个方面。前者如犯罪的手段残忍与否、犯罪后果的轻重、犯罪对象的特殊性等;后者如犯罪的动机、

---

① 参见最高人民法院刑事审判一、二、三、四、五庭主办:《刑事审判参考》(第36辑),法律出版社2004年版,第14页。

目的是否卑劣等。因此，“情节恶劣”的认定，既要考虑行为人的不法程度，也要考虑行为人的责任大小，从行为人的客观行为、主观恶性、社会影响等多个角度，进行综合评定，这就要求不只是客观后果十分严重，而且是主观恶性深。

最高人民法院就《最高人民法院关于加强新时代未成年人审判工作的意见》答记者问时提到，要严格、准确、全面地把握追究已满十二周岁不满十四周岁的人刑事责任的适用条件和程序，必要时，要通过出台司法解释或者指导性案例等方式，明确“特别残忍手段”“情节恶劣”等的认定标准，以及有关案件刑罚适用的具体尺度，确保法律准确、统一实施。①

三、如何贯彻落实“专门矫治教育”

预防未成年人犯罪法对专门矫治教育的对象、程序、主体、场所、管理、救济等都有了更为详细的规定。根据其第四十五条，未成年人实施刑法规定的行为、因不满法定刑事责任年龄不予刑事处罚的，经专门教育指导委员会评估同意，教育行政部门会同公安机关可以决定对其进行专门矫治教育。专门矫治教育应当在省级人民政府确定的专门学校的专门场所进行。专门场所实行闭环管理，公安机关、司法行政部门负责未成年人的矫治工作，教育行政部门承担未成年人的教育工作。

2020 年修订后的预防未成年人犯罪法还明确界定了不良行为和严重不良行为的含义，针对不同等级采取相应措施，体现了分级预防的理念。

收容教养制度形成于新中国成立初期，虽然在我国历史发展进程中发挥了积极作用，但逐渐暴露出缺乏专门场所、教育专门化不足等问题。随着全面依法治国深入推进，罪刑法定原则深入人心，对其作出相关修改，是历史的必然，符合法治进步方向。② 一直以来，相关法律对收容教养的规定过于原则，可操作性差。实践中不仅常常无法达到挽救“问题少年”的效果，而且还会导致“交叉感染”，被收容教养的未成年人更是可能被贴上负面标签，受到歧视从而难以融入正常社会生活。“专门矫治教育”的表述更为中性，辅之以配套制度更体现出我国未成年人刑事司法政策中“教育为主”的教导功能以及对预防和矫治未成年人犯罪的重视。

从“收容教养”变“专门矫治教育”，不仅是名称的变化，更是理念

---

① 《最高法相关负责人就〈最高人民法院关于加强新时代未成年人审判工作的意见〉答记者问》，载中国法院网，https：//www.chinacourt.org/article/detail/2021/01/id/5771181.shtml，最后访问时间：2021 年 2 月 28 日。

② 赵祯祺：《预防未成年人犯罪法修订草案二审：以专门教育挽救“问题少年”》，载《中国人大》2020 年 8 月 20 日。

的变化，凸显出关口前移、预防未成年人犯罪的目的。此次刑法修改与预防未成年人犯罪法中规定的“专门教育”制度相衔接，在以“教育”为出发点与落脚点的前提下，辅之以必要的惩戒和矫治，进而挽救感化。在今后的司法实践中，要凝聚社会各界力量，提高专业性和针对性，更好地帮助未成年罪犯悔过自新、重返社会。

刑法修正案（十一）第二条 【增设妨害安全驾驶罪】

> 二、在刑法第一百三十三条之一后增加一条，作为第一百三十三条之二：“对行驶中的公共交通工具的驾驶人员使用暴力或者抢控驾驶操纵装置，干扰公共交通工具正常行驶，危及公共安全的，处一年以下有期徒刑、拘役或者管制，并处或者单处罚金。
>
> “前款规定的驾驶人员在行驶的公共交通工具上擅离职守，与他人互殴或者殴打他人，危及公共安全的，依照前款的规定处罚。
>
> “有前两款行为，同时构成其他犯罪的，依照处罚较重的规定定罪处罚。”

【条文主旨】

本条是关于增设妨害安全驾驶罪[①]的规定。

为了维护人民群众的出行安全，也为了消除司法适用过程中对以危险方法危害公共安全罪的不当解释，刑法修正案（十一）增设妨害安全驾驶罪作为刑法第一百三十三条之二，将对行驶中的公共交通工具的驾驶人员使用暴力或者抢控驾驶操纵装置以及驾驶人员在行驶的公共交通工具上擅离职守，与他人互殴或者殴打他人的行为纳入本罪调整范围。

---

① 2021年2月26日公布的《最高人民法院、最高人民检察院关于执行〈中华人民共和国刑法〉确定罪名的补充规定（七）》确定刑法第一百三十三条之二罪名为妨害安全驾驶罪。

【条文对照】

修正前	修正后
	第一百三十三条之二 【妨害安全驾驶罪】对行驶中的公共交通工具的驾驶人员使用暴力或者抢控驾驶操纵装置，干扰公共交通工具正常行驶，危及公共安全的，处一年以下有期徒刑、拘役或者管制，并处或者单处罚金。 前款规定的驾驶人员在行驶的公共交通工具上擅离职守，与他人互殴或者殴打他人，危及公共安全的，依照前款的规定处罚。 有前两款行为，同时构成其他犯罪的，依照处罚较重的规定定罪处罚。

【修正提示】

刑法修正案（十一）完善对干扰公共交通工具正常行驶行为的规定，增设妨害安全驾驶罪作为刑法第一百三十三条之二，规定构成妨害安全驾驶罪的行为主体为一般主体，即行驶中的公共交通工具上的驾驶人员和乘客。该罪客观行为分为两种：

其一，乘客对行驶中的公共交通工具的驾驶人员使用暴力或者抢控驾驶操纵装置，干扰公共交通工具正常行驶，危及公共安全。

其二，行驶中的公共交通工具的驾驶人员擅离职守，与他人互殴或者殴打他人，危及公共安全。

在刑罚设置方面，本罪为轻罪。构成妨害安全驾驶罪的，处一年以下有期徒刑、拘役或者管制，并处或者单处罚金。

【修法背景】

中国司法大数据研究院发布的《司法大数据专题报告之公交车司乘冲突引发刑事案件分析》①（以下简称《专题报告》）显示，2016 年 1 月 1 日至 2018 年 10 月 31 日，全国各级人民法院一审审结的公交车司乘冲突刑事案件共计 223 件，纠纷起因多为车费、上下车地点等小事，合计占比近六

---

① 《司法大数据专题报告之公交车司乘冲突引发刑事案件分析》，载最高人民法院网站，http：//www. court. gov. cn/fabu－xiangqing－130611. html，最后访问时间：2021 年 2 月 28 日。

成，轻则造成车辆偏离方向或停止行驶，威胁道路交通安全，重则造成重大人员伤亡和财产损失。

“10·28重庆公交坠江事故”发生后，公众主观上感受到此类行为的危险性，发出加强公交司机安全防护、严惩妨害安全驾驶违法犯罪行为的呼声。以往司法实践中，法院对此类案件的定性并不一致，根据《专题报告》统计，其中以危险方法危害公共安全罪占比为39.01%，高居第一位。[①] 为了回应人民群众的关切，依法从严惩处妨害公共交通工具安全驾驶犯罪、保护人民群众财产安全，也为了进一步明确法律适用要求，最高人民法院、最高人民检察院、公安部于2019年1月8日联合印发《关于依法惩治妨害公共交通工具安全驾驶违法犯罪行为的指导意见》（公通字〔2019〕1号）（以下简称《指导意见》）以提升对公共交通安全秩序的法律保障力度。

根据《指导意见》的规定，妨害公共交通工具安全驾驶行为可以分为以下三种情形：

第一，乘客在公共交通工具行驶过程中，抢夺方向盘、变速杆等操纵装置，殴打、拉拽驾驶人员，或者有其他妨害安全驾驶行为，危害公共安全，尚未造成严重后果的，依照刑法第一百一十四条的规定，以以危险方法危害公共安全罪定罪处罚；致人重伤、死亡或者使公私财产遭受重大损失的，依照刑法第一百一十五条第一款的规定，以以危险方法危害公共安全罪定罪处罚。即针对乘客攻击驾驶人员、抢夺车辆操作装置的行为作出规定，根据是否造成严重后果（致人重伤、死亡或者使公私财产遭受重大损失）分别适用刑法第一百一十四条、第一百一十五条第一款。

第二，乘客在公共交通工具行驶过程中，随意殴打其他乘客，追逐、辱骂他人，或者起哄闹事，妨害公共交通工具运营秩序，符合刑法第二百九十三条规定的，以寻衅滋事罪定罪处罚；妨害公共交通工具安全行驶，危害公共安全的，依照刑法第一百一十四条、第一百一十五条第一款的规定，以以危险方法危害公共安全罪定罪处罚。即针对乘客之间的行为作出规定，根据是妨害公共交通工具运营秩序还是危害公共安全分别适用寻衅滋事罪和以危险方法危害公共安全罪。

---

① 如浙江省台州市中级人民法院（2018）浙10刑终字第808号刑事裁定书，沈阳高新技术产业开发区人民法院（2017）辽0192刑初94号刑事判决书，湖南省邵阳市大祥区人民法院（2016）湘0503刑初191号刑事判决书，四川省成都市中级人民法院（2015）成刑终字第350号刑事裁定书，北京市石景山区人民法院（2014）石刑初字第197号刑事判决书，等等。

第三，驾驶人员在公共交通工具行驶过程中，与乘客发生纷争后违规操作或者擅离职守，与乘客厮打、互殴，危害公共安全，尚未造成严重后果的，依照刑法第一百一十四条的规定，以以危险方法危害公共安全罪定罪处罚；致人重伤、死亡或者使公私财产遭受重大损失的，依照刑法第一百一十五条第一款的规定，以以危险方法危害公共安全罪定罪处罚。即以驾驶人员为行为主体，针对其与乘客发生冲突的行为作出规定，根据是否造成严重后果（致人重伤、死亡或者使公私财产遭受重大损失）分别适用第一百一十四条、第一百一十五条第一款。

《指导意见》颁布之后，我国司法机关对于抢夺方向盘、变速杆等操纵装置，殴打、拉拽驾驶人员等干扰公共交通工具正常行驶的行为多以以危险方法危害公共安全罪论处，被告人刑期多在五年以下。《指导意见》将妨害公共交通工具安全驾驶的行为适用以危险方法危害公共安全罪，虽可以回应民意，明确裁判尺度，但也面临着在罪刑法定原则和谦抑性原则方面的问题。

考虑到尚未造成严重后果的以危险方法危害公共安全罪法定刑设置为三年以上十年以下有期徒刑，理论和实务界一直认为在适用本罪时，仅限于与放火、决水、爆炸、投放危险物质相当的方法。针对干扰公共交通工具正常行驶等严重妨害公共交通秩序的行为，虽有对其进行刑法规制的必要，但在司法实践中，对抢夺汽车操纵装置或对驾驶人员实施暴力的行为，在没有仔细考量行为类型及其危险性的情况下，可能会相对容易地得出行为危害公共安全的结论，如此一来，“危害公共安全”这一要素便在事实上被架空了，并没有真正起到犯罪构成要件的功能。① 刑法修正案（十一）通过刑事立法的形式在刑法第一百三十三条之二中以妨害安全驾驶罪对此予以明确，设置最高刑为一年有期徒刑的轻罪，避免了不必要的重罪适用。

【适用指南】

刑法修正案（十一）增设了本项罪名，在办理具体案件的过程中，不能因为此罪处罚较轻就忽视论证，应根据刑法的有关规定，稳妥、审慎、正确地适用本罪名。

---

① 参见周光权：《论通过增设轻罪实现妥当的处罚——积极刑法立法观的再阐释》，载《比较法研究》2020 年第 6 期。

一、如何理解妨害安全驾驶罪的行为方式?

(一)对行驶中的公共交通工具的驾驶人员使用暴力

行驶中的公共交通工具的驾驶人员关系到公共交通工具乘载人员的生命安危。对驾驶人员实施暴力，不仅对驾驶人员造成侵害，而且明显具有侵害公共安全的性质，因此本次修法将此类行为纳入妨害安全驾驶罪的规制范围。

“行驶中”应相对于“停止”而言，只有在车辆熄火时方可视其处于“停止”状态。因此，不能以车辆是否静止认定车辆是否在“行驶中”，车轮未处于滚动的状态时，也可能被认定为在“行驶中”。

例如，在“刘某辉以危险方法危害公共安全案”中，被告人刘某辉及其辩护人提出，其是在车子停稳后才上车的，在其拉拽公交车司机时，车子虽有少量滑动，但不应被认定为在“行驶中”。法院审理认为，在车辆正常行驶过程中拦阻车辆后上车，车辆处于即停即开的状态而非“停止”状态，在当时特定的时间和空间范围内，应当理解为“在行驶过程中”。①

鉴于本罪的最高法定刑只有一年有期徒刑，本罪中的暴力理应限定在轻微伤，因为如果暴力程度达到轻伤及以上，那么就同时构成故意伤害罪。在此情况下，根据“从一重罪处罚”原则，理应以较重的故意伤害罪论处。此外，本罪要求的“暴力”是针对驾驶人员的“物理强制力”，如拉扯、推搡、殴打等行为，② 司法实践中应避免将对驾驶人员的语言羞辱等行为也纳入本条的调整范围。

(二)抢控行驶中的公共交通工具的驾驶操纵装置

《专题报告》显示，在公交车司乘冲突刑事案件中，有近三成出现乘客抢夺车辆驾驶操纵装置的情况，将此种干扰公共交通工具正常行驶的典型情形规定为本罪行为方式之一是恰当的。“驾驶操纵装置”包括方向盘、离合器踏板、加速踏板、制动踏板、变速杆、驻车制动手柄、点火开关等。在雨、雪天气，强行关停雨刮器；在黑夜且无路灯的情形，强行关停照明灯等行为也可构成抢控行驶中的公共交通工具的驾驶操纵装置。

---

① 湖南省娄底市中级人民法院(2019)湘13刑终405号刑事判决书。

② 参见黑龙江省哈尔滨市中级人民法院(2019)黑01刑终1013号刑事裁定书。被告人王某在公共交通工具行驶过程中，扒拉驾驶员身体，妨碍安全驾驶，危害公共安全，致使车辆失控冲向人行道，造成公私财产损失，虽尚未造成严重后果，但其行为已构成以危险方法危害公共安全罪。

刑法修正案（十一）（草案第一次审议稿）将乘客妨害安全驾驶的行为方式规定为“对行驶中的公共交通工具的驾驶人员使用暴力或者抢夺驾驶操纵装置”。但在二次审议稿以及正式公布的修正案中，将上述干扰行为调整为“对行驶中的公共交通工具的驾驶人员使用暴力或者抢控驾驶操纵装置”。从“抢夺驾驶操纵装置”到“抢控驾驶操纵装置”，强调对车辆安全驾驶的操纵具有控制性、干扰性。如果行为人抢控驾驶操纵装置的行为未得逞、未干扰公共交通工具正常行驶或驾驶人员已采取紧急制动等措施，则不宜认定为“抢控驾驶操纵装置”。

（三）驾驶人员在行驶的公共交通工具上擅离职守，与他人互殴或者殴打他人

本行为的主体为公共交通工具的驾驶人员。驾驶人员掌控公共交通工具的运行，对乘载人员的安全负有法律义务，应严格遵守驾驶规则。若驾驶人员违背职责要求，与他人互殴或者殴打他人，将危及承载人员的安全，因而刑法修正案（十一）将这种行为规定为犯罪。① 公共交通工具的驾驶人员把控着乘载人员的安全，面对乘客的拉扯、推搡或轻微暴力行为，应当首先选择紧急停车等措施避免危及公共安全。倘若驾驶员不按照应急处置操作规程进行，反而选择在车辆行驶过程中置乘载人员安全于不顾进行反击，便不能否认该行为已经危及公共安全，也无法成立正当防卫。

例如，在“黄某锦、陈某某以危险方法危害公共安全案”中，乘客黄某锦在公共交通工具行驶过程中，抢夺方向盘，导致交通事故，危害公共安全，尚未造成严重后果，其行为构成以危险方法危害公共安全罪。司机陈某某作为驾驶人员，在公共交通工具行驶过程中违规操作，与黄某锦发生纷争后故意双手脱离方向盘与黄某锦争吵，陈某某重新夺回方盘后加快车速，公交车向右撞到了人行道隔离带，造成大部分乘客受伤，车前挡风玻璃被撞碎，公共设施损坏，危害公共安全，尚未造成严重后果，其行为也构成以危险方法危害公共安全罪。②

---

① 张明楷教授认为驾驶人员在驾驶公共交通工具的过程中与他人互殴的案件极为罕见，没有必要将极为罕见的行为增设为一种独立的犯罪；即使发生这种案件，对驾驶人员的行为也可以按相关犯罪处理；特意将公共交通工具的驾驶人员作为一类特殊主体，会形成对这类主体的歧视，反而不利于维护公共交通的安全。参见张明楷：《增设新罪的原则——对〈刑法修正案十一〉（草案）的修改意见》，载《政法论丛》2020 年第 6 期。

② 湖南省张家界市中级人民法院（2020）湘 08 刑终 22 号刑事裁定书。

二、如何理解“干扰公共交通工具正常行驶”?

刑法第一百三十三条之二第一款规定了乘客妨害安全驾驶的行为模式，由于该款断句频繁，导致在理解上存在一定的困难，特别是如何理解“干扰公共交通工具正常行驶”在条文中的作用。究竟是实行行为还是对行为的修饰？如果是修饰，修饰对象究竟是“抢控驾驶操纵装置”还是“对驾驶人员使用暴力”与“抢控驾驶操纵装置”？

应当认为“干扰公共交通工具正常行驶”是对行为的修饰而不是行为本身。原因在于增设本罪就是为了规制“妨害安全驾驶”的行为，规定“对驾驶人员使用暴力”和“抢控驾驶操纵装置”就是将此类行为定型化。如果将“干扰公共交通工具正常行驶”理解为实行行为，就会妨碍对“妨害安全驾驶”行为的具象化和类型化。

此外，将“干扰公共交通工具正常行驶”的修饰对象理解为“对驾驶人员使用暴力”与“抢控驾驶操纵装置”更为合理。原因有二：其一，此成分紧跟“抢控驾驶操纵装置”，因此对其的修饰作用不言自明；其二，“对驾驶人员使用暴力”也不当然地“干扰公共交通工具正常行驶”，将两者结合考察才能准确适用本罪。

例如，在“朱某以危险方法危害公共安全、故意伤害案”中，被告人朱某因下车地点与驾驶人员周某发生分歧，朱某要求停车未果，便冲到公交车驾驶室朝周某脸部打了一拳，周某随即将公交车停住。随后，被告人朱某强行按下公交车开门键下车逃离。被害人周某立即下车追上被告人朱某理论，双方扭在一起。经法医鉴定，周某构成轻伤二级。

一审法院认定朱某构成以危险方法危害公共安全罪，后续的伤害行为同时触犯了故意伤害罪，但此伤害行为与车上行为具有连贯性，应择一重罪予以处罚。二审法院认为被告人仅殴打一拳即主动停止，并未连续攻击驾驶员，没有对驾驶员就驾驶车辆造成实质干扰，驾驶员随后立即刹车将公交车停住，亦未实质影响到道路上的其他车辆和路边的行人。因而仅以故意伤害罪追究其刑事责任。①

三、如何认定“危及公共安全”?

刑法修正案（十一）新增的妨害安全驾驶罪，以“危及公共安全”作

---

① 湖南省长沙市中级人民法院（2019）湘01刑终924号刑事判决书。

为犯罪成立的条件，因而可以归属于具体危险犯。[①] 在司法认定的时候，应当在干扰公共交通工具行驶行为的基础上，结合各种要素进行综合考察，对“危及公共安全”进行具体判断。例如：（1）公共交通工具行驶的路线及时间。在城市主干道、高速公路、桥梁、隧道等路段或上下班高峰时段实施妨害安全驾驶的行为，人口车辆密集、驾驶难度系数高，危及公共安全的可能性高。（2）公共交通工具上的乘载人员数量。在法院判断是否危及公共安全时，通常将行为时的乘客数量考虑在内。（3）公共交通工具的行驶速度。实施妨害高速行驶的公共交通工具的行为，车辆失控、发生事故的可能性大，因此也是影响认定危及公共安全的因素。只有对以上因素综合考虑才能准确判断是否危及公共安全。

四、如何区分妨害安全驾驶罪与以危险方法危害公共安全罪？

刑法修正案（十一）增设妨害安全驾驶罪作为刑法第一百三十三条之二，其仍属于危害公共安全的犯罪，但与此前在该类案件中被频繁适用的“以危险方法危害公共安全罪”的罪名相比，在构成要件上更具针对性，使得今后对相关案件的处理应更加注意符合罪刑法定、罪行均衡原则的要求。

例如，在“王某大以危险方法危害公共安全罪案”中，被告人王某大于2020年7月19日9时许，因下车地点与驾驶人员李某明发生争执，采用拉拽客车方向盘的方式表达不满，李某明见情况危急立即采取紧急制动才将客车停下，致使车辆已偏离车道，右前轮悬在公路外沿。法院认为，其行为危及车辆内乘客及路面不特定人员的生命和财产安全，构成以危险方法危害公共安全罪，判处有期徒刑二年。[②]

又如，在“郭某影以危险方法危害公共安全案”中，被告人郭某影于2019年8月8日11时许因上车秩序问题与公交车司机发生争执，在公交车行驶过程中，不顾车上人员安危及道路交通安全，殴打驾驶人员致其轻微伤，其行为已构成以危险方法危害公共安全罪，鉴于被告人系自首和认罪认罚，另本案公交车司机对矛盾升级起到推波助澜作用，具有一定过错，判处有期徒刑九个月。[③]

---

① 在刑法教义学中，危险犯可以分为抽象危险犯和具体危险犯。对于抽象危险犯而言，只要实施构成要件行为即可构成犯罪而无需对法益侵害危险进行判断；对于具体危险犯而言，是否构成犯罪则需要对法益侵害危险进行司法判断。

② 四川省内江市中级人民法院（2020）川10刑终121号刑事裁定书。

③ 北京市海淀区人民法院（2019）京0108刑初2508号刑事判决书。

上述案件中，无论是王某大拉拽方向盘的行为，还是郭某影殴打驾驶人员的行为，与放火、决水等行为相比，尚达不到相当的程度。在刑法修正案（十一）生效后，司法人员应根据案件的具体情形对行为人进行定罪处罚，而不能直接将妨害安全驾驶的行为定性为“以危险方法危害公共安全罪”。

需要指出的是，刑法第一百三十三条之二第三款规定：“有前两款行为，同时构成其他犯罪的，依照处罚较重的规定定罪处罚。”如果行为人实施了妨害安全驾驶的行为，发生了危害公共安全的实害结果，且主观上对结果抱有故意心态，应按照刑法第一百一十四条的规定，以以危险方法危害公共安全罪定罪处罚。

例如，引起全社会强烈关注的“10·28重庆公交坠江事故”：2010年10月28日公交公司早班车驾驶员冉某驾驶22路公交车沿公交车路线正常行驶。9时35分，乘客刘某在龙都广场四季花城站上车，其目的地为壹号家居馆站。由于道路维修改道，22路公交车不再行经壹号家居馆站。当车行至南滨公园站时，驾驶员冉某提醒到壹号家居馆的乘客在此站下车，刘某未下车。当车继续行驶途中，刘某发现车辆已过自己的目的地站，要求下车，但该处无公交车站，驾驶员冉某未停车。10时3分32秒，刘某从座位起身走到正在驾驶的冉某右后侧，靠在冉某旁边的扶手立柱上指责冉某，冉某多次转头与刘某解释、争吵，双方争执逐步升级，并相互有攻击性语言。10时8分49秒，当车行驶至万州长江二桥距南桥头348米处时，刘某右手持手机击向冉某头部右侧，10时8分50秒，冉某右手放开方向盘还击，侧身挥拳击中刘某颈部。随后，刘某再次用手机击打冉某肩部，冉某用右手格挡并抓住刘某右上臂。10时8分51秒，冉某收回右手并用右手往左侧急打方向（车辆时速为51公里），导致车辆失控向左偏离越过中心实线，与对向正常行驶的红色小轿车（车辆时速为58公里）相撞后，冲上路沿、撞断护栏坠入江中。① 截至2018年11月1日15时此次坠江事件导致13人遇难，2人失联。

行为人冉某作为公交车驾驶员，在驾驶公共交通工具过程中，与乘客发生纷争后违规操作，转头与乘客争吵，在长达五分钟的时间内未采取紧急停车等安全措施，反而置司乘人员和路面人员的生命安全于不顾，与乘

---

① 《重庆万州公交车坠江原因公布：乘客与司机激烈争执互殴致车辆失控（附车内黑匣子视频）》，载华龙网，http：//cq. cqnews. net/html/2018 - 11/02/content_ 50128291. htm，最后访问时间：2021年2月28日。

客撕打、争执。乘客刘某在公交车行驶过程中，为琐事拉拽驾驶员，与驾驶员纠缠、相互殴打，最终导致十余人遇难的严重后果。两行为人无视桥上来往车辆互相殴打，置公共安全于不顾导致事故发生，他们的行为均构成了以危险方法危害公共安全罪。

刑法修正案（十一）设立妨害安全驾驶罪，有利于减轻司法压力、防止轻罪重判，通过增设轻罪来实现妥当处罚，改善以往案件中将此类行为不加区分定性为以危险方法危害公共安全罪的现象，有效化解扩大以危险方法危害公共安全罪适用空间所带来的负面影响，从而增强对积极刑法立法观的认同感，引导公众意识。① 在司法实践中，要根据具体案件的情况，如行为发生的时间、地点、环境等因素进行具体判断，保持理性、谨慎和适度，正确适用刑法第一百三十三条之二。

刑法修正案（十一）第三条 【修改强令违章冒险作业罪（现强令、组织他人违章冒险作业罪）】

> 三、将刑法第一百三十四条第二款修改为："强令他人违章冒险作业，或者明知存在重大事故隐患而不排除，仍冒险组织作业，因而发生重大伤亡事故或者造成其他严重后果的，处五年以下有期徒刑或者拘役；情节特别恶劣的，处五年以上有期徒刑。"

【条文主旨】

本条是关于修改强令违章冒险作业罪（现强令、组织他人违章冒险作业罪）② 的规定。

为进一步强化对劳动者生命安全的保障，维护生产安全，对明知存在

---

① 参见周光权：《论通过增设轻罪实现妥当的处罚——积极刑法立法观的再阐释》，载《比较法研究》2020 年第 6 期。

② 2021 年 2 月 26 日公布的《最高人民法院、最高人民检察院关于执行〈中华人民共和国刑法〉确定罪名的补充规定（七）》确定刑法第一百三十四条第二款罪名为强令、组织他人违章冒险作业罪（取消强令违章冒险作业罪罪名）。

重大事故隐患而不排除，仍冒险组织作业，造成严重后果的事故类犯罪加大刑罚力度，刑法修正案（十一）将此种行为规定在刑法第一百三十四条第二款，设立了组织他人违章冒险作业罪。

【条文对照】

修正前	修正后
第一百三十四条第二款　【强令违章冒险作业罪】强令他人违章冒险作业，因而发生重大伤亡事故或者造成其他严重后果的，处五年以下有期徒刑或者拘役；情节特别恶劣的，处五年以上有期徒刑。	第一百三十四条第二款　【强令、**组织他人**违章冒险作业罪】强令他人违章冒险作业，**或者明知存在重大事故隐患而不排除，仍冒险组织作业，**因而发生重大伤亡事故或者造成其他严重后果的，处五年以下有期徒刑或者拘役；情节特别恶劣的，处五年以上有期徒刑。

【修正提示】

刑法修正案（十一）修改了原“强令违章冒险作业罪”，增加了“明知存在重大事故隐患而不排除，仍冒险组织作业”的行为。依据司法解释刑法第一百三十四条第二款被更名为“强令、组织他人违章冒险作业罪”。

【修法背景】

刑法原第一百三十四条第二款规定了强令违章冒险作业罪，该罪是从刑法修正案（六）中分离出来的。[①] 相较于重大责任事故罪，强令违章冒险作业罪的客观行为表现在，强令他人违章冒险作业，因而发生重大伤亡事故或者造成其他严重后果的情形。该罪法定最高刑为有期徒刑十五年，较重大责任事故罪更恶劣，属于过失犯罪中的重罪。实践中，司法机关对本罪名的适用率偏低，其中一个重要原因是对于“强令”的理解有一定难度。

2015 年 12 月《最高人民法院、最高人民检察院关于办理危害生产安全刑事案件适用法律若干问题的解释》（法释〔2015〕22 号）（以下简称

---

① 刑法修正案（六）规定：“一、将刑法第一百三十四条修改为：‘在生产、作业中违反有关安全管理的规定，因而发生重大伤亡事故或者造成其他严重后果的，处三年以下有期徒刑或者拘役；情节特别恶劣的，处三年以上七年以下有期徒刑。强令他人违章冒险作业，因而发生重大伤亡事故或者造成其他严重后果的，处五年以下有期徒刑或者拘役；情节特别恶劣的，处五年以上有期徒刑。’”

《生产安全解释》）第五条规定，明知存在事故隐患、继续作业存在危险，仍然违反有关安全管理的规定，实施下列行为之一的，应当认定为“强令他人违章冒险作业”：“（一）利用组织、指挥、管理职权，强制他人违章作业的；（二）采取威逼、胁迫、恐吓等手段，强制他人违章作业的；（三）故意掩盖事故隐患，组织他人违章作业的；（四）其他强令他人违章作业的行为。”

首先，第二项规定“采取威逼、胁迫、恐吓等手段，强制他人违章作业的”，明确了采取威逼、胁迫、恐吓等强制性手段，强制他人违章作业的情形。比如采取罚款、降低工资待遇、解除劳动关系等方式威胁被管理者，威逼、胁迫、恐吓等强制性手段，均是“强令违章冒险作业”的典型行为方式，也是“强令”一词的核心含义，争议不大。①

其次，第一项规定“利用组织、指挥、管理职权，强制他人违章作业的”，明确了利用管理者自身享有的组织、指挥、管理职权，强制他人违章作业的情形。实践中，此行为方式的强制性特征并不十分明显，但由于管理者与一线作业者之间存在领导与被领导、管理与被管理的关系，管理者作出的安排或者下达的指令带有必须服从的权威，客观上足以对一线作业者的心理意志产生强制效力，使工人不得不违心继续生产、作业。

例如，在“贾某虎、蒲某忠、唐某安等重大责任事故案”中，2018年10月12日上午，被告人贾某虎驾车搭载未取得《特种作业操作证》的临时工唐某安、蒲某、蒲某忠、张某见四人到该酒店安装施工用吊篮。贾某虎在施工现场未检查安全生产周边环境、未设置安全警示标志，工人提醒斜拉吊篮可能存在风险后，贾某虎未排查生产安全事故隐患，四名临时工在贾某虎的安排下斜拉吊篮，致使吊篮将五楼楼顶支架拉垮，支架配重石块掉落，将站在酒店门口的被害人周某砸伤。2018年10月15日周某经医院抢救无效身亡。②

第一，四人受贾某虎雇请从事该次吊篮安装作业，作业现场未设置警示标志，在进行具体操作前已向贾某虎明确提醒过不能斜拉吊篮，但贾某虎仍然指挥继续作业，四人因受雇于贾某虎，工资亦由其支付，只能听从其安排；第二，强令他人违章冒险作业中的“强令”，不一定表现在恶劣的态度、强硬的语言或行动，只要是能够对工人产生精神强制，使其不敢

---

① 参见缐杰等：《〈关于办理危害生产安全刑事案件适用法律若干问题的解释〉理解和适用》，载《人民检察》2016年第1期。

② 四川省成都市中级人民法院（2019）川01刑终1163号刑事裁定书。

违抗命令，不得不违章冒险作业的，均构成“强令”。综上，贾某虎利用其系该次作业的组织者、管理者的职权，强制受雇者违章作业，因而发生重大伤亡事故，其行为已构成强令违章冒险作业罪。

再次，第四项规定“其他强令他人违章作业的行为”作为本罪的兜底条款，未来实践中可能出现的其他强令违章冒险作业的行为可依法被归入其中。

最后，第三项规定“故意掩盖事故隐患，组织他人违章作业的”，明确了危险状态下故意隐瞒事故隐患，组织他人违章作业的情形。强令违章冒险作业罪的核心行为要素即为“强令”，其如《生产安全解释》第五条第一项、第二项所言情形，要求具有某种强制效力。但在实践中还存在明知存在事故隐患而不排除、仍冒险组织违章作业的情形，生产、作业人员对此并不知情，更无法谈及“强令”。此情形并不具有强令特征，对该类行为按照强令违章冒险作业罪定罪处罚，具有一定的类推性质。

考虑到负有生产、作业指挥、管理职责的人，明知存在事故隐患，仍然违反有关安全管理的规定，违背生产、作业人员本意组织一线工作人员违章冒险作业，因而发生重大伤亡事故或者造成其他严重后果的情形十分严重，对此加大惩处力度是有必要的。刑法修正案（十一）将“明知存在重大事故隐患而不排除，仍冒险组织作业，因而发生重大伤亡事故或者造成其他严重后果的”安全生产类犯罪明确纳入刑法规制范围，可以说是弥补了刑法原第一百三十四条第二款的不足。

【适用指南】

刑法修正案（十一）对强令违章冒险作业罪进行了修改，增设了组织他人违章冒险作业罪（明知存在重大事故隐患而不排除，仍冒险组织作业，因而发生重大伤亡事故或者造成其他严重后果的行为），在理解与适用该条时应当注意以下几点。

一、如何认定本条中的犯罪主体？

关于本条中的犯罪主体，刑法第一百三十四条第二款并未说明，但从本次修正案出台的背景而言，增设组织他人违章冒险作业罪的原因主要在于规制生产、作业的指挥、管理人员为了一己私利，不顾一线作业人员生命安全，故意隐瞒事故隐患组织违章冒险作业的行为，因此本行为的主体范围可参照《生产安全解释》第二条的规定，包括对生产、作业负有组织、指挥或者管理职责的负责人、管理人员、实际控制人、投资人等人员。其中，实际控制人，是指虽非公司股东，但通过投资关系、协议或者其他安排，可以对生产经营、人事任免等重大事项行使决定权，对生产经营单位的生产经营活动起实际支配作用的人员。鉴于市场经济条件下所有权与经营权相分离的情况，投资人参与公司、企业经营管理的程度不一，特别是通过公开交易方式购买上市公司少量股票的小股东，一般不参与公司的经营管理决策活动，追究其对公司安全生产方面的刑事责任，明显不符合权责一致原则。投资人的范围应被限定为“对生产、作业负有组织、指挥或者管理职责的投资人”。①

二、如何理解“明知存在重大事故隐患而不排除”？

这里的“明知”指的是对存在重大事故隐患的明知，此“明知”区别于刑法第十四条②中的“明知”，其修饰的是行为人对安全生产隐患这一客观情形的知晓，表明行为人已经预见到发生侵害结果的危险。③ 在明知的前提下，行为人没有履行排除事故隐患的义务，在客观上表现为不排除隐患的不作为，行为人在此基础上又实施了组织违章冒险作业的行为，因而发生重大伤亡事故或者造成其他严重后果，才构成本罪。由此可见，本罪的构成要件要求同时具备不作为与作为，并且不作为还要求以一定的明知为前提。

例如，在“肖某兵重大责任事故案”中，被告人肖某兵负责施工现场的指挥、管理等事项，履行项目经理职责，其明知自己不具备项目经理资格而从事工程项目管理，未按照设计要求落实护坡施工，未落实集水井施工安全防护措施，未按照规定对施工方案履行审查手续。2014 年 9 月 22 日，盐城市城南新区建设二局在执法巡查时发现该项目无《建筑工程施工许可证》，向盐城某地产公司和某建筑公司发出《责令限期改正通知书》，责令自接到通知之日起七日内改正；逾期未改正的，责令停止违法施工，并按有关规定查处。被告人肖某兵为了不延误工期，不执行整改指令，继续安排施工。2014 年 9 月 28 日上午，被告人肖某兵在施工现场安排施工时，发现施工现场存在塌方隐患，总监理工程师许某亦发现并向肖某兵提出，但基于侥幸心理，被告人肖某兵未立即停止施工和组织撤出作业人

① 参见沈亮等：《〈关于办理危害生产安全刑事案件适用法律若干问题的解释〉的理解与适用》，载《人民司法（应用）》2016 年第 4 期。

② 刑法第十四条规定：“明知自己的行为会发生危害社会的结果，并且希望或者放任这种结果发生，因而构成犯罪的，是故意犯罪。故意犯罪，应当负刑事责任。”

③ “明知”是主观违法要素还是责任要素，视刑法立场不同而定：大体而言，行为无价值论者与二元论者会倾向于认同其属于主观违法要素的范畴，而结果无价值论者则倾向于拒绝主观违法要素理论。

员，而是要求现场作业人员加快抢工。当日10时30分左右，深基坑北侧局部边坡突然坍塌，导致在场施工人员五人被埋。①

一审法院认定肖某兵构成重大责任事故罪，而检察机关提出“本案应以强令违章冒险作业罪追究肖某兵的刑事责任”的抗诉意见，二审法院认为本案证据仅能体现肖某兵在发现事故隐患的情况下，不听他人劝阻，没有采取有效措施，仍要求工人冒险作业的情况，不能体现出肖某兵使用了强制手段使工人产生畏惧心理，从而达到了使工人不得不违心继续生产、作业的心理强制程度，因此裁定驳回抗诉，维持原判。假设本案发生于刑法修正案（十一）生效之后，作为履行项目经理职责的肖某兵，明知存在重大事故隐患而不排除，仍冒险组织作业，因而发生重大伤亡事故或者造成其他严重后果，可构成组织他人违章冒险作业罪。

需要指出的是，刑法修正案（十一）草案的一次审议稿和二次审议稿均采用了“拒不排除”的表述，虽然都是不作为，但“拒不排除”的前提是有人提出排除事故隐患的“请求”或者“指令”，这意味着即使行为人明知存在事故隐患但视而不见，只要没有“请求”或“指令”，也不能认定其成立不作为，如此一来本罪的适用范围就相当有限了。在理解上，“拒不排除”可以是意思表示也可以是行为结果，如在接到整改指令后，表示愿意整改但实际上并未行动，或者虽有改正但并未达到预期效果，如此多样的解释不利于规制组织违章冒险作业类的行为。同时，若使用“拒不排除”又不言明拒绝的对象，来自一线工作人员的“请求”也可被纳入其中，如此一来，“强令违章冒险作业”与“组织违章冒险作业”的界限又模糊不清了。刑法修正案（十一）最终采用了“不排除”的表述，“不排除”的适用范围更广，无论是否接到“请求”或“指令”，行为人明知存在重大事故隐患而不采取行动排除重大事故隐患即符合本罪构成要件要素。

三、如何区分组织他人违章冒险作业与强令他人违章冒险作业?

组织他人违章冒险作业指的是，在存在生产安全隐患的情况下，继续组织生产、作业。这里的冒险是指不顾人的生命、身体危险，对重大事故隐患置之不理，放任不管。实践中，有的生产经营单位的管理人员在明知存在事故隐患、继续作业存在危险的情况下，采用关闭、破坏相关安全监控和报警设备等方式，故意掩盖工作环境中存在事故隐患的事实，使一线作业者放松心理戒备，进行违章作业。

---

① 江苏省盐城市中级人民法院（2018）苏09刑抗2号刑事裁定书。

例如，在“张某举等重大责任事故案”中，在矿区长期技改和停工整改期间，作为管理人员的被告人王某民、王某伟、王某平、沙某道等人违反国家安全生产法规，在明知该矿属于煤与瓦斯突出矿井，存在瓦斯严重超标、瓦斯监测设备安装违规等重大安全隐患的情况下，仍参与组织大批工人下井采煤，进行非法生产，造成瓦斯爆炸事故，致使76人死亡，15人受伤。以上人员最后皆被认定为重大责任事故罪。①

这种情况下，一线作业者开展作业看似未受胁迫，但其如果了解事实真相，一般是不会违章冒险作业的。管理者故意掩盖事故隐患，直接影响一线作业者的判断与选择。管理者故意掩盖事故隐患行为与采取强制手段或者利用自身职权要求他人违章冒险作业的行为没有根本性区别，因此刑法修正案（十一）将这类行为规定于刑法第一百三十四条第二款，可谓是严密法网，规范生产。假设本案发生于刑法修正案（十一）生效之后，作为该矿管理人员的被告人王某民、王某伟、王某平、沙某道等人，明知存在重大事故隐患而不排除，仍冒险组织作业，因而发生重大伤亡事故或者造成其他严重后果，应构成组织他人违章冒险作业罪。

刑法修正案（十一）增加了“明知存在重大事故隐患而不排除，仍冒险组织作业”的行为方式，要注意其与“强令他人违章冒险作业”之间的区别：“强令”是在生产、专业人员对安全生产隐患知情的情况下，强制他人进行违章冒险作业；“组织”是在生产、作业人员对安全生产隐患并不知情的情况下，安排他人违章冒险作业。在之后的司法实践中，符合《生产安全解释》第五条第三项规定的，适用修改后的刑法第一百三十四条第二款“明知存在重大事故隐患而不排除，仍冒险组织作业”即可。

此外，本罪是实害犯，只有发生重大伤亡事故或者造成其他严重后果，才构成本罪。对于本罪的实害结果，在司法认定中可参照《生产安全解释》第六条之规定，是指具有下列情形之一的：“（一）造成死亡一人以上，或者重伤三人以上的；（二）造成直接经济损失一百万元以上的；（三）其他造成严重后果或者重大安全事故的情形。”

刑法修正案（十一）对明知存在重大事故隐患而不排除，仍冒险组织作业，造成严重后果的事故类犯罪加大刑罚力度，将此种行为规定在刑法第一百三十四条第二款，加大了对安全生产犯罪的惩治，也将组织他人违章冒险作业的行为与强令他人违章冒险作业的行为区分开来，归还了“强令”一词本身的含义。

---

① 河南省平顶山市叶县人民法院（2011）叶刑初字第72号刑事判决书。

刑法修正案（十一）第四条　【增设危险作业罪】

四、在刑法第一百三十四条后增加一条，作为第一百三十四条之一："在生产、作业中违反有关安全管理的规定，有下列情形之一，具有发生重大伤亡事故或者其他严重后果的现实危险的，处一年以下有期徒刑、拘役或者管制：

"（一）关闭、破坏直接关系生产安全的监控、报警、防护、救生设备、设施，或者篡改、隐瞒、销毁其相关数据、信息的；

"（二）因存在重大事故隐患被依法责令停产停业、停止施工、停止使用有关设备、设施、场所或者立即采取排除危险的整改措施，而拒不执行的；

"（三）涉及安全生产的事项未经依法批准或者许可，擅自从事矿山开采、金属冶炼、建筑施工，以及危险物品生产、经营、储存等高度危险的生产作业活动的。"

【条文主旨】

本条是关于增设危险作业罪[①]的规定。

为进一步强化对劳动者生命安全的保障，预防生产事故、避免实害发生、维护生产安全，刑法修正案（十一）增设危险作业罪作为刑法第一百三十四条之一，指的是在生产、作业中违反有关安全管理规定，具有导致重大伤亡事故或者其他严重后果发生的现实危险的行为。本条将刑事处罚阶段适当前移，针对实践中的突出情况，规定了对具有导致严重后果发生的现实危险的三项多发易发安全生产违法违规情形，包括关闭、破坏生产工具或相关数据信息、拒不执行停产或整改措施、未经批准从事高度危险的生产作业活动等追究刑事责任。

---

① 2021年2月26日公布的《最高人民法院、最高人民检察院关于执行〈中华人民共和国刑法〉确定罪名的补充规定（七）》确定刑法第一百三十四条之一罪名为危险作业罪。

【条文对照】

修正前	修正后
	第一百三十四条之一 【危险作业罪】在生产、作业中违反有关安全管理的规定，有下列情形之一，具有发生重大伤亡事故或者其他严重后果的现实危险的，处一年以下有期徒刑、拘役或者管制： （一）关闭、破坏直接关系生产安全的监控、报警、防护、救生设备、设施，或者篡改、隐瞒、销毁其相关数据、信息的； （二）因存在重大事故隐患被依法责令停产停业、停止施工、停止使用有关设备、设施、场所或者立即采取排除危险的整改措施，而拒不执行的； （三）涉及安全生产的事项未经依法批准或者许可，擅自从事矿山开采、金属冶炼、建筑施工，以及危险物品生产、经营、储存等高度危险的生产作业活动的。

【修正提示】

刑法修正案（十一）完善了对事故前隐患和违章行为的治理，增设危险作业罪作为刑法第一百三十四条之一，条文涉及三种类型化的违反安全管理规定的生产、作业行为：

其一，关闭、破坏直接关系生产安全的监控、报警、防护、救生设备、设施，或者篡改、隐瞒、销毁其相关数据、信息的。

其二，因存在重大事故隐患被依法责令停产停业、停止施工、停止使用有关设备、设施、场所或者立即采取排除危险的整改措施，而拒不执行的。

其三，涉及安全生产的事项未经依法批准或者许可，擅自从事矿山开采、金属冶炼、建筑施工，以及危险物品生产、经营、储存等高度危险的生产作业活动的。

【修法背景】

安全生产管理关系人民群众的生命财产安全，关系经济发展和社会稳定大局，必须加以重视。当前我国安全生产形势呈现总体向好，事故总量、较大事故起数、重特大事故起数实现“三个持续下降”①，同时，安全与发展不平衡、不充分矛盾仍然突出，影响公共安全的因素依然存在，重特大事故仍时有发生。

为了把安全问题解决在萌芽之时、成灾之前，从源头上防范化解重大安全风险，2016年12月，《中共中央、国务院关于推进安全生产领域改革发展的意见》中明确提出：“研究修改刑法有关条款，将生产经营过程中极易导致重大生产安全事故的违法行为列入刑法调整范围。”我国刑法对于责任事故犯罪长期采取过失结果犯的认定方式，只有存在重大损害结果才能构成犯罪。为了事前有效防止重大责任事故的发生，此次刑法修正案（十一）改变传统上对于安全生产的事后刑事规制观念，增设危险作业罪，反映事前风险防范理念，将刑事处罚阶段适当前移，对具有导致严重后果发生的现实危险、多发易发的安全生产违法违规情形依法追究刑事责任。

【适用指南】

刑法修正案（十一）增设危险作业罪，在理解与适用该条时应当注意以下几点。

一、如何理解与把握本条第一项所规定的行为

直接关系生产安全的监控、报警、防护、救生设备、设施，对于保障安全生产具有重要作用，对以上设施设备的关闭、破坏行为，提高了安全生产事故发生的可能性。

例如，在“张某举等重大责任事故案”中，身为该矿瓦斯检查员的被告人袁某、康某、贺某、申某未能履行瓦斯监测岗位职责，不按规定安设瓦斯探头，明知矿山井下瓦斯超标、生产作业存在重大隐患，为达到继续开展生产的目的，在瓦斯超限时不是采取停电撤人等安全措施，而是采取将瓦斯探头电源拔脱，或者将瓦斯探头置于风筒新鲜风流中等方法，使瓦斯传感器丧失预警保护功能，并伪造虚假的瓦斯报表数据应付检查，造成井下瓦斯浓度合格的假象，最终造成瓦斯爆炸事故，致使76人死亡，15人受伤。②

---

① 《应急管理部发布1-8月全国安全生产形势分析》，载中华人民共和国应急管理部网站，https://www.mem.gov.cn/xw/bndt/201809/t20180907_229675.shtml，最后访问时间：2021年2月25日。

② 河南省平顶山市叶县人民法院（2011）叶刑初字第72号刑事判决书。

瓦斯检测设备的正常运行关系着矿山的生产安全，本案中被告人关闭检测设备的行为具有发生重大伤亡事故或者其他严重后果的现实危险。即使最后未导致事故实际发生，在刑法修正案（十一）生效后，此类行为也应以本条定罪处罚。

“篡改、隐瞒、销毁其相关数据、信息”，是指对设备设施记录、采集、存储、传输的监控、报警、防护、救生设备设施的数据信息进行修改、隐瞒、销毁，破坏其真实性和安全性的行为。如在上述“张某举等重大责任事故案”中，被告人伪造虚假的瓦斯报表数据应付检查，造成井下瓦斯浓度合格的假象，具有导致严重后果的现实可能性的行为，依据本条可被刑事追责。

工业化和信息化的深度融合使得计算机和网络技术大量应用在生产、作业过程之中，篡改、隐瞒、销毁数据很有可能给生产、作业带来危险。生产领域对数据信息安全的重视已经体现在行业内的规范要求中，如国家煤矿安全监察局科技与信息化司于2019年5月发布的《煤矿感知数据接入规范（试行）》第6.4条规定，数据采集系统在运行过程中不能影响企业正常安全生产，应与企业生产控制系统进行安全隔离，确保企业生产安全，同时可采用身份验证、加密传输、数据完整性、安全审计等方式保障感知数据交换安全。

实践中落实安全生产责任不到位、日常监管执法宽松，导致信息安全隐患得不到纠正、信息安全制度得不到执行的现象，对生产安全造成了现实危险。刑法修正案（十一）对此作出回应，重视直接关系生产安全的数据信息，将篡改、隐瞒、销毁相关数据、信息具有严重后果现实危险的行为纳入刑法规制。这些数据和生产、作业的安全有关联，所以即便还没有发生事故，刑法对擅自调整、篡改报警设施的上下限值，使得该报警系统丧失其应有功能以及对工业设备采集的预警数据进行隐瞒、销毁，或者发现数据、信息可能出现异常后，予以隐瞒甚至销毁，导致其不能真实反映设备设施的运行情况等行为也可进行追究。

二、如何理解与把握本条第二项所规定的行为

在发现重大事故隐患以后，为了防止事故发生，就要采取相应的停工、停产等整改措施。安全生产法规定，负有安全生产监督管理职责的部门依法对存在重大事故隐患的生产经营单位作出停产停业、停止施工、停止使用相关设施或者设备的决定，生产经营单位应当依法执行，及时消除事故隐患。

生产实践中，拒不执行整改措施导致发生重大事故的情形不在少数，如“李某源、马某、唐某松等重大责任事故案”：2016年7月1日，监理单位和杭州市建筑工程质量安全监督总站均向被告人所在公司开具工程暂停令，要求其加快北基坑临时弃土土方外运，加强坑外降水，做好基坑堵漏工作，但公司仍未及时停工整改，继续将开挖出来的淤泥土堆放在临近中隔墙的北基坑处，致使临近中隔墙的南侧和北侧基坑内存在20余米堆土落差，后期继续组织十余名补漏工人进行补漏作业，导致重大事故发生。[①]

应当注意的是，拒不执行重大事故隐患停工停产停业和立即整改等安全监管监察指令并不当然会被追究刑事责任，必须同时具有发生重大伤亡事故或者其他严重后果的现实危险才能考虑适用刑法第一百三十四条之一。

三、如何理解与把握本条第三项所规定的行为

建筑法、矿山安全法、安全生产法等法律规范针对高度危险的作业领域，均有相应的安全生产规范及经营许可规范，对其安全设施设计、安全制度建立等均有考核标准，考核通过方能获得生产许可。未经行政许可从事这种高度危险的生产、作业活动，具有发生重大事故的现实危险，因而刑法修正案（十一）对此加以规制。

为了避免“一刀切”，刑法修正案（十一）规定，实施上述三种行为的，在具有导致重大伤亡事故或者其他严重后果发生的现实危险的情况下才构成本罪。这里的“现实危险”，并不是已然结果，而是一种结果发生的可能性，且是现实可能性。对现实可能性的判断，应当结合具体案情进行考察。因此，本罪属于典型的具体危险犯。在认定本罪的时候，不仅要考察是否存在本条所列举的客观行为，而且根据具体案情判断是否具有发生重大事故的现实危险。如果没有这种现实危险，则只是行政违法行为，不能按照本罪定罪处罚。

依照危险作业罪的规定，行为人主观上对实施刑法第一百三十四条之一所规定的三种特定的违反安全管理规定生产、作业行为具有故意，但对将要发生的事故实害结果主观上是过失。因此，就危险作业罪与重大责任事故罪之间的关系而言，前罪是基本犯，而后罪是加重犯。这种将法益保护前置化的做法，实质上是将刑法保护法益的时间提前，对于即将会造成法益侵害的行为，也运用刑法予以规制，否则惨剧发生就为时已晚。新增该条在体现积极预防重大责任事故、重大劳动安全事故以及危险物品事故的立法意志的同时，也严密了法网，使刑罚体系更加科学。

---

① 浙江省杭州市中级人民法院（2019）浙01刑终315号刑事裁定书。

刑法修正案（十一）第五条 【修改生产、销售假药罪（现生产、销售、提供假药罪）】

五、将刑法第一百四十一条修改为："生产、销售假药的，处三年以下有期徒刑或者拘役，并处罚金；对人体健康造成严重危害或者有其他严重情节的，处三年以上十年以下有期徒刑，并处罚金；致人死亡或者有其他特别严重情节的，处十年以上有期徒刑、无期徒刑或者死刑，并处罚金或者没收财产。

"药品使用单位的人员明知是假药而提供给他人使用的，依照前款的规定处罚。"

【条文主旨】

本条是关于修改生产、销售假药罪（现生产、销售、提供假药罪）① 的规定。

为了进一步加强对药品安全的刑法保护，维护人民群众用药有效性和安全性的合法权益，继 2019 年 8 月药品管理法修改后，刑法修正案（十一）也对生产、销售假药罪的构成要件进行了修订，删除了原刑法第一百四十一条第二款中关于援引药品管理法定义假药的规定，同时，将药品使用单位人员故意为他人提供假药的行为与生产、销售假药罪作同等处罚，增设为本条第二款。

【条文对照】

修正前	修正后
第一百四十一条 【生产、销售假药罪】生产、销售假药的，处三年	第一百四十一条 【生产、销售、**提供**假药罪】生产、销售假药的，处三年以下有

① 2021 年 2 月 26 日公布的《最高人民法院、最高人民检察院关于执行〈中华人民共和国刑法〉确定罪名的补充规定（七）》确定刑法第一百四十一条罪名为生产、销售、提供假药罪（取消生产、销售假药罪罪名）。

修正前	修正后
以下有期徒刑或者拘役，并处罚金；对人体健康造成严重危害或者有其他严重情节的，处三年以上十年以下有期徒刑，并处罚金；致人死亡或者有其他特别严重情节的，处十年以上有期徒刑、无期徒刑或者死刑，并处罚金或者没收财产。 本条所称假药，是指依照《中华人民共和国药品管理法》的规定属于假药和按假药处理的药品、非药品。	期徒刑或者拘役，并处罚金；对人体健康造成严重危害或者有其他严重情节的，处三年以上十年以下有期徒刑，并处罚金；致人死亡或者有其他特别严重情节的，处十年以上有期徒刑、无期徒刑或者死刑，并处罚金或者没收财产。 **药品使用单位的人员明知是假药而提供给他人使用的，依照前款的规定处罚。**

【修正提示】

刑法修正案（十一）对刑法原第一百四十一条规定的生产、销售假药罪作了两处修正：

其一，将原条文中的第二款删除。原条文第二款规定，“本条所称假药，是指依照《中华人民共和国药品管理法》的规定属于假药和按假药处理的药品、非药品”。本条的修改与2019年8月药品管理法的修改保持一致，即以是否具备疗效为区分假、劣药的主要标准，更加精准地打击生产、销售假药的违法犯罪行为，避免将一些不具备严重社会危害性的药品生产、销售行为纳入刑法处罚的范围。

其二，将药品使用单位人员故意为他人提供假药的行为，与生产、销售假药罪作同等处罚，增设为本条的第二款。该条修订之前，2014年11月3日《最高人民法院、最高人民检察院关于办理危害药品安全刑事案件适用法律若干问题的解释》第六条第二款就已经将“医疗机构、医疗机构工作人员明知是假药而有偿提供给他人使用，或者为出售而购买、储存的行为”，认定为刑法第一百四十一条规定的“销售”。本次修正将主体扩大至“药品使用单位的人员”，且不区分“有偿”和“无偿”提供，体现了立法机关加大对此类行为打击力度的意图。

此外，刑法修正案（十一）草案一次审议稿曾提出将“违反国家规定，未取得药品批准文件生产药品或者明知是上述药品而销售”的行为增设为本罪第二款，从而加强对一些“黑作坊”严重危害药品安全的生产、销售行为的惩治力度。但在广泛公开征求意见之后，草案二次审议稿以及最终公布的刑法修正案（十一）均没有采纳该项主张，而是将这一行为方式规定在了刑法第一百四十二条之一中，并明确“足以严重危害人体健康”时才能构成犯罪。

【修法背景】

规制药品安全风险已经成为社会风险治理系统中的重要一环。刑法修正案（八）颁布之前，我国食品药品领域发生了一些重大安全事故，① 这些重大事故的发生刺激了公众对用药安全的需求，直接催生了该修正案的出台。该修正案删去了生产、销售假药罪中“足以严重危害人体健康”的构成要件，将其由具体危险犯改变为抽象危险犯，这样不仅克服了司法实践中大多无法证明生产、销售行为与人体损害结果（或具体危险）之间因果关系的难题，而且也大大提前了刑法保护法益的时点。

但是，由于原刑法第一百四十一条第二款明确规定假药即为药品管理法中所称的假药和按假药论处的药品和非药品，② 因而生产、销售假药罪的认定就具有了浓厚的行政从属性色彩——这被学者称为“行政监管实质刑法化”现象，即“行政机关通过行使制定行政法规或行政规章的权力，确立相应的规章、制度、参数、指数等，从而调整‘行政违法’和‘刑事犯罪’之间的标准，将原本的行政违法行为转化为刑事犯罪并移交司法机关处理”。③ 可是，刑法与行政法并不具有相同的规范保护目的，前者更加偏重于法益保护，而后者更加偏重于社会秩序的管理，如果将刑事违法判断的任务过于委于行政机关之手，就会导致在司法实务中一些并未严重侵害或威胁法益的单纯不服从行政管理的行为被纳入刑法处罚的范围，这样一来，刑事违法与行政违法就可能混同，相关抽

---

① 例如，2006 年 5 月，齐齐哈尔第二制药有限公司生产的亮菌甲素注射液，误将二甘醇当作辅料丙二醇使用，导致多人在注射后死亡。《齐二药制售“亮菌甲素注射液”假药案查清》，载光明网，https：//www. gmw. cn/01gmrb/2006 - 07/21/content_ 453035. htm，最后访问时间：2021 年 5 月 17 日。

② 2019 年修订前的药品管理法第四十八条规定的假药包括：（1）药品所含成份与国家药品标准规定的成份不符的；（2）以非药品冒充药品或者以他种药品冒充此种药品的。以及按假药论处的情形：（1）国务院药品监督管理部门规定禁止使用的；（2）依照该法必须批准而未经批准生产、进口，或者依照本法必须检验而未经检验即销售的；（3）变质的；（4）被污染的；（5）使用依照本法必须取得批准文号而未取得批准文号的原料药生产的；（6）所标明的适应症或者功能主治超出规定范围的。

③ 参见王强军：《行政监管实质刑法化及其限制研究》，载《政治与法律》2019 年第 5 期。

象危险犯的制裁条款的正当性也就受到了公众的强烈质疑。①

有鉴于此，为了突出立法“以人民健康为中心”的基本理念以及“保护和促进公众健康”的目的，我国立法机关决定在2019年8月对药品管理法第四十八条的规定作出修改，删除了其中“形式假药”的条款。显然，本次刑法修正案（十一）中相关条款的修订正是与此呼应，通过删除具有严格行政从属性的假药的法律定义，更为明确地将单纯的行政违法与实质的刑事违法区别开来。尽管刑法修正案（十一）草案一次审议稿强调要将“黑作坊”生产、销售假药的行为与生产、销售假药罪同等处罚，但该主张还是未能在草案二次审议期间被最终采纳，因为“黑作坊”生产、销售假药的行为本质上仍只是表征了一种单纯的行政违法性，这种妨害药品监管制度的行为与侵害消费者健康和生命法益的假药生产、销售行为毕竟存在着质的不同。

值得注意的是，在刑法修正案（十一）草案中，还提出了“违反国家规定，未取得批准证明文件生产药品或者明知是上述药品而销售的，依照前款的规定处罚”。但有学者指出，这样做不利于协调性原则的贯彻，理由在于许多生产祖传秘方的行为，都可能符合本款的规定，而且司法实践会习惯性地按照销售金额来判断情节严重与否，于是未经批准就生产、销售祖传秘方，即便治愈很多患者，竟然也可能适用“十年以上有期徒刑、无期徒刑或者死刑”的法定刑。因此其建议对此类行为作为行政犯规定较轻的法定刑。② 而刑法修正案（十一）的确贯彻了协调性原则，采纳了这种主张。

不容忽视的是，药品管理法的修改也在全方位地加强政府对于药品风

---

① 在轰动一时的“陆勇案”中，很多人无法接受将陆勇的行为判定为犯罪，因为首先，他是为了治疗自己和病友的癌症而购买和代为购买抗癌药品，且该抗癌药品在质量上并无缺陷、疗效得到验证；其次，他无偿地为病友联系和购买抗癌药品，得到了包括其病友在内的诸多社会人士的赞许，曾找其代购的白血病友更是联名写信希望警方释放陆勇。换句话说，陆勇代购抗癌药的行为大体上是有益社会的行为，并未产生严重的社会危害性。在我国语境下，如对单纯违反行政法规范的药品生产、销售行为追究刑事责任，的确在司法实务与公众认知之间撕开了一道巨大的裂缝。参见喻浩东：《抽象危险犯的本质及限制解释——以生产、销售假药为例》，载《政治与法律》2020年第8期。

② 参见张明楷：《增设新罪的原则——对〈刑法修正案十一（草案）〉的修改意见》，载《政法论丛》2020年第6期。

险的行政监管，而非放任药品市场的自由发展。[①] 与之对应，刑法修正案（十一）也扩大了“明知是假药而提供”的处罚范围，将2014年11月3日发布的《最高人民法院、最高人民检察院关于办理危害药品安全刑事案件适用法律若干问题的解释》第六条第二款的规定落实为刑法的明确规范，并扩大了主体范围和行为方式，这样无疑有助于严密刑事法网，通过刑罚吓止药品使用单位的相关人员提供假药的行为，彻底斩断假药生产、销售的利益链条。这样修改同时也与药品管理法第九十八条禁止使用假药的规定保持一致，为相关行政法规范的实际效力提供了刑法保障。

【适用指南】

修改后的刑法第一百四十一条之适用，将会面临以下问题：

一、修法后如何界定刑法中的假药含义

对“假药”含义的界定，直接影响到生产、销售假药罪在司法实践中的正确适用。本次修法删除了原关于假药定义的严格行政从属性条款，这意味着刑法第一百四十一条中的“假药”不再完全等同于药品管理法第九十八条中的“假药”。但由此是否可以认为，刑法中假药含义的界定将完全由司法裁判人员来自行把握呢？答案恐怕是否定的。

首先，应当看到，本罪的修改并没有改变假药犯罪的抽象危险犯类型。本罪的修改并没有使得生产、销售假药罪的犯罪构成退回到刑法修正案（八）之前的状态，也就是必须“足以严重危害人体健康”。尽管立法机关将“未取得药品相关批准证明文件生产、进口药品或者明知是上述药品而销售”等四类行为单独规定为一类犯罪（刑法第一百四十二条之一），且附加了“足以严重危害人体健康”的构成要件，但值得注意的是，这类妨害药品监管制度的具体危险犯是被立法者置于《刑法》第一百四十二条之一也就是劣药犯罪的条款之后的，从这一体系位置的安排中可以看出，立

---

① 首先，在药品经营主体准入条件方面实施药品上市许可持有人制度，明确上市许可持有人对药品的安全、有效负责，对药品的研制、生产、经营、使用全过程依法承担责任；在审批药品时一同审查药品安全性、有效性以及申请人的质量管理、风险防控和责任赔偿能力；要求药品上市许可持有人对已上市药品的安全性、有效性开展再评价，制定风险管控计划，定期报告药品生产销售、上市后研究、风险管理等情况。其次，完善药品全过程监管制度，强化企业主体责任，强化药品生产经营过程管理，明确药品质量安全追溯要求，并补充规定药品召回制度，以及强化对疫苗等特殊药品的监管。在此过程中，明晰政府工作人员的药品监管职责，完善各项监管措施。最后，加大对违法行为的处罚力度，解决违法成本低、处罚力度弱的问题。

法者仍然倾向于将妨害药品监管制度的犯罪归属于劣药类犯罪，要求出现法益侵害的具体危险，以此区别于作为抽象危险犯类型的假药犯罪。既然如此，在解释本罪最为核心的“假药”概念时，司法工作人员也必须遵循抽象危险犯的解释原理，不应将“假药”局限于“足以严重危害人体健康”的药品或非药品。

其次，应当看到，为了防止司法的专断恣意，让法律的解释相对具有统一性和可预测性，实务部门还是会追求行政法概念和刑法概念含义上的一致解释，也就是实现“行刑衔接”。而且在对相关案件进行审查起诉和判决之前，首先会由行政执法部门对行为人的行为是否构成违反药品管理法的行为做出判断。尽管之后的司法实务部门仍然可以对“假药”含义做出不同于执法部门的界定，但其必定会参照执法部门所依据的药品管理法中假药的法定含义。根据法秩序统一性的原理，刑事违法只应具有相对的独立性，在相同的规范保护目的方向上，应当使得行政法和刑法对某一行为违法性判断的结论保持一致。国外法制中较为普遍采纳的“刑法典—附属刑法”的二元立法体例，正是追求这种法秩序统一的最好体现。

药品管理法 2019 年修订之后，刑法中假药的认定实际围绕着假药法定含义中的四种构成要件类型展开：一是所生产的药品其成分不符合国家药品标准，或者明知是这样的药品而予以销售；二是在生产过程中以非药品冒充药品，或者以他种药品冒充此种药品，以及明知是这样的药品而予以销售；三是销售变质的药品；四是在生产药品过程中，对药品标注的功能主治和适应症超出规定范围，或者明知是这样的药品而予以销售的。不难看出，药品管理法对假药的界定同时考虑了药品的有效性与安全性的法律保障。由此可以将上述构成要件类型分为两个大类：内容伪造和标识伪造。对刑法上的假药可以做出这样一个初步的界定，即通过伪造药品的内容或标识，可能使得消费者用药安全性受到动摇的药品或非药品。相比于修法前以“批准与否”作为抽象危险的判定标准，修法后则以是否违反“法定标准”作为抽象危险产生的根据。对抽象危险的判断应当采取事前视角，只要行为人的生产、销售行为可能动摇药品的有效性与安全性，就应当被纳入刑法处罚的范围。

二、如何界定“药品所含成分与国家药品标准不符”

例如，被告人为牟取非法利益，购入来源及成分不明的胶片及各种生产工具，将从药店购买的印有 OTC 标志的某品牌阿胶包装作为样品交给从事纸品包装生意的另一被告人，同时自行或雇用另两名被告人将胶片进行加工，并将加工好的胶片装入印好 OTC 标志的纸盒或金属盒中，卖给其所联系的买家。经检测，从该药品中检出牛皮源成分，而非驴皮。[①]

又如，被告人未经药品监督管理部门批准，分别从汉口、山东等地购买西药、中药原材料和胶囊空壳，从河北省沧州市购买白色胶质空瓶，从浙江省购买制药模板后，在其住处内将药材粉碎混合加工成治疗糖尿病、风湿病、皮肤病和高血压的假药胶囊。[②]

生产、销售假药的典型情形是，药品根本不含有国家药品标准规定的有效成分。除此之外，出于药品安全性的考虑，非法在原药品中擅自添加西药等成分也应被界定为“药品所含成分与国家药品标准不符”。众所周知，西药的服用有其固定的剂量和时间要求，必须严格遵照医嘱，否则可能发生难以预料的损害后果。当药品生产者未经药监部门批准擅自在原药品中添加西药时，就已经给消费者制造了法律所禁止的信息落差，消费者在服用药品时因不知其中所含有的西药成分可能导致身体损害。

三、如何界定“以非药品冒充药品”

例如，被告人明知某种药品的批准文号为“食健字号”，没有进货单且未要求销售人员出示经营药品的合法手续，仍购进该种药品20盒，在其药店内进行销售。[③] 法院认为，被告人刘某作为药店经营者，违反国家药品管理法规，在购进药品时，未要求销售人员出示经营药品的合法手续，未确认销售方是否有资质即购进药品，其主观上应知道购进的药品可能为假药，客观上放任这种结果发生，应认定为明知，其行为已构成销售假药罪。

针对本案笔者认为，以非药品冒充药品，应当仅限于所售卖的对象物外观标示本身，而不能因行为人所实施的虚假宣传行为，甚至仅仅因该对象物的售卖地点位于药店，就认定其构成销售假药罪。假药犯罪的抽象危险性只能来自于其外观标示给消费者造成的误导，因为行为人完全可能将一个无任何质量问题的食品当作药品售卖，这种欺骗性的宣传行为制造的用药风险，并不属于假药犯罪的规范保护目的。

又如，被告人购进××丹后销售给前来购药的腰腿疼患者。经河北省食品药品监督管理局鉴定，××丹在说明书中明示了疾病的治疗作用，属于非药品冒充药品，为假药。经河北省药品检验研究院检验，××丹所含

① 《上海检察机关“四个最严”保障市民“舌尖上的安全”》，载新浪网，https：//finance. sina. cn/2021 －01 －22/detail －ikftpnny0660696. d. html？ wm＝3049_ 0032，最后访问时间：2021年2月26日。

② 参见湖北省通城县人民法院（2018）鄂1222刑初第399号刑事判决书。

③ 参见黑龙江省饶河县人民法院（2015）饶刑初字第20号刑事判决书。

成分为药物。法院判决认为，被告人以非药品冒充药品进行销售，其行为构成销售假药罪。[①]

保健食品与药品的区分并不容易：其一，由于我国“药食同源”的理念与传统，保健食品究竟是“食”还是“药”没有定论，且因为近年来卫生行政部门增加新食品原料种类、扩大功效原料使用范围，且法律法规对普通食品剂型、是否允许宣称功效没有明确规定，导致保健品和中成药界限模糊。[②] 其二，消费者服用保健品以维持生理机能的正常运转，本身就具有一定疾病预防功能，在这一点上，保健食品与药品并无区别。其三，部分药品原料与保健食品原料存在重合，譬如国家卫健委《可用于保健食品的物品名单》中人参、天麻等中药材作为保健食品原材料被加以认可。因此从原料上也无法截然将两者区分。[③]

但是，在对象物本身明确标示为保健食品的情况下，即便其使用说明中含有治疗功能的表述，也不宜认定为刑法意义上的假药，因为当保健食品的标识明确时，仅仅是功效宣称并不会误导消费者将其作为药品使用，在这种情况下，消费者自己完全有能力辨识出该对象物不是药品，刑法并无必要帮助消费者消除误认的风险。

例如，被告人以邮寄方式购买回治疗关节炎的药品后，更换原标签，重新印制显示其手机联系方式的标签、封口签、防伪标识、说明书，并更换包装成“关节炎胶囊”后销往各地。[④]

针对本案笔者认为，对于“冒充”理应作出限制解释，应将其局限于成分上的冒充，因为此处的法规范禁止药品冒充，显然是要阻止行为人对公众的健康和生命制造危险，而不是要防止行为人损害相关企业或个人的经济利益。擅自更换包装的行为，一般只侵犯了消费者的处分自由，并不一定影响到药品本身的合法与否。

四、如何对行为人的主观故意进行司法认定

例如，被告人从他人处购得假冒人血蛋白和人用狂犬病疫苗后，伙同他人一起经另一被告人之手逐层销售给相关患者使用。其中一被害人在被狗咬伤后注射涉案人用狂犬病疫苗后致狂犬病发作死亡。其余患者注射涉

---

① 参见河北省临西县人民法院（2016）冀0535刑初第148号刑事判决书。

② 参见赵洪静等：《对我国保健食品管理若干问题的思考》，载《中国现代中药》2017年第5期。

③ 参见郭泽强、谢昊轩：《保健食品冒充药品行为之性质》，载《人民检察》2019年第4期。

④ 参见湖北省汉川市人民法院（2014）鄂汉川刑初字00190号刑事判决书。

案假人血蛋白后，出现不同程度的不良反应，其中一些被害人遭受轻伤或重伤的严重后果。本案一审中的争议焦点之一是，多位被告人是否具有销售假药的主观故意。[①]

针对本案笔者认为，在审理时，被告人供述是重要但不是唯一的依据。对于行为人主观故意的判断，可以根据涉案药品交易的销售渠道是否正规、销售价格是否合理、药品包装是否完整、药品本身是否存在明显瑕疵，结合行为人的职业、文化程度等因素，进行全面分析。但尤为关键的是，司法机关必须证明被告人所认识的自己生产、销售的药品或非药品符合以药品管理法为参照的假药的四种定义之一。被告人仅仅认识到自己生产、销售的药品或非药品未经批准生产、销售或者未经检验即销售等，不等于其已经具备了生产、销售假药罪的主观故意。

刑法修正案（十一）第六条 【修改生产、销售劣药罪（现生产、销售、提供劣药罪）】

> 六、将刑法第一百四十二条修改为：“生产、销售劣药，对人体健康造成严重危害的，处三年以上十年以下有期徒刑，并处罚金；后果特别严重的，处十年以上有期徒刑或者无期徒刑，并处罚金或者没收财产。
>
> “药品使用单位的人员明知是劣药而提供给他人使用的，依照前款的规定处罚。”

【条文主旨】

本条是关于修改生产、销售劣药罪（现生产、销售、提供劣药罪）[②]的规定。

---

① 具体案情及裁判理由，参见《江苏省南通市人民检察院诉申东某生产、销售假药，赵玉某等销售假药案》，载《最高人民法院公报》2010年第12期（总第170期）。

② 2021年2月26日公布的《最高人民法院、最高人民检察院关于执行〈中华人民共和国刑法〉确定罪名的补充规定（七）》确定刑法第一百四十二条罪名为生产、销售、提供劣药罪（取消生产、销售劣药罪罪名）。

为了进一步加强对药品安全的刑法保护，维护人民群众用药有效性和安全性的合法权益，尤其是加大对劣药犯罪的惩治力度，继2019年8月药品管理法修改后，刑法修正案（十一）也对生产、销售劣药罪的构成要件和刑罚幅度进行了修订，删除了原刑法第一百四十二条第二款有关劣药定义援引药品管理法相关定义的规定，同时，将药品使用单位人员故意为他人提供劣药的行为与生产、销售劣药罪作并列处罚，增设为本条第二款。在刑罚幅度上，将原条文中的有限额罚金修改为无限额罚金，大大提升了对生产、销售劣药行为的经济制裁之力度。

【条文对照】

修正前	修正后
第一百四十二条　【生产、销售劣药罪】生产、销售劣药，对人体健康造成严重危害的，处三年以上十年以下有期徒刑，<u>并处销售金额百分之五十以上二倍以下罚金</u>；后果特别严重的，处十年以上有期徒刑或者无期徒刑，<u>并处销售金额百分之五十以上二倍以下罚金</u>或者没收财产。 　　<u>本条所称劣药，是指依照《中华人民共和国药品管理法》的规定属于劣药的药品。</u>	第一百四十二条　【生产、销售**、提供**劣药罪】生产、销售劣药，对人体健康造成严重危害的，处三年以上十年以下有期徒刑，**并处罚金**；后果特别严重的，处十年以上有期徒刑或者无期徒刑，**并处罚金**或者没收财产。 　　**药品使用单位的人员明知是劣药而提供给他人使用的，依照前款的规定处罚。**

【修正提示】

刑法修正案（十一）对刑法原第一百四十二条规定的生产、销售劣药罪作了三处修正：

其一，将原条文中的第二款直接删除。原条文第二款规定，“本条所称劣药，是指依照《中华人民共和国药品管理法》的规定属于劣药的药品”。这与前述生产、销售假药罪的修改一致，使得刑法关于劣药的界定更加具有相对独立的空间，摆脱了先前严格的行政从属性。

其二，将药品使用单位人员故意为他人提供劣药的行为，与生产、销售劣药罪作并列处罚，增设为本条第二款。该条修正之前，《最高人民法院、最高人民检察院关于办理危害药品安全刑事案件适用法律若干问题的解释》第六条第二款就已经将“医疗机构、医疗机构工作人员明知是劣药而有偿提供给他人使用，或者为出售而购买、储存的行为”，认定为刑法第一百四十二条规定的“销售”。本次修订将主体扩大至“药品使用单位的人员”，不区分“有偿”和“无偿”提供，体现了立法机关加大对此类行为打击力度的意图。

其三，将原条文中按照销售金额百分比来判处罚金的规定删去，将有限额罚金转变为无限额罚金。这样也与刑法第一百四十一条有关罚金的规定相一致。

【修法背景】

除了假药违法犯罪以外，劣药违法犯罪也对公众的身体健康和生命安全构成威胁。曾发生了问题药品事件，但是要么由于问题药品不符合药品管理法和刑法有关劣药的定义，要么由于难以证明伤害结果与问题药品之间的因果关系，因而鲜有以生产、销售劣药罪追究相关企业及其负责人刑事责任的实务案例。

更深层次的原因，在于法律层面对假、劣药含义的界定模糊不清。在刑法修正案（十一）颁布之前，刑法第一百四十二条第二款明确规定，本条所称劣药，是指依照药品管理法的规定属于劣药的药品。2019 年修订后的药品管理法第九十八条对此进行了重新规定。[①] 尽管药品管理法这次修改意在重新界定假、劣药的各自范围，但修法之后假、劣药之间实际上仍然难以截然区分。

有鉴于此，我国不少学者呼吁取消立法层面的假、劣药之分，将生产、销售假药罪和劣药罪合并为“生产、销售伪劣药品罪”。尽管刑法修正案（十一）并未采纳这一主张，但是删除了有关劣药定义的严格行政从属性条款，本身也表明立法者业已认识到这一条款所带来的司法定性上的问题，其意在于赋予司法工作人员更为充分地判定何为刑法上假、劣药的裁量空间。例如，在某种药品既符合药品管理法上的劣药定义但实质上也同时符合刑法上假药的定义时，就可以生产、销售假药罪对被告人判处更重的刑罚，实现罪责刑相适应的司法目标。又如，药品管理法意义上的生产、销售劣药也包含了“不注明或者更改生产批号”等单纯违反行政法规范但实质上并不具有

---

① 该条规定，有下列情形之一的，为劣药：“（一）药品成份的含量不符合国家药品标准；（二）被污染的药品；（三）未标明或者更改有效期的药品；（四）未注明或者更改产品批号的药品；（五）超过有效期的药品；（六）擅自添加防腐剂、辅料的药品；（七）其他不符合药品标准的药品。”

严重社会危害性的药品生产、销售行为，而本次刑法修正正是要突出刑法中劣药实质上“足以严重危害人体健康”的性质。此外，刑法修正案（十一）将本罪原条文中的有限额罚金修改为无限额罚金，且将相关司法解释中“为他人提供明知是劣药的药品”之行为增设为本罪第二款，均与刑法第一百四十一条实现了协调一致，这也反映了立法者意识到了假、劣药之区分所带来的定罪处刑上的难题。

【适用指南】

一、修法后如何界定刑法中的劣药含义

本修正案颁布施行之后，刑法第一百四十二条“劣药”的界定仍参照药品管理法第九十八条有关劣药的定义，即核心判断标准为药品所含成分含量是否符合国家药品标准。换言之，劣药较之于假药更加注重的是药品的有效性而非安全性。

假药与劣药不是非此即彼的关系，而是在多种法定类型中存在交叉重合的可能性。司法工作人员应当结合药品管理法中有关假、劣药的法定含义，从规范上认定被告人所生产、销售的药品仅仅是具有相当的疗效，但由于成分含量不符合国家标准而可能严重危害人体健康的劣药，还是根本不具有基本的疗效或是安全性上出现重大疑问的假药，实质上更加灵活地把握两者之间的规范关系。

药品管理法对用以界定劣药的“含量不符”概念中含量的界限范围并未作出具体规定，是大于还是小于，是标准含量的多少百分比均未详述。倘若因有效成分含量过低而使效价几乎为0，就不应当被定性为劣药而是假药。如果僵化地依照药品管理法的规定，只追究生产劣药罪的刑事责任，则明显违背罪责刑相适应原则。例如，变质的药品被定性为假药，而超过有效期的药品被定性为劣药，可是超过有效期的一般也就是变质的，因而这种界定导致假药和劣药范畴重合。又如，在“浙江新昌毒胶囊案”中，存在认定假药和劣药的竞合，因为药品重金属铬含量超标，即药品成分含量不符合国家药品标准，仍属于劣药，但毒胶囊中含有禁止使用的工业废料成分，其所含成分就与国家药品标准规定的成分不符，因而属于假药。[1]

二、如何认定劣药与人体健康严重损害后果之间的因果关系

生产、销售劣药的行为必须实际上导致了人体健康损害的严重后果，

---

① 参见陈志鑫：《生产、销售劣药罪的立法模式评析——以山东问题疫苗事件为切入点》，载《上海政法学院学报（法治论丛）》2016 年第 3 期。

才能够成立犯罪。在证明刑法上的因果关系时，一般先适用条件说检验危害行为与危害结果间是否具备事实意义上的关联性，也即要认定“如果行为人没有生产或销售劣药，那么被害人就不会发生身体损害的结果”。但应当意识到的是，条件公式的适用是以人们事先知晓行为与结果间的具体作用机制为前提的，也就是所谓的因果法则。尤其是对自然科学层面的因果关系的证明来说，明确某一因果法则的存在是认定个案因果关系的正当性前提。这要求司法机关必须举证证明劣药的服用与人体健康损害之间存在符合因果法则的条件关系，也就是说在自然科学层面要能够运用因果法则来解释药物成分对于人体健康损害的作用机制。

不过，疫苗等特殊的医药制品本身在阻止疾病发生上具有概率性，因此在认定伪劣疫苗与人体损害的因果关系时，只要司法机关能够证明合格的疫苗能够在相当程度上防止特定疾病的发生即可。例如，同样是在前述的“申东某等生产、销售假药，赵玉某销售假药案”① 中，被告人赵玉某的辩护人就提出，“被害人赵某某被狗咬后注射真的人用狂犬病疫苗并不一定能绝对防止狂犬病发，赵某某死亡与注射赵玉某所销售的假人用狂犬病疫苗没有必然因果关系”。对此，审理法院做了如下回应：从各被害人使用假药后的临床反应及死亡原因来看，与使用涉案假药之间具有因果关系。中国疾病预防控制中心病毒预防控制所检测结论和江苏省泰州市公安局刑事科学技术室出具的《法医学尸体检验鉴定书》证实赵某某系患狂犬病死亡，而相关证据又能够证实被害人赵某某系因注射涉案假人用狂犬病疫苗而未能有效防止狂犬病发作，其死亡结果与使用假药之间具有刑法上的因果关系。显然，法院没有正面回应赵玉某辩护人的质疑，而只是根据赵某某注射假人用狂犬病疫苗的事实、医学鉴定结论显示赵某某因狂犬病死亡原因的事实等，认定了本案中的刑法因果关系。但是，众所周知，疫苗对于疾病的防控效果的确从来不是百分之百的，它只是能在很大程度上阻止未来特定疾病的发生。因此，企图用一种决定论的因果法则来作为此案中因果关系证明的前提，注定无法回应辩护人的质疑。应当承认概率提升型因果关系的存在，对此，可以采纳亨普尔的“归纳统计”模型的建议，对统计法则进行如下逻辑适用：

（1）p（G，S，P）接近于1；

（2）S（m），P（m）；

（3）通常可以肯定G会出现。

---

① 参见本书刑法修正案（十一）第五条适用指南部分。

其中，p 代表了在满足条件 S 和 P 时，结果 G 出现的可能性。[①] 基于此，如果能够在法庭上证明统计法则的存在，那么就可以声称：感染了狂犬病的被害人，如果使用了真的人用狂犬病疫苗，通常可以确定他会痊愈。

对于“后果特别严重”中“致人死亡”的认定[②]，司法机关不仅要证明劣药的服用与人体健康损害之间具有合法则的条件关系，还必须证明劣药是死亡结果发生的直接、主要原因，即符合结果加重犯成立的“直接性要件”，且被告人对于劣药可能造成死亡结果至少具有过失。

刑法修正案（十一）第七条　【增设妨害药品管理罪】

七、在刑法第一百四十二条后增加一条，作为第一百四十二条之一：“违反药品管理法规，有下列情形之一，足以严重危害人体健康的，处三年以下有期徒刑或者拘役，并处或者单处罚金；对人体健康造成严重危害或者有其他严重情节的，处三年以上七年以下有期徒刑，并处罚金：

“（一）生产、销售国务院药品监督管理部门禁止使用的药品的；

“（二）未取得药品相关批准证明文件生产、进口药品或者明知是上述药品而销售的；

“（三）药品申请注册中提供虚假的证明、数据、资料、样品或者采取其他欺骗手段的；

“（四）编造生产、检验记录的。

“有前款行为，同时又构成本法第一百四十一条、第一百四十二条规定之罪或者其他犯罪的，依照处罚较重的规定定罪处罚。”

---

① 参见［德］埃里克·希尔根多夫：《德国刑法学：从传统到现代》，江溯、黄笑岩等译，北京大学出版社2015年版，第285页。

② 《最高人民法院、最高人民检察院关于办理危害药品安全刑事案件适用法律若干问题的解释》第五条第二款规定，生产、销售劣药，致人死亡，应当认定为刑法第一百四十二条规定的“后果特别严重”。

【条文主旨】

本条是关于增设妨害药品管理罪①的规定。

本条的增设是为了对妨害药品管理的不法行为单独设置刑事责任条款，一方面区别于主要以保护身体健康和生命安全法益为目的的生产、销售、提供假药罪和生产、销售、提供劣药罪；另一方面则意在为药品生产、销售之前的研发、注册等环节的法律监管提供全方位刑法保障，与2019年修订后的药品管理法第三条所确立的“药品管理应当以人民健康为中心，坚持风险管理、全程管控、社会共治的原则，建立科学、严格的监督管理制度，全面提升药品质量，保障药品的安全、有效、可及”的立法理念相一致。

【条文对照】

修正前	修正后
	第一百四十二条之一 【妨害药品管理罪】违反药品管理法规，有下列情形之一，足以严重危害人体健康的，处三年以下有期徒刑或者拘役，并处或者单处罚金；对人体健康造成严重危害或者有其他严重情节的，处三年以上七年以下有期徒刑，并处罚金： （一）生产、销售国务院药品监督管理部门禁止使用的药品的； （二）未取得药品相关批准证明文件生产、进口药品或者明知是上述药品而销售的； （三）药品申请注册中提供虚假的证明、数据、资料、样品或者采取其他欺骗手段的； （四）编造生产、检验记录的。 有前款行为，同时又构成本法第一百四十一条、第一百四十二条规定之罪或者其他犯罪的，依照处罚较重的规定定罪处罚。

---

① 2021年2月26日公布的《最高人民法院、最高人民检察院关于执行〈中华人民共和国刑法〉确定罪名的补充规定（七）》确定刑法第一百四十二条之一罪名为妨害药品管理罪。

【修正提示】

刑法修正案（十一）新增了第一百四十二条之一。

新增设的条文规定，对违反药品管理法规的四种典型情形在能够证明行为足以严重危害人体健康的情况下，追究刑事责任。在刑法修正案（十一）草案中原本提出了五种典型情形，而草案二次审议稿中又删去了“依法应当检验而未经检验即销售的药品”这一情形。现在的四种情形中的第一项和第二项原本也是药品管理法2019年修订之前第四十八条假药定义中的两种情形，而第三项和第四项则是对司法实践中发现的新的违法类型进行的提炼。

该罪设有两档法定刑：

一是在妨害药品监管秩序足以严重危害人体健康的情况下可判处三年以下有期徒刑或者拘役，并处或单处罚金，这与刑法修正案（八）颁布之前生产、销售假药罪的第一档法定刑类似；

二是当妨害药品监管秩序的四类行为造成人体健康的严重危害或者具有其他严重情节的，法定刑升格为三年以上七年以下有期徒刑，并处罚金。这比生产、销售、提供假药罪和生产、销售、提供劣药罪第二档的法定刑幅度还要更低一些，且没有设置第三档升格法定刑的条款，这表明立法者倾向于认为，妨害药品管理犯罪较之于生产、销售、提供假、劣药犯罪的不法程度更低。

不过，当行为人实施本罪描述的四类行为同时又符合了生产、销售、提供假药罪和生产、销售、提供劣药罪的构成要件时，就可以适用想象竞合犯的原理择一从重处罚，避免罪责刑不相适应的处罚结论。

【修法背景】

根据药品管理法第二十四条的规定，在中国境内上市的药品，应当经国务院药品监督管理部门批准，取得药品注册证书；申请药品注册，应当提供真实、充分、可靠的数据、资料和样品，证明药品的安全性、有效性和质量可控性。因此经过我国药品监督管理部门批准的药品，原则上当然可以信赖其能够满足患者的用药需求。同时，按照该法的规定，药品在上市后要不断接受风险监测和管理，药品上市许可持有人等生产经营药品主体也应当建立药品可追溯制度。脱离药品监督管理部门的管理经营药品，就难以让患者信赖药品的安全性和疗效。

但如前所述，将违反国家药品监管制度的生产、销售行为全部界定为生产、销售假药罪，的确难以为一般公众所接受，加剧了由当前医疗现状所引发的深层次矛盾。而且，将行为外表相同但违法程度与责任程度不同的自然犯与法定犯，混同规定在一个分则条文中，使较轻的法定犯被当作较重的自然犯处理，或者说，使较重的自然犯中包含了较轻的法定犯。[①] 这明显违反了罪刑相适应原则，也违反了比例原则。因此在2019年药品管理法的修订中就将一系列以违反国家药品监管制度为主要特征的药品生产、销售行为从假药的定义中删除。与此对应，刑法修正案（十一）也将此类行为从生产、销售、提供假药罪中删除。不过，未经批准擅自生产、进口药品并销售给他人的行为，侵犯了药品管理秩序，对人的生命、身体形成了抽象危险，销售未经检验的药品，同样侵犯了药品管理秩序，对人的生命、身体也形成了抽象危险，[②] 所以不应完全被排除出刑法处罚的范围。于是，刑法修正案（十一）最终还是将“生产、销售国务院药品监督管理部门禁止使用的药品”“未取得药品批准证明文件进口药品或者明知是上述药品而销售的”两种违反药品监管制度的行为单独列为一类犯罪。

这样的修改也避免了将此类行为作为非法经营罪处罚所带来的量刑偏重的问题。早在2002年8月发布的《最高人民法院、最高人民检察院关于办理非法生产、销售、使用禁止在饲料和动物饮用水中使用的药品等刑事案件具体应用法律若干问题的解释》第一条就规定，“未取得药品生产、经营许可证和批准文号，非法生产、销售盐酸克伦特罗等禁止在饲料和动物饮用水中使用的药品，扰乱药品市场秩序，情节严重的，依照刑法第二百二十五条第（一）项的规定，以非法经营罪追究刑事责任”。可是，刑法第二百二十五条规定的第一档法定刑便是五年以下有期徒刑或者拘役（高于生产、销售假药罪的第一档法定刑三年以下有期徒刑或者拘役），这意味着将此类行为从生产、销售假药罪中删去，转而会遭到更重的处罚。因而本次修正案将此类行为单纯归为一类犯罪，且附加上“足以严重危害人体健康”的限制条件，从而避免司法机关以非法经营罪论处所带来的问题。

此外，为药品全过程监管制度提供刑法保障也势在必行。原刑法并没

---

① 参见张明楷：《刑事立法模式的宪法考察》，载《法律科学》2020年第1期。

② 参见张明楷：《增设新罪的原则——对〈刑法修正案十一（草案）〉的修改意见》，载《政法论丛》2020年第6期。

有明文规定对药品申请注册环节的造价行为予以刑事处罚。而刑法修正案（十一）则将“药品申请注册中提供虚假的证明、数据、资料、样品或者采取其他欺骗手段的”，以及“编造生产、检验记录”这两类行为纳入妨害药品监管秩序罪的处罚范围，使刑事法网更严密。

【适用指南】

一、如何界定违规行为“足以严重危害人体健康”

在未来的司法实践中，判断行为人违反药品管理法规的行为“足以严重危害人体健康”可能成为焦点问题。一般认为，带有“足以……”这种构成要件表述的罪名，属于具体危险犯，而具体危险犯中的“危险”，是在司法层面以行为当时的具体情况为根据，认定行为具有发生侵害结果的紧迫危险。[①] 因此在本罪的司法认定上，应当避免仅根据形式上的法律规范的违反就推定具体危险的存在，从而致使本罪实际沦为抽象危险犯。

在刑法修正案（八）颁布以前，《最高人民法院、最高人民检察院关于办理生产、销售假药、劣药刑事案件具体应用法律若干问题的解释》（已失效）第一条对生产、销售假药“足以严重危害人体健康”的列举式规定，就是一种将具体危险认定“虚无化”的做法。例如，该条规定“以孕产妇、婴幼儿、儿童或者危重病人为主要使用对象的”应认定为“足以严重危害人体健康”，但在具体案件中，通过专业人员对涉案药品实际效力的检验、造成具体被害人危害可能性的测定，司法机关完全可能认定该药品即便针对孕产妇等弱势人群也不会造成严重身体伤害的结果。又如，该条规定“没有或者伪造药品生产许可证或者批准文号，且属于处方药的”应认定为“足以严重危害人体健康”，可是未经许可生产处方药的行为仅仅是违反药品管理法规的行为，尚不能从中推导出具体危险的存在。

因此对具体危险的判断，应当由司法工作人员以及其他有专门知识或专业认识能力的人，以行为当时的各种具体情况以及已经判明的因果关系为根据，认定行为是否具有发生侵害法益的可能性。以刑法第一百一十六条破坏交通工具罪为例。拆卸一个车轮的行为一般人当然认为有危险，但并不是所有拆卸车轮的行为都具备犯罪构成要件中所要求的具体危险，还必须进一步判断：（1）该车辆在被拆掉一个车轮后仍能行驶；（2）这样的

---

① 参见张明楷：《刑法学》（第五版），法律出版社2016年版，第167页。

行驶会造成倾覆或者冲撞事故；（3）司机有可能在启动汽车前或者开始正常运行时难以意识到车辆的这一缺陷；（4）该车辆正处于使用期并已实际投入使用。缺乏上述任何一个条件都不能认定存在具体危险。[①] 妨害药品监管秩序罪具体危险的判定也应当采取类似的方法，可以委托药品监管部门设置或者确定的药品检验机构进行检验，而司法机关根据检验的结论，结合违规生产药品标明的适应病症、对人体健康可能造成的危害程度等情况综合判定是否存在具体危险。

二、如何将行政违法与刑事违法行为区别开来

本罪属于典型的行政犯，也即其成立以行为人违反了特定的行政法规范为前提。在行政犯违法性的判断上，存在“质的差异说”、“量的差异说”以及“质量的差异说”等学说之争。其中，“质的差异说”认为，行政不法与刑事不法的区分在于两者本质上不属于同一种类的不法行为，两者在性质和内涵上截然不同，因而在量上也存在不可比较性。显然这种学说强调的是刑法的纯洁性、独立性，体现违法多元论的立场。“量的差异说”认为，行政不法与刑事不法在行为性质上不存在差异，两者仅仅在行为轻重程度上有所差异。基于此，刑事不法依赖行政不法，两者的性质是一致的，行政违法也是刑事违法，只是不需要处罚的轻微刑事违法（犯罪）而已。而“质量的差异说”认为，行政不法与刑事不法各有其核心领域与外围领域。两者在核心领域存在质的区别，而在外围领域则存在量的区别。[②]

应当认为，在本罪的认定上采纳“质量的差异说”是较为合理的：一方面，在妨害药品监管秩序罪的核心领域中，刑事不法的成立要求具体危险的出现，由此和行政不法存在质的区别；另一方面，在该罪的外围领域中，其与行政违法行为也应存在量的差别。因此，除了具体危险的认定之外，我国有学者还建议在本罪的认定中考虑以下罪量因素：（1）违法行为持续的时间；（2）违法行为的次数；（3）违法产品数量；（4）违法所得利益或违法数额；（5）违法行为受到处罚后再次实施；等等。如果行为在形式上符合本罪的构成要件，但实质上“情节显著轻微，危害不大的”，不宜以犯罪论处。[③]

---

① 参见周光权：《刑法各论》（第三版），中国人民大学出版社2018年版，第155页。

② 参见孙国祥：《行政法违反判断的从属性和独立性研究》，载《法学家》2017年第1期。

③ 参见谢望原：《药品犯罪的修改完善与合理解释》，载《中国法律评论》2021年第1期。

刑法修正案（十一）第八条　【修改欺诈发行股票、债券罪（现欺诈发行证券罪）】

八、将刑法第一百六十条修改为："在招股说明书、认股书、公司、企业债券募集办法等发行文件中隐瞒重要事实或者编造重大虚假内容，发行股票或者公司、企业债券、存托凭证或者国务院依法认定的其他证券，数额巨大、后果严重或者有其他严重情节的，处五年以下有期徒刑或者拘役，并处或者单处罚金；数额特别巨大、后果特别严重或者有其他特别严重情节的，处五年以上有期徒刑，并处罚金。

"控股股东、实际控制人组织、指使实施前款行为的，处五年以下有期徒刑或者拘役，并处或者单处非法募集资金金额百分之二十以上一倍以下罚金；数额特别巨大、后果特别严重或者有其他特别严重情节的，处五年以上有期徒刑，并处非法募集资金金额百分之二十以上一倍以下罚金。

"单位犯前两款罪的，对单位判处非法募集资金金额百分之二十以上一倍以下罚金，并对其直接负责的主管人员和其他直接责任人员，依照第一款的规定处罚。"

【条文主旨】

本条是关于修改欺诈发行股票、债券罪（现欺诈发行证券罪）① 的规定。

设立本条旨在保障证券的真实性，保障证券市场秩序稳定。本次修法的目的是为了与证券法修订保持有效衔接，协同打击欺诈发行各类证券期货违法犯罪行为，提高违法犯罪成本，全力保障资本市场平稳健康发展。

---

① 2021年2月26日公布的《最高人民法院、最高人民检察院关于执行〈中华人民共和国刑法〉确定罪名的补充规定（七）》确定刑法第一百六十条罪名为欺诈发行证券罪（取消欺诈发行股票、债券罪罪名）。

2019 年修订后的证券法（以下简称新证券法）于 2019 年 12 月 28 日公布并于 2020 年 3 月 1 日起正式施行。新证券法总体扩大了内幕信息及内幕信息的知情人范围，对操纵证券市场、利用未公开信息交易、编造并传播虚假信息或误导性信息等行为及其处罚进一步完善和规制，与 2019 年 7 月 1 日生效的《最高人民法院、最高人民检察院关于办理利用未公开信息交易刑事案件适用法律若干问题的解释》（以下简称《证券期货犯罪司法解释》）相衔接，同时进一步完善了相关执法措施，加大了对证券违法行为的惩处力度，以切实维护证券市场秩序，保护投资者权益。

【条文对照】

修正前	修正后
第一百六十条 【欺诈发行股票、债券罪】在招股说明书、认股书、公司、企业债券募集办法中隐瞒重要事实或者编造重大虚假内容，发行股票或者公司、企业债券，数额巨大、后果严重或者有其他严重情节的，处五年以下有期徒刑或者拘役，并处或者单处非法募集资金金额百分之一以上百分之五以下罚金。 单位犯前款罪的，对单位判处罚金，并对其直接负责的主管人员和其他直接责任人员，处五年以下有期徒刑或者拘役。	第一百六十条 【欺诈发行**证券**罪】在招股说明书、认股书、公司、企业债券募集办法**等发行文件**中隐瞒重要事实或者编造重大虚假内容，发行股票或者公司、企业债券、**存托凭证或者国务院依法认定的其他证券**，数额巨大、后果严重或者有其他严重情节的，处五年以下有期徒刑或者拘役，并处或者单处罚金；**数额特别巨大、后果特别严重或者有其他特别严重情节的，处五年以上有期徒刑，并处罚金。** **控股股东、实际控制人组织、指使实施前款行为的，处五年以下有期徒刑或者拘役，并处或者单处非法募集资金金额百分之二十以上一倍以下罚金；数额特别巨大、后果特别严重或者有其他特别严重情节的，处五年以上有期徒刑，并处非法募集资金金额百分之二十以上一倍以下罚金。** 单位犯前**两**款罪的，对单位判处**非法募集资金金额百分之二十以上一倍以下**罚金，并对其直接负责的主管人员和其他直接责任人员，**依照第一款的规定处罚。**

【修正提示】

刑法修正案（十一）对刑法原第一百六十条规定的欺诈发行股票、债券罪做了以下四处修改：

第一，新增了欺诈发行证券犯罪的行为对象。其一，增加“等发行文件”作为行为对象的兜底条款。扩大了证券发行文件的列举范围，将招股说明书、认股书、公司、企业债券募集办法之外的其他证券发行文件中的虚假信息披露纳入刑法规制范围。其二，将“国务院依法认定的其他证券”作为行为对象的兜底条款，使存托凭证和国务院依法认定的其他证券纳入欺诈发行股票罪规制范围。

第二，提高欺诈发行证券罪的罚金数额，增设比例罚金制。在原规定中，该条第一款后半句对罚金作出了限制，即“并处或者单处非法募集资金金额百分之一以上百分之五以下罚金”。但在新条文的第一款中，仅规定了“并处或者单处罚金”，取消了对罚金金额的限制。在该罪的第二款、第三款分别规定了控股股东、实际控制人和单位犯罪的罚金为非法募集资金金额的20%至100%，较原来的1%至5%标准高出20倍。

第三，新增五年以上量刑档。增设了欺诈发行“数额特别巨大、后果特别严重或者有其他特别严重情节的”加重情节，规定对前述情节加重犯处五年以上有期徒刑，并处罚金，即法定最高刑由5年有期徒刑提高至15年有期徒刑。此处修改主要是为加大对此类违法犯罪行为的打击力度。至于该情节“档次”的具体标准，有待相关司法解释予以进一步明确。

第四，扩大处罚对象范围。新增了控股股东、实际控制人组织、指使欺诈发行证券的法律责任；即新增该条第二款：“控股股东、实际控制人组织、指使实施前款行为的，处五年以下有期徒刑或者拘役，并处或者单处非法募集资金金额百分之二十以上一倍以下罚金；数额特别巨大、后果特别严重或者有其他特别严重情节的，处五年以上有期徒刑，并处非法募集资金金额百分之二十以上一倍以下罚金。”

【修法背景】

我国证券市场发展迅速，为实体经济建设提供了重要的金融支持。与此同时，操纵证券市场等违法、犯罪行为也频频发生，并且“花样翻新”，严重破坏证券市场管理秩序，危害投资者合法权益和国家金融安全。刑法修正案（十一）对刑法第一百六十条的修改，主要是为了解决原先证券犯罪处罚较轻的问题，对证券股票类犯罪加大打击力度。修法前的证券犯罪规制主要有以下三点问题：

第一，欺诈发行证券犯罪的涉案金额大、社会危害大，而刑罚处罚轻，犯罪成本低。操纵证券市场犯罪涉案金额动辄上亿元，影响证券交易价格，造成市场波动，严重损害广大投资者合法权益，严重破坏证券市场管理秩序，危害国家金融安全和稳定。本次修正前的刑法对欺诈发行相关责任人员的刑期为 5 年以下有期徒刑，并处或单处非法募集资金金额 1% ~5% 的罚金；对违规披露信息相关责任人员的刑期为 3 年以下有期徒刑，并处或单处 2 万元至 20 万元的罚金。与其他经济犯罪刑事责任相比，存在量刑偏轻、与犯罪获益不匹配等问题，难以适应打击证券违法犯罪行为的需要。例如，在某复合材料集团股份有限公司信息披露虚假案中，造假规模高达数百亿元人民币，但由于立法限制，证监会最终于 2020 年 9 月基于原证券法规定对公司顶格处罚人民币 60 万元，处罚力度与行为手段、损害结果存在巨大落差①，行政手段难以发挥有效震慑作用。

另外，该标准已显著低于新证券法就欺诈发行设定的行政罚款标准。全国人大常委会于 2019 年 12 月修订通过的新证券法中，已针对欺诈发行以及信息披露违法等行为，大幅增加了相关的行政处罚力度，原先所谓的“60 万元”行政罚款上限已成过往。新证券法第一百八十一条第一款规定，“发行人在其公告的证券发行文件中隐瞒重要事实或者编造重大虚假内容，尚未发行证券的，处以二百万元以上二千万元以下的罚款；已经发行证券的，处以非法所募资金金额百分之十以上一倍以下的罚款。对直接负责的主管人员和其他直接责任人员，处以一百万元以上一千万元以下的罚款”。因此，需要修订欺诈发行的刑事处罚条款，实现行政责任与刑事责任的协调。

第二，缺乏对“关键少数”的明确规定。控股股东、实际控制人往往是欺诈发行的组织、指示者和主要受益者，在欺诈发行证券犯罪过程中发挥关键作用。按照罪刑相适应的原则，应当受到更为严厉的处罚。为进一步提高控股股东、实际控制人的违法成本，强化精准打击。刑法修正案（十一）明确控股股东和实际控制人组织、指使欺诈发行的刑事责任，加大刑罚震慑力度，以实现罪刑均衡的原则，实现打击效果。

第三，刑法原法条规制范围狭窄，需扩大证券规制范围，与新证券法相协调。本次修正将存托凭证和国务院依法认定的其他证券纳入欺诈发行股票罪规制。该修正是对新证券法的适应和衔接。在新证券法中，证券概

---

① 《中国证监会行政处罚决定书（康得新、钟玉等 13 人）〔2020〕71 号》，载中国证券监督管理委员会网站，http：//www. csrc. gov. cn/pub/zjhpublic/G00306212/202009/t20200928_ 383746. htm，最后访问时间：2021 年 5 月 17 日。

念得到了拓展，增加了“存托凭证”“资产支持证券”“资产管理产品”等，相对应的发行文件必然在表述上与原法条文规定的三种发行文件不一致。刑法修正案（十一）把原来的封闭式表述改为开放式表述，有助于避免立法滞后的问题，同时也意味着相关市场主体需要结合新证券法的规定扩大对发行文件的合规审查范围。

【适用指南】

一、如何确定“其他发行文件”的范围

例如，“欣某电气欺诈发行股票案”①：欣某股份有限公司（以下简称欣某公司）原系深圳证券交易所创业板上市公司。该公司实际控制人温某乙与财务总监刘某胜为达到使欣某公司上市的目的，组织单位工作人员通过外部借款、使用自有资金或伪造银行单据等方式，虚构2011年至2013年6月间的收回应收款项情况，采用在报告期末（年末、半年末）冲减应收款项，下一会计期期初冲回的方式，虚构了相关财务数据，在向证监会报送的首次公开发行股票并在创业板上市申请文件和招股说明书中记载了上述重大虚假内容，骗取了证监会的股票发行核准，公开发行股票募集资金2.57亿元。欣某公司上市后，于2013年7月至2014年12月间，沿用前述手段继续伪造财务数据，粉饰公司财务状况，并分别于2014年4月15日、2014年8月15日、2015年4月25日向公众披露了虚假和隐瞒重要事实的2013年年度报告、2014年半年度报告、2014年年度报告。2019年4月23日，丹东市中级人民法院作出一审判决，以欺诈发行股票罪，判处被告单位欣某公司罚金人民币832万元；以欺诈发行股票罪，违规披露、不披露重要信息罪对被告人温某乙、刘某胜数罪并罚，对温某乙决定执行有期徒刑三年，并处罚金人民币10万元；对刘某胜决定执行有期徒刑二年，并处罚金人民币8万元。被告单位和被告人均未上诉，判决已生效。

刑法修正案（十一）与证券法第二十四条第二款相协调，在欺诈发行原条文“招股说明书、认股书、公司、企业债券募集办法”的基础上，补充“等发行文件”作为兜底表述，扩大了定罪的基础文件范围。按照此逻辑，笔者认为，“其他发行文件”是刑法中的空白条款，应当依照证

① 《最高人民法院发布7件人民法院依法惩处证券、期货犯罪典型案例》，载最高人民法院网站，http://www.court.gov.cn/zixun-xiangqing-258751.html，最后访问时间：2021年4月26日。

券法规定股票、债券发行需要提交的文件确定。证券法第十三条规定：“公司公开发行新股，应当报送募股申请和下列文件：（一）公司营业执照；（二）公司章程；（三）股东大会决议；（四）招股说明书或者其他公开发行募集文件；（五）财务会计报告；（六）代收股款银行的名称及地址。依照本法规定聘请保荐人的，还应当报送保荐人出具的发行保荐书。依照本法规定实行承销的，还应当报送承销机构名称及有关的协议。”因此，公司依照注册制发行上市所需披露的发行保荐书、上市保荐书、审计报告等其他上市申请所需的文件均可以被“其他发行文件”这一概念所涵盖。

二、如何确定“其他证券”的范围

欺诈发行证券罪的行为对象是“发行的股票或者公司、企业债券、存托凭证或者国务院依法认定的其他证券”。刑法修正案（十一）已经将存托凭证纳入本罪的行为对象范围内。这一变动是由于证券交易行政法规的变化。我国于2018年开始了发行存托凭证的相关试点工作，并由中国证券监督管理委员会首先出台了《存托凭证发行与交易管理办法（试行）》，从部门规章层面为红筹企业在境内通过存托凭证融资提供了法律支持，并以此将我国存托凭证的发行模式、交易方式、管理手段等制度化和明确化。2019年证券法修订后，该法第二条将“存托凭证”正式纳入法定证券种类，为存托凭证的发行进一步提供了上位法依据。除此之外，随着市场的变化，证券种类可能也会增多，为了避免刑法滞后性带来的处罚难题，刑法修正案（十一）将存托凭证和国务院依法认定的其他证券纳入欺诈发行犯罪的规制范围，既与新证券法相衔接，也为将来打击新类型证券欺诈预留了惩治空间。但是，“其他证券”的范围确定仍应依照法律规定判断。

例如，“淦某诉H公司艺术品份额化交易纠纷案”。H公司在香港发起成立了文化艺术品交易平台，淦某陆续通过该平台的代理公司注册开通了五个会员账号进行交易，并通过上述账号将资金多次转至H公司银行账户，亦从H公司银行账户接收资金。2015年12月至2016年1月，H公司以业务调整为由冻结了淦某在该交易平台内的资金，淦某多次要求返还未果，遂起诉H公司，请求法院判令H公司返还冻结在交易平台内的结算资金。[1]

法院认为，艺术品份额化交易是艺术品交易的金融化尝试，属于金融

---

① 《广东自贸区司法保障典型案例》，载北大法宝，http：//www. pkulaw. cn/case/pfnl_a25051f3312b07f32bacc5b47b1aa786cd8c14aa722d87b6bdfb. html? keywords = 淦某诉H公司艺术品份额化交易纠纷案 &match = Exact，最后访问时间：2021年4月26日。

与艺术品市场结合的新兴事物，我国现行法律法规并未作出专门规定。鉴于我国证券法对“证券”的认定限于股票、债券和国务院依法认定的其他证券品种，故虽然艺术品份额化是资产证券化的探索与尝试，但其不属于证券法的调整范围。由此可见，判断证券的范围应当依照证券法的规定。

对于“国务院依法认定为其他证券”，需要出台相关的法律法规明确将某资产纳入证券的管理范围，否则就不属于“其他证券”。例如，上述案件中，法院认为，艺术品份额化交易是将标的物等额拆分后，以每一份额的所有权为基础发行份额公开上市的交易。投资者可以参与艺术品份额的发行申购、持有原始份额，也可以在文化艺术品交易平台上买卖所持份额。艺术品份额化交易是艺术品交易的金融化尝试，属于金融与艺术品市场结合的新兴事物，我国现行法律法规并未作出专门规定。鉴于我国证券法对“证券”的认定限于股票、债券和国务院依法认定的其他证券品种，故虽然艺术品份额化是资产证券化的探索与尝试，但其不属于证券法的调整范围，仍应适用我国合同法关于买卖合同的相关规定。但是，我国证券市场实行证券业务许可制度。公开发行证券，必须符合法律、行政法规规定的条件，并依法报国务院证券监督管理机构或者国务院授权的部门核准，未经依法核准，任何单位和个人不得公开发行证券。国务院办公厅、证监会亦多次明文要求严厉打击以证券期货投资为名进行的违法犯罪活动，对超出核准的经营范围、非法从事或变相非法从事证券期货交易活动的，以涉嫌非法经营罪立案查处。

三、控股股东、实际控制人所实施的共同犯罪如何认定

控股股东、实际控制人等往往在欺诈发行、信息披露造假案件中扮演重要角色，刑法修正案（十一）强化了前述“关键少数”的刑事责任，明确将控股股东、实际控制人组织、指使实施欺诈发行、信息披露严重违法的行为和隐瞒相关事项导致公司发生信息披露严重违法情形的行为纳入刑法规制范畴。该项修改将刑事责任指向了证券法领域的信息披露义务人，与证券法第一百八十一条、第一百九十七条对行政违法主体范围的规定一致。两法形成递进的惩罚体系，体现了“重实质”的穿透处罚原则。

在控股股东、实际控制人与其他自然人共同实施欺诈发行证券罪时，应当对控股股东、实际控制人与其他自然人分别定罪量刑。在控股股东、实际控制人是欺诈发行证券罪的主要实施者和受益人者时，按照刑法第二十六条规定：“组织、领导犯罪集团进行犯罪活动的或者在共同犯罪中起主要作用的，是主犯。”那么，控股股东、实际控制人属于主犯，在刑法第一百八十条第二款规定的刑罚中从重量刑，其他自然人包括直接责任人等依照其在犯罪活动中的主犯、从犯地位定罪量刑，但原则上是以控股股东和实际控制人的量刑为参照。

刑法修正案（十一）第九条 【修改违规披露、不披露重要信息罪】

九、将刑法第一百六十一条修改为："依法负有信息披露义务的公司、企业向股东和社会公众提供虚假的或者隐瞒重要事实的财务会计报告，或者对依法应当披露的其他重要信息不按照规定披露，严重损害股东或者其他人利益，或者有其他严重情节的，对其直接负责的主管人员和其他直接责任人员，处五年以下有期徒刑或者拘役，并处或者单处罚金；情节特别严重的，处五年以上十年以下有期徒刑，并处罚金。

"前款规定的公司、企业的控股股东、实际控制人实施或者组织、指使实施前款行为的，或者隐瞒相关事项导致前款规定的情形发生的，依照前款的规定处罚。

"犯前款罪的控股股东、实际控制人是单位的，对单位判处罚金，并对其直接负责的主管人员和其他直接责任人员，依照第一款的规定处罚。"

【条文主旨】

本条是关于修改违规披露、不披露重要信息罪的规定。

刑法修正案（十一）对违规披露、不披露重要信息罪的修改旨在与新证券法相衔接，加大对违规披露、不披露重要信息行为的刑事惩戒力度。新证券法第五章专章规定了"信息披露"，并在第一百九十七条中加强了对违规不实披露的处罚力度。因此，刑法修正案（十一）增加了刑法第一百六十一条违规披露、不披露重要信息罪的处罚梯度，以达到惩戒金融犯罪，规范证券市场的目的。对于"情节特别严重"的认定标准及罚金的处罚尺度，仍有待相关规定和司法实践予以明晰。

【条文对照】

修正前	修正后
第一百六十一条　【违规披露、不披露重要信息罪】依法负有信息披露义务的公司、企业向股东和社会公众提供虚假的或者隐瞒重要事实的财务会计报告，或者对依法应当披露的其他重要信息不按照规定披露，严重损害股东或者其他人利益，或者有其他严重情节的，对其直接负责的主管人员和其他直接责任人员，处三年以下有期徒刑或者拘役，并处或者单处二万元以上二十万元以下罚金。	第一百六十一条　【违规披露、不披露重要信息罪】依法负有信息披露义务的公司、企业向股东和社会公众提供虚假的或者隐瞒重要事实的财务会计报告，或者对依法应当披露的其他重要信息不按照规定披露，严重损害股东或者其他人利益，或者有其他严重情节的，对其直接负责的主管人员和其他直接责任人员，处**五年**以下有期徒刑或者拘役，并处或者单处罚金；**情节特别严重的，处五年以上十年以下有期徒刑，并处罚金。** **前款规定的公司、企业的控股股东、实际控制人实施或者组织、指使实施前款行为的，或者隐瞒相关事项导致前款规定的情形发生的，依照前款的规定处罚。** **犯前款罪的控股股东、实际控制人是单位的，对单位判处罚金，并对其直接负责的主管人员和其他直接责任人员，依照第一款的规定处罚。**

【修正提示】

刑法修正案（十一）对“违规披露、不披露重要信息罪”的修改主要集中于刑事处罚的幅度和责任主体方面。具体而言：

第一，提高了违规披露、不披露重要信息罪的有期徒刑期限的“上限”，并取消了罚款金额的“上限”。在“严重损害股东或者其他人利益，或者有其他严重情节”的“档次”下，将原规定“处三年以下有期徒刑或者拘役，并处或者单处二万元以上二十万元以下罚金”的刑罚修改为“处五年以下有期徒刑或者拘役，并处或者单处罚金”的刑事处罚幅度。

第二，刑法修正案（十一）对该罪新增了一档情节，并提高了有期徒刑的期限。新增“情节特别严重”的加重情节，将违规披露、不披露重要信息罪的法定刑全面提高，最高可至十年有期徒刑，同时取消了罚金二十万元的上限规定。与“欺诈发行证券罪”的情况相同，该情节“档次”的具体标准，需待相关司法解释予以进一步明确。

第三，与“欺诈发行证券罪”的情况类似，刑法修正案（十一）在该罪项下同样增加了控股股东、实际控制人的责任条款。即该条第二款、第三款规定的：“前款规定的公司、企业的控股股东、实际控制人实施或者组织、指使实施前款行为的，或者隐瞒相关事项导致前款规定的情形发生的，依照前款的规定处罚。犯前款罪的控股股东、实际控制人是单位的，对单位判处罚金，并对其直接负责的主管人员和其他直接责任人员，依照第一款的规定处罚。”

【修法背景】

刑法修正案（十一）对违规披露、不披露重要信息罪进行修订主要是为了解决以下两个问题：

第一，违规披露案件逐渐增多，对金融市场运行秩序造成严重损害。2019 年证监会对康美药业、獐子岛、中毅达等公司信披违规案件相继作出行政处罚和市场禁入决定后，相关主管人员均被移送公安机关查处①，其中康美药业实际控制人、董事长马某等人涉嫌组织相关人员虚开和篡改增值税发票、伪造银行回款凭证、伪造定期存单，累计虚增收入 300 亿元，虚增利润 40 亿元。2019 年 5 月 14 日，证监会宣布对康美药业作出行政处罚。决定对康美药业责令改正，给予警告，并处以 60 万元罚款，对 21 名责任人员处以 10 万元至 90 万元不等罚款，对 6 名主要责任人采取 10 年至终身证券市场禁入措施。②

第二，精准规制控股股东、实际控制人的“关键少数”，提高犯罪违法成本。证券资本市场公司主体的实际控制人，一般为控股股东，其违规披露行为实质上是侵害其他小股东、未参与实际经营股东及社会投资者合法利益的行为，具有较大社会危害性。可是，自刑法修正案（六）确立违规披露罪以来，司法实践中该罪一直处于极少适用的状态。

---

① 《中国证监会行政处罚决定书（獐子岛集团股份有限公司、吴厚某等 16 名责任人员）〔2020〕29 号》，载中国证券监督管理委员会网站，http：//www. csrc. gov. cn/pub/zjhpublic/G00306212/202006/t20200 624378771. htm，最后访问时间：2021 年 4 月 26 日；《中国证券监督管理委员会上海监管局行政处罚决定书 沪〔2020〕1 号》，载中国证券监督管理委员会网，http：//www. csrc. gov. cn/shanghai/xzcf/ 202003/t20200303 371404. htm，最后访问时间：2021 年 4 月 26 日。

② 《中国证监会行政处罚决定书（康美药业股份有限公司、马兴某、许冬某等 22 名责任人员）〔2020〕24 号》，载中国证券监督管理委员会网站，http：//www. csrc. gov. cn/pub/zjhpublic/G00306212/202005/t20200515_ 376440. htm，最后访问时间：2021 年 4 月 26 日。

主要原因为证券犯罪的隐蔽性、查处难度大、缺少对犯罪主体的明确规定等。刑法修正案（十一）新增控股股东、实际控制人主要是针对这一情况。

【适用指南】

一、违规披露、不披露重要信息罪的犯罪主体能否是单位

“违规披露、不披露重要信息罪”与“欺诈发行证券罪”的犯罪主体不同，由于刑法第一百六十一条规定的“违规披露、不披露重要信息罪”的犯罪主体是“依法负有信息披露义务的公司、企业”，故从文义解释来看，该罪只能成立单位犯罪；全国人大法工委对刑法中该条文的释义也作如此理解[①]。在此情况下，相关涉嫌犯罪的自然人的身份只可能以单位的“直接负责的主管人员和其他直接责任人员”或“公司、企业的控股股东、实际控制人”出现。但是，“欺诈发行证券罪”则既可能成立单位犯罪，也可能构成个人犯罪。

违规披露、不披露重要信息罪的刑罚主体为依法负有信息披露义务的公司、企业的直接负责的主管人员和其他直接责任人员，本罪虽为单位犯罪，但适用的是单罚制，并不处罚单位，故单位不能作为本罪的刑罚主体。对此，最高人民检察院在指导案例第66号“甲公司、余蒂某等人违规披露、不披露重要信息案”[②] 中明确指出，违规披露、不披露重要信息罪不追究单位的刑事责任，如公安机关以本罪将单位移送起诉的，检察机关应当对单位直接负责的主管人员及其他责任人员提起公诉，对单位依法作出不起诉决定。背后的考虑是，上市公司涉及多元利益群体，需避免中小股东利益遭受双重损害。

例如，“甲公司、余蒂某等人违规披露、不披露重要信息案”[③]：乙公司为上市公司甲公司控股股东。在甲公司并购重组过程中，有关人员作出了业绩承诺，在业绩不达标时需向甲公司支付股改业绩承诺款。2011年4月，余蒂某等人采取循环转账等方式虚构乙公司已代全体股改义务人支付股改业绩承诺款3.84亿余元的事实，在甲公司临时报告、半年报中进行披

---

① 郎胜主编：《中华人民共和国刑法释义》，法律出版社2011年版，第226页。

② 《最高人民检察院第十七批指导性案例检例第66号》，载《最高人民检察院公报》2020年第2号（总第175号）。

③ 《最高人民检察院第十七批指导性案例检例第66号》，载《最高人民检察院公报》2020年第2号（总第175号）。

露。为掩盖以上虚假事实，余蒂某采取将1000万元资金循环转账等方式，虚构用股改业绩承诺款购买37张面额共计3.47亿元银行承兑汇票的事实，在甲公司2011年的年报中进行披露。2012年至2014年，余蒂某、张丽某多次虚构银行承兑汇票贴现等交易事实并在甲公司当年半年报、年报中披露。此外，甲公司还违规不披露甲公司实际控制人及其关联公司等信息。

检察机关审查认为，根据刑法第一百六十一条规定，不追究单位的刑事责任，对甲公司应当依法不予起诉。虽然依照刑法规定不能追究甲公司的刑事责任，但对甲公司需要给予行政处罚。

该案件的指导意义在于，第一，违规披露、不披露重要信息犯罪不追究单位的刑事责任。上市公司依法负有信息披露义务，违反相关义务的，刑法规定了相应的处罚。由于上市公司所涉利益群体的多元性，为避免中小股东利益遭受双重损害，刑法规定对违规披露、不披露重要信息罪只追究直接负责的主管人员和其他直接责任人员的刑事责任，不追究单位的刑事责任。第二，刑法没有规定追究单位刑事责任的，应当对单位作出不起诉决定。对公安机关将单位一并移送起诉的案件，如果刑法没有规定对单位判处刑罚，检察机关应当对构成犯罪的直接负责的主管人员和其他直接责任人员依法提起公诉，对单位应当不起诉。鉴于刑事诉讼法没有规定与之对应的不起诉情形，检察机关可以根据刑事诉讼法规定的最相近的不起诉情形，对单位作出不起诉决定。第三，对不追究刑事责任的单位，人民检察院应当依法提出检察意见督促有关机关追究行政责任。不追究单位的刑事责任并不表示单位不需要承担任何法律责任。

虽然负有披露义务的公司、企业本身不被追究刑事责任，但组织、指使实施违规披露行为的控股股东、实际控制人为单位时，如甲公司的母公司组织、实施该犯罪，违法所得归母公司所有的，则母公司可构成单位犯罪。按照最高人民法院《全国法院审理金融犯罪案件工作座谈会纪要》（法〔2001〕8号）规定，以单位名义实施犯罪，违法所得归单位所有的，是单位犯罪。此时的“直接负责的主管人员和其他直接责任人员”应当认定为甲的母公司和母公司指派在甲公司的主管人员。

二、如何认定违规披露、不披露重要信息罪中“其直接负责的主管人员和其他直接责任人员”

对于本罪中“直接负责的主管人员和其他直接责任人员”的司法认定，一般认为除参与经营的董事长、总经理、分管副职领导外，财务人员或法务人员亦可能入刑。

例如，“任鸿某等违规披露重要信息案”①：上海某股份有限公司（以下简称上海某公司）系上海证券交易所上市公司，依法负有信息披露义务。2015 年 10 月，上海某公司为虚增业绩，由时任公司副董事长、总经理任鸿某决定将上述项目中已由其他企业完工的约 80% 工程收入违规计入公司三季报，具体由公司副总经理、财务总监林旭某，公司财务经理秦思某，厦门公司副总经理盛某实施。盛某安排厦门公司提供虚假的工程、财务数据，秦思某依据上述数据编制上海某公司三季度财务报表，交林旭某签字确认。2019 年，被告人任鸿某、盛某、秦思某、林旭某分别接到公安机关电话通知后主动到案，并如实供述了上述犯罪事实。任鸿某、林旭某分别向中国证券监督管理委员会缴纳行政罚款 20 万元。

上海市第三中级人民法院经审理认为，上海某公司作为依法负有信息披露义务的公司，向股东和社会公众提供虚假的财务会计报告，具有严重情节；被告人任鸿某作为直接负责的主管人员，被告人林旭某、盛某、秦思某作为其他直接责任人员，其行为均已构成违规披露重要信息罪，应予依法惩处。

因此，追责层级范围不限于公司的董监高人员，直接参与制假瞒报或提供虚假凭证资料的财会人员，也应纳入追责范围，但需结合在犯罪中的地位和作用综合考量，以免打击面过宽。违规披露、不披露重要信息犯罪中的主管人员和其他直接责任人员对财务会计报告或重要信息系弄虚作假具有一定的主观明知，当其对制假瞒报不知情、仅因工作过失致使违规披露重要信息的，不予追责。

判断行为人是否为“其他负责人”，需要注意以下三点：其一，主管人员和直接责任人员对财务会计报告或重要信息系弄虚作假具有一定的主观明知，对制假瞒报不知情、仅因工作过失致使违规披露重要信息的，不予追责。其二，追责的层级范围不仅限于公司、企业的董监高人员。根据《上市公司信息披露管理办法》的相关规定，上市公司的董事、监事、高级管理人员应当忠实、勤勉地履行职责，保证披露信息的真实、准确、完整、及时、公平。诚然，《上市公司信息披露管理办法》未赋予财务人员忠实勤勉职责，但《上市公司信息披露管理办法》中亦明确了财务负责人应对公司财务报告的真实性、准确性、完整性、及时性、公平性承担主要责任。因此，在认定违规披露、不披露重要信息罪处罚主体时，既包括签署、审核财会报告的董事、监事、总经理或是授意指使弄虚作假的负责

① 上海市第三中级人民法院（2020）沪 03 刑初 4 号刑事判决书。

人，同时也应将直接参与制假瞒报或提供虚假凭证资料的财会人员纳入分析评价的范畴。其三，财会人员中需要追究刑事责任的直接责任人员，主要取决于该人员在犯罪中的地位和作用，在上市公司中财务总监、财务经理属于财会人员中的主要负责人，应当承担相应的责任。对于财务部门层级较低的一般财务人员，一般认为不应轻易打击，以免打击面过宽。

三、行政处罚罚金能否抵扣刑事罚金

根据相关法律规定，违法行为构成犯罪，法院判处罚金时，行政机关已经给予行政处罚的，应当折抵相应罚金。行政处罚法第三十五条第二款规定“违法行为构成犯罪，人民法院判处罚金时，行政机关已经给予当事人罚款的，应当折抵相应罚金；行政机关尚未给予当事人罚款的，不再给予罚款”。因此，如果移送刑事立案前，涉案人员已接受证监会的处罚，缴纳了行政罚款，相应的罚款可直接折抵罚金。法院在判处罚金时，对该部分已缴纳的罚款，在判决书中应予注明。

刑法修正案（十一）第十条 【修改非国家工作人员受贿罪】

> 十、将刑法第一百六十三条第一款修改为：“公司、企业或者其他单位的工作人员，利用职务上的便利，索取他人财物或者非法收受他人财物，为他人谋取利益，数额较大的，处三年以下有期徒刑或者拘役，并处罚金；数额巨大或者有其他严重情节的，处三年以上十年以下有期徒刑，并处罚金；数额特别巨大或者有其他特别严重情节的，处十年以上有期徒刑或者无期徒刑，并处罚金。”

【条文主旨】

本条是关于修改非国家工作人员受贿罪的规定。

为了加大对民营企业内部发生的侵害企业财产犯罪的惩处力度，落实产权平等保护精神，刑法修正案（十一）调整和提高了非国家工作人员受贿罪的刑罚配置。

【条文对照】

修正前	修正后
第一百六十三条　【非国家工作人员受贿罪】公司、企业或者其他单位的工作人员利用职务上的便利，索取他人财物或者非法收受他人财物，为他人谋取利益，数额较大的，处五年以下有期徒刑或者拘役；数额巨大的，处五年以上有期徒刑，可以并处没收财产。 公司、企业或者其他单位的工作人员在经济往来中，利用职务上的便利，违反国家规定，收受各种名义的回扣、手续费，归个人所有的，依照前款的规定处罚。 国有公司、企业或者其他国有单位中从事公务的人员和国有公司、企业或者其他国有单位委派到非国有公司、企业以及其他单位从事公务的人员有前两款行为的，依照本法第三百八十五条、第三百八十六条的规定定罪处罚。	第一百六十三条　【非国家工作人员受贿罪】公司、企业或者其他单位的工作人员，利用职务上的便利，索取他人财物或者非法收受他人财物，为他人谋取利益，数额较大的，**处三年以下有期徒刑或者拘役，并处罚金；数额巨大或者有其他严重情节的，处三年以上十年以下有期徒刑，并处罚金；数额特别巨大或者有其他特别严重情节的，处十年以上有期徒刑或者无期徒刑，并处罚金。** 公司、企业或者其他单位的工作人员在经济往来中，利用职务上的便利，违反国家规定，收受各种名义的回扣、手续费，归个人所有的，依照前款的规定处罚。 国有公司、企业或者其他国有单位中从事公务的人员和国有公司、企业或者其他国有单位委派到非国有公司、企业以及其他单位从事公务的人员有前两款行为的，依照本法第三百八十五条、第三百八十六条的规定定罪处罚。

【修正提示】

刑法修正案（十一）对非国家工作人员受贿罪作了以下三处修改：

其一，将受贿数额较大的，“处五年以下有期徒刑或者拘役”，改为“处三年以下有期徒刑或者拘役，并处罚金”；

其二，将数额巨大的，“处五年以上有期徒刑，可以并处没收财产”，改为“数额巨大或者有其他严重情节的，处三年以上十年以下有期徒刑，并处罚金”；

其三，增加了“数额特别巨大或者有其他特别严重情节的，处十年以上有期徒刑或者无期徒刑，并处罚金”。

【修法背景】

1997年刑法修订后规定了“公司、企业人员受贿罪”，刑法修正案

（六）将该罪犯罪主体从“公司、企业的工作人员”扩展为“公司、企业或者其他单位的工作人员”，司法解释将罪名变更为“非国家工作人员受贿罪”。近年来，“对公有财产和私有财产进行平等保护”的呼声渐长，受贿罪的法定刑远重于非国家工作人员受贿罪的不均衡现状，成为立法者提高后罪刑罚配置的动因，其根本目标则在于加大对民营企业的产权保护力度。

在政策导向上，2016 年 11 月 4 日，《中共中央、国务院关于完善产权保护制度依法保护产权的意见》颁布，明确提出“加大对非公有财产的刑法保护力度”。2019 年 2 月，中央全面依法治国委员会第二次会议强调“法治是最好的营商环境”，明确要求尊重市场规律，在法治框架内调整各类市场主体的利益关系，把平等保护贯彻到立法、执法、司法、守法等各个环节，依法平等保护各类市场主体产权和合法权益。在此背景下，相继出台了《最高人民检察院关于充分发挥检察职能依法保障和促进非公有制经济健康发展的意见》《最高人民法院关于充分发挥审判职能作用切实加强产权司法保护的意见》等规定，司法机关主动适应非公经济发展的司法需求，依法保护非公企业产权和合法权益。

在法律体系上，我国 1988 年修正后的宪法将私营经济定位为“社会主义公有制经济的补充”。1997 年刑法遵循宪法的原则性规定，将国有企业和非国有企业进行差异化保护，凸显国有企业的重要地位，具有一定合理性。1999 年宪法修正后，相关条文修改为：“在法律规定范围内的个体经济、私营经济等非公有制经济，是社会主义市场经济的重要组成部分。”刑法却未能根据宪法原则的变化，及时进行跟进性调整，“应当说是未能及时根据我国社会主义市场经济的发展进行完善”。[①]“产权平等保护”首先是指，保护公有制经济的产权免受不法侵害的同时，也按照统一标准、平等地保护非公有制经济主体的产权，亦即加大对侵害民营企业利益行为的打击力度。刑法积极对非公经济予以刑事法保护，是市场经济发展的客观需要，符合社会主义法治建设的基本要求。否则在非公经济抗击风险能力相对较弱的情况下，刑法保护上的不平等会致使非公经济的刑事风险无法得到妥善解决。

---

① 参见韩轶：《企业权益刑法保护的立法更新和司法适用》，载《中国法律评论》2021 年第 1 期。

【适用指南】

在理解和适用本罪规定时，司法实践中主要面临如何界定“非国家工作人员”这一主体身份，以及如何区分“非国家工作人员”与“国家工作人员”的问题。以下结合典型案例予以阐述。

一、如何界定“非国家工作人员”的主体身份

例如，被告人杨某是某村党支部书记、村委会主任、村经济合作社社长，任该村村办企业筹建组负责人，在管理本单位经营活动过程中，为他人谋取利益，非法收受人民币计26.5万元。①

本案所面临的实践问题是，尚在筹建中的公司、企业工作人员利用职务上的便利，为请托人谋取利益，非法收受、索取请托人财物的，能否构成公司、企业人员受贿罪［刑法修正案（六）颁布之前的罪名］?

法院认为，对于被告人杨某利用职务便利收受财物、为他人谋取利益的行为，应当认定构成企业人员受贿罪。理由如下：

其一，只要是依法设立的企业，其工作人员利用职务便利实施犯罪活动的，就应当适用刑法关于企业工作人员犯罪的条款。同时，企业的成立需要一个过程，不能将依法设立理解为取得营业执照。本案中，甲大酒店是依照《中华人民共和国乡村集体所有制企业条例》第十四条的规定，经掘港镇人民政府审核后，报请如东县人民政府批准成立的村办企业，没有领取《企业法人营业执照》或者《营业执照》，不应影响其村办企业的性质。实践中，筹建中的公司、企业因管理不规范，更容易出现侵占、受贿、挪用等腐败问题，如不将筹建中的公司、企业认定为刑法意义上的公司、企业，会放纵大量此类犯罪行为。被告人杨某作为村办企业甲大酒店筹建组的负责人，实际履行了甲大酒店的经营管理权，应当认定为企业工作人员。对于其利用职务上的便利实施犯罪行为的，应当适用刑法关于企业人员犯罪的条款进行处理。

其二，被告人杨某非法收受、索要他人财物26.5万元，与其在村办企业的筹建、转让方面为他人谋取利益，有直接的因果关系。虽然签订甲大酒店的施工、转让协议大多不是以村办企业负责人的名义，而是以村民委员会主任或者经济合作社社长的名义，但协议的内容均属于村办企业负责人的职责范畴，同时，这种做法是村办企业管理体制的不规范，以及杨某

---

① 参见最高人民法院刑事审判第一、二庭主办：《刑事审判参考》（总第41集），法律出版社2005年版，第1～7页。

同时兼任青园村委会主任、经济合作社社长、甲大酒店筹建组负责人的结果，不应影响杨某作为村办企业负责人的认定。

二、如何区分“非国家工作人员”与“国家工作人员”

非国家工作人员受贿罪与受贿罪的区分主要在于主体身份不同，即行为人是非国家工作人员还是国家工作人员。司法实践中面临的一个问题是：能否认定国有控股企业中一般中层管理干部的国家工作人员身份？

例如，被告人宋某在担任国有控股公司业务部生产调度室副经理、经理期间，利用职务便利，收受消费积点卡、贿赂款共计21.5万余元，均被用于个人消费。在检察机关调查期间，宋某主动供述收受20余万元现金的事实。在法院审判阶段，宋某在家属的帮助下退缴了全部赃款。①

一审法院认为被告人不构成受贿罪，而是构成非国家工作人员受贿罪，理由如下：

判断被告人宋某是否具有国家工作人员的身份，其直接的依据是2010年出台的《最高人民法院、最高人民检察院关于办理国家出资企业中职务犯罪案件具体应用法律若干问题的意见》。该意见除对传统委派内容和形式进行了细化规定以及对双重身份人员进行了解释之外，首次将“代表人员”纳入国家工作人员范畴。根据该意见第六条第二款的规定，经国家出资企业中负有管理、监督国有资产职责的组织批准或者研究决定，代表其在国有控股、参股公司及其分支机构中从事组织、领导、监督、经营、管理工作的人员，应当认定为国家工作人员。基于此，可以从形式要件和实质要件两个方面否定本案被告人构成受贿罪：

一是形式要件，即经国家出资企业中负有管理、监督国有资产职责的组织批准或者研究决定。但是，被告人宋某在该集团生产业务部下设的生产调度室从主管到担任副经理、经理的变动，均由其上级部门领导提出聘任意见，由公司人事组织部审核后，由总裁最终批准和决定，无须经过人事组织部提名、领导部门联席会扩大会议讨论决定的程序。前述股东会、董事会、监事会等都不是负有管理、监督国有资产职责的组织，总裁更不能认定为上述组织，其对被告人的任命是基于其代表股份公司行使的总裁职权，而非代表负有管理、监督国有资产职责的组织行使职权。

二是实质要件，代表负有管理、监督国有资产职责的组织在国有控

① 参见最高人民法院刑事审判第一至五庭主办：《刑事审判参考》（总第97集），法律出版社2014年版，第14～18页。

股、参股公司及其分支机构中从事组织、领导、监督、经营、管理工作。但是，被告人宋某负责上港集团下属港区码头货物装卸、船舶到港、浮吊作业计划、分配、调度和管理，系经股份公司授权代表股份公司利益从事相关活动，具有一定管理属性的工作岗位，属于公司性的公务活动，但不属于专门从事国有资产监督、管理的活动，即不属于国家性的公务。

三、如何认定“数额特别巨大”

相关司法解释规定本罪“数额较大”“数额巨大”的起点分别是受贿罪数额的二倍和五倍，① 由此限制对非国家工作人员受贿行为的过度处罚。尽管提倡非公有财产应受平等保护，但受贿罪的保护法益包含职务行为廉洁性，因此对其处罚应当加重。对于非国家工作人员受贿罪而言，在此次刑法修正以前，“数额巨大”可判处“五年以上有期徒刑，可以并处没收财产”。刑法修正案（十一）将“数额巨大”的处罚修正为“处三年以上十年以下有期徒刑，并处罚金”后，刑罚有所降低，故关于起刑点的数额如何修正，仍有待司法机关进一步考虑。

对于非国家工作人员受贿罪的“数额特别巨大”，若按受贿罪的两倍界定，则600万元是其与“数额巨大”的界线。这一标准是否合理，或可从下述案件中窥见一斑：

例如，原甲公司总裁、乙公司CEO杨某在担任甲公司总裁期间，利用职务便利，非法收受贿赂款共计人民币855万余元，并为他人谋取利益，其行为已构成非国家工作人员受贿罪。其中，杨某以借款为名向合作单位总裁王某索取人民币200万元。杨某辩称，从王某处借的200万元属于正常借款，不应认定为贿赂款，请求判处有期徒刑六年。②

审理法院最终认定杨某从王某处借的200万元属于正常借款，不应认定为贿赂款，杨某构成非国家工作人员受贿罪“数额巨大”。杨某自审查起诉阶段起自愿认罪认罚，依法予以从宽处罚，故最终判处有期徒刑七年，并处没收财产。

---

① 《最高人民法院、最高人民检察院关于办理贪污贿赂刑事案件适用法律若干问题的解释》第十一条规定，刑法第一百六十三条规定的非国家工作人员受贿罪中的“数额较大”“数额巨大”的数额起点，按照本解释关于受贿罪相对应的数额标准规定的二倍、五倍执行。该解释第一条规定，贪污或者受贿数额在三万元以上不满二十万元的，应当认定为刑法第三百八十三条第一款规定的“数额较大”；第二条规定，贪污或者受贿数额在二十万元以上不满三百万元的，应当认定为刑法第三百八十三条第一款规定的“数额巨大”；第三条规定，贪污或者受贿数额在三百万元以上的，应当认定为刑法第三百八十三条第一款规定的“数额特别巨大”。

② 参见浙江省杭州市余杭人民法院（2019）浙0110刑初1145号刑事判决书。

倘若本案发生于刑法修正案（十一）生效后，则“非国家工作人员受贿罪数额特别巨大”的标准为600万元，杨某受贿金额不论是655万元，还是855万元，均构成“数额特别巨大”，应当“处十年以上有期徒刑或者无期徒刑，并处罚金”，但不可没收其财产。尽管取消“没收财产”后，对“数额巨大”和“数额特别巨大”的财产方面的处罚有所减轻，但相比于修正前“数额巨大，处五年以上有期徒刑”，修正后的“数额特别巨大，处十年以上有期徒刑或者无期徒刑”则重很多。

四、如何认定“其他严重情节”

（一）“数额巨大或者有其他严重情节”中的“其他严重情节”如何认定

根据《最高人民法院、最高人民检察院关于办理贪污贿赂刑事案件适用法律若干问题的解释》第二条第三款，受贿数额在十万元以上不满二十万元，具有该解释规定的八种情形的，应当认定为刑法第三百八十三条第一款规定的“其他严重情节”。这八种情节分别是：（1）多次索贿的；（2）为他人谋取不正当利益，致使公共财产、国家和人民利益遭受损失的；（3）为他人谋取职务提拔、调整的；（4）曾因贪污、受贿、挪用公款受过党纪、行政处分的；（5）曾因故意犯罪受过刑事追究的；（6）赃款赃物用于非法活动的；（7）拒不交待赃款赃物去向或者拒不配合追缴工作，致使无法追缴的；（8）造成恶劣影响或者其他严重后果的。

首要的问题是，非国家工作人员受贿罪能否参考受贿罪，对上述情节或类似情节进行加重处罚？在刑法修正案（十一）出台前，张明楷教授曾指出，“刑法第383条、第385条关于受贿罪的规定是将数额与情节作为选择性的成立条件与法定刑升格条件的。司法解释针对受贿罪就情节较重、情节严重所做的规定不能直接适用于非国家工作人员受贿罪中的数额较大与数额巨大”。[①] 但在刑法修正案（十一）出台后，刑法第一百六十三条增加了关于“情节严重”和“情节特别严重”的规定，亦即将数额与情节共同作为了选择性的成立条件与法定刑升格条件。因此，司法解释针对受贿罪就情节严重、情节特别严重所作的规定，理论上可以适用于非国家工作人员受贿罪中的“数额巨大”与“数额特别巨大”。

但上述司法解释规定的八种情形中，第二、三、四项不会出现在非国家工作人员受贿罪的场合，抑或即便出现，也不是本罪保护法益所涵盖的内容，因此不能作为本罪的加重情节。非国家工作人员受贿罪的严重情

① 参见张明楷：《刑法学》（第五版），法律出版社2016年版，第761页。

节，目前只能包括如下五种：（1）多次索贿的；（2）曾因故意犯罪受过刑事追究的；（3）赃款赃物用于非法活动的；（4）拒不交待赃款赃物去向或者拒不配合追缴工作，致使无法追缴的；（5）造成恶劣影响或者其他严重后果的。

（二）“数额特别巨大或者有其他特别严重情节”中的“其他特别严重情节”如何认定

根据《最高人民法院、最高人民检察院关于办理贪污贿赂刑事案件适用法律若干问题的解释》第三条第三款，受贿数额在一百五十万元以上不满三百万元，具有该解释规定的八种情形的，应当认定为刑法第三百八十三条第一款规定的“其他特别严重情节”。该解释规定的八种“特别严重情形”，与“严重情形”“较重情形”一样，均为上文所列之八项。因此这一解释本身值得商榷：既然分别为“特别严重情形”、“严重情形”和“较重情形”，何以不做区分？就非国家工作人员受贿罪中“其他特别严重情节”如何认定而言，同样有待新的司法解释出台。总之，刑法修正案（十一）对非国家工作人员受贿罪、职务侵占罪和挪用资金罪作出全面调整后，原关于办理贪污贿赂刑事案件的司法解释或有必要整体修正，以实现体系之协调。

刑法修正案（十一）第十一条　【修改骗取贷款、票据承兑、金融票证罪】

> 十一、将刑法第一百七十五条之一第一款修改为：“以欺骗手段取得银行或者其他金融机构贷款、票据承兑、信用证、保函等，给银行或者其他金融机构造成重大损失的，处三年以下有期徒刑或者拘役，并处或者单处罚金；给银行或者其他金融机构造成特别重大损失或者有其他特别严重情节的，处三年以上七年以下有期徒刑，并处罚金。”

【条文主旨】

本条是有关修改骗取贷款、票据承兑、金融票证罪的规定。

骗取贷款、票据承兑、金融票证罪旨在保护国家对贷款、票据承兑、信用证、保函等的金融管理秩序。为进一步优化营商环境，刑法修正案（十一）提高了本罪的入罪门槛。对那些急需资金用于生产经营的民营企业，迫于“融资难”而不得已在融资过程中实施一些违规行为，最后未给银行造成重大损失的，一般不作为犯罪处理。

【条文对照】

修正前	修正后
第一百七十五条之一 【骗取贷款、票据承兑、金融票证罪】以欺骗手段取得银行或者其他金融机构贷款、票据承兑、信用证、保函等，给银行或者其他金融机构造成重大损失或者有其他严重情节的，处三年以下有期徒刑或者拘役，并处或者单处罚金；给银行或者其他金融机构造成特别重大损失或者有其他特别严重情节的，处三年以上七年以下有期徒刑，并处罚金。 单位犯前款罪的，对单位判处罚金，并对其直接负责的主管人员和其他直接责任人员，依照前款的规定处罚。	第一百七十五条之一 【骗取贷款、票据承兑、金融票证罪】以欺骗手段取得银行或者其他金融机构贷款、票据承兑、信用证、保函等，给银行或者其他金融机构造成重大损失的，处三年以下有期徒刑或者拘役，并处或者单处罚金；给银行或者其他金融机构造成特别重大损失或者有其他特别严重情节的，处三年以上七年以下有期徒刑，并处罚金。 单位犯前款罪的，对单位判处罚金，并对其直接负责的主管人员和其他直接责任人员，依照前款的规定处罚。

【修正提示】

刑法修正案（十一）对骗取贷款、票据承兑、金融票证罪只作了一处修改，即删去作为本罪基本犯原成立条件之一的“其他严重情节”。修正前，“其他严重情节”与“给银行或者其他金融机构造成重大损失”二者并列作为本罪基本犯的成立条件，且两者系择一关系。行为人只要“给银行或者其他金融机构造成重大损失”或者“有其他严重情节”的，都有可能构成本罪。而修正后，只有当行为人给银行或者其他金融机构造成重大损失时，才可能构成本罪。从犯罪类型的角度看，修正前本罪的基本犯既包括结果犯，也包括情节犯；而经本次修正后，本罪的基本犯就只有结果犯，而不包括情节犯。

需要注意的是，刑法修正案（十一）只是删去了本罪“基本犯”中情节犯设置，并没有删去本罪的情节加重犯。因此，行为人以欺骗手段取得银行或者其他金融机构贷款、票据承兑、信用证、保函等，虽然没有给银行或者其他金融机构造成特别重大损失，但“有其他特别严重情节”的，还是有可能构成本罪的情节加重犯。不过，司法者在认定行为人“有其他特别严重情节”时应当十分慎重，不应把原本只具有“严重情节”的行为认定为具有“特别严重情节”，否则就违背了本次刑法修正的初衷。

【修法背景】

骗取贷款、票据承兑、金融票证罪系2006年刑法修正案（六）新增罪名。当时我国对于要建设怎样的金融市场以及如何发展金融市场等一系列根本性问题尚处在探索之中，有关金融市场的法律、法规、规章和制度也相对欠缺。在稳步推进市场经济建设等诸多因素的综合作用下，那一阶段的金融立法带有较为明显的“管制”色彩。其中就包括加强对银行等金融机构的刑法保护。当时为确保银行和其他金融机构能够有序地开展贷款、票据承兑、信用证、保函等一系列金融业务，刑法修正案（六）增设了骗取贷款、票据承兑、金融票证罪，而且通过“结果犯”与“情节犯”择一并列的立法方式为本罪设置了较低的入罪门槛。其中，“或者有其他严重情节”的入罪条件在实践中确实发挥了一定的前置性预防效果。

但是，随着我国金融市场管理法律依据的不断完善，原来那种将刑法“挺在预防前线”的做法已不合时宜。实践中，有些急需资金维持生产经营的企业，迫于“融资难”等原因而不得已在融资过程中使用了欺骗手段，但其主观上并无诈骗目的，客观上也未给银行造成重大损失，最终被以“有其他严重情节”为由定罪处罚。这些判决在震慑潜在不法分子的同时，也吓退了不少有意创新创业的民众。在“大众创业，万众创新”的时代背景下，为了进一步优化营商环境，刑法修正案（十一）对本罪作出了适时的修正，删去其基本犯中“或者有其他严重情节”的入罪条件。在本次修正之后，行为人虽以欺骗手段取得银行或者其他金融机构贷款、票据承兑、信用证、保函等，但并未给银行或者其他金融机构造成重大损失的，不构成本罪。当然，这仅仅意味着这类行为不具有刑事违法性；至于这类行为是否具有行政违法性或民事违法性，还需要根据其他行政或民事法律、法规加以认定。

【适用指南】

在刑法修正案（十一）删去原刑法第一百七十五条之一中的“或者有

其他严重情节的”规定后，骗取贷款、票据承兑、金融票证罪的入罪标准必然随之改变。不仅如此，本罪情节加重犯中的“或者有其他特别严重情节的”认定标准也有必要作出相应调整。此外，立法修正前就已经出现的“‘欺骗手段’的认定问题”，在立法修正之后还将继续存在。下面将按照“先新后旧”的顺序，先对立法修正带来的追诉标准变动问题展开探讨，再简述“欺骗手段”的认定问题。

一、如何重新把握本罪的入罪标准与法定刑升格标准

在本次立法修正之前，“有其他严重情节”系骗取贷款、票据承兑、金融票证罪基本犯的一个选择性构成要件结果。而在刑法修正案（十一）将该选择性构成要件结果删去以后，不仅本罪基本犯的认定标准（即入罪标准）会发生变化，而且本罪情节加重犯的认定标准也有必要作出相应调整。

（一）如何把握本罪的新入罪标准

在刑法修正案（十一）出台之前，行为人以欺骗手段取得银行或者其他金融机构贷款、票据承兑、信用证、保函等，只要“给银行或者其他金融机构造成重大损失”或者“有其他严重情节”的，即构成本罪。根据《最高人民检察院、公安部关于公安机关管辖的刑事案件立案追诉标准的规定（二)》（以下简称《立案追诉标准（二)》）第二十七条的规定，“……涉嫌下列情形之一的，应予立案追诉：（一）以欺骗手段取得贷款、票据承兑、信用证、保函等，数额在一百万元以上的；（二）以欺骗手段取得贷款、票据承兑、信用证、保函等，给银行或者其他金融机构造成直接经济损失数额在二十万元以上的；（三）虽未达到上述数额标准，但多次以欺骗手段取得贷款、票据承兑、信用证、保函等的；（四）其他给银行或者其他金融机构造成重大损失或者有其他严重情节的情形”。

而在刑法修正案（十一）实施以后，“有其他严重情节”就不再是本罪基本犯的选择性构成要件。行为人以欺骗手段取得银行或者其他金融机构贷款、票据承兑、信用证、保函等，只有给银行或者其他金融机构造成重大损失的，才构成本罪。所以，把握本罪新入罪标准的关键就在于准确理解“给银行或者其他金融机构造成重大损失”这一构成要件结果。这里，有必要展开探讨的问题是，在刑法修正案（十一）正式实施以后，前述《立案追诉标准（二)》第二十七条所规定的追诉标准是否继续有效。

首先，可以肯定的是，在刑法修正案（十一）已经删去本罪基本犯中的“有其他严重情节”这一选择性构成要件结果的情况下，《立案追诉标准（二)》第二十七条第四项中的“有其他严重情节”理应随之失效。另外，由于刑法修正案（十一）并没有修改本罪基本犯中的“给银行或者其他金融机构造成重大损失”这一构成要件结果，所以《立案追诉标准（二）》第二十七条第二项关于“给银行或者其他金融机构造成直接经济损失数额在二十万元以上的”的追诉标准仍可继续沿用。

其次，《立案追诉标准（二）》第二十七条第一项、第三项所规定的标准是否继续有效？笔者认为，这两项追诉标准应当自刑法修正案（十一）实施起自动失效。理由是刑法修正案（十一）实施以后，本罪基本犯的构成要件结果有且仅有一个，即“给银行或者其他金融机构造成重大损失”。而无论是前述第一项追诉标准所规定的“以欺骗手段取得贷款、票据承兑、信用证、保函等，数额在一百万元以上的”，还是第三项所规定的“虽未达到上述数额标准，但多次以欺骗手段取得贷款、票据承兑、信用证、保函等的”，都难以被纳入“给银行或者其他金融机构造成重大损失”这一构成要件结果内。换言之，《立案追诉标准（二）》第二十七条第一项、第三项所规定的追诉标准实际上还是属于已被删去的“有其他严重情节”的范畴。

最后，《立案追诉标准（二）》第二十七条第四项中的“其他给银行或者其他金融机构造成重大损失的情形”为何失效？回答这一问题的关键在于准确理解“给银行或者其他金融机构造成重大损失”中的“重大损失”。这里可能存在两种理解方式，一种是狭义的理解方式，即认为“重大损失”仅指财物损失。而另一种是广义的理解方式，即认为“重大损失”除了包含财物损失以外，还可能包含其他损失内容。如果纯粹从解释技巧上来讲，那么采取广义的理解方式似乎更加稳妥，因为广义的理解方式给“当下未知但未来可能出现的”情形留有余地。可是，一旦结合刑法修正案（十一）删去本罪基本犯中的“有其他严重情节”这一选择性构成要件结果的做法，就会发现采取狭义的理解方式更为可取。因为立法者删去“有其他严重情节”正是为了限缩本罪基本犯的构成要件结果范围，在此情况下，如果对“重大损失”采取广义的理解方式，反而有可能把立法者意在出罪的情形重新入罪化，反倒违背了立法修正的初衷。

综上所述，在刑法修正案（十一）正式实施以后，《立案追诉标准（二）》第二十七条第一项、第三项、第四项理应废止，第二项追诉标准仍可沿用。而在新的追诉标准颁布以前，对于刑法修正案（十一）正式实施后发生的个案，应当严格按照“给银行或者其他金融机构造成重大损失”的标准认定构成要件结果。对于刑法修正案（十一）正式实施前就已经发生的个案，应当根据“从旧兼从轻”的原则予以定罪处罚，其中符合《立案追诉标准（二）》第二十七条第一项、第三项、第四项的案件理应不再追诉。

（二）如何把握本罪情节加重犯的新认定标准

由于刑法修正案（十一）只是删去了本罪“基本犯”中情节犯，并没有删去本罪的情节加重犯，所以从理论上讲，行为人以欺骗手段取得银行或者其他金融机构贷款、票据承兑、信用证、保函等，虽然没有给银行或者其他金融机构造成特别重大损失，但“有其他特别严重情节”的，还是有可能构成本罪的情节加重犯。如果只是在文本层面理解刑法修正案（十一）对本罪所作的修正，那么很可能会误以为本次立法修正“不会”对本罪情节加重犯的认定产生影响。可是，一旦考虑到以“处罚必要性”为导向的司法能动现实，便会发现刑法修正案（十一）对本罪所作的修正很可能导致本罪情节加重犯的认定标准发生改变。因此，笔者认为有必要在这里对本罪情节加重犯的认定标准展开论述，尽管从文本上看刑法修正案（十一）并未改动本罪的情节加重犯设置。

有必要强调的是，在刑法修正案（十一）删去本罪基本犯中的情节犯设置以后，这部分情节犯应当“出罪化”，而不能被认定为处罚更重的情节加重犯。这点在理论上看似毫无争议，可一到以“处罚必要性”为导向的司法实践中，就有可能出现将本应被出罪的情节犯升格认定为情节加重犯的现象。从本罪既有的司法实践来看，与基本犯的结果犯相比，基本犯的情节犯适用率明显更高。这主要是因为在这类案件中，与证明涉案行为“给银行或者其他金融机构造成重大损失”相比，证明涉案行为“有其他严重情节”相对容易。而且，情节犯向来被认为比结果犯更有助于实现一般预防。虽然刑法修正案（十一）删去了本罪基本犯中的情节犯设置，但是此举并不能彻底消除实践中以“处罚必要性”为导向、以预防为导向的司法惯性。所以，在此有必要强调刑法修正案（十一）正式实施以后，原本仅构成本罪基本犯的情节犯应当被认定为无罪，而不能被升格认定为本罪的情节加重犯。

另外，从刑法修正案（十一）对本罪的修正做法来看，笔者认为本罪的情节加重犯的认定标准也应当有所提高。在笔者看来，刑法修正案（十一）删除本罪基本犯中的情节犯，实际上表明了立法者有意限缩以情节犯形式入罪的范围，突出构成要件结果（或法益侵害结果）在犯罪认定标准上的比重。换言之，在刑法修正案（十一）正式实施之后，司法者应尽量少用或慎用本罪的情节加重犯，能以本罪的结果犯或结果加重犯形式定罪处罚的，就不以本罪的情节加重犯定罪处罚；如果确需以情节加重犯入罪，也应当严密论证、充分说理。

二、如何认定本罪的“欺骗手段”

一般认为，本罪的“欺骗手段”与诈骗罪中的“诈骗”行为具有相同的行为构造，即“行为人虚构事实或隐瞒真相→导致被害人陷入认识错误→被害人基于认识错误处分财物”。但是，具有相同的行为构造并不意味着就应当采取相同的认定标准。相反地，在认定本罪的“欺骗手段”时，如果不考虑本罪行为所处的金融系统语境，只是机械地套用普通诈骗罪中有关“诈骗”行为的认定标准，就会不当扩大本罪的适用范围。比如，有些个案判决就因过于看重行为人提供申请贷款材料的真实性，而将本不构成犯罪的行为入罪化。

一旦考虑到本罪行为所处的金融系统语境，就会发现本罪中的“诈骗手段”应当与刑法第一百九十三条贷款诈骗罪中的“诈骗”行为采取相同的认定标准，① 即应当通过刑法第一百九十三条关于贷款诈骗罪的构成要件行为的规定，来判断涉案行为是否属于骗取贷款罪的构成要件行为。而且，不能认为任何欺骗行为都属于本罪的欺骗手段，只有在对金融机构发放贷款、出具保函等起重要作用的方面有欺骗行为，才能认定为本罪。进一步结合《贷款通则》的有关规定，可以得出刑法第一百七十五条之一规定的“欺骗”内容应当仅限于就借款人身份、贷款用途、还款能力、贷款保证四个方面的欺骗。②

刑法修正案（十一）第十二条 【修改非法吸收公众存款罪】

十二、将刑法第一百七十六条修改为：“非法吸收公众存款或者变相吸收公众存款，扰乱金融秩序的，处三年以下有期徒刑或者拘役，并处或者单处罚金；数额巨大或者有其他严重情节的，处三年以上十年以下有期徒刑，并处罚金；数额特别巨大或者有其他特别严重情节的，处十年以上有期徒刑，并处罚金。

“单位犯前款罪的，对单位判处罚金，并对其直接负责的

---

① 非法占有目的是主观要素，诈骗行为是客观要素。骗取贷款罪与贷款诈骗罪虽然在主观目的上不同，但在诈骗行为上都是相同的。

② 参见张明楷：《骗取贷款罪的保护法益及其运用》，载《当代法学》2020 年第 1 期。

主管人员和其他直接责任人员，依照前款的规定处罚。

“有前两款行为，在提起公诉前积极退赃退赔，减少损害结果发生的，可以从轻或者减轻处罚。”

【条文主旨】

本条是关于修改非法吸收公众存款罪的规定。

非法吸收公众存款罪旨在保护金融市场秩序和市场参与者的资金安全。为进一步防范化解金融风险，保障金融改革，维护金融秩序，保护人民群众利益，刑法修正案（十一）进一步完善了破坏金融秩序犯罪规定。针对实践中不法分子借互联网金融名义从事网络非法集资，严重扰乱经济金融秩序和极大侵害人民群众财产的情况，刑法修正案（十一）将非法吸收公众存款罪的法定最高刑由十年有期徒刑提高至十五年，罚金刑也由原来的限额罚金刑改为不限额罚金刑，以此加大对非法集资犯罪的惩处力度。与此同时，刑法修正案（十一）增设了“诉前积极退赃退赔，可以从轻或减轻处罚”的法定从轻、减轻量刑条款，助力追赃挽损。

【条文对照】

修正前	修正后
第一百七十六条　【非法吸收公众存款罪】非法吸收公众存款或者变相吸收公众存款，扰乱金融秩序的，处三年以下有期徒刑或者拘役，并处或者单处二万元以上二十万元以下罚金；数额巨大或者有其他严重情节的，处三年以上十年以下有期徒刑，并处五万元以上五十万元以下罚金。 单位犯前款罪的，对单位判处罚金，并对其直接负责的主管人员和其他直接责任人员，依照前款的规定处罚。	第一百七十六条　【非法吸收公众存款罪】非法吸收公众存款或者变相吸收公众存款，扰乱金融秩序的，处三年以下有期徒刑或者拘役，并处或者**单处罚金**；数额巨大或者有其他严重情节的，处三年以上十年以下有期徒刑，**并处罚金；数额特别巨大或者有其他特别严重情节的，处十年以上有期徒刑，并处罚金。** 单位犯前款罪的，对单位判处罚金，并对其直接负责的主管人员和其他直接责任人员，依照前款的规定处罚。 **有前两款行为，在提起公诉前积极退赃退赔，减少损害结果发生的，可以从轻或者减轻处罚。**

【修正提示】

刑法修正案（十一）对非法吸收公众存款罪作了三处修正。

其一，加重自由刑，将本罪的法定最高刑由“十年以下有期徒刑”提高至“十年以上有期徒刑”，量刑档次也相应地由原来的两档增加至三档。修正前，第一百七十六条根据非法吸收公众存款的数额和情节设置了“三年以下有期徒刑或者拘役”和“三年以上十年以下有期徒刑”两档自由刑；修正后，第一百七十六条增加了“数额特别巨大或者有其他特别严重情节的”情形，并相应配置“十年以上有期徒刑”作为第三档自由刑。

其二，改变罚金刑的规定方式，将各量刑档次中的限额罚金刑改为不限额罚金刑。修正前，第一百七十六条在两个刑档中分别设置了“并处或者单处二万元以上二十万元以下罚金”和“并处五万元以上五十万元以下罚金”这两个限额罚金刑。本次修正案删去了具体的罚金数额。

其三，增设诉前退赃退赔的法定从轻、减轻条款。综观修正案的历次审议稿，可以发现草案一次审议稿中本没有诉前退赃退赔的规定，该规定系草案一次审议稿公开征求意见后所增补的规定。而且，在草案二次审议稿中，从轻、减轻事由也仅限于诉前“退赃”，并不包括“退赔”。而在最终公布的刑法修正案（十一）中，诉前“退赃”和“退赔”均属于本罪的法定从轻、减轻事由。实际上，2019 年《最高人民法院、最高人民检察院、公安部关于办理非法集资刑事案件若干问题的意见》第六条中就已经规定了“对于涉案人员积极配合调查、主动退赃退赔、真诚认罪悔罪的，可以依法从轻处罚；其中情节轻微的，可以免除处罚；情节显著轻微、危害不大的，不作为犯罪处理”。因此，本次有关“退赃退赔”的立法修正其实是对相关司法实践经验和成果的吸纳。

【修法背景】

在司法实践中，非法吸收公众存款罪是处置非法集资类犯罪案件的基础罪名之一。结合相关领域的司法近况，可以看出本次修订主要是为了回应日益严峻的网络非法集资犯罪。尤其是在 2013 年至 2018 年间，以 P2P 网贷、互联网众筹为代表的互联网金融领域出现了大量的非法集资行为。其中，“e 租宝案”等一系列大案引发社会公众的广泛关注①。与此前的“吴某案”② 等传统的非法集资案相比，近几年在互联网金融领域集中爆发的非法集资案件呈现出以下两方面突出特征。

其一，在金融科技、金融创新等新概念（或新理念）的“掩护”下，网络非法吸收公众存款行为的合法与非法的界限一度趋于模糊化。随着改革开放的逐步深入，我国社会对市场经济理念的接受度也普遍提升。与过去相比，互联网金融时代的中国社会对金融创新（尤其是所谓的“破坏性创新”或“创新性破坏”）的接受度与容忍度都显著提升。在该种社会背景下，以 P2P 网贷为代表的众多新金融模式在短时间内得以急剧扩张。而当某一类行为在相当长的时间里被大范围地反复实施以后，社会公众对此类行为的“违法性认识”水平势必下降。加上相关领域的监管尚不完善，合法与非法的界限自然就趋于模糊化。在泥沙俱下的洪流中，要想清晰地分辨合法与非法实属不易。正是这种模糊性给网络非法集资行为留下了滋生空间。其实，早在刑法修正案（十一）出台之前，有关部门就已经加强了对互联网金融领域的监管。正是在从严惩处非法集资类犯罪的大背景下，刑法修正案（十一）顺势提高了非法吸收公众存款罪的法定刑。这种“先强化行政监管，再完善行政立法，最后才修正刑法”的递进式做法，也体现了刑法的谦抑性。值得注意的是，刑法修正案（十一）并没有修改非法吸收公众存款罪的构成要件内容，这说明无论是在线下还是在网上，非法吸收公众存款罪的违法性实质都没有发生改变。由此可见，刑法修正案（十一）在保持构成要件内容不变的情况下提高本罪的法定刑，此举既表明了立法者惩处非法集资犯罪的决心，也是在重申合法与非法的界限。

其二，在互联网的助推之下，个案的影响力呈指数级增长。虽然非法吸收公众存款罪的违法性实质没有发生改变，但是在互联网信息技术的助推之下，非法吸收公众存款行为的影响力却有了质的飞跃。与此前线下的非法吸收公众存款案相比，近年来互联网金融领域中的非法吸收公众存款案，无论是涉案金额还是人数规模都在明显增加。除了“e 租宝案”“泛亚案”等引发社会普遍关注的大案外，涉案金额过亿的案件亦不在少数。由于此类案件大多采用“借新还旧”的运营模式，表面上看似乎只要有源源不断的“新投资人”加入，资金链就不会断裂。可实际上，为吸引“新

① 《“e 租宝”案二审宣判》，载新华网，http：//www. xinhuanet. com/fortune/2017－11/29/c_ 1122029537. htm，最后访问时间：2021 年 4 月 29 日。

② 《吴某再度获减刑 父亲：她希望尽早偿还债权人债务》，载新华网，http：//www. xinhuanet. com/legal/2018－03/24/c_ 1122583708. htm，最后访问时间：2021 年 4 月 29 日。

投资人”而不断累加的利息率从一开始就决定了资金链迟早会断。而资金链断裂的风险以及由此带来的经济损失被转嫁给了庞大的投资群体。正是这种涉众性特征决定了此类案件很可能直接冲击社会稳定。从既有的司法经验来看，非法集资的资金链一旦断裂，投资者亏损的资金多半难以追回。因此，着眼于社会治理的现实需求，刑法修正案（十一）适时地提高了非法吸收公众存款罪的法定刑，从而加大对非法集资行为的刑罚威慑，起到“打早打小”的预防效果。与此同时，考虑到追赃挽损的现实需求，刑法修正案（十一）为诉前积极退赃退赔者预留从轻、减轻处罚的“退路”。

需要注意的是，刑法修正案（十一）只是调整了非法吸收公众存款罪的法定刑，以及增设了法定的从轻、减轻量刑事由，但并未改变本罪的成立要件。这说明，在立法者看来，虽然网络信息技术极大地提升了非法吸收公众存款行为的影响力，但并未改变非法吸收公众存款罪的违法性实质。此外，从处罚范围的扩大或限缩角度来看，本次修法无疑会进一步扩大本罪的处罚范围。

总体而言，刑法修正案（十一）对非法吸收公众存款罪所作的修正，主要是回应社会公众对日益严峻的非法集资（尤其是网络非法集资）问题的关切。刑法修正案（十一）在总体上提高本罪法定最高刑的同时，也为那些积极退赃退赔、减少损害结果发生的被告人提供了从轻、减轻量刑的立法依据。此次修正既有助于实现从严惩处非法集资犯罪的修法初衷，也有助于缓解司法实践中面临的追赃挽损困境，充分体现了宽严相济的政策导向。

【适用指南】

非法吸收公众存款罪系惩处非法集资类犯罪的基础罪名之一。刑法修正案（十一）对本罪所作的修正给本罪的司法适用带来两个新问题：一是如何理解和适用本罪的新刑罚结构；二是如何理解与适用本罪新增的法定从轻减轻条款。由于刑法修正案（十一）并未对本罪的犯罪成立条件作实质性修改，所以此前在实践中就已经出现的“合法民间借贷与非法吸收公众存款的区分问题”在立法修正以后还将继续存在。下面，笔者拟先探讨立法修正所带来的两个新问题，再分析立法修正前就已经出现且立法修正后还将继续存在的老问题。

一、如何理解与适用本罪的新刑罚结构

如前文“修正提示”部分所述，刑法修正案（十一）对非法吸收公众存款罪的自由刑和罚金刑都作了修正。其中，自由刑量刑档次的调整意味

着法定刑升格条件也要作出相应调整，而从限额罚金刑到不限额罚金刑的转变既赋予了法官更大的自由裁量权，也反映出立法者处置经济犯罪的新导向。

（一）自由刑量刑档次的调整意味着法定刑升格标准也要作出相应调整

刑法原第一百七十六条给非法吸收公众存款罪配置了两档自由刑，其中基本犯的自由刑是“三年以下有期徒刑或者拘役”，数额或情节加重犯的自由刑是“三年以上十年以下有期徒刑”。刑法修正案（十一）在保留这两档自由刑设置的同时，给本罪增设了“十年以上有期徒刑”的自由刑档次，用于处罚“数额特别巨大或者有其他特别严重情节的”加重犯。而量刑档次的增加必然会改变法定刑升格条件的数量，并进一步影响法定刑升格标准。

在立法修正以前，本罪有且仅有一个法定刑升格条件，即“数额巨大或者有其他严重情节”。根据2010年《最高人民法院关于审理非法集资刑事案件具体应用法律若干问题的解释》（以下简称《非法集资案件解释》）第三条第一款和第二款的规定，具有下列情形之一的，构成本罪基本犯：“（一）个人非法吸收或者变相吸收公众存款，数额在20万元以上的，单位非法吸收或者变相吸收公众存款，数额在100万元以上的；（二）个人非法吸收或者变相吸收公众存款对象30人以上的，单位非法吸收或者变相吸收公众存款对象150人以上的；（三）个人非法吸收或者变相吸收公众存款，给存款人造成直接经济损失数额在10万元以上的，单位非法吸收或者变相吸收公众存款，给存款人造成直接经济损失数额在50万元以上的；（四）造成恶劣社会影响或者其他严重后果的。”具有下列情形之一的，则属于“数额巨大或者有其他严重情节”的加重犯：“（一）个人非法吸收或者变相吸收公众存款，数额在100万元以上的，单位非法吸收或者变相吸收公众存款，数额在500万元以上的；（二）个人非法吸收或者变相吸收公众存款对象100人以上的，单位非法吸收或者变相吸收公众存款对象500人以上的；（三）个人非法吸收或者变相吸收公众存款，给存款人造成直接经济损失数额在50万元以上的，单位非法吸收或者变相吸收公众存款，给存款人造成直接经济损失数额在250万元以上的；（四）造成特别恶劣社会影响或者其他特别严重后果的。”

而在立法修正以后，本罪新增了一项法定刑升格条件，即“数额特别巨大或者有其他特别严重情节”。数额特别巨大以及特别严重情节的认定标准有待新的司法解释作出规定。不仅如此，在立法修正以后，“数额巨大或者有其他严重情节”的加重犯也都不宜再适用《非法集资案件解释》

第三条第二款所规定的认定标准。至于本罪的基本犯是否仍沿用《非法集资案件解释》第三条第一款所规定的认定标准，也需要新的司法解释再次确认或调整。换言之，自刑法修正案（十一）正式实施起，2010 年《非法集资案件解释》第三条第一款和第二款也就自动废止。在新的司法解释颁布以前，对于修法以后发生的案件，司法者需要结合个案具体情况裁量刑罚，既要体现加重处罚的修法目的，也要尽可能避免同类案件在立法前后处罚差异过大。而对于修法以前发生的案件，司法者可以参照 2010 年《非法集资案件解释》第三条第一款和第二款的规定，根据“从旧兼从轻”的原则裁量刑罚。

（二）罚金刑规定方式的转变反映出立法者处置经济犯罪的新导向

综观刑法修正案（十一）对包括非法吸收公众存款罪在内的一系列经济犯罪的修正，不难发现其中有多处是把原限额罚金刑修改为不限额罚金刑。其中除了有增强罚金刑威慑效果的考量外，还表明了立法者处置经济犯罪的新导向，即扩大罚金刑的适用以及赋予法官更大的自由裁量权。

从以往的经济犯罪司法实践来看，罚金刑的适用广度和强度都相对有限，主要采取“自由刑为主，罚金刑为辅”的处置模式。一般而言，自由刑的确比罚金刑更有威慑力。但是，由于刑罚本身也是一种“恶”，具有更大威慑力的自由刑其实给社会带来了更大的副作用。而且，经验表明当自由刑超过一定限度后，其边际效用反而减少。尤其是在动辄数十亿元的非法集资类案件中，提高自由刑所能带来的边际效用增长量十分有限。在此情况下，扩大罚金刑的适用广度和强度反而更有助于提升刑罚对经济犯罪的威慑力。因为行为人实施经济犯罪本就是为了谋取经济利益，所以在惩治和预防经济犯罪的问题上，罚金刑要比自由刑更有针对性，也更有助于实现一般预防。

从立法方式上看，罚金刑分为限额罚金刑和不限额罚金刑。限额罚金刑的优点是罚金刑量相对明确，法官的自由裁量空间也相对有限。但是，在社会经济快速发展的情况下，限额罚金刑很容易滞后于新的犯罪形势。比如，根据原刑法第一百七十六条的规定，非法吸收公众存款罪的最高额罚金刑仅为五十万元人民币，这对于动辄上千万元甚至上亿元的非法集资案而言，明显缺乏威慑力。与之不同的是，不限额罚金刑赋予法官更大的自由裁量空间，法官可以根据个案在当时、当地所造成的危害性大小裁量相应的罚金刑，更有助于实现罪刑相适应。

当然，自由裁量不等于恣意裁量。将限额罚金刑改为不限额罚金刑，并不意味着法官可以随意判处任何数额的罚金。相反地，在自由裁量空间增大的情况下，法官应当对所判处的罚金数额作出更加严谨且充分的论证。否则，扩大法官自由裁量空间所产生的恣意性很可能超过其预期实现的公正性。

值得一提的是，在应对经济犯罪的场合，扩大不限额罚金刑的立法例除了更有助于实现罪刑相适应外，也更加契合“去中心化”的社会治理趋势。我国幅员辽阔，各地经济发展不平衡是一项基本国情。要想在刑法中直接规定对全体国民都普遍适用的限额罚金刑，并非易事。相反地，如果只在刑法中规定不限额罚金刑，同时将具体的罚金刑数额交由各地司法机关结合当时、当地的社会经济情况自由裁量，不仅有助于维持刑法的稳定性，而且更有利于实现个案正义。

二、如何理解与适用本罪新增的法定从轻、减轻条款

刑法修正案（十一）给非法吸收公众存款罪增设了法定从轻、减轻条款。根据修正后刑法第一百七十六条第三款的规定，行为人犯非法吸收公众存款罪，“在提起公诉前积极退赃退赔，减少损害结果发生的，可以从轻或者减轻处罚”。虽然该项条款是立法者出于“追赃挽损”的政策考量而设置的，但是司法者在适用该条款时不能为了实现“追赃挽损”的政策目标而违背罪刑法定的基本原则。

一方面，结合近年来有关非法集资犯罪的司法实践，不难发现刑法修正案（十一）为本罪增设从轻、减轻条款主要是出于“追赃挽损”的政策考量。从既有的非法集资案件处置情况来看，如果行为人在案发后能够积极退赃退赔，减少损害结果发生，那么此类案件后续对社会经济的影响就能有所降低。相反地，如果行为人难以弥补或赔偿被害投资者的经济损失，就有可能造成被害人采用过激手段进行“私力救济”等后续诸多影响社会稳定和经济发展的事件。其实，早在2010年，最高人民法院就在《非法集资案件解释》第三条第三款中规定，非法吸收公众存款的行为人“案发前后已归还的数额，可以作为量刑情节酌情考虑”。但是，该项司法解释的效力相对较低，且规定内容也较为模糊，难以起到助力“追赃挽损”的实际效果。出于助力“追赃挽损”、维护社会稳定等政策性考量，刑法修正案（十一）为本罪增设了法定从轻、减轻条款。

但另一方面，在动用刑罚手段实现“追赃挽损”的政策目标时，必须严格遵守罪刑法定原则。首先，新增的从轻、减轻条款是在已经认定行为人构成非法吸收公众存款罪（既遂）的前提下才适用的。从“定罪”与“量刑”二分的角度看，行为人事后积极退赃退赔只是量刑情节，并不影响定罪。行为人实施非法吸收公众存款行为以后，即便行为人事后完全弥补了被害投资者的经济损失，也不能因此认定行为人不构成非法吸收公众存款罪或仅构成非法吸收公众存款罪未遂。既不能因为行为人事后积极退赃退赔，就否定行为人构成非法吸收公众存款罪，也不能因为行为人没有积极退赃退赔，就把不构成本罪的行为强行认定为本罪。其次，第一百七十六条第三款是在该条第一款的前提下才适用的。也就是说，在对行为人适用“从轻、减轻”条款之前要先根据第一款的规定明确涉案行为的量刑幅度。行为人事后积极退赃退赔的那一部分钱款，不应从非法吸收公众存款的数额中扣除。最后，行为人积极退赃退赔的，可以从轻、减轻处罚。但是，这并不意味着行为人没有积极退赃退赔的，就要从严、从重处罚。

值得一提的是，在刑法修正案（十一）为本罪增设法定从轻、减轻处罚条款以后，2010 年《非法集资案件解释》第三条第四款仍然有效，即“非法吸收或者变相吸收公众存款，主要用于正常的生产经营活动，能够及时清退所吸收资金，可以免予刑事处罚；情节显著轻微的，不作为犯罪处理”。

三、如何区分合法的民间借贷与非法吸收公众存款

合法的民间借贷与非法吸收公众存款的区分问题是本罪司法过程中最常碰到的一个问题。该问题主要涉及“罪与非罪”的认定，由于刑法修正案（十一）没有对非法吸收公众存款罪的犯罪成立要件作实质性修改，所以本次立法修正并不影响合法的民间借贷与非法吸收公众存款的区分标准。当然，这也意味着该问题在立法修正之后还将继续存在。考虑到该问题的普遍性，笔者认为有必要在此展开讨论。

在对合法的民间借贷行为与非法吸收公众存款行为作出区分之前，有必要先明确区分视角。单纯从形式上看，合法的民间借贷行为与非法吸收公众存款行为都具有借贷合同的“外观”。如果孤立地分析行为人与出资人签订的单笔借贷合同，确实很难区分合法的民间借贷与非法吸收公众存款。而且，一旦采取这种“孤立的分析视角”，那即便是在最典型的非法吸收公众款案中，也会认为非法吸收公众存款行为与合法的民间借贷行为并无不同。理论上主张废除非法吸收公众存款罪的论者也大多采取该种视角。可是，只需结合非法吸收公众存款罪在刑法分则体系中的地位，就会发现这种“孤立的分析视角”并不可取。从非法吸收公众存款罪处在刑法分则第三章“破坏社会主义市场经济秩序罪”中，可以看出本罪侵犯的是社会法益而非个人法益。所以，在界定非法吸收公众存款行为时，就不应“孤立地”分析行为人与个别投资人签订的单笔借贷合同，而应当着眼于行为人实施的所有涉案借贷行为（包括已经发生的和即将发生的）。换言之，唯有采取“整体视角”而非“个别视角”，才有可能理解非法吸收公众存款罪的非法性，也才有可能准确区分合法的民间借贷行为与非法吸收公众存款行为。

在“整体视角”之下，需要进一步根据刑法第一百七十六条所规定的犯罪构成要件来区分（合法的）民间借贷行为与非法吸收公众存款行为。根据刑法第一百七十六条的规定，“非法吸收公众存款或者变相吸收公众存款，扰乱金融秩序的”，构成非法吸收公众存款罪。不难看出，本罪其实包含“非法”“公众”“存款”“扰乱金融秩序”四个构成要件。为提高这四个构成要件的可操作性，最高人民法院在《非法集资案件解释》第一条第一款中将本罪的构成要件归纳为“非法性”“公开性”“利诱性”“社会性”四项特征。根据该解释，行为人未经有关部门依法批准（非法性），通过媒体、推介会、传单、手机短信等途径向社会公开宣传（公开性），承诺在一定期限内以货币、实物、股权等方式还本付息或给付回报（利诱性），向社会不特定对象吸收资金（社会性）的，属于非法吸收公众存款。

从既有的司法实践来看，《非法集资案件解释》第一条第一款所归纳的四项特征确实有助于提高本罪的可操作性，但需要注意的是这四项特征与刑法第一百七十六条所规定的四个要件之间并非完全对应。对比刑法第一百七十六条所规定的四个要件和《非法集资案件解释》第一条第一款所规定的四项特征，不难发现非法吸收公众存款罪的“非法”要件在实践中被解释为“未经有关部门依法批准”（非法性），“公众”要件被解释为公开宣传（公开性）和吸收不特定对象的资金（社会性），“存款”要件被解释为承诺保本付息（利诱性）。而“扰乱金融秩序”要件在实践中则主要取决于犯罪数额和被害人数量的多寡。倘若完全按照《非法集资案件解释》第一条第一款所归纳的四项特征认定本罪，就不可避免地会面临难以区分合法的民间借贷与非法吸收公众存款的问题。因为即便是合法的民间借贷，也可能在形式上具备“未经有关部门批准”“公开面向社会公众”“承诺保本付息”等特征。所以，无论是认定非法吸收公众存款罪还是区分合法的民间借贷与非法吸收公众存款，都理应以刑法第一百七十六条所规定的四个要件为主，以《非法集资案件解释》第一条第一款所归纳的四项特征为辅。下面，本书对刑法第一百七十六条规定的四个构成要件依次展开论述。

（一）“非法性”的认定

从既有的司法文件来看，实践中对本罪“非法性”的认定标准前后经历了三个阶段。第一个阶段是在2010年前后，非法性的认定标准主要依赖有关部门的认定意见。最高人民法院基于已有的司法经验在2010年颁布的《非法集资案件解释》第一条第一款中，将“非法性”解释为“未经有关部门依法批准或者借用合法经营的形式吸收资金”。综观当时的判决文书，便会发现“未经有关部门批准”是当时认定非法性的主要标准。在此情况下，有关部门的认定自然会影响到对涉案行为的定性。甚至在个别案件中，有关部门的认定直接决定了对涉案行为的司法定性。

第二个阶段是在2014年左右，行政违法性与刑事违法性在认定程序和认定的实体标准上都呈现相对独立化。2014年颁布的《最高人民法院、最高人民检察院、公安部关于办理非法集资刑事案件适用法律若干问题的意见》第一条中明确规定，“行政部门对于非法集资的性质认定，不是非法集资刑事案件进入刑事诉讼程序的必经程序。行政部门未对非法集资作出性质认定的，不影响非法集资刑事案件的侦查、起诉和审判。公安机关、人民检察院、人民法院应当依法认定案件事实的性质，对于案情复杂、性质认定疑难的案件，可参考有关部门的认定意见，根据案件事实和法律规定作出性质认定”。该项规定不仅从程序上厘清了有关部门的认定与司法裁判之间的界限，而且从实体上把有关部门的认定意见“降格”为参考意见。从这一阶段公布的裁判文书中也可以看出，司法者在认定非法吸收公众存款罪的非法性时除了考虑有关部门的认定意见以外，还会着重强调涉案行为具体违反了哪条金融管理法律法规。

第三个阶段是从2017年至今，随着金融管理法律法规的完善，行政违法性与刑事非法性的认定标准越发“成文化”。最高人民检察院于2017年在《关于办理涉互联网金融犯罪案件有关问题座谈会纪要》第七条中指出判断互联网金融是否具有非法性的主要法律依据是商业银行法、《非法金融机构和非法金融业务活动取缔办法》等现行有效的金融管理法律规定。当然，由于个别细分领域的法律法规尚待完善，所以相关领域的非法性认定仍不得不依赖有关主管部门的认定意见。2019年《最高人民法院、最高人民检察院、公安部关于办理非法集资刑事案件若干问题的意见》第一条在重申认定非法集资的非法性“应当以国家金融管理法律法规作为依据”的同时，也指出“对于国家金融管理法律法规仅作原则性规定的，可以根据法律规定的精神并参考中国人民银行、中国银行保险监督管理委员会、中国证券监督管理委员会等行政主管部门依照国家金融管理法律法规制定的部门规章或者国家有关金融管理的规定、办法、实施细则等规范性文件的规定予以认定”。

仔细分析上述变化过程，不难看出在非法性的认定上，实践中主要存在“未经有关部门依法批准”和“违反相关金融管理法律法规”这两种标准。前者是以有关部门的认定意见为主导，后者是以成文的金融管理法律法规为主导。在成文法缺位的情况下，有关部门的认定意见自然会影响到非法性的认定；这其实也是司法实践的无奈之举，毕竟有关主管部门对相关领域的了解更为深入。但是，随着金融法律法规的不断完善，非法性的认定标准也逐渐“成文化”“法律化”，有关部门的意见对司法裁判的影响也会随之下降。从非法性认定标准所经历的三个阶段来看，我国金融领域的法律法规的确在逐步完善，相关领域的“法治水平”也在不断提升。

此外，从上述变化过程还可以推导出“非法性”认定标准的阶层体系：（1）“未经有关部门依法批准”只是认定涉案行为“违反相关金融管理法律法规”的一项参考资料而非同一性标准，并非所有“未经有关部门依法批准”的集资行为都一概属于非法集资；（2）在相关金融管理法律法规已有明确规定的情况下，法官应当优先根据金融管理法律法规“独立地”认定涉案行为的行政违法性，无需参照有关部门的鉴定意见；（3）只有在金融管理法律法规只作原则性规定的情况下，法官才需要参照有关部门的规章或鉴定意见认定涉案行为的行政违法性；（4）如果相关领域缺少前置性的金融管理法律法规，那么基于刑法谦抑性原则，即便涉案行为确实造成了一定的财产损失，也不宜直接动用刑罚加以处罚，更不能直接把有关部门的鉴定意见视为相关领域的金融管理法律法规；（5）无论是根据金融管理法律法规还是参照部门规章和鉴定意见，由此得出的认定结论都只是“行政违法性”，至于涉案行为是否具有“刑事违法性”，还需要法官结合涉案行为的法益侵害性“独立地”作出认定。

一般认为，非法吸收公众存款罪所保护的法益是金融市场秩序和投资人的财产安全。对此，可以从入罪和出罪两个方面加以理解。一方面，最高人民法院基于已有的实践经验，在《非法集资案件解释》第二条中列举了十种常见的非法吸收公众存款行为。① 原则上，符合这十种情形的行为都具有刑事违法性。但另一方面，诚如2017年《最高人民检察院关于办理涉互联网金融犯罪案件有关问题座谈会纪要》第八条所规定，对于借款人将借款主要用于正常的生产经营活动，能够及时清退所吸收资金，不作为犯罪处理。

---

① 具体包括：（1）不具有房产销售的真实内容或者不以房产销售为主要目的，以返本销售、售后包租、约定回购、销售房产份额等方式非法吸收资金的；（2）以转让林权并代为管护等方式非法吸收资金的；（3）以代种植（养殖）、租种植（养殖）、联合种植（养殖）等方式非法吸收资金的；（4）不具有销售商品、提供服务的真实内容或者不以销售商品、提供服务为主要目的，以商品回购、寄存代售等方式非法吸收资金的；（5）不具有发行股票、债券的真实内容，以虚假转让股权、发售虚构债券等方式非法吸收资金的；（6）不具有募集基金的真实内容，以假借境外基金、发售虚构基金等方式非法吸收资金的；（7）不具有销售保险的真实内容，以假冒保险公司、伪造保险单据等方式非法吸收资金的；（8）以投资入股的方式非法吸收资金的；（9）以委托理财的方式非法吸收资金的；（10）利用民间“会”“社”等组织非法吸收资金的；（11）其他非法吸收资金的行为。

概言之，非法吸收公众存款罪中的“非法性”要件既包括行政违法性，也包括刑事违法性。其中，行政违法性主要根据相关领域的金融管理法律法规加以认定，而刑事违法性则需要法官根据具体涉案行为的法益侵害性加以认定。

（二）“公众”要件的认定

一直以来，实务界和理论界都习惯把“公众”理解为“公开面向不特定或多数人”。在具体适用过程中，需要注意以下三点：其一，这里的“不特定”是指行为实施时可能危及的被害人不特定，而不是指行为实施完毕以后被害人不特定。因为在非法吸收公众存款行为实施完毕以后，被害人就已经特定化了。其二，本罪的成立也不以行为人实际上已经吸收了多数人的存款为条件。只要行为人主观上具有向多数人吸收存款的故意，客观上所采取的手段可能从多数人处吸收存款，即使事实上只从少数人或个别人处吸收了数额较大的资金，也可能成立本罪的既遂。其三，这里的“公开性”也只是意味着其行为对象的公众性，并不要求行为人必须把非法吸收公众存款项目公开放在网络平台或通过广播、电话、短信、论坛等方式予以公开，私底下以口口相传的方式募集资金的行为也有可能构成非法吸收公众存款。根据2014年《最高人民法院、最高人民检察院、公安部关于办理非法集资刑事案件适用法律若干问题的意见》第二条的规定，公开性包括以各种途径向社会公众传播吸收资金的信息，以及明知吸收资金的信息向社会公众扩散而予以放任等情形。

此外，“公众”要件的认定还关系到行为人向亲友吸收的资金该如何定性的问题。根据2010年《非法集资案件解释》第一条第二款的规定，“未向社会公开宣传，在亲友或者单位内部针对特定对象吸收资金的，不属于非法吸收或者变相吸收公众存款”。2017年《最高人民检察院关于办理涉互联网金融犯罪案件有关问题座谈会纪要》第十一条也规定，犯罪嫌疑人自身及其近亲属所投资的资金金额不应计入该犯罪嫌疑人的吸收金额。但是，2014年《最高人民法院、最高人民检察院、公安部关于办理非法集资刑事案件适用法律若干问题的意见》第三条规定，下列两种情形应当认定为向社会公众吸收资金：（1）在向亲友或者单位内部人员吸收资金的过程中，明知亲友或者单位内部人员向不特定对象吸收资金而予以放任的；（2）以吸收资金为目的，将社会人员吸收为单位内部人员，并向其吸收资金的。2019年《最高人民法院、最高人民检察院、公安部关于办理非法集资刑事案件若干问题的意见》第五条第一款也规定，“非法吸收或者变相吸收公众存款构成犯罪，具有下列情形之一的，向亲友或者单位内部人员吸收的资金应当与向不特定对象吸收的资金一并计入犯罪数额：（一）在向亲友或者单位内部人员吸收资金的过程中，明知亲友或者单位内部人员向不特定对象吸收资金而予以放任的；（二）以吸收资金为目的，将社会人员吸收为单位内部人员，并向其吸收资金的；（三）向社会公开宣传，同时向不特定对象、亲友或者单位内部人员吸收资金的”。

综合上述规定，可以看出行为人面向亲友或单位内部人员吸收的资金是否属于非法集资款的关键在于，个案中的“亲友或单位内部人员”能否被评价为刑法第一百七十六条规定的“公众”。在放任亲友向他人吸收资金、亲友只是作为普通公众参与投资以及以吸收资金为目的将社会人员吸收为单位内部人员等情形中，亲友或单位内部人员实质上都属于非法吸收公众存款中的“公众”，所以面向这部分人员吸收的资金理应认定为非法集资款。

（三）“存款”要件的认定

《非法集资案件解释》第一条第一款将“存款”要件归纳为“利诱性”或“保本付息性”特征的做法值得商榷。即使是合法的民间借贷，当事人也可能约定“保本付息”条款。换言之，无论是“利诱性”还是“保本付息性”都无法反映出非法吸收公众存款行为的非法性，更难以界分合法的民间借贷与非法吸收公众存款。实际上，“存款”的核心特征并不是“保本付息”，而是被用于资本运营。只有当行为人将非法吸收来的钱款用于货币、资本的经营时（如发放贷款），这部分钱款才能被评价为“存款”。至于被行为人用于实体生产经营的那部分钱款，则不属于刑法第一百七十六条所规定的钱款，也不应计入非法集资款数额中。从“存款”要件所具有的资本运营特征中还可以进一步推导出，如果行为人假借信息中介业务之名归集资金，再作资本投资的，这部分资金也属于非法吸收公众存款罪中的“存款”。

例如，在检例第64号“杨卫某等人非法吸收公众存款案”中，被告人就假借开展网络借贷信息中介业务之名，未经依法批准，归集不特定公众的资金设立资金池，控制、支配资金池中的资金，构成非法吸收公众存款罪。最高人民检察院在指导意见中指出，“网络借贷信息中介机构依法只能从事信息中介业务，为借款人与出借人实现直接借贷提供信息收集、信息公布、资信评估、信息交互、借贷撮合等服务。信息中介机构不得提供增信服务，不得直接或间接归集资金，包括设立资金池控制、支配资金或者为自己控制的公司融资”。①

---

① 最高人民检察院：《第十七批指导性案例》，载最高人民检察院网站，https：//www.spp.gov.cn/spp/jczdal/202003/t20200325_457287.shtml，最后访问时间：2021年3月5日。

另外，在计算非法吸收公众存款金额时，投资人反复投资的资金应当累积计算，因为每一笔投资款都可以被评价为相对独立的“存款”。因此，2017 年《最高人民检察院关于办理涉互联网金融犯罪案件有关问题座谈会纪要》第十二条规定，“投资人在每期投资结束后，利用投资账户中的资金（包括每期投资结束后归还的本金、利息）进行反复投资的金额应当累计计算”。2019 年《最高人民法院、最高人民检察院、公安部关于办理非法集资刑事案件若干问题的意见》第五条第二款第二句也规定，“集资参与人收回本金或者获得回报后又重复投资的数额不予扣除，但可以作为量刑情节酌情考虑”。

（四）“扰乱金融秩序”要件的认定

根据 2001 年最高人民法院《全国法院审理金融犯罪案件工作座谈会纪要》的规定，非法吸收或者变相吸收公众存款的，要从非法吸收公众存款的数额、范围以及给存款人造成的损失等方面来判定扰乱金融秩序造成危害的程度。《立案追诉标准（二）》第二十八条规定，非法吸收公众存款或者变相吸收公众存款，扰乱金融秩序，涉嫌下列情形之一的，应予立案追诉：“（一）个人非法吸收或者变相吸收公众存款数额在二十万元以上的，单位非法吸收或者变相吸收公众存款数额在一百万元以上的；（二）个人非法吸收或者变相吸收公众存款三十户以上的，单位非法吸收或者变相吸收公众存款一百五十户以上的；（三）个人非法吸收或者变相吸收公众存款给存款人造成直接经济损失数额在十万元以上的，单位非法吸收或者变相吸收公众存款给存款人造成直接经济损失数额在五十万元以上的；（四）造成恶劣社会影响的；（五）其他扰乱金融秩序情节严重的情形。”

需要注意的是，非法吸收公众存款数额只是认定涉案行为“扰乱金融秩序”的参考资料而不是认定标准。司法者在认定涉案行为是否“扰乱金融秩序”时，不应“唯数额论”，而应当结合个案具体行为给当时、当地的金融市场以及被害投资者所造成的危害性作出判断。

另外，非法吸收公众存款罪系故意犯。成立非法吸收公众存款罪，除了满足上述“非法性”“公众”“存款”“扰乱金融秩序”四个客观要件以外，还需具备犯罪故意。根据 2017 年《最高人民检察院关于办理涉互联网金融犯罪案件有关问题座谈会纪要》第九条和第十条的规定，在非法吸收公众存款罪中，原则上认定主观故意并不要求以明知法律的禁止性规定为要件。特别是具备一定涉金融活动相关从业经历、专业背景或在犯罪活动中担任一定管理职务的犯罪嫌疑人，应当知晓相关金融法律管理规定，如果有证据证明其实际从事的行为应当批准而未经批准，行为在客观上具有非法性，原则上就可以认定其具有非法吸收公众存款的主观故意。但是，对于无相关职业经历、专业背景，且从业时间短暂，在单位犯罪中层级较低，纯属执行单位领导指令的犯罪嫌疑人提出辩解的，如确实无其他证据证明其具有主观故意的，可以不作为犯罪处理。

刑法修正案（十一）第十三条 【修改操纵证券、期货市场罪】

十三、将刑法第一百八十二条第一款修改为：“有下列情形之一，操纵证券、期货市场，影响证券、期货交易价格或者证券、期货交易量，情节严重的，处五年以下有期徒刑或者拘役，并处或者单处罚金；情节特别严重的，处五年以上十年以下有期徒刑，并处罚金：

“（一）单独或者合谋，集中资金优势、持股或者持仓优势或者利用信息优势联合或者连续买卖的；

“（二）与他人串通，以事先约定的时间、价格和方式相互进行证券、期货交易的；

“（三）在自己实际控制的帐户之间进行证券交易，或者以自己为交易对象，自买自卖期货合约的；

“（四）不以成交为目的，频繁或者大量申报买入、卖出证券、期货合约并撤销申报的；

“（五）利用虚假或者不确定的重大信息，诱导投资者进行证券、期货交易的；

“（六）对证券、证券发行人、期货交易标的公开作出评价、预测或者投资建议，同时进行反向证券交易或者相关期货交易的；

“（七）以其他方法操纵证券、期货市场的。”

【条文主旨】

本条是关于修改操纵证券、期货市场罪的规定。

修改本条旨在将证券行业新型操纵市场的情形纳入刑法规制的范围，以完善资本市场监管执法体系，推动建立以科技手段为支撑的监管执法新模式。严厉惩治各类操纵型证券犯罪，维护证券市场秩序。操纵证券市场行为违法干预证券市场供求关系，破坏自由、公平的证券价格形成机制，损害其他投资者合法权益，严重危害证券市场健康发展。

【条文对照】

修正前	修正后
第一百八十二条 【操纵证券、期货市场罪】有下列情形之一，操纵证券、期货市场，情节严重的，处五年以下有期徒刑或者拘役，并处或者单处罚金；情节特别严重的，处五年以上十年以下有期徒刑，并处罚金： （一）单独或者合谋，集中资金优势、持股或者持仓优势或者利用信息优势联合或者连续买卖，操纵证券、期货交易价格或者证券、期货交易量的； （二）与他人串通，以事先约定的时间、价格和方式相互进行证券、期货交易，影响证券、期货交易价格或者证券、期货交易量的； （三）在自己实际控制的账户之间进行证券交易，或者以自己为交易对象，自买自卖期货合约，影响证券、期货交易价格或者证券、期货交易量的； （四）以其他方法操纵证券、期货市场的。 单位犯前款罪的，对单位判处罚金，并对其直接负责的主管人员和其他直接责任人员，依照前款的规定处罚。	第一百八十二条 【操纵证券、期货市场罪】有下列情形之一，操纵证券、期货市场，**影响证券、期货交易价格或者证券、期货交易量**，情节严重的，处五年以下有期徒刑或者拘役，并处或者单处罚金；情节特别严重的，处五年以上十年以下有期徒刑，并处罚金： （一）单独或者合谋，集中资金优势、持股或者持仓优势或者利用信息优势联合或者连续买卖的； （二）与他人串通，以事先约定的时间、价格和方式相互进行证券、期货交易的； （三）在自己实际控制的帐户之间进行证券交易，或者以自己为交易对象，自买自卖期货合约的； **（四）不以成交为目的，频繁或者大量申报买入、卖出证券、期货合约并撤销申报的；** **（五）利用虚假或者不确定的重大信息，诱导投资者进行证券、期货交易的；** **（六）对证券、证券发行人、期货交易标的公开作出评价、预测或者投资建议，同时进行反向证券交易或者相关期货交易的；** （七）以其他方法操纵证券、期货市场的。 单位犯前款罪的，对单位判处罚金，并对其直接负责的主管人员和其他直接责任人员，依照前款的规定处罚。

【修正提示】

刑法修正案（十一）对操纵证券、期货市场罪做了以下两处修正：

第一，明确操纵行为本质，增强法条整体逻辑性和体系性。操纵证券、期货市场行为的本质为滥用市场优势地位，通过不正当方式控制或影响证券、期货交易价格或成交量。刑法修正案（十一）与新证券法第五十五条相衔接，将操纵行为“影响证券、期货交易价格或者证券、期货交易量”提取至整体规定位置，进一步增强了法条的逻辑性和体系性。同时，该等修改也对此前存在广泛争议的兜底条款（“以其他方法操纵证券、期货市场”）应当如何理解和适用进一步提供了认定标准和指引，即将有关违法行为对证券、期货交易价格或者交易量造成影响的程度作为判断该行为是否构成操纵行为的依据。

第二，借鉴新证券法规定，新增三种常见操纵形式。早在2007年证监会发布的《证券市场操纵行为认定指引（试行）》（以下简称《认定指引》）中，已将“虚假申报操纵”“蛊惑交易操纵”“抢帽子交易操纵”三种操纵手段纳入新证券法操纵市场兜底条款的适用范围，为证监会此前打击相关操纵行为提供了支持和依据。但是，由于《认定指引》属于国务院直属事业单位内部规定，不能直接被法院所适用。因此，新证券法第五十五条对上述三种操纵手段进行了明文列举，使得相关行政执法有了明确的上位法依据。与此相对应地，刑法修正案（十一）也迅速进行了更新，与2019年《关于办理操纵证券、期货市场刑事案件适用法律若干问题的解释》相衔接，将“虚假申报操纵”“蛊惑交易操纵”“抢帽子交易操纵”正式纳入罪状表述，分别对应第一百八十二条第一款第四项、第五项和第六项。

【修法背景】

刑法修正案（十一）对操纵证券、期货市场罪进行修改，主要是为了解决目前以下两点问题：

第一，犯罪专业性强，操纵方法多样化。随着证券市场的发展，操纵市场行为的专业性和隐蔽性明显增强，操纵手段花样翻新。操纵证券、期货市场犯罪分子往往具有较深的专业背景，熟悉资本市场运行规则和信息技术，通过公司化“流水线作业”，利用资金优势、信息优势、联合“黑嘴”荐股等手段操纵证券、期货市场。

以“甲公司高频交易操纵案”为例，2015年年初，甲公司将装有高频程序化交易软件的服务器托管于乙期货公司租用的中国金融期货交易所机柜内，并违反规定逃避期货公司资金和持仓验证，将自行开发的报单交易系统非法接入中金所交易系统，直接进场交易。同年6月1日至7月6日，甲公司利用以逃避期货公司资金和持仓验证等非法手段获取的交易速度优势，滥用高频程序化交易，采取自买自卖、撤销申报等违规方法，在交易日内多次、反复、大量、连续交易中证500股指期货主力合约、沪深300股指期货主力合约共377.44万余手，从中获取非法利益人民币3.89亿余元（以下所涉币种除另行注明外均为人民币）。经中国证券监督管理委员会依法认定，上述行为构成期货市场操纵行为。①

第二，新证券法出台，刑法需要与新证券法相衔接。2007年《认定指引》中的其他手段认定已经列举了“蛊惑交易操纵”“抢帽子交易操纵”“虚假申报操纵”“特定时间的价格或价值操纵”“尾市交易操纵”等行为。新证券法和《最高人民法院、最高人民检察院关于办理操纵证券、期货市场刑事案件适用法律若干问题的解释》进一步明确了“幌骗交易操纵”“蛊惑交易操纵”“抢帽子交易操纵”“重大事件操纵”“利用信息优势操纵”“跨期、现货市场操纵”等常见操纵手段。

例如，检例第39号“朱某某操纵证券市场案”。被告人朱某某，原系甲证券有限责任公司上海龙华西路证券营业部（以下简称甲证券营业部）证券经纪人，乙电视台第一财经频道某节目特邀嘉宾。

2013年2月1日至2014年8月26日，被告人朱某某在任甲证券营业部证券经纪人期间，先后多次在其担任特邀嘉宾的电视节目播出前，使用实际控制的三个证券账户买入多只股票，于当日或次日在节目播出中，以特邀嘉宾身份对其先期买入的股票进行公开评价、预测及推介，并于节目首播后一个至二个交易日内抛售相关股票，人为地影响前述股票的交易量和交易价格，获取利益。经查，其买入股票交易金额共计人民币2094.22万余元，卖出股票交易金额共计人民币2169.70万余元，非法获利75.48万余元。②

---

① 参见上海市高级人民法院（2017）沪刑终59号张家港保税区甲国际贸易有限公司、高某、梁某等操纵期货市场、金某某职务侵占案。

② 参见上海市第一中级人民法院刑事判决书（2017）沪01刑初49号刑事判决书。

在刑法修正案（十一）出台前，上述行政法规与司法解释的规定能否直接在刑事案件中适用存有理论争议，但司法机关对“抢帽子”行为已表现出明确的入罪态度。朱某某的行为属于操纵证券市场的行为，扰乱了证券市场秩序，并造成了严重社会影响。最终认定犯罪嫌疑人朱某某与涉案账户的实际控制关系，公开推介属于构成“抢帽子”交易操纵中的“公开荐股”以及“操纵证券市场”行为。刑法修正案（十一）的这次修订从根本上解决了是否违反罪刑法定原则的理论争议。

【适用指南】

一、如何认定操纵证券、期货市场罪的犯罪主体范围

例如，“廖某强操纵证券市场案”。[①] 廖某强系乙广播电视台第一财经频道某知名节目和某周播节目嘉宾主持人，上述两档节目在上海地区的收视率均高于同时段其他频道财经类节目在上海地区的平均收视率。2015 年 3 月至 11 月，廖某强利用其知名证券节目主持人的影响力，在其微博、博客上公开评价、推荐股票，在推荐前控制使用包括其本人账户在内的 13 个证券账户先行买入相关股票，并在荐股后的当日或次日集中卖出，谋取短期价差。涉案期间，廖某强实施上述操纵行为 46 次，涉及 39 只股票，违法所得共计 43104773. 84 元。

刑法修正案（十一）与新证券法、《关于办理操纵证券、期货市场刑事案件适用法律若干问题的解释》规定对应，扩大了构成该等操纵行为的犯罪主体范围，删去了原先《认定指引》《立案追诉标准（二）》中“证券公司、证券咨询机构、专业中介机构及其工作人员”的特殊主体限定。新证券法第五十五条规定“禁止任何人以下列手段操纵证券市场，影响或者意图影响证券交易价格或者证券交易量……”因此，凡是利用市场影响力先行建仓、公开荐股、反向卖出的主体（如“股市名嘴”“民间股神”等）均可能涉嫌操纵市场罪。

上述案件是证监会处罚的非特殊身份主体从事“抢帽子”操纵市场第一案。“抢帽子”操纵行为的实质是当事人具有市场影响力，且其利用自己的影响力推荐、评价、预测股票，后进行反向交易获利。虽然当事人不是证券公司、证券咨询机构等专业机构及其工作人员，但证监会综合考量

---

① 《最高检、证监会联合发布证券违法犯罪典型案例之九：廖某强操纵证券市场案》，载最高人民检察院网站，https：//www. spp. gov. cn/spp/xwfbh/wsfbh/202011/t20201106_ 484204. shtml，最后访问时间：2021 年 4 月 26 日。

当事人节目收视率、出版书籍销售量、博客点击率、讲座听众人数及收入等因素，认定当事人在证券投资者等特定人群中具有较大的知名度和影响力，能够对众多投资者的投资决策产生影响。根据2005年证券法第七十七条的规定，操纵市场的主体为一般主体，故其行为构成“抢帽子”操纵市场。

二、如何准确把握虚假申报操纵犯罪和正常报撤单的界限

例如，“唐某博等人操纵证券市场案”。[①] 2012年5月至2013年1月间，唐某博伙同唐某子、唐某琦使用本人及其控制的数十个他人证券账户，不以成交为目的，采取频繁申报后撤单或者大额申报后撤单的方式，诱导其他证券投资者进行与虚假申报方向相同的交易，从而影响三只股票的交易价格和交易量，随后进行与申报相反的交易获利，违法所得金额共计2581万余元。

上述案件是典型的虚假申报操纵案，而不是正常的报撤单。司法实践中，应当准确把握虚假申报操纵犯罪和正常报撤单的界限。虚假申报操纵是当前短线操纵的常见手段，操纵者不以成交为目的，频繁申报后撤单或者大额申报后撤单，误导其他投资者作出投资决策，影响证券交易价格或者证券交易量，并进行与申报相反的交易或者谋取相关利益。司法办案中要准确区分虚假的申报操纵行为和合法的报撤单交易行为，着重审查判断行为人的申报目的、是否进行与申报相反的交易或者谋取相关利益，并结合实际控制账户相关交易数据，细致分析行为人申报、撤单和反向申报行为之间的关联性、撤单所占比例、反向交易数量、获利情况等因素，综合认定与判断行为的性质。

三、如何认定“以其他方法操纵证券、期货市场”

在认定“以其他方法操纵证券、期货市场”时，存在两种判断路径。

第一种是形式判断路径，即按照司法解释对“其他方法”的具体规定。如2019年《最高人民法院、最高人民检察院关于办理操纵证券、期货市场刑事案件适用法律若干问题的解释》（以下简称《办理操纵证券、期货市场解释》）第一条规定“以其他方法操纵证券、期货市场”包括以下几种：

（一）利用虚假或者不确定的重大信息，诱导投资者作出投资决策，

---

① 《最高检、证监会联合发布证券违法犯罪典型案例》，载最高人民检察院网站，https://www.spp.gov.cn/spp/xwfbh/wsfbh/202011/t20201106_484204.shtml，最后访问时间：2021年4月26日。

影响证券、期货交易价格或者证券、期货交易量，并进行相关交易或者谋取相关利益的；

（二）通过对证券及其发行人、上市公司、期货交易标的公开作出评价、预测或者投资建议，误导投资者作出投资决策，影响证券、期货交易价格或者证券、期货交易量，并进行与其评价、预测、投资建议方向相反的证券交易或者相关期货交易的；

（三）通过策划、实施资产收购或者重组、投资新业务、股权转让、上市公司收购等虚假重大事项，误导投资者作出投资决策，影响证券交易价格或者证券交易量，并进行相关交易或者谋取相关利益的；

（四）通过控制发行人、上市公司信息的生成或者控制信息披露的内容、时点、节奏，误导投资者作出投资决策，影响证券交易价格或者证券交易量，并进行相关交易或者谋取相关利益的；

（五）不以成交为目的，频繁申报、撤单或者大额申报、撤单，误导投资者作出投资决策，影响证券、期货交易价格或者证券、期货交易量，并进行与申报相反的交易或者谋取相关利益的；

（六）通过囤积现货，影响特定期货品种市场行情，并进行相关期货交易的；

（七）以其他方法操纵证券、期货市场的。

不过，《办理操纵证券、期货市场解释》中的一些操纵类型已经被刑法修正案（十一）新增的三种具体操纵证券、期货市场的方法所包括，即“虚假申报操纵”“蛊惑交易操纵”“抢帽子交易操纵”。其中，《办理操纵证券、期货市场解释》第一条第一项、第三项和第四项是对刑法第一百八十二条第一款第五项规定的“蛊惑交易操纵”的具体解释。《办理操纵证券、期货市场解释》第一条第五项对应刑法第一百八十二条第一款第四项“虚假申报操纵”。《办理操纵证券、期货市场解释》第一条第二项对应刑法第一百八十二条第一款第五项“蛊惑交易操纵”。因此，除刑法明确列举的操纵手段以外，《办理操纵证券、期货市场解释》中的“其他方法”仅是指“通过囤积现货，影响特定期货品种市场行情，并进行相关期货交易的”。因此，在新的司法解释没有出来之前，仍然需要对其他手段进行解释。

第二种是实质判断路径。实质判断路径主要是从操纵证券、期货市场罪的规范保护目的出发。所谓的操纵市场，就是操纵证券、期货的市场价格。因此，操纵证券、期货市场罪的规范保护目的是指期货市场的公平交易秩序，准确地讲是证券市场的正常价格生成机制。从经济运行的角度看，证券二级市场具有合理配置资源的作用，而这一作用只有在自然调节的市场价格前提下，才能实现。人为操纵和扭曲市场价格的行为将会导致资源不能合理配置和错误配置。因此，判断某一行为是否属于操纵市场行为，关键看行为是否制造或者散布影响供求关系的信息，导致供求关系急剧变化。与之相对应，操纵市场的手段可以归为两种类型：

一是炒作股票，是指针对某家公司的股票通过连续频繁的买卖，使其价格不断上升，从而造成该种股票交易活跃，持续价格上涨的假象，以此引诱别的投资者来购买，一旦有大量的投资者上当购买该股票，炒作者就会在价格高位上全数抛出所持有的股票，牟取暴利。而股价因此大跌，买进股票的投资者被套牢，遭受巨大的经济损失。二是散布信息，是指散布对发行人有利的或者不利的信息，以激起投资者的热情，或者引发他们的恐慌，引诱他们抢购或者抛弃某种证券，从而引发价格上涨或者下跌，达到操纵市场价格并且获利的目的。两种操纵手段可以单独使用，也可以同时使用。因此，在判断其他手段是否属于“其他方法操纵证券、期货市场”的关键在于是否炒作股票和散布信息。

刑法修正案（十一）第十四条 【修改洗钱罪】

十四、将刑法第一百九十一条修改为：“为掩饰、隐瞒毒品犯罪、黑社会性质的组织犯罪、恐怖活动犯罪、走私犯罪、贪污贿赂犯罪、破坏金融管理秩序犯罪、金融诈骗犯罪的所得及其产生的收益的来源和性质，有下列行为之一的，没收实施以上犯罪的所得及其产生的收益，处五年以下有期徒刑或者拘役，并处或者单处罚金；情节严重的，处五年以上十年以下有期徒刑，并处罚金：

“（一）提供资金帐户的；

“（二）将财产转换为现金、金融票据、有价证券的；

“（三）通过转帐或者其他支付结算方式转移资金的；

“（四）跨境转移资产的；

"（五）以其他方法掩饰、隐瞒犯罪所得及其收益的来源和性质的。

"单位犯前款罪的，对单位判处罚金，并对其直接负责的主管人员和其他直接责任人员，依照前款的规定处罚。"

【条文主旨】

本条是关于修改洗钱罪的规定。

为了依法有效打击洗钱犯罪活动，进一步发挥刑法对防范化解金融风险、维护金融秩序的重要作用，深入开展反洗钱、反腐败跨境合作，保障国家安全和社会稳定，刑法修正案（十一）加大了对破坏金融秩序犯罪的惩治力度。面对洗钱犯罪频发的社会现实状况，刑法修正案（十一）在定罪层面修改了洗钱罪的行为方式，扩张了洗钱罪适用的行为主体，将"自洗钱"行为纳入了本罪处罚范围。此外，在量刑层面刑法修正案（十一）将洗钱罪传统上适用的定额罚金刑修改为不定额罚金刑，并且丰富了单位犯洗钱罪的情形中针对主管人员以及直接负责人员所能适用的刑罚种类，以此遏制洗钱犯罪活动的高发态势，增强对洗钱行为的惩罚力度。

【条文对照】

修正前	修正后
第一百九十一条 【洗钱罪】明知是毒品犯罪、黑社会性质的组织犯罪、恐怖活动犯罪、走私犯罪、贪污贿赂犯罪、破坏金融管理秩序犯罪、金融诈骗犯罪的所得及其产生的收益，为掩饰、隐瞒其来源和性质，有下列行为之一的，没收实施以上犯罪的所得及其产生的收益，处五年以下有期徒刑或者拘役，并处或者单处洗钱数额百分之五以上百分之二十以下罚金；情节严重的，处五年以上十年以下有期徒刑，并处洗钱数额百分	第一百九十一条 【洗钱罪】**为掩饰、隐瞒毒品犯罪、黑社会性质的组织犯罪、恐怖活动犯罪、走私犯罪、贪污贿赂犯罪、破坏金融管理秩序犯罪、金融诈骗犯罪的所得及其产生的收益的来源和性质，**有下列行为之一的，没收实施以上犯罪的所得及其产生的收益，处五年以下有期徒刑或者拘役，并处或者单处罚金；情节严重的，处五年以上十年以下有期徒刑，**并处罚金：** （一）提供资金帐户的； （二）将财产转换为现金、金融票据、有价证券的；

修正前	修正后
之五以上百分之二十以下罚金： （一）提供资金账户的； （二）协助将财产转换为现金、金融票据、有价证券的； （三）通过转账或者其他结算方式协助资金转移的； （四）协助将资金汇往境外的； （五）以其他方法掩饰、隐瞒犯罪所得及其收益的来源和性质的。 单位犯前款罪的，对单位判处罚金，并对其直接负责的主管人员和其他直接责任人员，处五年以下有期徒刑或者拘役；情节严重的，处五年以上十年以下有期徒刑。	（三）通过转帐或者**其他支付结算方式转移资金的**； （四）**跨境转移资产的**； （五）以其他方法掩饰、隐瞒犯罪所得及其收益的来源和性质的。 单位犯前款罪的，对单位判处罚金，并对其直接负责的主管人员和其他直接责任人员，**依照前款的规定处罚**。

【修正提示】

刑法修正案（十一）对洗钱罪作了以下四处修改。

其一，删除洗钱罪第一款中的“明知”要件。只要行为人是为掩饰、隐瞒毒品犯罪等七项犯罪所得及其产生的收益的来源和性质而实施相应行为的，便应当认定其符合洗钱罪的构成要件。

其二，修改洗钱罪罚金刑的相关规定，删除洗钱罪罚金刑的限度要件。修改前，司法机关对犯洗钱罪的行为人施以罚金刑时必须限制在其洗钱数额的百分之五以上百分之二十以下；修正后，洗钱罪的罚金刑没有了限度要求。

其三，修改洗钱罪的具体行为方式。首先，删除洗钱罪第一款第二项、第三项、第四项规定的“协助”要件；其次，将第一款第三项规定的“结算方式”修改为“支付结算方式”；最后，将第一款第四项规定的“协助将资金汇往境外的”修改为“跨境转移资产的”。

其四，修改单位犯罪中直接负责的主管人员和其他直接责任人员所适用的刑罚。修改前，单位犯罪中直接负责的主管人员和其他直接责任人员适用的刑罚为“五年以下有期徒刑或者拘役，情节严重的，处五年以上十年以下有期徒刑”；修改后，对单位犯罪中的相关人员直接依照第一款的规定进行处罚即可。

【修法背景】

刑法第一百九十一条规定了洗钱罪，该罪作为掩饰、隐瞒上游犯罪所得及其收益的下游犯罪，对于毒品犯罪、黑社会性质的组织犯罪、恐怖活动犯罪、走私犯罪、贪污贿赂犯罪、破坏金融管理秩序犯罪、金融诈骗犯罪七类犯罪具有重要的遏止和预防作用。实际上，正是由于洗钱犯罪的推波助澜，才使得上游犯罪的经济目的最终得以实现。相应地，只有不断提升对于洗钱犯罪的查处力度和惩治强度，才能够从不正当资产流向上堵截和震慑上游犯罪，从而发挥刑事司法的一般预防功能。[①]然而，由于构成要件表述的限制和清洗黑产的犯罪手段不断更新，现行有效的洗钱罪在司法适用层面却存在诸多难点和痛点，本次出台的刑法修正案（十一）对此进行了针对性的修正，下文展开叙述。

首先是扩张了洗钱罪的行为主体，从而扩大了洗钱罪的打击范围。在此次刑法修改前，在实务和学理上关于洗钱罪的行为主体存在的最主要议题莫过于，上游犯罪人自己实施的洗钱行为（即“自洗钱”）是否成立洗钱罪？在学理上，否定说居于通说地位。这是因为现行刑法第一百九十一条一方面，规定“明知是毒品犯罪……”，这里之所以强调“明知”，就是因为洗钱者并非上游犯罪人。另一方面，本罪在第一款第二项、第三项和第四项的表述上均使用了“协助”概念，这就意味着洗钱罪的实行行为仅限于“帮助”他人洗钱。[②]并且，洗钱罪在时空方面既然是在上游犯罪之后发生的，本犯实施洗钱行为属于上游犯罪的自然延伸，可以被上游犯罪吸收，属于“不可罚的事后行为”。[③]

而在实务层面，2009 年《最高人民法院关于审理洗钱等刑事案件具体应用法律若干问题的解释》在针对“以其他方法掩饰、隐瞒犯罪所得及其收益的来源和性质”进行释明时同样明确使用了“协助转移、转换犯罪所得及其收益的”等相关表述。相应地，在个案中司法实务也均否定上游犯罪行为人可以构成洗钱罪。

例如，在“汪某洗钱案”中，被告人汪某在认识区某儿后，在明知区

---

① 刘为波：《〈关于审理洗钱等刑事案件具体应用法律若干问题的解释〉的理解与适用》，载《人民司法》2009 年第 23 期。

② 参见张明楷：《刑法学》，法律出版社 2016 年版，第 793 页；参见刘宪权、吴允锋：《论我国洗钱罪的刑事立法完善》，载《政治与法律》2005 年第 6 期。

③ 参见王新：《国际视野中的我国反洗钱罪名体系研究》，载《中外法学》2009 年第 3 期。

某儿的弟弟区某能从事毒品犯罪并想将违法所得转为合法收益的情况下，于2002年8月伙同区某儿、区某能二人，以区某能、区某儿出资的520万元港币（其中大部分为区某能毒品犯罪所得），购得广州市甲有限公司的60%股权，汪某协助区某能运送了购买公司股权的转让款。事后，区某儿、区某能将公司更名为广州市乙有限公司，由区某儿任该公司法定代表人，直接管理财务。汪某挂名出任公司董事长，每月领取人民币5000元以上的工资。公司更名后，区某儿、区某能以经营木业为名，采用制造亏损账目的手段，掩饰、隐瞒其违法所得的来源与性质，意图将区某能的毒品犯罪违法所得转为合法收益。在本案中，法院认定仅汪某构成洗钱罪，毒品犯罪行为人区某能则因为清洗本人毒品犯罪所得赃款被另案处理，未被判处洗钱罪。①

然而，洗钱罪是严重危害国家金融管理秩序法益和司法机关正常活动法益的犯罪，②这也是立法者将洗钱罪定位于“破坏金融管理秩序罪”一节的根本原因。学术界和实务界基于立法规定而将“自洗钱”行为排除出洗钱罪处罚范围的做法，无疑会放任实施上游犯罪的本犯毫无顾忌地从事扰乱金融秩序的活动，破坏金融市场的稳定态势和金融机构的经营活动，同时也会严重妨碍司法机关对上游犯罪的追查。③ 基于此，刑法修正案（十一）草案在二次审议时修改了洗钱罪的行为方式，删除了“明知”“协助”等规定。这一改动意味着，只要从事上游犯罪的本犯为了掩饰、隐瞒七类特殊犯罪所得及其收益的来源和性质而实施提供资金账户、跨境转移资产等行为的，就构成洗钱罪。简言之，刑法修正案（十一）将实施一些严重犯罪后的“自洗钱”行为明确为犯罪。

其次是为了精准打击“地下钱庄”等犯罪活动，将洗钱罪第一款第三项规定的“结算方式”修改为“支付结算方式”。近年来，伴随着国内外经济形势的变化，恐怖主义犯罪国际化，走私犯罪和跨境毒品犯罪增加，我国也加大了针对贪污贿赂犯罪的打击力度。上述情势催生了“地下钱庄”现象在我国的兴起。实践中，从事非法资金支付结算业务、非法买卖外汇业务的地下钱庄已然成为犯罪分子洗钱和转移资金的最主要通道，成

---

① 《广州市海珠区人民检察院诉汪照洗钱一审案》，载《中华人民共和国最高人民法院公报》2004年第10期。

② 参见王作富主编：《刑法分则实务研究》（上），中国方正出版社2013年版，第488页。

③ 参见安汇玉、汪明亮：《自我洗钱行为当罚性分析》，载《苏州大学学报（法学版）》2020年第3期。

为贪污腐败分子和恐怖活动的“洗钱工具”和“帮凶”，对金融市场秩序和国家金融安全以及社会稳定造成严重冲击。①现实生活中，不法分子往往通过设立“空壳公司”，以虚构交易、虚开价格、交易退款、采取网银转账、提供支票套现服务等方式协助他人将对公账户非法转移到对私账户、套取现金等进行非法支付结算。正因如此，最高人民法院和最高人民检察院联合发布《关于办理非法从事资金支付结算业务、非法买卖外汇刑事案件适用法律若干问题的解释》，将地下钱庄从事的上述行为解释为刑法第二百二十五条第三项所规定的“非法从事资金支付结算业务”，以非法经营罪论处。但显然，地下钱庄所实施的上述犯罪活动往往与洗钱犯罪密切相关。为了实现洗钱罪、非法经营罪以及《最高人民法院、最高人民检察院关于办理非法从事资金支付结算业务、非法买卖外汇刑事案件适用法律若干问题的解释》的有机联动，实现有效打击地下钱庄的刑事政策效果，立法机关将刑法第一百九十一条“洗钱罪”第一款第三项规定的“结算方式”修改为“支付结算方式”，以此提醒司法机关工作人员在处理地下钱庄类刑事案件时务必注意洗钱罪与非法经营罪等罪名可能存在的竞合关系。

再次是为了限制赃款外逃、赃物流失国外，将“洗钱罪”第一款第四项规定的“协助将资金汇往境外的”修改为“跨境转移资产的”。在洗钱犯罪活动中，行为人通过将贪污贿赂犯罪等七类犯罪所得及其收益转移到国外以逃避处罚的情形屡见不鲜。根据央行网站刊发的《我国腐败分子向境外转移资产的途径及检测方法研究》，从20世纪90年代中期以来，外逃党政干部，公安、司法干部和国家事业单位、国有企业高层管理人员，以及驻外中资机构外逃、失踪人员数目高达16000人至18000人，携带款项高达8000亿元人民币。②严峻的赃款外流局面促使我国刑法必须增强对相应洗钱犯罪活动的惩治力度。在刑法修正案（十一）之前，洗钱罪第一款第四项所规定的行为方式为“协助将资金汇往境外的”。根据联合国《制止向恐怖主义提供资助的国际公约》的解释，所谓“资金”系指所有各种资产，不论是有形资产还是无形资产、是动产还是不动产，不论以何种方式取得，和以任何形式，包括电子或数字形式证明这种资产的产权或权益

---

① 姜永义、陈学勇、陈新旺：《〈关于办理非法从事资金支付结算业务、非法买卖外汇刑事案件适用法律若干问题的解释〉的理解与适用》，载《人民法院报》2020年2月27日。

② 参见《央行揭贪官外逃路径：过万官员出逃 携款8000亿》，载中国新闻网，https：//www.chinanews.com/fz/2011/06－15/3112100.shtml，最后访问时间：2020年1月8日。

的法律文件或证书，包括但不限于银行贷记、旅行支票、银行支票、邮政汇票、股票、证券、债券、汇票和信用证。尽管“资金”的含义十分广泛，“将资金汇往境外”这一构成要件在文义层面也显得过于狭隘。这是因为，根据新华字典的解释以及日常用语习惯，“汇”字本身只有“从一地将款项寄到另一地”之意，这显然难以涵括非款项类的犯罪所得及其收益。因此，刑法修正案（十一）将该种行为方式修改为“跨境转移资产的”，在文义上将以任何方式向境外转移任何资产的洗钱活动均纳入其中。

最后是取消罚金刑的定额限制并扩张罚金刑的适用范围，以更加灵活的罚金刑设计应对洗钱犯罪。众所周知，罚金刑在处理经济性、金融性犯罪的过程中长处显著：既能够给基于营利目的的犯罪以迎头痛击，还能够剥夺行为人继续实施经济犯罪的资本，从客观上防止他们重新犯罪。①因此，罚金刑在未来的广泛适用是不难预见的。然而，在洗钱罪中，罚金刑的设置却存在诸多痛点。其一，司法机关能够判处的罚金，仅能在行为人洗钱数额的百分之五以上百分之二十以下的范围内浮动。这种相对确定的罚金刑设置方式虽然在一定程度上保障了刑罚的明确性，但却是以牺牲罚金刑的灵活性为代价的。毒品犯罪、黑社会性质的组织犯罪、走私犯罪以及贪污贿赂等七类犯罪在通常情况下往往涉及极其巨大的数额，此时即使司法机关顶格判处其洗钱数额百分之二十的罚金刑，惩处强度也可能有所不足。此外，在极端情形下，洗钱犯罪的行为人亦有可能因为特殊原因而一贫如洗，甚至无力缴纳其洗钱数额百分之五的罚金，此时便限制了罚金刑作为一种附加刑的有效使用，无法发挥其惩戒矫治功能。因此，为了适应社会现实情况，更有针对性地打击洗钱犯罪活动，刑法修正案（十一）将洗钱罪的罚金刑由原先明确的罚金刑修改为模糊的罚金刑。其二，在修改前，洗钱罪罚金刑的适用并不及于单位犯罪中的直接负责的主管人员和其他直接责任人员，这一规定导致了不公平现象的出现。实践中，个人犯洗钱罪所涉及的金额往往大幅低于单位犯洗钱罪的情形，但只要行为人能够将自己实施的洗钱活动辩解为单位行为，便无须亲身遭受罚金刑的惩处。实务中被告人的辩护人也往往朝着单位犯罪的方向辩护。针对此种现象，刑法修正案（十一）修改了单位犯洗钱罪时针对直接负责的主管人员和其他直接责任人员的刑法条款，直接依照自然人犯洗钱罪的规定处罚，体现了刑法的公平性，有利于实现罪刑均衡。

---

① 参见张明楷：《罚金刑若干问题的再思考》，载《中国法学》1991 年第 4 期。

【适用指南】

在刑法修正案（十一）针对洗钱罪做了上述修改后，在理解与适用洗钱罪时应当注意以下四点。

一、如何处理毒品犯罪等七类犯罪的上游犯罪人“自洗钱”的行为

在立法机关删除了洗钱罪第一款关于“明知”和“协助”的规定后，洗钱罪的处罚范围得到了进一步扩张。从文义的角度，洗钱罪的主体已然能够涵括上游犯罪的行为人。换言之，只要是为了掩饰、隐瞒毒品犯罪、黑社会性质的组织犯罪、恐怖活动犯罪、走私犯罪、贪污贿赂犯罪、破坏金融管理秩序犯罪、金融诈骗犯罪的所得及其产生收益的来源和性质，而提供资金账户，将财产转换为现金、金融票据、有价证券，通过转账或者其他支付结算方式转移资金，跨境转移资金或者使用其他方法洗钱的，无论是上游犯罪的本犯还是本犯之外的其他人员，均能构成洗钱罪。正如立法机关在发布刑法修正案（十一）（草案二次审议稿）时同时发布的修改情况报告所指出的：在对洗钱罪做上述修改后，我国刑法第一百九十一条、第三百一十二条规定的洗钱犯罪的上游犯罪包含所有犯罪，“自洗钱”也可单独定罪，为有关部门有效预防、惩治洗钱违法犯罪以及境外追逃追赃提供充足的法律保障。

需要注意的是，在学理上将上游犯罪行为人洗钱的行为认定为洗钱罪，面临着“不可罚的事后行为”（或称“共罚事后行为”）这一竞合论原理的阻碍，而刑法第三百一十二条所规定的掩饰、隐瞒犯罪所得、犯罪所得收益罪正是基于这一原理而无法适用到上游犯罪人的本犯身上。不过，一方面第一百九十一条规定的洗钱罪主要是扰乱金融管理秩序的犯罪，上游犯罪所涉及的罪名一般不能包容这一法益；另一方面在立法机关针对洗钱罪做了明确修改后，也可以认为立法者基于严重的社会危害性而将自洗钱行为拟制为洗钱罪。

此外，在自洗钱行为成为洗钱罪的规制对象后，司法实务则会面临着上游犯罪本犯和本犯之外的其他人员共同洗钱时如何处理的问题。既然立法机关修正洗钱罪的目的在于增强对洗钱行为的惩治力度，有效预防和惩治洗钱违法犯罪，那么就应当将上述情形以共同犯罪的原理进行处理。无论是上游犯罪本犯还是本犯外的其他人员在洗钱的过程中发挥主要作用，均可以认定为主犯，不能认为一旦出现共同洗钱的情形，便只有上游犯罪本犯能构成洗钱罪的主犯，否则极易产生放纵洗钱犯罪活动的局面。

例如，在“潘某民、祝某贞、李某明、龚某洗钱案”中，被告人潘某民于2006年7月初，通过“张某兴”（另案处理）的介绍和“阿元”（另案处理）取得联系，商定由潘某民通过银行卡转账的方式为“阿元”转移从网上银行诈骗的钱款，潘某民按转移钱款数额10%的比例提成。嗣后，潘某民纠集了被告人祝某贞、李某明、龚某，并通过杜某明（另案处理）收集陈某、董某华、宋某师等多人的身份证，由杜某明经上海市有关银行办理了大量信用卡交给潘某民、祝某贞。由“阿元”通过非法手段获取网上银行客户黄某伟、芦某、姜某、陈某等多人的中国甲银行××卡卡号和密码等资料，然后将资金划入潘某民通过杜某明办理的中国甲银行上海分行的67张××卡内，并通知潘某民取款，划入上述67张××卡内共计人民币1002438.11元。潘某民、祝某贞、李某明、龚某于2006年7月至8月，在上海市使用上述67张××卡和另外27张××卡，通过ATM机提取现金共计人民币1086085元，通过柜面提取现金共计人民币73615元，扣除事先约定的份额，然后按照“阿元”的指令，将剩余资金汇入相关账户内。①

本案中“阿元”作为上游犯罪（信用卡诈骗罪）的本犯被另案处理，潘某民、祝某贞、李某明、龚某作为本犯外的其他人员被法院认定为触犯洗钱罪。但假设本案发生于刑法修正案（十一）生效后，由于本犯“阿元”和潘某民、祝某贞、李某明、龚某等人共同实施了将财产转换为现金、通过转账等方式转移资金等洗钱活动，因此均应当以第一百九十一条规定的洗钱罪定罪处罚，根据其在洗钱的过程中所发挥的作用大小进行针对性的量刑。

二、如何理解和适用修改后本罪的罪过形式

在立法机关删除第一百九十一条第一款规定的“明知”要件后，洗钱罪的罪过形式便成为值得讨论的问题。应当认为，洗钱罪仍是故意犯罪，过失洗钱的不应当作为本罪处理。原因在于，我国刑法第十五条明确规定了“过失犯罪，法律有规定的才负刑事责任”。根据罪刑法定原则，倘若某一条文中无法体现过失的文理性规定，便不能认为该罪包含过失犯罪形态。而从第一百九十一条的规定来看，没能体现出过失犯罪特征的相关规定。另外，尽管立法机关删除了“明知”要件，但这是相对于上游犯罪人本犯实施自洗钱活动而言的。因为上游犯罪本犯在实施自洗钱行为时对于

① 《潘某民、祝某贞、李某明、龚某洗钱案》，载《最高人民检察院公报》2008年第2期。

上游犯罪所得及其产生的收益必然是明知的。而就本犯之外的其他人员，仍需要根据2019年11月4日发布的《最高人民法院关于审理洗钱等刑事案件具体应用法律若干问题的解释》第一条，结合被告人的认知能力，接触他人犯罪所得及其收益的情况，犯罪所得及其收益的种类、数额，犯罪所得及其收益的转换、转移方式以及被告人的供述等主、客观因素综合认定其对于第一百九十一条所规定的七类上游犯罪所得及其收益是否具有“明知”。

三、如何处理本罪与掩饰、隐瞒犯罪所得、犯罪所得收益罪和非法经营罪的竞合关系

刑法第一百九十一条规定的洗钱罪与第三百一十二条规定的掩饰、隐瞒犯罪所得、犯罪所得收益罪均涉及洗钱活动，在刑法修正案（十一）之前，两罪的行为主体也均不包含上游犯罪的本犯。在两罪的关系方面，根据学界主流观点，二者并非对立关系，一个行为完全可能同时触犯洗钱罪与掩饰、隐瞒犯罪所得、犯罪所得收益罪，应当按照想象竞合犯的原理从一重罪处罚。①而在刑法修正案（十一）生效后，毒品犯罪等七类上游犯罪的本犯自我洗钱的行为可以被认定为构成洗钱罪，但由于刑法第三百一十二条规定的掩饰、隐瞒犯罪所得、犯罪所得收益罪并未随之修正。因此，毒品犯罪等七类上游犯罪的本犯所实施的自我洗钱活动，只能构成洗钱罪而无法符合掩饰、隐瞒犯罪所得、犯罪所得收益罪的构成要件。司法机关在适用相关罪名的过程中应当注意，第三百一十二条的规定是从传统的赃物犯罪演化而来的，犯罪情形中包括了对犯罪所得“窝藏、转移”等行为，因此即便将来认为第三百一十二条的规定包括“自洗钱”，在认定时也应当区分“自窝赃”和“自洗钱”的不同，对“自窝赃”的行为不作单独处理。②

而就洗钱罪与非法经营罪，两罪发生交叉关系的主要场合便是“地下钱庄”从事非法资金支付结算业务的场合。刑法第一百九十一条第一款第三项规定了“通过转帐或者其他支付结算方式转移资金”的洗钱方式，而第二百二十五条第三项同样规定了“非法从事资金支付结算业务”的行为方式。这意味着行为人通过开设“地下钱庄”的方式进行支付结算活动，为他人违法转移资金、非法套现的，可能同时触犯洗钱罪与非法经营罪两

---

① 参见张明楷：《刑法学》，法律出版社2016年版，第1103页。

② 张义健：《〈刑法修正案（十一）〉的主要规定及对刑事立法的发展》，载《中国法律评论》2021年第1期。

罪。由于洗钱罪与非法经营罪在保护法益（客体）、构成要件的具体规定等方面均具有明显差异，在一行为同时触犯两罪的情况下，应当依照想象竞合的原理从一重罪处罚。

例如，在“郑某财走私普通货物物品案”中，被告人郑某财在深圳市福田区开设“地下钱庄”，帮助赵某强走私团伙（团伙成员均已被判决）将购买走私手机的货款汇往香港，从中赚取相关费用。上述汇兑流程为：郑某财雇请郑某升、姚某彬（均已判决），指使该二人收取走私团伙的走私货款，然后与郑某财核对款项，郑某财再安排香港方面将相应的港币款项汇入走私团伙指定的香港账户，或在深圳直接将走私团伙的人民币兑换成港币。郑某升、姚某彬以个人名义开设了深圳某银行账户，交由郑某财用于“地下钱庄”的实际运作，接受走私团伙的货款。①

本案中，被告人郑某财开设地下钱庄，从事非法资金支付结算活动，清洗走私团伙的走私货款。根据《最高人民法院、最高人民检察院关于办理非法从事资金支付结算业务、非法买卖外汇刑事案件适用法律若干问题的解释》，此种行为不仅符合非法经营罪的构成要件，同时构成洗钱罪。在被告人郑某财明知自己所收取的款项为走私货款的情况下，还构成走私普通货物物品罪的共犯。综上，被告人郑某财开设地下钱庄并运营的行为应当构成走私普通货物物品罪、非法经营罪和洗钱罪的想象竞合，应从一重罪定罪量刑。

四、如何适用修改后罚金刑的相关规定

刑法修正案（十一）将洗钱罪的罚金刑从定额罚金刑修改为不定额罚金刑，扩大了司法审判机关工作人员在针对实施洗钱犯罪的行为人适用罚金刑时的自由裁量权。司法机关工作人员应当灵活运用罚金刑，结合行为人的经济财产状况、人身危险性、再犯可能性等因素，在合理的幅度范围内判处罚金刑，以发挥罚金刑的惩治和教育矫正效果。同时，司法审判机关在适用罚金刑时亦不应局限于自然人或者单位犯洗钱罪的情形，对于单位犯罪中的主管人员和其他直接责任人员，尤其是主要负责人员，也可以适当地运用罚金刑，以此实现刑法的公正性和刑罚的均衡性效果。

---

① 广东省深圳市中级人民法院（2014）深中法刑二初字第17号刑事判决书。

刑法修正案（十一）第十五条　【修改集资诈骗罪】

十五、将刑法第一百九十二条修改为："以非法占有为目的，使用诈骗方法非法集资，数额较大的，处三年以上七年以下有期徒刑，并处罚金；数额巨大或者有其他严重情节的，处七年以上有期徒刑或者无期徒刑，并处罚金或者没收财产。

"单位犯前款罪的，对单位判处罚金，并对其直接负责的主管人员和其他直接责任人员，依照前款的规定处罚。"

【条文主旨】

本条是关于修改集资诈骗罪的规定。

设立集资诈骗罪旨在保护金融市场秩序和投资者资金安全。在司法实践中，本罪系惩处非法集资犯罪的常用罪名之一。近年来，有些不法分子假借互联网金融名义从事网络非法集资，严重扰乱经济金融秩序，极大侵害人民群众财产。为进一步防范化解金融风险，维护金融秩序，保护人民群众利益，刑法修正案（十一）调整了集资诈骗罪的刑罚结构，加大对此类犯罪的惩处力度。

【条文对照】

修正前	修正后
第一百九十二条　【集资诈骗罪】以非法占有为目的，使用诈骗方法非法集资，数额较大的，处五年以下有期徒刑或者拘役，并处二万元以上二十万元以下罚金；数额巨大或者有其他严重情节的，处五年以上十年以下有期徒刑，并处五万元以上五十万元以下罚金；数额特别巨大或者有其他特别严重情节的，处十年以上有期徒刑或者无期徒刑，并处五万元以上五十万元以下罚金或者没收财产。	第一百九十二条　【集资诈骗罪】以非法占有为目的，使用诈骗方法非法集资，数额较大的，**处三年以上七年以下有期徒刑，并处罚金**；数额巨大或者有其他严重情节的，**处七年以上有期徒刑或者无期徒刑，并处罚金或者没收财产**。 **单位犯前款罪的，对单位判处罚金，并对其直接负责的主管人员和其他直接责任人员，依照前款的规定处罚。**

【修正提示】

刑法修正案（十一）对刑法原第一百九十二条规定的集资诈骗罪作了两处修正。

其一，调整本罪的刑罚结构。刑法修正案（十一）对本罪的量刑档次、自由刑和财产刑都作了修正。量刑档次方面，原来的三档法定刑被压缩为两档法定刑。其中，自由刑从原来的“五年以下有期徒刑或者拘役”“五年以上十年以下有期徒刑”“十年以上有期徒刑或者无期徒刑”三档调整为“三年以上七年以下有期徒刑”“七年以上有期徒刑或者无期徒刑”两档。在最高刑保持不变的情况下，最低刑由原来的“拘役”改为“三年以上有期徒刑”，整体提高了本罪的法定刑。而财产刑则从原来的限额罚金刑调整为不限额罚金刑，针对“数额巨大或者有其他严重情节的”情形还增设了“没收财产”刑。不难看出，无论是自由刑还是财产刑都明显加重。

其二，为适应本罪的新刑罚结构，刑法修正案（十一）将集资诈骗罪的单位犯罪规定从原刑法第二百条中分立出来，单独规定在刑法第一百九十二条第二款。在修法之前，集资诈骗罪的单位犯罪规定在刑法第二百条。根据该条规定，单位犯集资诈骗罪的，“对单位判处罚金，并对其直接负责的主管人员和其他直接责任人员，处五年以下有期徒刑或者拘役，可以并处罚金；数额巨大或者有其他严重情节的，处五年以上十年以下有期徒刑，并处罚金；数额特别巨大或者有其他特别严重情节的，处十年以上有期徒刑或者无期徒刑，并处罚金”。而刑法修正案（十一）正式实施以后，单位犯集资诈骗罪，“数额较大的，处三年以上七年以下有期徒刑，并处罚金；数额巨大或者有其他严重情节的，处七年以上有期徒刑或者无期徒刑，并处罚金或者没收财产”。前后比较，不难发现刑法修正案（十一）加重了单位犯集资诈骗罪的处罚。首先，量刑档次由原来的三档压缩为两档之后，各量刑档次内的法定刑幅度随之升高。其次，在自由刑方面，法定最高刑不变的情况下，法定最低刑由原来的“拘役”改为“三年以上有期徒刑”，法定自由刑明显加重。最后，在财产刑方面，原来单位犯集资诈骗罪基本犯的，对其直接负责的主管人员和其他直接责任人员只是“可以”并处罚金，即便“数额特别巨大或者有其他特别严重情节的”，也不得没收财产。但在刑法修正案（十一）正式实施以后，单位犯集资诈骗罪的，对其直接负责的主管人员和其他直接责任人员“应当”一律并处罚金，而且“数额特别巨大或者有其他特别严重情节的”，还可能判处没收财产。

【修法背景】

集资诈骗罪是处置非法集资类犯罪中的常用罪名之一。因应对非法集资类犯罪的新发展，刑法修正案（十一）适时地对本罪作出修正。

近年来，在互联网信息技术的助推之下，非法集资类犯罪呈现出一系列新特征。其一，网络非法集资犯罪呈高发态势。尤其是在 2015 年至 2019 年间，大量不法分子假借 P2P 网贷、互联网理财等概念之名，行非法集资之实。在短短数年间，全国范围内就涌现出数千家 P2P 网贷平台。从事后查处的结果来看，这其中有不少问题平台明显是以非法占有投资者财产为目的，编造各种虚假的投资项目，以骗取投资者的资金。虽然 P2P 网贷的热潮已经退去，但是从目前国内金融市场的资金供求关系来看，网络非法集资犯罪仍有可能继续保持高发态势。其二，网络非法集资个案的金额和规模显著增加。受线下传播能力的限制，传统的非法集资个案一般局限于相对狭小的区域，涉案金额以及涉案人员的规模都相对较少。但是近年来，依托互联网信息技术实施的非法集资个案明显具有“跨区域性”特征，其中涉案金额过亿元的个案不在少数，涉案人员（包括行为人和被害投资者）的规模和分布范围也都明显拓宽。其三，非法集资活动呈“公司化”“集团化”运营的新趋势。以往，非法集资犯罪大多发生在个别企业的个别时期，而且多以自然人犯罪为主。但是从近年来查处的网络非法集资案件来看，有不少行为人从一开始就是为了开展非法集资活动而注册成立公司，或者为了“赚快钱”而将非法集资活动作为整个集团或公司的主营业务。

为应对非法集资犯罪的这一系列新变化，刑法修正案（十一）适时地调整了集资诈骗罪的刑罚结构，以及单设一款专门规定集资诈骗罪的单位犯罪。首先，针对非法集资犯罪的高发态势，刑法修正案（十一）通过提高集资诈骗罪的法定刑增强一般预防。尤其是在自由刑方面，刑法修正案（十一）在保持本罪法定最高刑不变的情况下，将法定最低刑由原来的“拘役”提升至“三年以上有期徒刑”。如果把三年有期徒刑作为“轻罪”与“重罪”的分野，那么此次修正可以说是彻底斩断了集资诈骗行为被判处“轻罪”的可能性。其次，为应对网络非法集资个案金额和规模显著增加的新情况，刑法修正案（十一）将集资诈骗罪原各量刑档次中的限额罚金刑改为不限额罚金刑，通过提高违法成本增强特殊预防。在修法之前，集资诈骗罪的最高罚金刑仅为五十万元人民币。与动辄上千万元甚至上亿元的非法集资款相比，原有的罚金刑明显难以起到威慑效果。而在刑法修正案（十一）将本罪的罚金刑改为不限额罚金刑以后，法官在罚金刑的裁量上获得了更大的自由空间，更有利于实现罪刑相适应，也有助于消除不法分子通过实施非法集资犯罪获利的可能性。最后，针对非法集资犯罪“公司化”“集团化”运营的新趋势，刑法修正案（十一）将集资诈骗罪的单位犯罪规定从原刑法第二百条中分离出来，并单独规定为刑法第一百九十二条第二款。与修法前相比，无论是自然人犯集资诈骗罪还是单位犯集资诈骗罪，其可能被判处的自由刑和罚金刑都有所升高。

需要注意的是，刑法修正案（十一）在提高集资诈骗罪法定刑的同时也压缩了本罪的量刑档次，将原来的三档法定刑压缩为两档法定刑。而在压缩量刑档次后，“数额较大”和“数额巨大”的认定标准就不宜沿用原来由《非法集资案件解释》第五条所规定的标准。与原来三档法定刑相比，现行的两档法定刑赋予法官更大的自由裁量空间。在此情况下，如何区别适用不同量刑档次，以及在各量刑档次内如何把握不同个案的量刑幅度，这些都需要法官结合个案具体情形慎重把握，既要体现出加重处罚的修法目的，也要尽可能避免同类案件在修法前后量刑差异过大。

【适用指南】

在刑法修正案（十一）对集资诈骗罪的刑罚结构作出调整之后，司法者所要面临的一个新问题是如何理解和适用本罪修正后的刑罚结构。另外，由于刑法修正案（十一）并未对本罪的犯罪成立要件作出实质性修改，所以有关“诈骗方法”和“非法占有目的”的认定以及本罪与非法吸收公众存款罪的区分等老问题在修法之后仍将继续存在。下面，本书先探讨修法后可能出现的新问题，再分析修法前已经出现且修法后仍将继续存在的老问题。

一、如何理解和适用本罪修正后的刑罚结构

如前文“修正提示”部分所述，刑法修正案（十一）对集资诈骗罪的量刑档次、自由刑和财产刑都作了大幅修正。其中，量刑档次的调整意味着原有的法定刑升格标准也要作出相应调整，而各量刑档次内自由刑与财产刑的调整则反映出了立法者应对集资诈骗罪等经济犯罪的新导向。

（一）压缩量刑档次意味着法定刑升格标准应当作出相应调整

在刑法修正案（十一）出台之前，本罪包含三个法定刑档次，相应地包括“数额巨大或者有其他严重情节”和“数额特别巨大或者有其他特别严重情节”这两个法定刑升格条件。根据《非法集资案件解释》第五条第

一款和第二款的规定，“个人进行集资诈骗，数额在 10 万元以上的，应当认定为‘数额较大’；数额在 30 万元以上的，应当认定为‘数额巨大’；数额在 100 万元以上的，应当认定为‘数额特别巨大’。”“单位进行集资诈骗，数额在 50 万元以上的，应当认定为‘数额较大’；数额在 150 万元以上的，应当认定为‘数额巨大’；数额在 500 万元以上的，应当认定为‘数额特别巨大’。”

而在刑法修正案（十一）正式实施以后，本罪的法定刑档次缩减为两档，法定刑升格条件也仅剩下“数额巨大或者有其他特别严重情节”。不仅如此，各法定刑档次之间的分界点也由原来的“五年有期徒刑”和“十年有期徒刑”调整为“三年有期徒刑”和“七年有期徒刑”。如此一来，法定刑升格标准也应当作出相应调整，才能实现罪刑相适应。当然，具体应达到多大数额才算“数额巨大”，有待新的司法解释作出规定。但可以肯定的是，对于刑法修正案（十一）正式实施以后发生的个案，不应再沿用前述《非法集资案件解释》第五条所规定的数额标准来认定“数额巨大”，而应当结合个案具体情况严格把握法定刑升格标准，既要体现对集资诈骗罪加重处罚的修法目的，也要尽可能避免出现相同或相似案件在修法前后量刑差异过大的现象。对于刑法修正案（十一）正式实施以前发生的个案，则应当按照“从旧兼从轻”的原则予以处罚。

需要注意的是，虽然修法前后“数额巨大”的认定标准应当有所调整，但是数额的“计算标准”则没有改变。根据《非法集资案件解释》第五条第三款的规定，“集资诈骗的数额以行为人实际骗取的数额计算，案发前已归还的数额应予扣除。行为人为实施集资诈骗活动而支付的广告费、中介费、手续费、回扣，或者用于行贿、赠与等费用，不予扣除。行为人为实施集资诈骗活动而支付的利息，除本金未归还可予折抵本金以外，应当计入诈骗数额”。值得一提的是，实践中有些投资人支付本金时就已经提前扣除了利息，比如名义上支付 100 万元的本金，但扣除高息 20 万元后仅实际支付 80 万元，在此情况下行为人的集资数额应认定为 80 万元而不是 100 万元。

（二）对自由刑与财产刑的有关修正反映出立法者处置经济犯罪的新导向

综观刑法修正案（十一）对包括集资诈骗罪、非法吸收公众存款罪在内的诸多经济犯罪的修正，不难发现其中有多处原限额罚金刑被调整为不限额罚金刑或者新增没收财产刑，而且有多个量刑档次内的自由刑幅度也明显扩大。这些修正共同反映出了立法者处置经济犯罪的两大新导向：一是提高财产刑的适用广度和处罚强度；二是赋予法官更大的自由裁量权。

一方面，提高对经济犯罪的财产刑适用广度和处罚强度，既有助于提升预防经济犯罪的效果，也有助于降低刑罚对经济发展的副作用。从我国以往的立法与司法实践来看，经济犯罪的财产刑适用率一直较低。这其实有碍于打击和预防经济犯罪，因为经济犯罪本属于“贪利型”犯罪，行为人实施经济犯罪的主要目的就在于非法获取财产。而提高财产刑的适用广度和处罚强度可以直接提升犯罪成本，从而打消潜在行为人通过犯罪手段获取不法利益的内在动机，有助于提升预防经济犯罪的效果。当然，从某种意义上讲，刑罚本身也是一种“恶”。但与自由刑相比，财产刑对社会经济发展的副作用相对较小。就经济犯罪而言，随着财产刑适用广度和处罚强度的提高，在确保惩罚和预防效果的前提下自由刑的适用空间和处罚强度可以适当降低，从而把刑罚负面影响尽可能降到最低。

另一方面，就经济犯罪案件而言，赋予法官更大的自由裁量权不仅有助于实现个案正义，而且更符合社会治理“去中心化”的时代趋势。从以往的立法实践来看，我国立法者主要是通过统一司法标准、压缩法官自由裁量权的方式来强化“同案同判”的司法正义。这其中就包括规定限额罚金刑、增加量刑档次以缩小各量刑档次内的自由刑幅度等立法方式。但是，我国各地发展不平衡的现象比较明显。尤其是在经济领域，东西部之间、城乡之间的经济水平尚有一定的差距。在此情况下，如果直接在刑法里规定统一的限额罚金刑数额，那么形式上看似统一了裁判标准，可实质上有可能造成更大范围的“同案不同判”现象。此外，如果把我国未来经济发展趋势一并纳入考量，那么当下规定在刑法里的罚金刑数额在不久的将来还需要再作修正，这也有损刑法的稳定性。这些因素都促使立法者在刑法修正案（十一）中一改以往的立法思路，不仅将多处限额罚金刑修改为不限额罚金刑，而且压缩了有些犯罪的量刑档次，各量刑档次内的自由刑幅度也相对扩大。如此一来，在处置经济犯罪案件时，法官便获得了更大的自由裁量空间，有助于其结合当时当地的具体情况作出符合个案正义的司法裁判。

当然，自由裁量并不等于恣意裁量，立法者在扩大法官自由裁量权的同时，也对法官判决说理提出了更高的要求。为了确保人民群众在每一个司法案件中都能感受到公平正义，法官需要对每一个判决结论都作出严密且充分的论证。与在相对狭窄的自由裁量空间中作出裁判相比，法官在更大的自由裁量空间中作出裁判时，需要进行更加严密且更加充分的论证。

否则，个案判决所传达出的恣意性有可能超过其所应传达的公正性。值得一提的是，从以往的司法实践来看，财产刑（特别是没收财产刑）的适用标准以及适用程序有必要进一步规范化，而与之相配套的诉前查封、冻结财产等财产处置措施也应当一并规范化。

二、如何认定集资诈骗罪中的“诈骗方法”

集资诈骗罪系诈骗罪的特别法。理论上一般认为，普通诈骗罪的犯罪构造是“行为人虚构事实或隐瞒真相→导致被害人陷入认识错误→被害人基于认识错误处分财产”。作为普通诈骗罪的特别法，集资诈骗罪也具有类似的犯罪构造，即行为人虚构融资项目、投资盈利前景等事实或隐瞒公司经营亏损、未经有关部门批准等真相，导致被害人产生“行为人属合法募集资金”“行为人属正当募集资金”“行为人的集资获得了有关机关的批准”“出资后会有回报”等认识错误，被害人基于这些认识错误而作出投资。至于行为人是就事实进行欺骗，还是就价值进行欺骗，均不影响欺骗行为的性质。

虽然集资诈骗罪是诈骗罪的特别法，但是不能笼统地以为集资诈骗罪就是发生在集资领域的诈骗罪，否则就难以解释集资诈骗罪与诈骗罪之间的法定刑悖论。仔细对比集资诈骗罪与普通诈骗罪的法定刑以及相关司法解释规定的入罪标准，不难发现刑法对诈骗数额相对较高的集资诈骗行为的处罚反而较轻，而对诈骗数额相对较低的普通诈骗行为的处罚反而较重。这一法定刑悖论反过来表明，“诈骗方法”在两罪中的认定标准并不完全相同，尽管两者具有相似的构造。笔者认为，应当从风险管辖和被害人学的角度理解前述法定刑悖论以及“诈骗方法”在两罪中的认定标准差异。

首先，从风险管辖和被害人学的角度看，与日常生活情境下的被害人相比，金融市场中的被害人需要自担更高的投资风险，受刑法保护性也相对较低。普通诈骗罪主要发生在风险较低的日常生活情境中（如电信诈骗），而集资诈骗罪则发生在风险较高的金融市场中。当然，高风险意味着高收益，被害人为追求高收益而进入金融市场时，理应自觉提高风险防范意识，自己承担（比在日常生活情境中交易）更高的风险。相应地，刑法对那些为追求更高收益的金融市场参与人的保护也就相对降低。如果以普通诈骗罪的法定刑和入罪数额标准为参照，那么集资诈骗罪所降低的法定刑和所提高的入罪数额，实际上都被金融市场可能给被害人带来的“高收益”所补偿。

其次，普通诈骗罪与集资诈骗罪所处情境的差异，决定了“诈骗方法”在两罪中的认定标准也应当有所不同。虽然“诈骗方法”在集资诈骗罪和普通诈骗罪中都具有相似的构造，但是这仅仅意味着诈骗方法的“构造”本身不会因犯罪情境的改变而改变，并不意味着诈骗方法的“认定标准”也同样保持不变。实际上，前述有关风险管辖和被害人学的分析思路既适用于分析两罪的法定刑差异，也适用于分析“诈骗方法”在两罪中的认定标准差异。从风险管辖和被害人学的角度看，司法者在认定集资诈骗罪中的“诈骗方法”时，不应当机械地套用普通诈骗罪中诈骗方法的认定标准，而应当结合本罪所处的金融市场语境。比如，在有些 P2P 平台集资诈骗案中，某些投资人明知行为人系非法集资，但为了追求高收益仍执意投资的，就不属于集资诈骗的被害人。

最后，在司法实践中，虚构项目、隐瞒亏损、夸大收益、美化风险和借旧换新等行为常被认定为“诈骗方法”。但需要注意的是，这五类行为只是司法者的经验性归纳，并不具有立法或司法解释意义上的普适性和规范性效力。一般而言，认定涉案行为是否属于“诈骗方法”的一项重要标准是看行为人是否虚构或隐瞒“足以影响被害人做出投资决定”的关键事实。实践中，司法者应进一步对虚构项目、隐瞒亏损、夸大收益、美化风险和借旧换新等情形进行具体分析，不应认为只要属于这其中某类情形就一定构成“诈骗方法”。如果在这些情形中，行为人并没有虚构或隐瞒“足以影响被害人做出投资决定”的关键事实，那么也不应认定行为人实施了“诈骗方法”。

三、如何认定“非法占有目的”

“非法占有目的”是认定诈骗类犯罪的一大难点。这主要是因为“非法占有目的”属于行为人主观心理层面的内容，在行为人本人不愿如实供述的情况下，司法者其实很难（像认定“诈骗方法”那样）通过观察或调查客观证据等方式直接加以认定。即便行为人自愿如实供述自己的主观想法，也可能面临记忆不准确、供述不全面等现实问题；况且根据刑事诉讼法的规定，单凭行为人口供也不足以定罪处罚。因此，实践中司法者主要（也只能）采取“推定”的方式认定“非法占有目的”，即根据已经查明的客观证据反过来推定行为人的主观目的。

但是，由于不同人表达或实现主观目的的方式并不相同，所以很难制定出统一的“推定”标准，只能允许司法者结合个案具体情况进行推定。而在多数情况下，行为人为了实现非法获利的犯罪目的，往往极力掩盖其“非法占有目的”，所以司法者所能查明的、可用于推定行为人主观目的的证据本就不多。在此情况下，司法者在推定行为人主观目的的的过程中就不可避免地要融入司法者自己的主观想法。如此一来，“非法占有目的”的推定标准就更难以统一，“同案不同判”的现象也就可能随之产生。

为了尽可能统一裁判标准，我国最高司法机关多次就“非法占有目的”的认定问题作出列举式规定。早在2001年，最高人民法院就在《全国法院审理金融犯罪案件工作座谈会纪要》中规定了如下七类可以认定为具有“非法占有的目的”的情形：（1）明知没有归还能力而大量骗取资金的；（2）非法获取资金后逃跑的；（3）肆意挥霍骗取资金的；（4）使用骗取的资金进行违法犯罪活动的；（5）抽逃、转移资金、隐匿财产，以逃避返还资金的；（6）隐匿、销毁账目，或者搞假破产、假倒闭，以逃避返还资金的；（7）其他非法占有资金、拒不返还的行为。直到2010年，最高人民法院又在《非法集资案件解释》第四条第二款中列举了如下可以认定为“以非法占有为目的”的情形：（1）集资后不用于生产经营活动或者用于生产经营活动与筹集资金规模明显不成比例，致使集资款不能返还的；（2）肆意挥霍集资款，致使集资款不能返还的；（3）携带集资款逃匿的；（4）将集资款用于违法犯罪活动的；（5）抽逃、转移资金、隐匿财产，逃避返还资金的；（6）隐匿、销毁账目，或者搞假破产、假倒闭，逃避返还资金的；（7）拒不交代资金去向，逃避返还资金的；（8）其他可以认定非法占有目的的情形。

2017年，最高人民检察院结合办理新型互联网金融犯罪案件的经验，在《关于办理涉互联网金融犯罪案件有关问题座谈会纪要》第十四条中指出如下五种原则上可以认定犯罪嫌疑人具有“非法占有目的”的情形：（1）大部分资金未用于生产经营活动，或名义上投入生产经营但又通过各种方式抽逃转移资金的；（2）资金使用成本过高，生产经营活动的盈利能力不具有支付全部本息的现实可能性的；（3）对资金使用的决策极度不负责任或肆意挥霍造成资金缺口较大的；（4）归还本息主要通过借新还旧来实现的；（5）其他依照有关司法解释可以认定为非法占有目的的情形。

例如，在“周某集资诈骗案”（检例第40号）中，行为人利用网络借贷平台发布虚假信息，非法建立资金池募集资金，所得资金大部分未用于生产经营活动，主要用于借新还旧和个人挥霍，无法归还所募资金数额巨大，应认定为具有非法占有目的。①

---

① 《最高人民检察院关于印发最高人民检察院第十批指导性案例的通知》，载《中华人民共和国最高人民检察院公报》2018年第5号。

综观有关认定“非法占有目的”的司法解释和相关判决，不难看出实践中司法者主要根据融资项目真实性、资金去向、归还能力等客观证据推定行为人的主观目的。这一思路在总体上值得肯定，但是司法解释或裁判文书中所使用的“明知没有归还能力”“肆意挥霍”“明显不成比例”等模糊性表述值得商榷。尤其是带有浓烈道德色彩和主观色彩的“肆意挥霍”一词，实在不宜作为认定犯罪的标准，否则不仅难以实现统一裁判标准的初衷，反倒有可能加剧“同案不同判”的现象。

在处理具体案件时，司法者不能仅凭较大数额的非法集资款不能返还的结果就推定行为人具有非法占有的目的。对于那些将大部分资金用于投资或生产经营活动，仅将少量资金用于个人消费的行为人，也不应仅以此便认定具有非法占有的目的。另外，根据《非法集资案件解释》第四条第三款的规定，“集资诈骗罪中的非法占有目的，应当区分情形进行具体认定。行为人部分非法集资行为具有非法占有目的的，对该部分非法集资行为所涉集资款以集资诈骗罪定罪处罚；非法集资共同犯罪中部分行为人具有非法占有目的，其他行为人没有非法占有集资款的共同故意和行为的，对具有非法占有目的的行为人以集资诈骗罪定罪处罚”。

值得一提的是，“诈骗方法”与“非法占有目的”是相对独立的两个构成要件，既不能相互佐证也不能互相推定。一方面，成立“诈骗方法”并不以具有“非法占有目的”为前提。实践中完全有可能存在“不以非法占有为目的的诈骗行为”。所以，不能因为行为人在集资过程中实施诈骗行为，就直接推定行为人具有非法占有目的。另一方面，行为人的“非法占有目的”也不一定通过诈骗方法实现，还有可能通过侵占、盗窃等其他侵财手段实现。所以，也不能因为行为人集资时具有非法占有目的，就直接认定行为人实施了“诈骗方法”。

四、如何区分集资诈骗罪与非法吸收公众存款罪

集资诈骗罪与非法吸收公众存款罪同属于处置非法集资犯罪的高频罪名。从形式上看，集资诈骗行为和非法吸收公众存款行为都表现为“公开面向社会公众募集资金”，最终结果也都侵害了被害投资人的财产以及扰乱了金融市场秩序。正是这种形式上的一致性，使得司法者在处置多数非法集资案时，都不得不面临集资诈骗罪与非法吸收公众存款罪的区分问题。

目前，理论和实务界都普遍认为区分集资诈骗罪与非法吸收公众存款罪的关键在于行为人主观上是否具有“非法占有目的”。[①] 早在2001年最高人民法院就在《全国法院审理金融犯罪案件工作座谈会纪要》中明确指出两罪“在客观上均表现为向社会公众非法募集资金，区别的关键在于行为人是否具有非法占有的目的”。这一观点被延续至2010年的《非法集资案件解释》。[②] 及至2017年《最高人民检察院关于办理涉互联网金融犯罪案件有关问题座谈会纪要》中明确把非法占有目的作为区分两罪的关键要件。此外，“吴某案”“e租宝案”“周某案”等一系列典型个案的裁判理由也一再重申有无非法占有目的是区分两罪的关键。[③]

但需要注意的是，“非法占有目的”只是区分两罪的要素“之一”而非“唯一”。而且，一旦考虑到“非法占有目的”的主观性，便会发现将区分两罪的重心放在“非法占有目的”要素上容易产生主观归罪、结果归

① 理论观点请参见高铭暄、马克昌主编：《刑法学》，北京大学出版社、高等教育出版社2019年版，第415页；黎宏：《刑法学各论》，法律出版社2016年版，第156页；卢勤忠：《非法集资犯罪刑法理论与实务》，上海人民出版社2014年版，第157页；刘鑫：《民间融资犯罪问题研究》，上海人民出版社2015年版，第186~187页；肖中华：《论非法集资犯罪的制度防范和刑法惩治》，载《人民检察》2000年第10期；李永升主编：《金融犯罪研究》，中国检察出版社2010年版，第170页；刘宪权：《刑法严惩非法集资行为之反思》，载《法商研究》2012年第4期；肖怡：《我国P2P网贷平台触及非法集资犯罪红线的研究》，载《法学杂志》2019年第1期；叶良芳：《从吴英案看集资诈骗罪的司法认定》，载《法学》2012年第3期；李勤：《非法吸收公众存款罪与集资诈骗罪区分之问——以“二元双层次”犯罪构成理论为视角》，载《东方法学》2017年第2期。

② 参见刘为波：《〈关于审理非法集资刑事案件具体应用法律若干问题的解释〉的理解与适用》，载《人民司法》2011年第5期。

③ “周某案”裁判理由，参见《最高人民检察院关于印发最高人民检察院第十批指导性案例的通知》，载《中华人民共和国最高人民检察院公报》2018年第5号（总第166号）；“吴某案”“e租宝案”裁判理由，载中华人民共和国最高人民法院刑事审判第一至五庭主办：《刑事审判参考》（总第118集），法律出版社2019年版，第252页、第337~342页；“高某案”裁判理由，载中华人民共和国最高人民法院刑事审判第一至五庭主办：《中国刑事审判指导案例》（第3卷），法律出版社2017年版，第143~146页；“李某柱案”裁判理由，载最高人民法院中国应用法学研究所编：《人民法院案例选》（2014年第2辑），人民法院出版社2015年版，第47页；“张某均案”裁判理由，载最高人民法院中国应用法学研究所编：《人民法院案例选》2015年（第1辑），人民法院出版社2016年版，第30页；“陈某凯、陈某路案”裁判理由，载最高人民检察院法律政策研究室组织编写：《金融犯罪指导性案例实务指引》，中国检察出版社2018年版，第250页；“吴某华案”裁判理由，载国家法官学院案例开发研究中心编：《中国法院2017年度案例·刑法分则案例》，中国法制出版社2017年版，第32页；“周某会案”裁判理由，载国家法官学院案例开发研究中心编：《中国法院2018年度案例·刑事案例二》，中国法制出版社2018年版，第145页；“国某案”“方某强案”“尹某鸿、黎天某案”“马某祥、余某华案”“张某杰案”裁判理由，载国家法官学院案例开发研究中心编：《中国法院2019年度案例·刑事案例二》，中国法制出版社2019年版，第123、127、130、140、143页。

罪以及裁判标准不一等问题。因此，即便是在肯定“非法占有目的”系区分两罪的关键要素之一的情况下，司法者也应当着重收集客观证据，严格按照“先客观，后主观”的逻辑顺序认定犯罪。既要允许控方举证证明行为人具有“非法占有目的”，也要允许被告方提出相反的证据反证其不具有“非法占有目的”。只有当控方的举证达到“排除合理怀疑”的标准时，才能认定行为人具有“非法占有目的”。

刑法修正案（十一）第十六条　【修改单位犯金融诈骗罪的处罚】

十六、将刑法第二百条修改为：“单位犯本节第一百九十四条、第一百九十五条规定之罪的，对单位判处罚金，并对其直接负责的主管人员和其他直接责任人员，处五年以下有期徒刑或者拘役，可以并处罚金；数额巨大或者有其他严重情节的，处五年以上十年以下有期徒刑，并处罚金；数额特别巨大或者有其他特别严重情节的，处十年以上有期徒刑或者无期徒刑，并处罚金。”

【条文主旨】

本条是关于修改“单位犯金融诈骗罪的处罚”的规定。

本条规定了单位犯票据诈骗罪、金融凭证诈骗罪、信用证诈骗罪的处罚。在修法之前，原刑法第二百条还规定了单位犯第一百九十二条规定之罪（即集资诈骗罪）的处罚。由于刑法修正案（十一）调整了刑法第一百九十二条的刑罚结构，所以为了适应新的刑罚结构，立法者就一并将单位犯集资诈骗罪的处罚规定从刑法第二百条中分立出来，单独规定为第一百九十二条第二款。刑法修正案（十一）正式实施以后，单位犯集资诈骗罪的，直接适用刑法第一百九十二条第二款进行处罚，不再适用刑法第二百条。

【条文对照】

修正前	修正后
第二百条 【单位犯金融诈骗罪的处罚规定】单位犯本节第一百九十二条、第一百九十四条、第一百九十五条规定之罪的，对单位判处罚金，并对其直接负责的主管人员和其他直接责任人员，处五年以下有期徒刑或者拘役，可以并处罚金；数额巨大或者有其他严重情节的，处五年以上十年以下有期徒刑，并处罚金；数额特别巨大或者有其他特别严重情节的，处十年以上有期徒刑或者无期徒刑，并处罚金。	第二百条 【单位犯金融诈骗罪的处罚规定】单位犯本节第一百九十四条、第一百九十五条规定之罪的，对单位判处罚金，并对其直接负责的主管人员和其他直接责任人员，处五年以下有期徒刑或者拘役，可以并处罚金；数额巨大或者有其他严重情节的，处五年以上十年以下有期徒刑，并处罚金；数额特别巨大或者有其他特别严重情节的，处十年以上有期徒刑或者无期徒刑，并处罚金。

【修正提示】

刑法修正案（十一）对刑法原第二百条仅作了一处修正，即删去其中有关单位犯刑法第一百九十二条之罪（即集资诈骗罪）的处罚规定。这主要是为了适应集资诈骗罪的新刑罚结构。[①] 在刑法修正案（十一）实施以前，单位犯集资诈骗罪的，应当适用刑法第二百条的规定处罚，即“对单位判处罚金，并对其直接负责的主管人员和其他直接责任人员，处五年以下有期徒刑或者拘役，可以并处罚金；数额巨大或者有其他严重情节的，处五年以上十年以下有期徒刑，并处罚金；数额特别巨大或者有其他特别严重情节的，处十年以上有期徒刑或者无期徒刑，并处罚金”。但是，由于刑法修正案（十一）调整了集资诈骗罪的刑罚结构，所以为了与之相适应就一并把单位犯集资诈骗罪的处罚规定从原第二百条中分立出来，单独规定为第一百九十二条第二款。在刑法修正案（十一）实施以后，单位犯集资诈骗罪的，不再适用刑法第二百条的规定处罚，而是直接适用第一百九十二条第二款的规定处罚，即对单位判处罚金，并对其直接负责的主管人员和其他直接责任人员，处三年以上七年以下有期徒刑，并处罚金；数额巨大或者有其他严重情节的，处七年以上有期徒刑或者无期徒刑，并处

---

① 有关刑法修正案（十一）对集资诈骗罪刑罚结构的调整，请参见本书对刑法修正案（十一）第十五条的分析。

罚金或者没收财产。

对比修正前后的规定，不难发现刑法修正案（十一）加重了单位犯集资诈骗罪的处罚。首先，原来的三档法定刑被调整为两档法定刑。随着量刑档次的压缩，各量刑档次内的法定刑幅度也被相应提高。其次，在自由刑方面，刑法修正案（十一）在保持本罪法定最高刑不变的情况下，将法定最低刑由原来的“拘役”改为“三年以上有期徒刑”，法定自由刑明显加重。最后，在财产刑方面，原来单位犯集资诈骗罪基本犯的，对其直接负责的主管人员和其他直接责任人员只是“可以”并处罚金，即便“数额特别巨大或者有其他特别严重情节的”，也不得没收财产。但在刑法修正案（十一）正式实施以后，单位犯集资诈骗罪的，对其直接负责的主管人员和其他直接责任人员“应当”一律并处罚金，而且“数额特别巨大或者有其他特别严重情节的”，还可能判处没收财产。

【修法背景】

集资诈骗罪是处置非法集资案件的高频罪名之一。针对非法集资犯罪“公司化”“集团化”的现象，刑法修正案（十一）通过加重单位犯集资诈骗罪的处罚，以实现更好的预防和威慑效果。

近年来，在互联网信息技术的助推之下，非法集资类犯罪呈现出一系列新特征。其中，较为突出的一大特征是非法集资“公司化”“集团化”。尤其是在 2015 年至 2019 年间，全国各地涌现出大量的 P2P 网贷公司。从事后查处的情况来看，有不少所谓的 P2P 网贷公司其实是行为人为了实施非法集资犯罪而专门成立的，另有些公司是出于“赚快钱”等目的而将非法集资作为公司或子公司的主营业务。一般而言，与自然人非法集资相比，“公司化”“集团化”实施的非法集资案件具有更大的影响力，其危害性的波及面也更广。对此，在自然人犯集资诈骗罪的处罚加重的情况下，单位犯集资诈骗罪的处罚也理应一并加重。

值得一提的是，优化营商环境也是施行刑法修正案（十一）的重要背景。在优化营商环境的大背景下，司法者认定被告单位构成集资诈骗罪需十分谨慎，应严格按照刑法有关单位犯罪的规定加以认定。不能为了预防非法集资“公司化”“集团化”而将单位内部个别自然人实施的非法集资行为上升为整个单位实施的非法集资犯罪。

【适用指南】

刑法修正案（十一）正式实施以后，单位犯集资诈骗罪的，不再适用原刑法第二百条进行处罚，而是直接适用现行刑法第一百九十二条第二款予以处罚。根据现行刑法第一百九十二条第二款的规定，单位犯集资诈骗罪的，“对单位判处罚金，并对其直接负责的主管人员和其他直接责任人员，处三年以上七年以下有期徒刑，并处罚金；数额巨大或者有其他严重情节的，处七年以上有期徒刑或者无期徒刑，并处罚金或者没收财产”。

与修正前的规定相比，修正后对单位犯集资诈骗罪的处罚在量刑档次、自由刑和财产刑三方面都有所不同。

首先，在量刑档次方面，对单位直接负责的主管人员和其他直接责任人员的处罚由原来的三档法定刑调整为两档法定刑。在立法修正以前，根据原刑法第二百条的规定，对单位直接负责的主管人员和其他直接责任人员应根据犯罪数额或情节分别适用“五年以下有期徒刑或者拘役，可以并处罚金”“五年以上十年以下有期徒刑，并处罚金”“十年以上有期徒刑或者无期徒刑，并处罚金”三档法定刑。而在刑法修正案（十一）正式实施以后，根据新刑法第一百九十二条第二款的规定，对单位直接负责的主管人员和其他直接责任人员的法定刑缩减为两档，分别是“三年以上七年以下有期徒刑，并处罚金”和“七年以上有期徒刑或者无期徒刑，并处罚金或者没收财产”。前后对比，不难看出随着量刑档次的压缩，各量刑档次内的法定刑幅度也被相应提高。

其次，在自由刑方面，刑法修正案（十一）在保持本罪法定最高刑不变的情况下，将法定最低刑从原来的“拘役”改为“三年以上有期徒刑”，由此整体加重了本罪自由刑。如果以“三年有期徒刑”作为轻罪和重罪的区分标准，那么在刑法修正案（十一）正式实施之后，单位犯集资诈骗罪的，将一律被判处重罪。

最后，在财产刑方面，原来单位犯集资诈骗罪基本犯的，对其直接负责的主管人员和其他直接责任人员只是“可以”并处罚金，即便“数额特别巨大或者有其他特别严重情节的”，也不得没收财产。但在刑法修正案（十一）正式实施以后，单位犯集资诈骗罪的，对其直接负责的主管人员和其他直接责任人员“应当”一律并处罚金，而且“数额特别巨大或者有其他特别严重情节的”，还可能判处没收财产。

需要注意的是，在刑法修正案（十一）对集资诈骗罪的刑罚结构作出上述调整以后，原来司法解释所规定的法定刑升格条件也理应作出相应的调整。对于发生在刑法修正案（十一）正式实施以后且新司法解释颁布以前的个案，司法者不宜再机械地套用原司法解释的法定刑升格条件，而应当结合个案具体情况从严把握法定刑升格条件，既要体现加重处罚的修法目的，也要尽可能避免出现相同或相似案件在修法前后量刑差异过大的现象。至于刑法修正案（十一）正式实施以前发生的个案，则应当根据“从旧兼从轻”的原则予以处罚。

刑法修正案（十一）第十七条 【修改假冒注册商标罪】

> 十七、将刑法第二百一十三条修改为：“未经注册商标所有人许可，在同一种商品、服务上使用与其注册商标相同的商标，情节严重的，处三年以下有期徒刑，并处或者单处罚金；情节特别严重的，处三年以上十年以下有期徒刑，并处罚金。”

【条文主旨】

本条是关于修改假冒注册商标罪的规定。

设立假冒注册商标罪旨在保护国家商标管理秩序以及他人注册商标的专用权。修正前本罪的保护对象仅限于注册的商品商标，而不包括注册的服务商标。但在当下的经济活动中，服务产业蓬勃发展，服务商标的市场地位越来越重要，刑法有必要打击不法侵害注册服务商标的犯罪行为。十三届全国人大常委会第二十四次会议审议内容指出，为贯彻落实党中央关于进一步强化知识产权保护的要求，根据当前实践需要，与修改后的商标法衔接，刑法修正案（十一）增加侵犯服务商标犯罪规定，删除拘役刑，加大对假冒注册商标行为的处罚力度，切实保护商标专用权人利益。①

---

① 参见《全国人民代表大会宪法和法律委员会关于〈中华人民共和国刑法修正案（十一）（草案）〉审议结果的报告》，载中国人大网，http：//www.npc.gov.cn/npc/c30834/202012/0e966f5773c348cb964f19fb05cf0e88.shtml，最后访问时间：2021年2月18日。

【条文对照】

修正前	修正后
第二百一十三条　【假冒注册商标罪】未经注册商标所有人许可，在同一种商品上使用与其注册商标相同的商标，情节严重的，处三年以下有期徒刑或者拘役，并处或者单处罚金；情节特别严重的，处三年以上七年以下有期徒刑，并处罚金。	第二百一十三条　【假冒注册商标罪】未经注册商标所有人许可，**在同一种商品、服务**上使用与其注册商标相同的商标，情节严重的，处三年以下有期徒刑，并处或者单处罚金；情节特别严重的，处三年以上**十年以下**有期徒刑，并处罚金。

【修正提示】

刑法修正案（十一）对刑法原第二百一十三条规定的假冒注册商标罪作了两处修正。

其一，增加保护注册服务商标的刑法规定，扩大假冒注册商标犯罪的行为对象。1993 年商标法修改后，注册的商品商标和服务商标受到商标法同等保护，但我国刑法自 1997 年修订以来，一直未将服务商标纳入刑法的保护范围之中。实践中假冒注册服务商标的不法行为，不仅侵害商标专用权人利益，而且对我国商标管理制度造成破坏。对于此类严重侵害注册服务商标的行为，在民法和行政法提供的责任追究手段之外，增加刑事责任追究措施势在必行。刑法修正案（十一）对本罪修正后，假冒注册的服务商标和商品商标的行为构成犯罪的，依照本条假冒注册商标罪定罪量刑。此次刑法修正实现了对服务商标和商品商标的同等保护，我国法律体系下对服务商标的保护力度大大加强。

其二，删除了拘役刑的设置，并将本罪第二档法定刑由七年有期徒刑提升至十年有期徒刑。针对实践中出现的拘役刑适用比例偏低，并且难以满足我国加强知识产权保护的需求等问题，刑法修正案（十一）取消了本罪拘役刑，本次修正后，十年以下有期徒刑成为本罪的主要刑种，这将有力惩处假冒注册商标的犯罪行为，提高侵犯商标专用权的处罚力度，有效保护商标专用权人的合法权益。

【修法背景】

我国刑法对商标专用权的保护，可以追溯至 1979 年刑法第一百二十七条的规定："违反商标管理法规，工商企业假冒其他企业已经注册的商标的，对直接责任人员，处三年以下有期徒刑、拘役或者罚金。"在该刑法适用中，本条仅以商品商标为保护对象。在其他法律中，如1982年商标法也并未规定服务商标的具体内容，虽然1993年商标法第四条第二款、第三款规定，"企业、事业单位和个体工商业者，对其提供的服务项目，需要取得商标专用权的，应当向商标局申请服务商标注册。本法有关商品商标的规定，适用于服务商标"。2001年商标法将第三条修改为："经商标局核准注册的商标为注册商标，包括商品商标、服务商标和集体商标、证明商标；商标注册人享有商标专用权，受法律保护"，服务商标已经被纳入其他部门法保护范围，此后2013年和2019年商标法进一步修改完善，商标法对服务商标的保护力度不断加大。但是我国长期缺失对服务商标保护的刑法规定。中国加入WTO之后，与《与贸易有关的知识产权协定》的要求相比，我国刑法对商标权的保护程度偏低。例如，刑法对注册商标的保护对象范围过窄。我国仅对严重侵犯注册商品商标权的假冒商标行为予以刑事制裁，而没有规定对严重侵犯与商品商标处于同等地位的假冒注册服务商标的行为予以刑事处罚。而根据TRIPs协定的相关规定，服务商标与商品商标应处于同等的法律地位。[①]

在司法实践中，服务商标的保护必要性也日趋增强。随着产业升级转型和经济高速发展，服务产业已经成为中国经济第一大产业，[②]，典型服务企业如线上教育公司、旅游服务公司以及电商平台等纷纷注册服务商标，服务商标在市场活动中所起的作用越来越大，但伴随而来的是不断增加的服务商标侵权案件，实践中假冒他人注册服务商标的行为已经大量存在。[③]这些侵犯服务商标案件的涉案数额巨大，对我国商标管理制度造成重大冲击。在这样的背景下，我国法院对服务商标侵权案件仅仅追究民事或行政责任，已经难以满足市场经济发展的需要。本次刑法修正案适时增加服务商标这一保护对象，有利于将服务商标提升至与商品商标同等重要的保护地位上，有效打击市场活动中假冒注册服务商标的犯罪行为，增强我国对注册商标的保护力度。

---

① 参见胡志坚：《论我国加入WTO后商标权刑法保护的完善》，载《人民检察》2002年第11期。

② 参见《70年数据见证中国伟大飞跃 服务业成为中国经济第一大产业》，载国家统计局网站，http://www.stats.gov.cn/tjzs/spdb/tjxcycb/201907/t20190723_1681098.html，最后访问时间：2021年2月20日。

③ 参见史卫忠：《侵犯商标权犯罪认定中的几个问题》，载张仲芳主编：《刑事司法指南》（总第30集），法律出版社2007年版，第58页。

【适用指南】

根据修正后的第二百一十三条规定，未经注册商标所有人许可，在同一种服务上使用与其注册商标相同的商标，情节严重的，构成犯罪。本罪的适用在刑法修正后，将面临以下新问题。

一、如何认定“在同一种服务上使用与其注册商标相同的商标”

虽然本次刑法修正之前，司法实践对于如何认定“在同一种商品上使用与其注册商标相同的商标”已经有了相关经验，但是本罪新增的服务商标具有独特之处，在本次刑法修正之后，对本罪的适用需要结合服务商标的自身特性，充分借鉴现有商品商标保护的实践经验，对认定何谓“服务商标”“同一种服务”以及“相同的商标”作出判断。

（一）合法注册的服务商标均受刑法保护

根据商标法第四条第二款和第八条的规定，服务商标是指，任何能够将自然人、法人或者其他组织的服务与他人的服务区别开的标志，包括文字、图形、字母、数字、三维标志、颜色组合和声音等，以及上述要素的组合。我国采取商标注册保护制度，受法律保护的服务商标不拘形式，只要不违反商标法的具体规定，经申请注册的服务商标均受刑法保护。

（二）符合“相同名称”或“同一事物”这二者之一即“同一种服务”

关于刑法第二百一十三条规定的“同一种服务”的认定问题，暂无司法解释予以释明，但针对“同一种商品”的认定，2011 年《最高人民法院、最高人民检察院、公安部关于办理侵犯知识产权刑事案件适用法律若干问题的意见》第五条作出了详细规定，即名称相同的商品以及名称不同但指同一事物的商品，可以认定为“同一种商品”。其中“名称”是指国家工商行政管理总局商标局在商标注册工作中对商品使用的名称，通常即《商标注册用商品和服务国际分类》中规定的商品名称。“名称不同但指同一事物的商品”是指在功能、用途、主要原料、消费对象、销售渠道等方面相同或者基本相同，相关公众一般认为是同一种事物的商品。因此，无论是对“同一种商品”还是“同一种服务”进行判断，只需要符合“相同名称”或“同一事物”这二者之一即可。

例如，在“孙某某等假冒注册商标案”中，被告人利用低价购买或自行生产的水饺、汤圆，灌装到标有“××”牌商标的包装袋及包装箱中，假冒“××”牌水饺、汤圆对外销售。“××”牌注册商标核定使用商品的范围为：饺子、元宵和馄饨等。法院认为，被告人未经注册商标所有人许可，在同一种商品上使用与其注册商标相同的商标，情节严重，其行为构成假冒注册商标罪。本案的裁判要点在于，“水饺”与“饺子”仅一字之差，二者所指向的实际是同一种事物，应当认定为“同一种商品”。“汤圆”与“元宵”这两种食品在主要原料、功能、用途等方面基本是相同的。只是由于地域文化差异等因素而叫法不同，在社会公众看来，二者指向的实际也是同一种事物，也应当认定为“同一种商品”。①

（三）“与注册商标基本无差别、足以对公众产生误导”即“相同的商标”

在司法实践中，判断涉案商标与合法注册的商标是否属于“相同的商标”，是能否认定本罪成立的关键。根据2004年《最高人民法院、最高人民检察院关于办理侵犯知识产权刑事案件具体应用法律若干问题的解释》第八条规定，相同的商标“是指与被假冒的注册商标完全相同，或者与被假冒的注册商标在视觉上基本无差别、足以对公众产生误导的商标”。这表明法律所认定的“相同的商标”，除完全相同的商标之外，还包括足以产生误导的视觉上基本无差别的商标，但恰恰是后者在实践认定中经常产生争议。对此，2011年《最高人民法院、最高人民检察院、公安部关于办理侵犯知识产权刑事案件适用法律若干问题的意见》第六条对“与其注册商标相同的商标”进行了列举式说明，对解决“相同的商标”认定难题具有重要意义。但因为社会上假冒注册商标的形式不断翻新，司法解释也适时对上述认定标准进行了修改完善。2020年《最高人民法院、最高人民检察院关于办理侵犯知识产权刑事案件具体应用法律若干问题的解释（三）》第一条指出，具有下列情形之一的，可以认定为刑法第二百一十三条规定的“与其注册商标相同的商标”：（一）改变注册商标的字体、字母大小写或者文字横竖排列，与注册商标之间基本无差别的；（二）改变注册商标的文字、字母、数字等之间的间距，与注册商标之间基本无差别的；（三）改变注册商标颜色，不影响体现注册商标显著特征的；（四）在注册商标上仅增加商品通用名称、型号等缺乏显著特征要素，不影响体现注册商标显著特征的；（五）与立体注册商标的三维标志及平面要素基本无差别的；（六）其他与注册商标基本无差别、足以对公众产生误导的商标。其中有两点值得注意，第一，2020年《最高人民法院、最高人民检察院关于办理侵犯知识产权刑事案件具体应用法律若干问题的解释（三）》，新增了立体注册商标的相关内容，这对于判断假冒的服务商标与注册的服务商标是“相同的商

---

① 参见最高人民法院刑事审判第一、二、三、四、五庭主办：《刑事审判参考》（总第78集），法律出版社2011年版，第89～94页。

标”，具有重要的指导意义。毕竟服务商标的内容在很大程度上体现为网络、视频或宣传图像上的三维立体标志。第二，2020 年《最高人民法院、最高人民检察院关于办理侵犯知识产权刑事案件具体应用法律若干问题的解释（三）》结合实践中法律适用的难题和出现的新情况，不断更新完善“相同的商标”的判断标准。需要说明的是，虽然规定内容和形式上有所变化，但始终坚持“相同的商标”是指“与注册商标基本无差别、足以对公众产生误导”这一判断标准。因此，这一标准才是审查判断是否属于假冒注册商标行为的关键，公、检、法机关的办案人员应当在客观对比的基础上综合认定。①

例如，在“贾某某假冒注册商标案”中，被告人假冒他人注册商标的××饮料 8736 罐。本案辩护人指出，本案查获的××饮料商标标识与真正的××注册商标相似，但并不相同。法院认定：其他与注册商标基本无差别、足以对公众产生误导的商标可以认定为刑法第二百一十三条规定的“与其注册商标相同的商标”。涉案××饮料所使用的图形标识、外文词语及罐体包装装潢元素，同“××”注册商标饮料高度近似，已达到足以对公众产生误导的程度。②

此外，实践中还需要注意的是，“相同的商标”应该被用在“同一种商品”中才能构成本罪，否则，如果行为人在同一种商品上使用与他人注册商标近似的商标，或在类似商品上使用与他人注册商标相同的商标，或在类似商品上使用与他人注册商标近似的商标，均属商标侵权行为，不构成本罪。③同理可知，“相同的商标”应该被用在“同一种服务”中才能构成本罪。

二、如何正确适用本罪的刑罚

刑法修正案（十一）加大了对假冒注册商标罪的处罚力度，具体表现为：

第一，删除拘役刑。本次修正案删除了拘役刑的规定。这直接提高了刑法对本罪的处罚力度，本罪成为以十年以下有期徒刑为主的刑罚配置情形。但需要注意的是，对假冒注册商标的犯罪行为并非一律从严从重，而是需要贯彻宽严相济的刑事政策，司法实践要根据经济社会的发展和治安形势的变化，结合个案具体犯罪情节，适时调整从宽和从严的对象、范围和力度，合理合法评价假冒注册商标的不法行为。这在司法实践中已有具体体现，在犯罪情节较轻的案件中，本罪即使删除了拘役刑，也能通过适用较短

① 参见刘福谦等：《〈关于办理侵犯知识产权刑事案件适用法律若干问题的意见〉的理解与适用》，载彭东主编：《刑事司法指南》（总第 47 集），法律出版社 2011 年版，第 165 页。

② 参见新疆维吾尔自治区库车市人民法院（2020）新 2923 刑初第 605 号刑事判决书。

③ 参见冯江编著：《刑法适用指导与疑难注解》，中国法制出版社 2016 年版，第 624 页。

有期徒刑并宣告缓刑的方式予以从轻处罚。对较轻的假冒注册商标犯罪行为，不能因为本次修正对拘役刑的删除而一律从重判处较高刑期的监禁。

例如，被告单位及被告人以非法营利为目的，在未经商标专用权公司许可的情况下，擅自使用该公司已注册的商标生产同种商品面板、模块等产品并进行销售。法院经审理认为，本案情节特别严重，被告行为已构成假冒注册商标罪。但被告单位及被告人系初犯，且认罪悔罪态度较好，对被告单位及被告人均酌情予以从轻处罚。本案中，被告单位犯假冒注册商标罪，判处罚金人民币58万元，被告人犯假冒注册商标罪，判处有期徒刑三年，缓刑五年，并处罚金人民币29万元。[①]

第二，提高情节特别严重的法定刑上限，从最高七年有期徒刑，提升至最高十年有期徒刑。这一法定刑的调整将影响实践中对于本罪想象竞合问题的处理。本罪修正后，最高法定刑被提高至十年有期徒刑。而根据2001年《最高人民法院、最高人民检察院关于办理生产、销售伪劣商品刑事案件具体应用法律若干问题的解释》第十条规定："实施生产、销售伪劣商品犯罪，同时构成侵犯知识产权、非法经营等其他犯罪的，依照处罚较重的规定定罪处罚。"因此，当行为人实施假冒注册商标的犯罪行为，并同时触犯生产、销售伪劣商品罪时，因本罪法定刑加重，在想象竞合的情形下，提高了以本罪定罪处罚的可能性。由此，对生产、销售伪劣商品，同时严重侵犯商标专用权的犯罪行为，可以适用本条罪名。对侵犯商标专用权的犯罪行为加大惩治力度，更有助于保护注册的商品商标和服务商标。

刑法修正案（十一）第十八条　【修改销售假冒注册商标的商品罪】

十八、将刑法第二百一十四条修改为："销售明知是假冒注册商标的商品，违法所得数额较大或者有其他严重情节的，处三年以下有期徒刑，并处或者单处罚金；违法所得数额巨大或者有其他特别严重情节的，处三年以上十年以下有期徒刑，并处罚金。"

---

① 参见国家法官学院、中国人民大学法学院编：《中国审判案例要览（2009年刑事审判案例卷）》，人民法院出版社2010年版，第220～222页。

【条文主旨】

本条是关于修改销售假冒注册商标的商品罪的规定。

设立销售假冒注册商标的商品罪旨在保护商标专用权和我国商标管理制度。在司法实践中，本罪系惩处销售假冒注册商标的商品的常用罪名之一。近年来，有些不法分子把假冒注册的商标，张贴至商品上进行销售，这些商品往往属于假冒伪劣产品，具有严重的质量问题，扰乱商标管理秩序，给人民群众的消费安全带来巨大隐患。为进一步规范商标专用权使用，保护商标专用权人利益，维护我国商标管理制度，保障人民群众消费安全，刑法修正案（十一）修改了销售假冒注册商标的商品罪的入罪门槛，调整了本罪的刑罚结构，加大对销售假冒注册商标的商品罪的惩处力度。

【条文对照】

修正前	修正后
第二百一十四条　【销售假冒注册商标的商品罪】销售明知是假冒注册商标的商品，销售金额数额较大的，处三年以下有期徒刑或者拘役，并处或者单处罚金；销售金额数额巨大的，处三年以上七年以下有期徒刑，并处罚金。	第二百一十四条　【销售假冒注册商标的商品罪】销售明知是假冒注册商标的商品，**违法所得数额较大或者有其他严重情节的，**处三年以下有期徒刑，并处或者单处罚金；**违法所得数额巨大或者有其他特别严重情节的，**处三年以上**十年以下**有期徒刑，并处罚金。

【修正提示】

刑法修正案（十一）对刑法原第二百一十四条规定的销售假冒注册商标的商品罪作了两处修正。

其一，将销售假冒注册商标的商品罪定罪量刑的标准，由销售金额修改为违法所得数额加情节。这一修正完善了本罪犯罪门槛规定，将促使司法实践更加合理地认定本罪，有效解决销售假冒注册商标的商品罪的销售金额认定难题。更为重要的是，违法所得数额加情节的犯罪成立标准，使得商标价值本身与假冒的商品价格相区分，司法实务将更加重视因侵犯注册商标所获得的利润，以及侵权行为的恶劣情节判断，由此，本罪犯罪门槛的修正，使得本条更加符合保护商标专用权的规范目的。

其二，删除拘役刑的规定，并提高第二档法定最高刑。本次修正对销售假冒注册商标的商品罪的法定刑配置进行了大幅修改，不仅取消了拘役刑的规定，而且将第二档法定最高刑由七年有期徒刑提升至十年有期徒刑。

【修法背景】

销售假冒注册商标的商品罪定罪标准，经历了由“违法所得数额较大”到“销售金额数额较大”，再到“违法所得数额较大或者有其他严重情节”的修正过程。1993 年《全国人民代表大会常务委员会关于惩治假冒注册商标犯罪的补充规定》（已失效）第一条第二款规定，“销售明知是假冒注册商标的商品，违法所得数额较大的，处三年以下有期徒刑或者拘役，可以并处或者单处罚金；违法所得数额巨大的，处三年以上七年以下有期徒刑，并处罚金”。1997 年刑法第二百一十四条将入罪标准改为“销售金额数额较大”，传统观点认为，用“销售金额”代替“违法所得数额”更能反映行为社会危害性，并且消除了违法所得的认定难题。[①] 在某种程度上，销售金额的大小确实能够反映销售假冒注册商标的商品行为的社会危害性，并且在当时的历史条件下，商标的价值主要通过所附着商品的价格来体现，计算假冒注册商标的商品销售的总金额即可大致得出商标权人受损的利益。此外，还有观点指出，1997 年刑法修订，采用“销售金额”的规定，能够惩处出于不正当竞争的动机（如破坏他人商标商品声誉）而非营利动机的不法行为，如果采取非法获利的入罪标准，就难以处罚此类行为。[②] 这一评价是中肯的，因为1993 年《全国人民代表大会常务委员会关于惩治假冒注册商标犯罪的补充规定》（已失效）对本罪成立的规定，仅仅考虑“违法所得数额”这一种情形。但刑法修正案（十一）不仅规定了“违法所得数额”，还规定了“其他严重情节”，如此一来，即便行为人没有产生实际的获利，但因为其行为对权利人的商标产生严重不良影响，侵犯他人注册商标的情形非常严重，也可认定为本罪。

由上述立法沿革分析可见，本次对本罪的修正具有合理性。另外，从现代社会的商业模式分析也可见本罪修正的科学性。随着社会的发展，经济活动的形式更加多样，商标价值不再仅仅通过商品的销售金额予以体现，例如商标专用权人可以通过网络营销、赛事冠名和提供服务等方式对

---

① 参见王作富主编：《刑法分则实务研究（中）》，中国方正出版社 2007 年版，第 723 页。

② 参见党建军主编：《侵犯知识产权罪》，中国人民公安大学出版社 2002 年版，第 28 页。

商标价值进行提升，从而形成对应商品的良好形象。与此相对应，不法侵害人销售假冒注册商标的商品，即便能够简单计算得出总销售金额，但是在这种现代经济模式中，难以再认为销售金额的大小可以恰当地体现出不法行为的侵害程度。所以，将“销售金额”是否较大，作为本罪能否成立的唯一认定标准，难以妥当地反映商标权被侵犯的严重程度。而本次修正案将入罪标准由销售金额修改为违法所得数额加情节，体现了科学评价商标侵权案件情节，实现商标价值与商品案额科学区分的取向，这也符合精准有效保护商标权的立法趋势和实践需求。

本罪删除了拘役刑的规定，并提高第二档法定最高刑。这是本次刑法修正案加强知识产权保护的又一举措。本条文的修改从强化商标权的保护着手，加强了对销售假冒注册商标的商品罪犯罪行为的打击力度，增加了此类侵权行为的犯罪成本，将更加有效地遏制销售假冒注册商标商品的行为。

【适用指南】

销售假冒注册商标的商品罪是处置不法侵害商标行为的常用罪名之一。在刑法修正案（十一）对本罪的刑罚结构作出调整之后，司法者所要面临的两个新问题是如何根据“违法所得数额或其他严重情节”认定本罪，以及如何适用本罪刑罚。另外，由于刑法修正案（十一）对假冒注册商标罪的行为对象增加了“服务商标”的规定，那么本罪是否能够也对“商标”的范围进行扩大？下文将围绕这些问题予以展开。

一、如何理解“违法所得或其他严重情节”

如前文“修正提示”部分所述，刑法修正案（十一）修改了本罪认定标准的规定。由“销售金额数额”修改为“违法所得数额或其他严重情节”。这一修改具有以下重要意义：其一，更符合本条设立的规范保护目的，实现对商标专用权的保护。本罪打击的是“违反商标管理法规，销售明知是假冒注册商标的商品”① 的犯罪行为，这一犯罪行为侵犯的是注册商标权利人的商标专用权，② 本条规范的设立目的在于保护商标权的合理使用，而非被销售的侵权商品本身的价值。其二，违法所得数额的计算更能反映行为人因侵权而获利的程度，其他严重情节的增设则科学应对了当下经济活动中商标侵权行为多样性、复杂性的情形。可以预见，本条违法所得数额加情节的入罪门槛设置，将有效应对司法实践中查处的各类销售

---

① 参见周光权：《刑法各论》，法律出版社 2016 年版，第 303 页。

② 参见朗胜：《中华人民共和国刑法释义》，法律出版社 2015 年版，第 351 页。

假冒注册商标的商品犯罪行为，并能作出合理评价。其三，合理调整了本罪与销售假冒伪劣商品罪的体系结构，使得二者在认定过程中区分程度更高，从入罪标准上即可体现各自所保护的对象不同。其四，这一修正也契合部门法规范的修改，有利于我国知识产权法律保护体系的完善。2019年修改后的商标法第六十三条第一款规定，“侵犯商标专用权的赔偿数额，按照权利人因被侵权所受到的实际损失确定；实际损失难以确定的，可以按照侵权人因侵权所获得的利益确定；权利人的损失或者侵权人获得的利益难以确定的，参照该商标许可使用费的倍数合理确定……”商标法对侵权人的责任追究更加注重能够反映商标价值本身的实际损失、违法所得数额或者商标许可使用费。

结合本罪修改的重要意义可以发现，对于司法实践而言，本次修正将有效解决本罪认定的难题。在刑法修正案（十一）出台之前，本罪属于数额犯，销售金额的大小直接决定本罪的成立与否。但是随着司法活动的展开，实务案件中存在销售金额无法认定、销售金额难以反映侵权程度以及认定标准过于单一等问题。并且，本罪的认定采取销售金额这一标准，还会产生暂未销售的商品能否认定为本罪未遂的争议。学界对此存在“肯定说”和“否定说”两种立场，而法院在实践中一般持肯定说见解。如果暂未销售商品的货值巨大，危害严重的，以销售假冒注册商标的商品罪（未遂）论处。

例如，在“杨某某销售假冒注册商标的商品案”中。被告人在市场仓库等地，存放带有国际知名注册商标标识的男女式包，用于销售牟利。法院认为，被告人杨某某为牟利，销售明知是假冒注册商标的商品，货值金额数额巨大，其行为构成销售假冒注册商标的商品罪，依法应予惩处。本案涉案物品尚未售出即被查获，系犯罪未遂。①

又如，在“朱某销售假冒注册商标的商品案”中，被告人朱某向他人购进大量假冒“××”牌卷烟。法院认为：被告人朱某以销售为目的购进明知是假冒注册商标的商品，拟销售的金额数额巨大，其行为已构成销售假冒注册商标的商品罪（未遂）。以销售为目的购进假冒注册商标的商品后尚未进行销售就被查获的，应以销售假冒注册商标的商品罪（未遂）论处。②

但在本罪修正后，2004年《最高人民法院、最高人民检察院关于办理

---

① 参见最高人民法院刑事审判第一、二、三、四、五庭主办：《刑事审判参考》（总第78集），法律出版社2011年版，第111～116页。

② 参见最高人民法院刑事审判第一庭、第二庭编：《刑事审判参考》（总第21集），法律出版社2001年版，第7～12页。

侵犯知识产权刑事案件具体应用法律若干问题的解释》第二条、第九条，以及 2011 年《最高人民法院、最高人民检察院、公安部关于办理侵犯知识产权刑事案件适用法律若干问题的意见》第八条“关于销售假冒注册商标的商品犯罪案件中尚未销售或者部分销售情形的定罪量刑问题”，司法实践中能否继续适用存在疑问。这些规定是针对实践中销售金额数额计算以及未遂认定等法律适用疑难问题作出的解释。既然刑法修正案（十一）将本罪的定罪标准由“销售金额”修正为“违法所得数额或其他严重情节”，那么这些围绕“销售金额”展开的解释应不再具有适用的必要，今后在实践中更重要的是对“违法所得数额或其他严重情节”作出解释。那么，如何理解“违法所得数额或其他严重情节”呢？

根据我国学者观点，“违法所得数额是指通过犯罪而实际得到的非法利益的数量”①。实践中可实际计算行为人获利的金额，以此认定本罪的成立。本罪属于通过假冒他人商标来销售商品的犯罪行为，具有经济犯罪的逐利性等特征，通过计算行为人具体获利数额来认定侵权的严重程度，更加具有合理性，有利于科学评价行为的危害性和法益侵害程度。

对实践中如何具体认定违法所得数额，司法早有相应案例可供参考。如最高人民法院 2017 年发布的第 87 号指导性案例，该案虽然是假冒注册商标案，但是该判决在认定行为人非法获利金额时所采取的方法值得借鉴。

被告人郭某某为谋取非法利益，伙同他人在未经授权许可的情况下，批发假冒××手机裸机及配件进行组装，利用开设的“××数码专柜”网店进行“正品行货”宣传，并以明显低于市场价格公开对外销售。法院认定，被告人在公安机关的多次供述，以及公安机关查获的送货单、支付宝向被告人银行账户付款记录、被告人银行账户对外付款记录、“××数码专柜”网店记录、快递公司电脑系统记录、公安机关现场扣押的笔记等证据之间能够互相印证违法所得数额。②

因此，实务案件中违法所得数额的计算，可以综合被告人供述、送货单、付款记录、交易记录、银行账户交易记录、快递收寄记录、经营笔记、证人证言等证据进行认定。

“其他严重情节”的规定，使得本罪的认定更加具有灵活性，能够合

① 陈兴良：《作为犯罪构成要件的罪量要素——立足于中国刑法的探讨》，载《环球法律评论》2003 年第 3 期。

② 参见《郭某某、郭明某、孙淑某假冒注册商标案》，载《人民法院报》2017 年 3 月 16 日。

理应对现实生活中存在的各种销售假冒注册商标的商品的行为，具体而言，可以结合行为人所采取的行为类型、行为性质、商标的性质、是否属于驰名商标以及侵害商标的数量等进行判断。

二、如何准确理解本罪法定刑配置的调整

刑法修正案（十一）虽然删除了拘役刑的规定，但是对犯罪情节较轻的行为人，也可适用较短的有期徒刑，或者宣告缓刑，从轻进行处罚。对于犯罪情节严重的行为人，本次修正案提供了更宽的法定刑裁量空间，可以适用最高刑十年以下有期徒刑进行处罚。因此，本罪刑罚的适用更加具有灵活性，关键在于结合个案情节，贯彻宽严相济的刑事政策，充分利用刑罚措施，惩治销售假冒注册商标的商品罪的行为。

三、本罪行为对象能否包含“服务商标”

虽然假冒注册商标罪新增服务商标这一行为对象，但是销售假冒注册商标的商品罪并未增加这一内容。根据罪刑法定原则，在司法实践中，仍应遵守刑法条文的规定，销售假冒注册商标的商品的犯罪行为，适用本罪进行处罚，销售假冒注册商标的服务的违法行为，属于一般的商标侵权行为。

刑法修正案（十一）第十九条　【修改非法制造、销售非法制造的注册商标标识罪】

> 十九、将刑法第二百一十五条修改为：“伪造、擅自制造他人注册商标标识或者销售伪造、擅自制造的注册商标标识，情节严重的，处三年以下有期徒刑，并处或者单处罚金；情节特别严重的，处三年以上十年以下有期徒刑，并处罚金。”

【条文主旨】

本条是关于修改非法制造、销售非法制造的注册商标标识罪的规定。

设立非法制造、销售非法制造的注册商标标识罪有助于保护我国注册商标的合理使用。在司法实践中，本罪被认为是有效制止假冒注册商标罪的重要条款。刑法有力打击非法制造、销售非法制造的注册商标标识行为，则可有效避免假冒注册商标行为的发生。为进一步加强知识产权保护力度，惩治非法制造、销售非法制造的注册商标标识罪，本次修正案对法定刑配置进行了调整，整体朝着加重从严治理的方向进行立法修正。

【条文对照】

修正前	修正后
第二百一十五条 【非法制造、销售非法制造的注册商标标识罪】伪造、擅自制造他人注册商标标识或者销售伪造、擅自制造的注册商标标识，情节严重的，处三年以下有期徒刑、拘役或者管制，并处或者单处罚金；情节特别严重的，处三年以上七年以下有期徒刑，并处罚金。	第二百一十五条 【非法制造、销售非法制造的注册商标标识罪】伪造、擅自制造他人注册商标标识或者销售伪造、擅自制造的注册商标标识，情节严重的，处三年以下有期徒刑，并处或者单处罚金；情节特别严重的，处三年以上**十年以下**有期徒刑，并处罚金。

【修正提示】

刑法修正案（十一）对刑法原第二百一十五条规定的非法制造、销售非法制造的注册商标标识罪作了修正。

删除了拘役和管制刑的规定，并提高了第二档法定最高刑。刑法修正案（十一）对本罪的法定刑配置进行了大幅修改，不仅取消了拘役和管制刑的规定，而且将第二档法定最高刑由七年有期徒刑提升至十年有期徒刑。

【修法背景】

刑法修正案（十一）对非法制造、销售非法制造的注册商标标识罪的法定刑配置进行了修改。在本罪的立法沿革中，不难发现我国法律对本罪逐渐加重处罚的趋势。本罪的内容最早见于 1982 年商标法第四十条的规定，“假冒他人注册商标，包括擅自制造或者销售他人注册商标标识的，除赔偿被侵权人的损失，可以并处罚款外，对直接责任人员由司法机关依法追究刑事责任”。但作为附属刑法的条文，此处并没有规定相应的处罚内容。1993 年《全国人民代表大会常务委员会关于惩治假冒注册商标犯罪的补充规定》（已失效）规定了本罪的刑罚内容，第二条规定：“伪造、擅自制造他人注册商标标识或者销售伪造、擅自制造的注册商标标识，违法所得数额较大或者有其他严重情节的，依照第一条第一款的规定处罚。”第一条第一款的相应内容是“违法所得数额较大或者有其他严重情节的，处三年以下有期徒刑或者拘役，可以并处或者单处罚金；违法所得数额巨大的，处三年以上七年以下有期徒刑，并处罚金”。1997 年修订的刑法第二百一十五条则在刑罚设置上，增加了本罪管制刑的内容。但结合司法实践适用的具体情况，以及本罪行为在现实生活中的高发严重态势。刑法观点认为，非法制造、销售非法制造的注册商标标识的行为通常是假冒他人注册商标的前提条件和物质准备，刑法对这种行为坚决予以严惩，具有重要的意义。[①] 本次刑法修正案删除了拘役和管制刑的规定，并提高了法定最高刑。法定刑的升高配置，也契合本罪在商标的刑法保护体系中的地位。

【适用指南】

本次修正后，十年以下有期徒刑成为本罪适用的主要刑种，行为人非法制造、销售非法制造的注册商标标识的行为，将面临较之前更重的刑罚处罚。这符合我国加大知识产权保护力度的立法取向，有利于惩治非法侵害他人商标标识、破坏商标管理制度的行为。本罪法定刑的提升，将有效加大对商标专用权利人权益的保护，强化对我国商标管理制度的维护。

一、删除管制、拘役刑是否导致刑罚手段单一

管制、拘役刑作为短期自由刑，是对轻罪罪犯进行惩处教育的有效措施。但是本罪在此次修正之前，即使规定了管制拘役刑，在实践中也较少适用，而是通过适用较短的有期徒刑进行处罚。

例如，被告人未经任何授权回收废酒瓶、包装盒、箱、袋等，购买明知是假冒注册商标的标识多件，并进行组装，情节严重。法院认为，若将本应作为废品的酒瓶包装盒、袋、箱等物回收，在未经商标权人同意的情形下，使其重新进入流通环节，再次赋予其商标标识功能的行为应属非法制造，且属既遂。案发后，被告人能如实供述犯罪事实，并在庭审中能自愿认罪，态度较好，可以从轻处罚。被告犯非法制造注册商标标识罪，判处有期徒刑一年，并处罚金人民币 2 万元。[②]

二、删除管制、拘役刑是否导致刑罚过于严厉

删除管制、拘役刑的规定，不会必然导致刑罚过于严苛，不会造成对情节较轻的行为人施加过重刑罚的情形。法院仍然可以对行为危害性不大的被告人，判处较短有期徒刑，并宣告适用缓刑。

---

① 参见姜伟主编：《知识产权刑事保护研究》，法律出版社 2004 年版，第 125 页。

② 参见国家法官学院、中国人民大学法学院编：《中国审判案例要览（2011 年刑事审判案例卷）》，中国人民大学出版社 2013 年版，第 144 ~ 147 页。

例如，被告人为谋取非法利益，未经商标所有权人授权，非法接受他人委托，先后伙同多人非法制造假冒注册商标标识的包装盒，法院经审理认为：被告人未经注册商标权利人许可，非法接受他人委托，伪造两种注册商标标识且数量巨大，其行为已构成非法制造注册商标标识罪，但被告人在犯罪中起次要、辅助作用，是从犯，依法应当从轻、减轻或者免除处罚。被告人归案后能如实供认其罪行，依法可以从轻处罚。判处有期徒刑一年六个月，缓刑二年六个月，并处罚金人民币5000元。[①]

刑法修正案（十一）第二十条 【修改侵犯著作权罪】

二十、将刑法第二百一十七条修改为："以营利为目的，有下列侵犯著作权或者与著作权有关的权利的情形之一，违法所得数额较大或者有其他严重情节的，处三年以下有期徒刑，并处或者单处罚金；违法所得数额巨大或者有其他特别严重情节的，处三年以上十年以下有期徒刑，并处罚金：

"（一）未经著作权人许可，复制发行、通过信息网络向公众传播其文字作品、音乐、美术、视听作品、计算机软件及法律、行政法规规定的其他作品的；

"（二）出版他人享有专有出版权的图书的；

"（三）未经录音录像制作者许可，复制发行、通过信息网络向公众传播其制作的录音录像的；

"（四）未经表演者许可，复制发行录有其表演的录音录像制品，或者通过信息网络向公众传播其表演的；

"（五）制作、出售假冒他人署名的美术作品的；

"（六）未经著作权人或者与著作权有关的权利人许可，故意避开或者破坏权利人为其作品、录音录像制品等采取的保护著作权或者与著作权有关的权利的技术措施的。"

① 参见国家法官学院、中国人民大学法学院编：《中国审判案例要览（2015年刑事审判案例卷）》，中国人民大学出版社2017年版，第141～146页。

【条文主旨】

本条是关于修改侵犯著作权罪的规定。相应修改旨在提高对著作权的刑法保护程度，并对网络时代侵犯著作权违法犯罪中的新现象与新特点做出回应。基于此，刑法修正案（十一）不仅加大了对侵犯著作权罪的惩处力度，相应调高了法定最高刑与法定最低刑，而且增列了明确禁止的行为类型，扩大了保护对象的范围，以符合网络时代有效保护著作权及其相关权利的需要。

【条文对照】

修正前	修正后
第二百一十七条　【侵犯著作权罪】以营利为目的，有下列侵犯著作权情形之一，违法所得数额较大或者有其他严重情节的，处三年以下有期徒刑或者拘役，并处或者单处罚金；违法所得数额巨大或者有其他特别严重情节的，处三年以上七年以下有期徒刑，并处罚金： （一）未经著作权人许可，复制发行其文字作品、音乐、电影、电视、录像作品、计算机软件及其他作品的； （二）出版他人享有专有出版权的图书的； （三）未经录音录像制作者许可，复制发行其制作的录音录像的； （四）制作、出售假冒他人署名的美术作品的。	第二百一十七条　【侵犯著作权罪】以营利为目的，有**下列侵犯著作权或者与著作权有关的权利的情形之一**，违法所得数额较大或者有其他严重情节的，**处三年以下有期徒刑**，并处或者单处罚金；违法所得数额巨大或者有其他特别严重情节的，**处三年以上十年以下有期徒刑**，并处罚金： （一）未经著作权人许可，**复制发行、通过信息网络向公众传播其文字作品、音乐、美术、视听作品、计算机软件及法律、行政法规规定的其他作品的**； （二）出版他人享有专有出版权的图书的； （三）未经录音录像制作者许可，**复制发行、通过信息网络向公众传播其制作的录音录像的**； **（四）未经表演者许可，复制发行录有其表演的录音录像制品，或者通过信息网络向公众传播其表演的；** （五）制作、出售假冒他人署名的美术作品的； **（六）未经著作权人或者与著作权有关的权利人许可，故意避开或者破坏权利人为其作品、录音录像制品等采取的保护著作权或者与著作权有关的权利的技术措施的。**

【修正提示】

刑法修正案（十一）对刑法原第二百一十七条规定的侵犯著作权罪作了四点修正。

其一，将该条保护的法益从著作权扩张到著作权以及与著作权有关的权利。原刑法规定只有侵犯著作权的情形才能入罪，修正后的本条将侵犯与著作权有关的权利的情形也纳入本罪的构成要件效力范围之内。

其二，通过增列新的行为方式或扩大行为对象来调整现有的行为类型。属于此类变动的主要有两项规定，即第一项与第三项。（1）第一项同时涉及对行为方式与行为对象做出调整：原刑法中本条第一项只列举了“复制发行”这一行为方式，行为对象为“文字作品、音乐、电影、电视、录像作品、计算机软件及其他作品”；修正后的本条第一项，不仅增列“通过信息网络向公众传播”这一行为方式，而且将“电影、电视、录像作品”改为概称性的“视听作品”，增设“美术”这一行为对象，同时将“其他作品”进一步明确为“法律、行政法规规定的其他作品”。（2）第三项只涉及对行为方式的增列，在“复制发行”之外，也将“通过信息网络向公众传播”列为禁止的行为方式。

其三，增设新的行为类型。修正后的本条新增两种行为类型，即第四项与第六项所规定的行为。（1）第四项规定的是侵犯表演者权利的行为，具体表现为未经表演者许可，复制发行录有其表演的录音录像制品，或者通过信息网络向公众传播其表演。录音录像制品的著作权属于制作者所有，表演者的权利并非著作权，但属于与著作权有关的权利。新增的此种行为类型，旨在将侵犯表演者权利的行为也纳入本罪的保护范围，同时在行为方式上也规定为两种，即“复制发行”与“通过信息网络向公众传播”。（2）第六项规定的是避开或破坏权利人为保护其著作权及其相关权利而采取的技术措施的行为。该类行为究其实质是作为侵犯著作权及其相关权利的预备行为而存在，表现出基于预防的考虑而将刑事处罚界点提前的倾向。新增的两种行为类型，不仅意味着法益涵盖范围的扩张，将虽非著作权的内容但与著作权相关的权利一并纳入刑法保护的范围，而且意味着可罚性起点的提前，单纯避开或破坏相关技术措施的行为即已具有刑事可罚性。

其四，调高本罪的法定最低刑与法定最高刑。根据原规定，本罪基本犯的法定刑是“三年以下有期徒刑或者拘役”，即法定最低刑是拘役，修正后本罪基本犯的法定刑改为“三年以下有期徒刑”，即法定最低刑变为有期徒刑。与此同时，本罪加重犯的法定刑也有重大的修改，从先前的“三年以上七年以下有期徒刑”改为“三年以上十年以下有期徒刑”，即法定最高刑提高至十年有期徒刑。

归结来说，前述四点修正，主要涉及行为类型的调整或增设与法定刑的提高两个方面，前者涉及处罚范围的明确与进一步扩张，后者涉及处罚力度的加重。就此而言，至少在本罪中，相关的立法修改在刑事政策上表现出“又严又厉”的倾向，即不仅严密刑事法网，而且从严惩处侵犯著作权的各类行为。

【修法背景】

刑法修正案（十一）对侵犯著作权罪做出重大修改，一方面，是为了落实我国政府在相关经贸协议中所作的承诺。另一方面，这次立法修正也是回应网络时代著作权保护需要的产物。网络与数字技术的发展对著作权的保护带来很大的影响和挑战，需要立法上积极予以应对。这样的影响与挑战是多个面向的：（1）就行为对象而言，以视听作品为例，无法再仅限于“电影、电视、录像作品”。基于此，这次立法修正删除“电影、电视、录像作品”的列举，而以“视听作品”这样的一般性概念来代替。（2）就法益主体而言，先前有关侵犯著作权罪的规定偏重于保护内容制作者的权利，对表演者的权利则有所忽视，而网络时代视听作品的崛起，导致有必要将表演者也作为法益主体来进行刑法保护。因此，这次立法修正特地增设第四项，将侵犯表演者权利的行为也作为入罪的情形之一。（3）就法益的内容而言，先前的相关规定只注重保护著作权本身，尤其是其中的复制发行权利，而在网络时代下与著作权密切相关的权利，对于权利人而言日益重要，有必要一并纳入刑法保护的范围。相应地，这次立法修正不仅明确将表演者的权利归入其中，而且直接将原规定“侵犯著作权”改为“侵犯著作权或者与著作权有关的权利”。（4）就处罚的界点而言，根据先前的相关规定，只有直接侵犯著作权人的复制发行权或出版权的行为才能入罪，这导致对于单纯实施避开或破坏为保护著作权及其相关权利所设技术措施的行为无法予以处罚，由此导致网络侵权的泛滥。对此，这次立法修正增设第六项的规定，将此类行为作为侵犯著作权或相关权利的入罪情形之一。（5）就刑法所禁止的行为方式而言，只是打击“复制发行”与“出版”，更是完全无法有效地处理盗版或其他侵犯著作权方面的违法犯罪。由是之故，这次立法修正将“通过信息网络向公众传播”明确规定为独立的行为方式。

传统有关著作权保护的法律，是以载体本身的稀缺性为前提的，通过确保载体不被复制，基本上就可以有效地保护权利人的合法权益。这也是为什么有关侵犯著作权罪的原条文，只将“复制发行”作为刑法上禁止的行为方式的原因所在。然而，在网络时代，根本就不需要借助传统的载体，通过网络传播的方式就足以使著作权人本该享有的权益受到严重的侵害。在很大程度上，通过网络传播甚至已然取代线下的“复制发行”，而日益成为首要的侵害著作权的方式。在网络时代，著作权领域所经历的这种结构性的变化，导致传统的著作权法往往不足以为权利人提供有效的法律保护。就刑法领域而言，只将复制发行与出版作为被禁止行为方式，更是无法对泛滥的侵犯著作权的行为做出应对。正是基于此，司法实务不仅将“复制发行”理解为复制或发行，而且不断地通过司法解释或规范性文件来扩张“发行”的外延，导致“发行”概念几乎成为能够包容所有重要的著作权权能类型的概念。然而，这直接造成刑法上的“复制发行”概念与著作权法上的“复制发行”概念的割裂，二者无论在内涵还是外延上都大相径庭。鉴于司法的做法虽在实质上具有一定的合理性，但通过过度扩张解释的路径来对实务问题做出应对，终究会面临正当方面的质疑。这次的立法修正，立法者有限度地吸纳了此前司法中所做的努力，期望借此对网络空间中侵犯著作权的行为进行有效而又不失正当的惩处。

【适用指南】

近年来的司法实务中，侵犯著作权罪是知识产权犯罪领域中最为多用的罪名。鉴于网络与数据技术的发展对原有的著作权保护范式形成结构性的冲击，这使得在整个知识产权领域，著作权保护方面遇到的新问题较多。相应地，刑法适用中也会面临一些争议问题的处理。

一、如何理解“通过信息网络向公众传播”的行为

著作权法第十条第一款列举了著作权人的各项权利，其中第五项与第六项分别规定了复制权与发行权，第十二项规定了信息网络传播权，即以有线或者无线方式向公众提供，使公众可以在其选定的时间和地点获得作品的权利。可以肯定的是，刑法修正案（十一）中有关修改侵犯著作权罪的规定，在“复制发行”之外增列“通过信息网络向公众传播”作为新的行为方式，乃是对应于前述信息网络传播权而设立的规定。就此而言，“复制发行”侵犯的是权利人的复制权与发行权，而“通过信息网络向公众传播”则侵犯的是权利人的信息网络传播权。

传播的本质是信息扩散，代表着信息由信源通过信道传递给信宿的过

程。所谓“通过信息网络向公众传播”，意指借助信息网络的中介将信息发送给作为信宿的公众。就“通过信息网络向公众传播”的认定而言，需要注意三个方面的问题：一是如果信息在传递的过程中被拦截而未抵达信宿一端，意味着没有完成信息传递的过程，此种情形不应认定为“传播”，自然也不能成立“通过信息网络向公众传播”。二是如果信息的传递发生在个人与个人之间，由于没有满足“向公众传播”的要素，也不应认定为“通过信息网络向公众传播”。比如，通过微信或手机短信一对一的传递，不能成立“通过信息网络向公众传播”。涉及在微信朋友圈中传递的情形，则有必要对行为人的朋友圈情况进行实质性审查，如果其朋友圈只有固定有限的亲友或关系较为密切的同事，也不应视为是“向公众传播”。但是，如果微信朋友圈中人员众多且来源宽泛，则应另当别论。此外，通过微信公众号、网站、微博等方式扩散的，均应视为“通过信息网络向公众传播”。三是如果没有利用信息网络的媒介，也不能成立“通过信息网络向公众传播”。比如，通过线下张贴或在广场、地铁等公共场所散播传单的方式进行传播，由于没有利用信息网络的媒介，同样不能构成“通过信息网络向公众传播”。

二、是否需要重新界定“复制发行”概念的外延

本条规定中的“复制发行”，究竟指的是“复制或发行”还是“复制且发行”，抑或是单纯的“复制”，刑法理论上存在较大的争议。一种观点认为，应理解为“包括复制或者发行以及复制且发行”。[①] 这也是一些司法解释的立场。2007 年《最高人民法院、最高人民检察院关于办理侵犯知识产权刑事案件具体应用法律若干问题的解释（二）》第二条，将“复制发行”解释为包括复制、发行或者既复制又发行的行为。另一种观点认为，“复制发行”宜限于“复制且发行”。[②] 应当说，从实质处罚必要性而言，将“复制发行”做扩张的解释有其合理之处；但从遵守罪刑法定与确保刑法条文与著作权法规定相协调的角度考虑，理解为“复制且发行”可能更妥当一些。不管之前存在何种争议，在刑法修正案（十一）将“通过信息网络向公众传播”规定为独立的行为方式之后，如何理解本条中的“复制发行”，有必要做进一步的探讨。

其实，这涉及侵犯著作权罪中的“复制发行”，是否按著作权法的界定来理解的问题。著作权法第十条第一款第五项与第六项对复制权与

---

① 参见张明楷：《刑法学》，法律出版社 2016 年版，第 824 ~ 825 页。

② 参见劳东燕：《功能主义刑法解释的体系性控制》，载《清华法学》2020 年第 3 期。

发行权有专门的定义，其中复制权是指以印刷、复印、拓印、录音、录像、翻录、翻拍、数字化等方式将作品制作一份或者多份的权利，而发行权是指以出售或者赠与方式向公众提供作品的原件或者复制件的权利。同时，该条第一款第七项至第十二项，又分别规定出租权、展览权、表演权、放映权、广播权与信息网络传播权。这意味着，著作权法中“复制”与“发行”具有特定的含义，且被视为不同于出租权、展览权、表演权、放映权、广播权与信息网络传播权中所指涉的行为。然而，对于侵犯著作权罪中的“复制发行”，司法解释没有遵循著作权法的界定，而是通过扩张解释将其归入其他权属的内容，也纳入“复制”与“发行”（尤其是后者）的范畴之中。

2004 年《最高人民法院、最高人民检察院关于办理侵犯知识产权刑事案件具体应用法律若干问题的解释》与 2005 年《最高人民法院、最高人民检察院关于办理侵犯著作权刑事案件中涉及录音录像制品有关问题的批复》先是将通过信息网络传播的行为也视为刑法第二百一十七条中的“复制发行”。随后，2007 年《最高人民法院、最高人民检察院关于办理侵犯知识产权刑事案件具体应用法律若干问题的解释（二）》第二条第二款将通过广告、征订等方式推销侵权产品的行为也视为“发行”。2008 年《最高人民检察院、公安部关于办理公安机关刑事案件立案追诉标准的规定（一）》对前述司法解释的立场进行确认与重申。2011 年《最高人民法院、最高人民检察院、公安部关于办理侵犯知识产权刑事案件适用法律若干问题的意见》第十二条则进一步扩张“发行”的外延，认为“发行”包括总发行、批发、零售、通过信息网络传播以及出租、展销等活动。如此一来，刑法第二百一十七条中的“发行”，不仅包含著作权法中“发行”概念所涵盖的出售或赠与，也包含被后者纳入出租权、展览权、表演权、放映权、广播权与信息网络传播权等权属的相应行为。在刑法修正案（十一）将“通过信息网络向公众传播”作为独立于“复制发行”的行为方式之后，该种行为应不再属于“复制发行”的范畴。问题在于，出租、展销等行为是否仍应归入“复制发行”的范围。对此，笔者倾向于持否定态度。

从解释论而言，司法解释将通过广告、征订等方式推销侵权产品的行为，以及总发行、批发、零售的行为也视为“发行”，虽然可能扩张了“发行”的外延，但这种扩张处于允许的范围。毕竟，“发行”指向的行为中包含销售，前述列举之行为的确可纳入销售概念的范畴。但是，将第二百一十七条中的“复制”尤其是“发行”，进一步扩张到出租、展销等行为，在正当性上存在疑问。

侵犯著作权罪所指向的著作权法益是由著作权法所创设。著作权法既然将复制权、发行权与出租权、展览权、表演权、放映权、广播权以及信息网络传播权等做分门别类的列举，便意味着它们各自指向的是不同的行为及其权利。

刑法第二百一十七条使用“复制发行”与“通过信息网络向公众传播”的表述，表明立法者通过刑法想要保护的只限于著作权中的复制权、发行权与信息网络传播权，不包括著作权中的其他权利项。换言之，著作权法列举的多项权利中，立法者经过审慎考虑后，只选择将复制权与发行权纳入刑法的保护范围。立法者显然认为，在未经有权人许可的情况下，只有“复制发行”与“通过信息网络向公众传播”的行为才达到值得刑罚处罚的程度，从而需要作为犯罪来处理；实施侵犯著作权中其他权利的行为，只构成一般的侵权。若是将原本属于侵犯其他权利的行为也纳入侵犯复制权或发行权的行为类型，不仅打乱了著作权法各项权利之间的内在逻辑关系，也不当扩张了侵犯著作权罪的法益范围。这属于抛开立法条文的造法，有违罪刑法定的要求。基于此，笔者认为，侵犯著作权罪中的“复制发行”应当与著作权法的规定保持一致，出租权、展览权等权利项所指向的内容，不宜包含于“复制”或“发行”的范畴之中，但通过广告、征订等方式推销侵权产品的行为，以及总发行、批发、零售的行为，可以归入“发行”的范围。

三、如何界定“与著作权有关的权利”

本次修正将侵犯著作权罪的保护法益从著作权扩张至“与著作权有关的权利”，问题在于，如何理解与界定“与著作权有关的权利”?

首先，顾名思义，“与著作权有关的权利”应指难以为著作权本身所包含的权利，除复制权、发行权与信息网络传播权之外的著作权的其他权利项，不属于“与著作权有关的权利”。其次，与这次修正新增的第四项与第六项的规定相结合来考虑，“与著作权有关的权利”宜理解为是表演者的权利；相应地，该条第六项规定的“与著作权有关的权利人”指的是表演者。

刑法中传统的著作权概念，倾向于保护内容的制作者，对权利人的范围作了严格的限定。按照此种限定，表演者由于不属于著作权人，便难以受到相应的保护。这与网络时代的客观发展需求不符。随着网络与数据技术的飞速发展，视听作品的地位日益显得重要，而视听作品往往经过表演者的演绎，加入表演者很多的创造性发挥。只对内容的制作者或作品的发行者进行保护，存在较大的保护漏洞。由是之故，著作权法也注重保护表演者的权利。该法第三十九条对表演者所享有的六项权利做了明确列举，包括表明表演者身份，保护表演形象不受歪曲，许可他人从现场直播和公开传送其现场表演并获得报酬，许可他人录音录像并获得报酬，许可他人复制、发行、出租录有其表演的录音录像制品并获得报酬，许可他人通过信息网络向公众传播其表演并获得报酬六项权利。应当说，这次刑法立法修正将表演者也纳入保护对象的范围，有其必要性。如此一来，就等于刑法对表演者与对著作权人实现平等的权利保护。

值得探讨的是，“与著作权有关的权利”是否包括前述列举的表演者的全部六项权利。从刑法第二百一十七条第四项的规定来看，“与著作权有关的权利”宜限定为复制权、发行权与信息网络传播权。也即，表演者的其他权利项属于著作权法保护的内容，但不属于侵犯著作权罪所保护的范围。作这样的限定，也可与对著作权人的刑法保护相协调。因著作权法第十条所列举的归入著作权的十七项权能中，也只有复制权、发行权与网络传播权被纳入刑法保护的范围；基于刑法谦抑的考虑，其他的权利项由著作权法进行保护即足够。这样的考虑，同样适用于对“与著作权有关的权利”的理解。

四、如何理解新增第六项的规定

此次立法修改对于侵犯著作权罪的行为类型新增一种特殊的情形，即未经著作权人或者与著作权有关的权利人许可，故意避开或者破坏权利人为其作品、录音录像制品等采取的保护著作权或者与著作权有关的权利的技术措施的。该规定属于实质的帮助犯，刑法理论上将此种现象称为帮助行为正犯化。在立法未增此项规定之前，未经权利人许可而避开或破坏权利人基于保护目的所采取的技术措施的行为本身，只能认定为侵犯著作权罪的帮助行为。按我国刑法理论与司法实务惯例，如果要处罚此种行为，便需要运用共同犯罪理论。

例如，在“王某侵犯著作权案”中，被告人王某以营利为目的，租用云服务器架设“××解析”网站，招揽吴某等人（均另案处理）成为网站会员并提供在线视频解析服务。在未经甲公司、乙公司等著作权人许可的情况下，王某针对会员提出的具体需求，调整、优化解析程序算法，绕开优酷公司、爱奇艺公司等著作权人设置的技术保护措施，使网站会员借此获取视频的真实播放地址，并通过会员各自的盗版视频网站向用户提供在线播放服务。在此期间，被告人王某通过收取解析服务费用，以及在部分视频页面设置广告并收取广告费用的方式营利，经营数额合计62万余元。经查，由被告人王某解析的可供播放的盗版影视作品合计7万余部，80余万集/期。法院认为，王某以营利为目的，明知他人未经著作权人许可，仍为其提供影视作品解析播放服务，具有其他特别严重情节，其行为已构成侵犯著作权罪。①

法院在判决理由的陈述中虽未使用帮助犯之类的表述，但明显运用的是共犯原理来对王某的行为进行归责。不过，运用共犯原理的疑问在于，相应会员的行为并未作为侵犯著作权罪的正犯予以处理，且观看的会员即便存在侵犯著作权的行为，也不符合“违法数额较大或者有其他严重情节”的要求，从而难以构成正犯。依据共犯从属性原理的要求，既然正犯的行为并不成立不法，共犯的行为也难以作为犯罪来处理。这意味着，对类似行为的处罚，往往需要突破刑法上的共犯从属性原理。

在刑法修正案（十一）做相应修改之后，这种实质意义上的帮助行为乃以实行行为的外观出现，正式作为侵犯著作权罪的新的行为类型，从而避免前述突破共犯从属性原理的质疑。将此类行为纳入处罚范围，有助于更为周全地保护权利人的信息网络传播权。网络时代，信息网络传播权的重要性日益提升，如果允许未经许可而避开或破坏权利人所采取的技术措施，则信息网络传播权必然只能流于纸面。《信息网络传播权保护条例》第四条明确规定：“为了保护信息网络传播权，权利人可以采取技术措施。任何组织或者个人不得故意避开或者破坏技术措施，不得故意制造、进口或者向公众提供主要用于避开或者破坏技术措施的装置或者部件，不得故意为他人避开或者破坏技术措施提供技术服务。但是，法律、行政法规规定可以避开的除外。”此次立法修正，等于是将此类原本只受行政处罚的行为进一步上升为刑法上的犯罪行为。

五、如何处理涉及网游外挂软件的案件

对于制作、销售或使用网游外挂软件进行牟利的行为应当如何定性的问题，司法实务中存在较大的意见分歧，有的判决按非法经营罪处罚，有的则认为构成侵犯著作权罪。

早先的司法实务，倾向于按非法经营罪来处理相应的行为。

例如，在“董某、陈某使用‘××传奇’软件外挂代练案”中，被告人董某、陈某利用“××传奇”外挂软件帮助其他游戏玩家在《××传奇》游戏中代练升级，收取代练费130多万元。法院认为，外挂软件违反了《出版管理条例》《信息网络传播权保护条例》《互联网出版管理暂行规定》，属于最高人民法院《关于审理非法出版物刑事案件具体应用法律若

① 参见上海市第三中级人民法院（2020）沪03刑初31号刑事判决书。

干问题的解释》（以下简称《非法出版物解释》）第十一条规定的非法出版物；另外，被告人利用游戏外挂代练升级并收取费用，客观上是对该非法“外挂”程序的发行、传播，根据前述司法解释第十一条的规定，构成非法经营罪。①

将使用外挂软件进行牟利的行为认定为非法经营罪，存在相应的疑问：一是使用外挂软件“代练升级”进行牟利的行为，并不属于需要特别许可才能经营的业务，国家对此类业务并未设立许可证制度或相应的市场准入制度。被告人没有取得工商营业执照从事经营活动，只是违反工商行政管理的一般规定，可能会涉嫌行政责任，但单纯以此为依据无异于取消行政违法与刑事犯罪之间的区分，并且使非法经营罪成为无所不包的兜底性罪名。二是外挂软件不属于出版物，因为《出版管理条例》等法律与行政法规中所指向的出版物都是以内容作为指向的。如果将外挂软件归入出版物，则无异于认为所有软件都要经过新闻出版部门的特别许可才能制作、销售与使用，而未经批准的都变成非法出版物了。

也有的案件明确否定成立非法经营罪，而认为构成侵犯著作权罪。

例如，在“李某斌、项某达等制作、销售网游外挂侵犯著作权案”中，被告人未经网络游戏《××火线》的著作权人同意，制作该款游戏的外挂程序并销售。公诉机关以提供侵入、非法控制计算机信息系统程序罪起诉，法院则认定被告人构成侵犯著作权罪。本案合议庭指出，制作、销售网络游戏外挂程序的行为不宜认定为非法经营罪。理由是：（1）1998 年的《非法出版物解释》有特定的适用背景，不宜扩大适用范围。（2）《非法出版物解释》第十一条主要针对内容上有问题的非法出版物，网游游戏外挂程序虽属于非法出版物，但不同于内容上有问题的非法出版物。（3）《非法出版物解释》第十五条的适用条件是严重扰乱市场秩序，情节特别严重。制作、销售网络游戏外挂程序的行为主要是影响了网络游戏经营者的利益，尚未严重扰乱市场秩序，不应当适用上述规定。（4）私自架设网络游戏服务器的社会危害性明显大于制作、销售外挂程序的社会危害性，而对前者适用侵犯著作权罪，对后者适用非法经营罪，也会造成罪刑明显失衡，不符合罪责刑相适应原则。（5）《最高人民法院、最高人民检察院、公安部关于办理侵犯知识产权刑事案件适用法律若干问题的意见》第十二条规定，非法出版、复制、发行他人作品，侵犯著作权构成犯罪的，按照

① 参见《最高人民检察院公报》2011 年第 5 期。

侵犯著作权罪处罚，不认定为非法经营罪等其他犯罪。[①]

应当说，前述案件中，合议庭否定非法经营罪的理由更具有说服力。在此，有必要对游戏软件的著作权与游戏外挂的著作权进行区分，前者为游戏开发者或网游经营者所享有，后者则为外挂软件的制作者即本案的被告人所享有。制作、销售游戏外挂软件的行为，的确在一定程度上影响了游戏软件著作权人或网络游戏经营者的财产性权益，但难以认为是复制、发行他人作品的行为，因为被告人销售的外挂软件明明是自己制作的，其发行的是自己享有著作权的外挂软件。该销售游戏外挂软件的行为，显然也不能认为构成对游戏软件的信息网络传播权的侵犯，因后者在信息网络上的传播并未受到影响。不可否认，制作、销售或使用游戏外挂进行牟利的行为，损害了网络游戏经营者的财产权益，但这种影响并不是通过侵犯著作权的方式进行。笔者倾向于认为，为谋取私利而制作、销售、使用游戏外挂的行为，实质性地损害了网络游戏经营者的经营性利益，可认定为是基于“其他个人目的”，以其他方法破坏生产经营的行为，按破坏生产经营罪进行处罚较为妥当。

刑法修正案（十一）第二十一条 【修改销售侵权复制品罪】

二十一、将刑法第二百一十八条修改为：“以营利为目的，销售明知是本法第二百一十七条规定的侵权复制品，违法所得数额巨大或者有其他严重情节的，处五年以下有期徒刑，并处或者单处罚金。”

【条文主旨】

本条是关于修改销售侵权复制品罪的规定。立法做相应修改，旨在扩张销售侵权复制品行为的处罚范围，同时加重对相应行为的处罚，以体现从严打击侵犯著作权犯罪的精神，提升刑法对于著作权的保护力度。

---

① 参见四川省成都市龙泉驿区人民法院（2014）龙泉刑初字第390号刑事判决书。

【条文对照】

修正前	修正后
第二百一十八条　【销售侵权复制品罪】以营利为目的，销售明知是本法第二百一十七条规定的侵权复制品，违法所得数额巨大的，处三年以下有期徒刑或者拘役，并处或者单处罚金。	第二百一十八条　【销售侵权复制品罪】以营利为目的，销售明知是本法第二百一十七条规定的侵权复制品，**违法所得数额巨大或者有其他严重情节的，处五年以下有期徒刑**，并处或者单处罚金。

【修正提示】

《刑法修正案（十一）》对刑法原第二百一十八条规定的销售侵权复制品罪作了两点修正。

其一，增设“严重情节”的入罪情形。对于销售侵权复制品罪的行为，原规定将入罪的情形仅限于“违法所得数额巨大”的情形，修正后的本条在保留“违法所得数额巨大”的情形之外，新增“有其他严重情节”的入罪情形。换言之，本罪由先前单纯的数额犯，变成数额犯与情节犯两种不法类型。

其二，将法定最高刑由三年有期徒刑提高到五年有期徒刑，同时调高了法定最低刑。根据原先的规定，销售侵权复制品罪的行为的量刑幅度为三年以下有期徒刑或拘役，修正后的本条同时调整了法定最高刑与最低刑，量刑幅度调整为五年以下有期徒刑。有关附加刑的规定则没有变化，仍是“并处或单处罚金”。

【修法背景】

刑法修正案（十一）对销售侵权复制品罪做出了修改，本次修改，在扩大处罚范围的同时，又分别提高了法定最高刑与最低刑，体现了对侵犯知识产权相关犯罪加大打击力度的精神。

【适用指南】

销售侵权复制品罪在实务中适用得相对较少，这部分是由于现行司法解释对侵犯著作权罪中的“复制发行”做扩张理解所致，导致单纯销售的行为也往往被视为构成“发行”，而按侵犯著作权罪来进行处罚。就本罪的适用而言，主要有两方面的问题值得关注。

一、如何界定“有其他严重情节”的情形

此次修正增设了“有其他严重情节”的情形，并将之与“违法所得数额巨大”相并列。“其他严重情节”作为入罪的标准，具体如何理解与掌握，有待最高人民法院、最高人民检察院与公安部出台相应的规定。在相应规定出台之前，从什么角度或通过具体考虑哪些因素来判断是否属于“有其他严重情节”的情形，有必要进行探讨。根据现行的司法解释[①]，违法所得10万元以上被认定为“违法所得数额巨大”，既然立法上将“有其他严重情节”的情形与前述情形相并列，则对严重情节的把握，理应达到与违法所得10万元以上相当的不法程度。参考知识产权犯罪领域对情节严重的规定，是否构成“有其他严重情节”，需要考虑销售侵权复制品的数量、非法经营的数额、违法所得数额、是否拒绝交出违法所得数额，以及行为人是否以此为业、之前是否因侵犯知识产权而受过行政处罚或有相应犯罪前科等因素，综合考量后做出合理的判断。

二、如何处理侵犯著作权罪与销售侵权复制品罪的关系

如何处理侵犯著作权罪与销售侵权复制品罪的关系问题，主要涉及对“复制发行”与“销售”这两个概念的合理界定。由于“发行”本身包含出售的含义，这导致“复制发行”与“销售”之间在外延上就存在部分交叉关系。倘若不按现行司法解释的通例，将侵犯著作权罪中的“复制发行”界定为复制或发行，而理解为“复制+发行”，则两罪之间的关系很容易处理：侵犯著作权罪处罚的是既有复制又有发行的行为，而销售侵权复制品罪作为下游犯罪，处罚的是单纯出售的行为。这样处理两罪之间的关系，既可以避免使刑法第二百一十八条的销售侵权复制品罪成为多余的法条，也可以合理地说明为何两罪所配置的法定刑存在相应的差别。当然，这样理解“复制发行”的话，似乎会导致难以对单纯复制的行为进行处罚的漏洞。其实不然，未经许可少量地复制他人作品由于危害性不大，不予刑事处罚并无问题；对于未经许可大量复制他人作品的行为，则完全可以运用共犯理论进行处罚，不至于产生处罚上的漏洞。有鉴于此，笔者比较倾向于持此种方案。

如果在“复制发行”的理解上采纳当前实务的立场，则为避免销售侵权复制品罪被虚置，就只能从出售规模的角度来区分“发行”与“销售”，

---

① 2004年《最高人民法院、最高人民检察院关于办理侵犯知识产权刑事案件具体应用法律若干问题的解释》。

即“发行”指的是较大规模或数量的出售，而“销售”则主要指的是零售的情形。这样处理两罪的关系，虽也有一定的合理性，但由于零售与一般的出售难以做有效的区分，会不可避免地导致司法适用中随意适用罪名与法条的乱象。

刑法修正案（十一）第二十二条 【修改侵犯商业秘密罪】

二十二、将刑法第二百一十九条修改为：“有下列侵犯商业秘密行为之一，情节严重的，处三年以下有期徒刑，并处或者单处罚金；情节特别严重的，处三年以上十年以下有期徒刑，并处罚金：

“（一）以盗窃、贿赂、欺诈、胁迫、电子侵入或者其他不正当手段获取权利人的商业秘密的；

“（二）披露、使用或者允许他人使用以前项手段获取的权利人的商业秘密的；

“（三）违反保密义务或者违反权利人有关保守商业秘密的要求，披露、使用或者允许他人使用其所掌握的商业秘密的。

“明知前款所列行为，获取、披露、使用或者允许他人使用该商业秘密的，以侵犯商业秘密论。

“本条所称权利人，是指商业秘密的所有人和经商业秘密所有人许可的商业秘密使用人。”

【条文主旨】

本条是关于修改侵犯商业秘密罪的规定。

为进一步加强企业产权保护，优化营商环境，维护公平有序的市场竞争秩序，保障权利主体的合法利益，刑法修正案（十一）修改了侵犯商业秘密罪的入罪门槛，进一步提高刑罚，加强了对侵犯商业秘密犯罪的惩处。在定罪层面，刑法修正案（十一）扩张了侵犯商业秘密罪的行为类型，“贿赂”“欺诈”和“电子侵入”行为被纳入本罪的处罚范围；在量刑方面，刑法修正案（十一）删除了拘役刑的规定，并将第二档最高法定刑由七年有期徒刑提升至十年有期徒刑。值得注意的是，修正案删除了刑法条文对“商业秘密”的定义，因此司法实践中对行为对象的判断，需要结合反不正当竞争法等部门法的相关规定展开。本次修正有利于刑法适用与社会发展之间的良性互动，顺应时代发展，灵活应对侵犯商业秘密的新型高发犯罪行为，增强对企业商业秘密的保护力度。

【条文对照】

修正前	修正后
第二百一十九条 【侵犯商业秘密罪】有下列侵犯商业秘密行为之一，给商业秘密的权利人造成重大损失的，处三年以下有期徒刑或者拘役，并处或者单处罚金；造成特别严重后果的，处三年以上七年以下有期徒刑，并处罚金： （一）以盗窃、利诱、胁迫或者其他不正当手段获取权利人的商业秘密的； （二）披露、使用或者允许他人使用以前项手段获取的权利人的商业秘密的； （三）违反约定或者违反权利人有关保守商业秘密的要求，披露、使用或者允许他人使用其所掌握的商业秘密的。 明知或者应知前款所列行为，获取、使用或者披露他人的商业秘密的，以侵犯商业秘密论。 本条所称商业秘密，是指不为公众所知悉，能为权利人带来经济利益，具有实用性并经权利人采取保密措施的技术信息和经营信息。 本条所称权利人，是指商业秘密的所有人和经商业秘密所有人许可的商业秘密使用人。	第二百一十九条 【侵犯商业秘密罪】有下列侵犯商业秘密行为之一，**情节严重的**，处三年以下有期徒刑，并处或者单处罚金；**情节特别严重的**，处三年以上**十年以下**有期徒刑，并处罚金： （一）以盗窃、**贿赂、欺诈**、胁迫、**电子侵入**或者其他不正当手段获取权利人的商业秘密的； （二）披露、使用或者允许他人使用以前项手段获取的权利人的商业秘密的； （三）**违反保密义务**或者违反权利人有关保守商业秘密的要求，披露、使用或者允许他人使用其所掌握的商业秘密的。 **明知**前款所列行为，**获取、披露、使用或者允许他人使用该商业秘密的**，以侵犯商业秘密论。 本条所称权利人，是指商业秘密的所有人和经商业秘密所有人许可的商业秘密使用人。

【修正提示】

刑法修正案（十一）对刑法原第二百一十九条规定的侵犯商业秘密罪作了以下四处修改。

其一，删除了商业秘密的刑法定义。刑法修正案（十一）取消了刑法对商业秘密的定义条款，使本罪行为对象的判断更加灵活，但必须结合反不正当竞争法、知识产权法等前置法规范予以认定。经前文分析可知，修正后本罪行为对象商业秘密的认定需要结合“非公知性”“保密性”“商业价值性”予以展开。

其二，增加了侵犯商业秘密的行为类型。本罪的不法行为增加了“贿赂”“欺诈”“电子侵入”三种类型。随着社会经济的发展，行为人采取“贿赂”“欺诈”“电子侵入”这三种方式，对企业商业秘密进行侵犯的案件不断增多，本次修正完善了本罪对这三种行为的处罚规定。虽然“贿赂”“欺诈”“电子侵入”行为类型在修正之前也可依照“其他不正当手段”予以规制，但修正之后此三类行为可直接按本罪论处，刑法修正案（十一）严密了侵犯商业秘密罪的刑事法网，有利于对企业商业秘密实现更周全的保护。

其三，删除了对重大损失的要求。刑法修正案（十一）将原刑法条文的“重大损失”结果要件予以删除，但并不意味着本罪由侵害犯改成危险犯，而是仍然需要符合情节严重才可构成本罪。所以，本次修正并非取消了侵犯商业秘密罪刑事责任追究的犯罪门槛，而是要纠正司法实践中出现的唯数额论及打击面过窄的做法。将“重大损失”修改为“情节严重”，意味着本罪行为的危害性需要达到一定程度，这符合《与贸易有关的知识产权协定》所作出的“商业规模”的要求。[①] 情节严重的判断，意味着本罪的成立要件判断内容由结果考察转变为对行为不法的评价。是否符合情节严重，需要结合行为人行为类型、手段方式、行为后果和行为影响等进行判断。

其四，删除了“或者应知”的刑法推定。本条修改为，明知前款所列行为，获取、披露、使用或者允许他人使用该商业秘密的，以侵犯商业秘密论。本次刑法修正案删除了旧法“应知”的犯罪行为，只规定“明知”的状态才入罪，体现了刑法的责任主义原则的要求。本罪是故意犯罪，虽

---

① 参见最高人民法院刑事审判一至五庭主办：《中国刑事审判指导案例3：破坏社会主义市场经济秩序罪》（增订本），法律出版社2016年版，第966页。

然修正之前本条所规定的“应知”的刑法推定放宽了行为人侵犯商业秘密的主观心态认定标准，有利于实践中本罪的认定，但却面临违反责任主义的质疑。本次修正彻底消弭了“应知”这一规定是否合理的争议。

【修法背景】

商业秘密的合理有效保护，事关企业经济效益和市场的正常运转。侵犯商业秘密的行为会导致企业丧失市场竞争的有利地位，有损我国公平有序的市场竞争环境。我国1979年刑法并没有规定侵犯商业秘密的犯罪，但随着国内市场经济的健康发展，以及加入国际贸易组织的国际环境需要，保护商业秘密已经是维护市场经济秩序、积极投身世界发展的重大命题。所以，本罪的制定与修改，需要结合国内和国际环境变化进行分析探讨。

在国内环境上，1993年反不正当竞争法第十条规定，经营者不得采取非法手段侵犯商业秘密。这条规定基本被1997年刑法所吸纳，该法在分则第三章“破坏社会主义市场经济秩序罪”中规定了侵犯商业秘密罪。该罪的设立对保护企业商业秘密，保障市场公平有序的竞争环境，具有填补空白的重大意义。之后在合同法、专利法、劳动法中都出现了对商业秘密的部门法保护条款，商业秘密保护制度也不断发展完善，这点直接体现在各个前置法对商业秘密的不断扩大的规制范围上，即从最初的“技术秘密”扩大到后来的“经营、管理信息”，[①] 再到最新2019年修改后的反不正当竞争法所规定的“技术信息、经营信息等商业信息”。但是，相比之下1997年刑法对侵犯商业秘密罪的规定，仍然存在商业秘密的内涵规定范围过窄的问题，此外本罪所调整的行为类型陈旧，“重大损失”的证明困难，以及“应知”的刑事推定条款所导致的保护不力的问题，并未得到解决。在企业蓬勃发展以及市场竞争加剧的情况下，恶意侵害企业商业秘密的行为仍然不断发生，并且新型手段（如电子技术，欺诈等手段）难以得到规制。我国进一步参与乃至逐渐成为国际经济活动主导国家的发展进程中，在商业秘密的刑事保护上面临国内国际的更高要求。

在国际视野下，随着我国对外经济交往活动的加强，国际社会对我国加强对知识产权的保护，加大对知识产权犯罪的打击力度提出了新的要求，我国也日益重视对知识产权的保护，批准加入了一系列国际公约。例

---

① 参见陈辐宽主编：《知识产权犯罪疑难问题解析》，中国检察出版社2010年版，第212页。

如《与贸易有关的知识产权协定》第二部分第三十九条确定了商业秘密所具有的秘密性、商业价值性和采取保护措施等特征。[①] 2001 年我国正式加入世界贸易组织。根据相关国际公约，我国承担了加强知识产权保护力度、大力打击侵犯知识产权犯罪的国际义务。[②] 对商业秘密加强保护是我国积极履行国际承诺的重要举措。

在上述国内国际背景下，我国刑法对商业秘密保护规定的内容不断完善。早期的刑法修改稿规定较为简略，直到 1996 年的刑法（修改草稿），才基本采纳了反不正当竞争法的表述，但此时却被规定在第八节“妨害公平竞争罪”之中，[③] 对商业秘密的理解主要是从市场整体秩序角度出发。随后根据中央有关部门、地方及法律专家对刑法修订草案（征求意见稿）的意见，关于侵犯商业秘密罪，有的部门建议将征求意见稿第一百九十二条侵犯商业秘密罪放入侵犯知识产权罪一节中。[④] 在刑法新增侵犯商业秘密罪的制定工作完成之后，因为我国国内市场经济蓬勃发展、市场竞争日益加剧；国际环境上全球化经济浪潮高涨、跨国经济活动繁荣，所以相关部门法对商业秘密条款不断更新并加强规制力度，例如 2017 年反不正当竞争法第一次修改，就取消了商业秘密的“实用性”要求，仅仅时隔两年，2019 年反不正当竞争法第二次修改又扩张了商业秘密的内涵。在这样的背景下，刑法关于本罪的修订工作也被提上日程。毕竟，我国 1997 年刑法直接采纳 1993 年反不正当竞争法的内容后，不仅时隔 24 年未修改，而且在反不正当竞争法经历三次重大调整后，刑法面临与前置法规定脱节的适用困境。因此，结合侵犯商业秘密罪的实践经验，依照新时期经济发展状况，应对我国高速发展的市场环境，刑法修正案（十一）对本罪作出了重大修改。

---

① 《与贸易有关的知识产权协定》第三十九条规定商业秘密：“属于秘密，即作为一个整体或就其各部分的精确排列和组合而言，该信息尚不为通常处理所涉信息范围内的人所普遍知道，或不易被他们获得”；并且，因为信息是秘密的“而具有商业价值”；同时，“该信息”一直受到其“合法控制人”“采取合理的步骤”来加以保护。See Trade - Related Aspects of Intellectual Property Rights, Part II, Sec. 7, Art. 39, https://www.wto.org/english/docs_e/legal_e/27-trips_04d_e.htm#7，最后访问时间：2021 年 2 月 15 日。

② 参见苏彩霞：《中国刑法国际化研究》，北京大学出版社 2006 年版，第 82 页。

③ 参见高铭暄、赵秉志编：《新中国刑法立法文献资料总览》，中国人民公安大学出版社 2015 年版，第 492 页。

④ 参见高铭暄、赵秉志编：《新中国刑法立法文献资料总览》，中国人民公安大学出版社 2015 年版，第 1078 页。

【适用指南】

侵犯商业秘密罪，是指以盗窃、贿赂、欺诈、胁迫、电子侵入、披露或其他不正当手段，非法获取和擅自使用等侵害权利人商业秘密，情节严重的行为。修改后的刑法第二百一十九条删除了“利诱”的行为类型，增设了“贿赂”“欺诈”“电子侵入”三种行为类型，取消了“商业秘密”行为对象的法条定义，删除了“应知”的刑事推定，删除了“重大损失”的结果要件的规定；将本罪第二档法定刑最高七年有期徒刑提高到十年有期徒刑。在刑法修正案（十一）做出了重大修改后，本罪的理解与适用面临的难题有：

第一，如何定义本罪的行为对象——“商业秘密”；

第二，如何理解新型“贿赂”“欺诈”“电子侵入”的行为类型；

第三，如何把握本罪的情节要件。

这些问题的解答直接关系到刑法修改之后的本罪合理适用。

一、如何界定刑法修正后的行为对象——“商业秘密”

本罪的行为对象是商业秘密。随着国内国际市场竞争秩序的发展变化，我国1997年刑法对商业秘密的法条定义，因含义过于狭窄无法适应现代社会的发展。本次修正案草案第一次审议稿，对原刑法商业秘密的定义采取了更广泛的定义模式：“本条所称商业秘密，是指不为公众所知悉、具有商业价值并经权利人采取相应保密措施的技术信息、经营信息等商业信息。”但在刑法修正案草案（十一）第二次审议稿中，干脆对刑法中的商业秘密定义条款予以删除，并且这一修改被正式通过的刑法修正案（十一）所维持，这表明刑法对商业秘密的定义，呈现趋向灵活与开放的态势。本次修正取消商业秘密在刑法中的规定，也为司法机关在适用本罪时，提供了更大的裁量空间。

现代社会经济活动中，商业秘密不再仅仅表现为原刑法所定义的技术信息和经营信息。刑法取消对商业秘密的定义规定，反而能够满足当下市场环境中对商业秘密灵活保护的需求。但是，应当注意本条在适用的过程中，需要结合经济发展需求、刑法保护的必要性这二者的平衡进行理解，如此方能实现对本罪对象的合理限定。刑法对侵犯商业秘密罪的行为方式规定得比较明确、具体，司法实践中存在的主要问题之一是如何认定商业秘密。[①] 解

---

① 参见郭清国：《侵犯知识产权犯罪法律适用问题》，载最高人民法院刑事审判第一庭、第二庭编：《刑事审判参考》（总第33集），法律出版社2003年版，第161页。

决这一问题需要结合前置法规范对商业秘密的定义予以展开。正如我国学者指出，在解读任何刑法规范时，有必要置于统一的法律体系中，将之理解为是具有内在一致性的整个法律制度的组成部分。在对刑法法条的规范目的进行解读时，需要将其他部门法的视域也引入进来，展开一体性的考虑，这也是刑法最后手段性原则之要求的由来。① 我国也早有观点指出，从立法技术上看，刑法只需规定侵犯商业秘密罪的犯罪构成，不宜对商业秘密下定义，应有专门规范商业秘密的法律履行此职能。② 目前来看，为合理界定本罪行为对象，在实务中准确判断“商业秘密”，反不正当竞争法的具体规定值得深入分析：

	1993 年 反不正当竞争法	2017 年 反不正当竞争法	2019 年 反不正当竞争法
定义	本条所称的商业秘密，是指不为公众所知悉、能为权利人带来经济利益、具有实用性并经权利人采取保密措施的技术信息和经营信息。	本法所称的商业秘密，是指不为公众所知悉、具有商业价值并经权利人采取相应保密措施的技术信息和经营信息。	本法所称的商业秘密，是指不为公众所知悉、具有商业价值并经权利人采取相应保密措施的技术信息、经营信息等商业信息。
特征	非公知性；价值性；实用性；保密性	非公知性；价值性；保密性	非公知性；商业价值性；保密性
变动	—	删除实用性要求；修改价值性的要求	扩大商业秘密内涵

分析反不正当竞争法的法条沿革可知，在我国商标法中，“商业秘密”的定义围绕几个要点进行了重大修改：

（一）由“经济利益”修改为“商业价值”

1993 年反不正当竞争法与 1997 年刑法都规定，商业秘密应能为权利人带来“经济利益”，这一解释为人民法院认定商业秘密提供了重要的依据。但随后反不正当竞争法的两次修改都将“能为权利人带来经济利益”表述为“具有商业价值”。商业价值是比经济利益范畴更广的概念，商业价值除包含直接的经济利益之外，还可指为权利人带来潜在的市场竞争力、未来的市场价值以及可期的经济收益等商业利用上的正面效益。因此，经济利益应理解为只是商业价值的一种类型，商业价值的内涵更深、范围更广。

① 参见劳东燕：《功能主义刑法解释的体系性控制》，载《清华法学》2020 年第 2 期。
② 参见李晓明、辛军：《对侵犯商业秘密罪的再研究》，载《法学》2002 年第 6 期。

(二)取消“实用性”的要求

1993年反不正当竞争法明确提出,商业秘密必须“具有实用性”,但在之后的2017年和2019年反不正当竞争法中“实用性”表述均被删除,并且没有再次出现。法律中取消“实用性”的规定,更符合商业秘密的本质特征和发展需求。因为在现代企业的商业活动中,完全可能存在处于阶段性开发、基础理论研究以及其他无法立即投入生产使用,但却对商业活动具有重大影响的商业秘密,如果法律仅仅保护具有实用性,能够即刻投入生产经营的商业秘密类型,则不仅对当前市场环境中的商业秘密保护范围过于狭窄,而且也不利于鼓励企业进行长远的技术研究和经营战略。

(三)扩充“商业信息”的类型

我国之前多部法律文件都采取了对商业秘密定义进行严格限定的模式,例如,1993年反不正当竞争法对商业秘密的内涵作出了明确限定,1998年12月3日国家工商行政管理局修订公布的《关于禁止侵犯商业秘密行为的若干规定》,详细列举了商业秘密的典型类别,即“技术信息和经营信息,包括设计、程序、产品配方、制作工艺、制作方法、管理诀窍、客户名单、货源情报、产销策略、招投标中的标底及标书内容等信息”。这一含义界定在2017年反不正当竞争法修改中仍被保留,但2019年反不正当竞争法对这一定义模式作出了修改:从封闭式定义商业秘密为“技术信息和经营信息”,到开放式列举“技术信息、经营信息等商业信息”。因此,商业秘密的核心定义也不再局限于技术信息和经营信息二者,而是以此两类信息为典型的、对企业经济活动具有价值的商业信息。所以,司法理解和适用中对商业秘密的理解,应当将其置于“商业信息”这一事物本质之上,而不能再仅仅局限于是否属于“技术信息和经营信息”的判断。

因此,虽然刑法修正案(十一)不再对商业秘密作出法条定义,但是结合反不正当竞争法的法条修改,刑法中的商业秘密应从三个层面予以认定:非公知性;商业价值性;保密性。

第一,非公知性。即商业秘密仅限于权利人或经权利人许可取得的人知悉。此处的不为公众知悉,并非要求排除所有第三人知悉,而是着重特指不被行业竞争者或可能利用商业秘密从事商业活动的人群获悉。这种将“不被公众知悉”解读为“不被同行知悉”的理解,较早表述为“要求在同行的‘识货人’之中,该商业秘密保持其保密的状态”①,现已经被理

① 参见徐武生:《经济犯罪与经济纠纷》,法律出版社1998年版,第333页。

论和实务普遍接受。但一般而言，公布于大众媒体或者人群普遍能够进入的平台上，即使行业竞争者或商业活动人群暂未关注，但因其公开性使得他人获悉具备可能，即可视为非公知性的丧失。

例如，在“沈某某侵犯商业秘密案”中，沈某某从公司离职时，将有关技术图纸带出，并将其在公司工作期间掌握的图纸添加上传到网站资料中心的文章中，该文章在网络上被点击、下载，致使该公司研发的该仪器电路部分核心秘密被披露。本案争议焦点之一即行为人在互联网的公布行为，是否打破了商业秘密的非公知性状态。一审法院判决认为行为人对公司的商业秘密的保密性造成了极大破坏，公布于互联网向公众公开的行为导致该商业秘密可被任何人下载使用，该披露行为具有不法性，已构成侵犯商业秘密罪。①

关于非公知性的程度：是否要求整体上具有非公知性？应当认为，不能将某个机器或产品的全部技术都视为商业秘密，商业秘密必须是具体地表现在产品当中的个别部分、具体功能和作用原理。② 这是因为现代科技与经济的发展，都是由工艺或技术循序渐进的改良所推动。在司法实务中，对商业秘密不能对非公知性的程度作诸如全新理论或彻底变革式的过高要求，而是关注具体环节或部分工艺上是否存在实质改进。

第二，商业价值性。2017 年反不正当竞争法将商业秘密“经济利益”的表述修改为具有“商业价值”，这是考虑到某些商业秘密如客户信息、商业数据或管理资料等并不能直接带来经济收益，但却对企业的商业活动具有正面效益的情况，这些商业秘密当然也值得刑法进行保护。将“经济利益”的表述改为“商业价值”说明，一方面，在价值性的判断上，刑法承认了具有潜在商业价值性的商业秘密类型；另一方面，在保护范围上，增加了商业秘密的种类，商业秘密不局限于技术信息和经营信息这两种情形。所以在司法适用中，需要整体判断对权利人而言，某项商业信息的存在与否，对其商业活动是否带来了正面效益，例如改善生产经营、完善内部管理、提高工艺技巧或降低费率损耗等，以此来判断是否符合商业秘密的商业价值性要求。商业秘密的“商业价值性”判断要点在于，使权利人在市场竞争中处于有利地位。

---

① 参见《中国指导案例》编委会编：《人民法院指导案例裁判要旨汇览·刑事卷二》，中国法制出版社 2013 年版，第 278～279 页。

② 参见陈兴良、周光权：《刑法学的现代展开 I》，中国人民大学出版社 2015 年版，第 418 页。

例如，在“张某某侵犯商业秘密案”中，张某某离开A公司后，利用在A公司工作期间掌握的产品的生产、销售信息及客户资料，以B公司的名义，向A公司的客户公司大量订购同种类型的产品。本案的争议焦点即客户资料是否属于商业秘密。一审法院认为，虽然客户公司的名称地址和联系方式等资料是公开的信息，但是在商业往来中，客户采购涉案三种产品的信息却非公众信息，而是对原公司生产经营活动有重要价值的商业信息。二审法院认为，本案A公司特定销售渠道、销售价格具有秘密性和商业价值性，该商业信息属于商业秘密。①

本案的裁判要旨在于：通过客户特定化、交易特定化后，该信息方成为具体的、可以使用的、能产生利益的商业价值信息。一种信息的实用性，正是由权利人付出努力才产生的。法律保护的也正是权利人的这种劳动成果。② 名称、地址、联系方式等简单的客户信息被特定化且实质性地具备商业价值的，应认定为商业秘密。在刑法修正之后，商业秘密的刑法定义条款被删除，经特定化的客户信息（经营信息）较之公开信息具有实质性的工作洽谈和内部针对性的工作保密安排，具有投入生产经营活动的商业价值性，能够被认定为商业秘密。

第三，保密性。商业秘密的“保密性”特征是其区别于专利权之处。③专利权是通过确认专利排他使用权但公开其技术创新的方式进行法律赋权保护，但商业秘密的“保密性”是指权利人自行采取有效安保措施进行自我保护。刑法修正案（十一）将“违反约定”修改为“违反保密义务”，扩大了保密性的认定范围，从而扩大了刑法的规制范围。修正后的保密义务的来源广泛，违反约定仅仅是违反保密义务的一种类型。在现代经济活动中，通常而言保密义务包括：合同约定，法律规定，行业惯例等。

例如，在“李某侵犯商业秘密案”中，被告人受聘于A公司并担任该公司业务部经理期间，与某市有关部门洽谈城市灯光改造项目，此后，李某与他人出资成立了B公司，并转走了上述项目。本案的争议焦点即行为人是否违反保密义务。法院认为，被告人李某在担任A公司业务部经理期

① 参见最高人民法院中国应用法学研究所编：《人民法院案例选》（总第62辑），人民法院出版社2008年版，第8～16页。

② 参见陈兴良、张军、胡云腾主编：《人民法院刑事指导案例裁判要旨通纂》（上下卷），北京大学出版社2013年版，第236～238页。

③ 参见张军主编：《刑法（分则）及配套规定新释新解（中）》，人民法院出版社2016年版，第854～855页。

间，本应依照相关法律规定以及诚实信用原则履行保密的义务（已经超出修正前“违反约定”的范畴，符合修正后违反“保密义务”的规定，笔者注），却私下将原公司获取的客户信息（经营信息）交由其他公司使用并获利，违反了保密规定。①

（四）区分“工作经验”与“反向工程”

本次修正案之后，商业秘密的定义更加灵活。这对司法实践准确把握本罪的行为对象具有重大挑战。总结现有司法案例，实践中需要注意将商业秘密与工作经验及反向工程作出区分。

第一，商业秘密虽然可能存在载体，但也可能存在于人的大脑之中②，而工作经验则储存在人的脑海中。在司法实务中，商业秘密应当与工作经验相区分：不能将员工在工作中长期积累的经验、技能和行业内部信息、管理信息认为是商业秘密。③ 但因为二者是交叉关系，区分存在一定困难，所以认定是否构成本罪，关键在于判断这种工作经验所积累和掌握的内容实质，是否属于商业秘密。

例如，在“李某某侵犯商业秘密案”中，国内A公司与法国某公司签订技术转让合同，并将一切涉及技术、工艺、生产流程和方法性的信息和资料等作为A公司的商业秘密，李某某负责A公司各生产环节的技术工作。但其私下与其他公司签订技术服务合同。法院认为，A公司的生产技术、工艺和经营信息属于商业秘密。李某某违反A公司有关保守商业秘密的要求，披露和使用其在公司工作期间获得的上述商业秘密，造成A公司的重大经济损失，其行为构成侵犯商业秘密罪。④ 本案中行为人为其他公司提供的技术服务，并非基于自身工作经验相关知识，而是来源于其在A公司任职期间获悉的商业秘密。

第二，反向工程，是指通过对终端产品的分析研究，找出该产品的原始配方或者生产工艺。反向工程是对商业秘密权的一种限制，一旦他人通过反向工程获得技术秘密，权利人则无权阻止他人披露和使用获得的技术信息。如果法律禁止反向工程，则商业秘密权利人可以长期甚至永久地垄

---

① 参见陈兴良、张军、胡云腾主编：《人民法院刑事指导案例裁判要旨通纂》（上下卷），北京大学出版社2013年版，第230～232页。

② 参见张明楷：《刑法学》（下），法律出版社2016年版，第827页。

③ 参见王俊民等：《侵犯商业秘密若干问题三人谈》，载《中国刑事法杂志》2005年第1期。

④ 参见《中国指导案例》编委会编：《人民法院指导案例裁判要旨汇览·刑事卷二》，中国法制出版社2013年版，第281～282页。

断技术，其享受的保护将远远超过已公开技术的专利权人，这对专利权人而言显然不公平。[①] 所以，通过反向工程获取商业秘密的合法性目前得到了各国法律的普遍认可。2020 年《最高人民法院关于审理不正当竞争民事案件应用法律若干问题的解释》第十二条第一款规定，通过自行开发研制或者反向工程等方式获得的商业秘密，不认定为反不正当竞争法规定的侵犯商业秘密行为。[②] 如何判断反向工程？根据上述司法解释第十二条第二款规定，反向工程，“是指通过技术手段对从公开渠道取得的产品进行拆卸、测绘、分析等而获得该产品的有关技术信息。当事人以不正当手段知悉了他人的商业秘密之后，又以反向工程为由主张获取行为合法的，不予支持”。

例如，在“周某某、杨某某侵犯商业秘密案”中，A 公司具有使用某款特殊产品的合法使用权。被告人辞职离开 A 公司后，利用从公司擅自带走的生产、销售等资料、信息，在其他地方生产、销售与 A 公司同类的产品。本案争议焦点，即行为人辩称自身采取反向工程开发出了类似产品，并未侵犯商业秘密。法院经审理认为，根据被告人履历反映，其不具备开发、研制涂料配方、改进生产工艺的能力。被告人擅自带走公司生产、销售等商业秘密，而非反向工程获取了 A 公司的上述信息，被告行为属于侵犯商业秘密的行为。[③]

二、如何理解“贿赂”“欺诈”“电子侵入”

刑法修正案（十一）将第二百一十九条的行为类型修改为：第一，以盗窃、贿赂、欺诈、胁迫、电子侵入或者其他不正当手段获取权利人的商业秘密的；第二，披露、使用或者允许他人使用以前项手段获取的权利人的商业秘密的；第三，违反保密义务或者违反权利人有关保守商业秘密的要求，披露、使用或者允许他人使用其所掌握的商业秘密的；第四，明知前款所列行为，获取、披露、使用或者允许他人使用该商业秘密的，以侵犯商业秘密论。

（一）“贿赂”方式侵犯商业秘密

贿赂，是指采取提供利益贿使他人泄露商业秘密的行为。刑法修正案（十一）将原条文的“利诱”修改为“贿赂”，具有两个层面的意义：第一，“贿赂”较之“利诱”，在刑法中更加具有规范性。利诱作为日常生活

---

① 参见胡开忠：《反向工程的合法性及实施条件》，载《法学研究》2010 年第 2 期。

② 参见张吉豫：《软件反向工程的合法性及立法建议》，载《中国法学》2013 年第 4 期。

③ 参见陈兴良、张军、胡云腾主编：《人民法院刑事指导案例裁判要旨通纂》（上下卷），北京大学出版社 2013 年版，第 232 ~ 233 页。

用语，不仅因该术语的模糊，有损刑法的明确性，而且无法揭示该类侵害行为的本质。根据最新的研究成果，即贿赂不应立足于交易关系的框架，而应立足于物权关系的框架①，行为人将他人“商业秘密”视为私物而予以谋取私利，“贿赂”一词直指侵害行为的此种不法本质。第二，“利诱”规制的是呈现明显的交易对价关系的行为，但现实中广泛存在事后受财或感情投资型的非法获取商业秘密的行为，刑法将“利诱”修正为“贿赂”，呈现明显的对本罪规制范围的扩张，符合周全保护商业秘密的需求。因此，行为人将商业秘密提供给他人，即使缺乏事先约定的事后获利或是感情投资型获利等不法侵害情形，也能被修改后的本条所涵盖。

例如，行为人在A公司工作期间，掌握了该公司的技术秘密。B公司采用以技术入股的利诱手段，获取并利用了行为人非法提供的技术秘密。一审法院认为，该技术是A公司的商业秘密，应受法律保护。B公司明知属于A公司的技术秘密，采用作价入股的手段诱使行为人带出此项技术秘密，侵犯了A公司商业秘密②。二审法院认为，B公司明知行为人是A公司的在职人员，以作价入股的手段利诱行为人以此项技术为其生产产品，并进行销售，其行为是以不正当竞争的手段获取他人商业秘密，侵害他人合法权益的侵权行为。③ 本案即属于以作价入股的手段，贿赂在职人员提供秘密技术为其生产产品并进行销售的侵犯商业秘密的情形。

（二）“欺诈”方式侵犯商业秘密

欺诈，属于本次修正新增的行为方式，是指以提供利益或好处作出许诺，欺骗他人提供商业秘密的行为。早在1996年刑法草案中，国家经济贸易委员会就在行为方式中主张设置“欺诈”类型④；在1997年刑法修订后，虽然法条中没有列举“欺诈”这一类型，但是考虑到欺诈型的侵犯商业秘密具有可罚性，学界通过两种路径对欺诈行为进行刑法规制：第一，将利诱解释为“引诱、欺骗”这两种手段。⑤ 第二，强调区分利诱与

---

① 参见劳东燕：《受贿犯罪的保护法益：公职的不可谋私利性》，载《法学研究》2019年第5期。

② 参见《许继公司诉郑某生、爱特公司侵犯商业秘密纠纷案》，载《最高人民法院公报》1999年第2期。

③ 参见刘德权主编：《最高人民法院裁判意见精选》（下），人民法院出版社2011年版，第1339页。

④ 参见高铭暄、赵秉志编：《新中国刑法立法文献资料总览》，中国人民公安大学出版社2015年版，第1095页。

⑤ 参见高晓莹：《侵犯知识产权罪的认定与处理》，中国检察出版社1998年版，第212页。

欺骗[①]，主张将欺骗作为以“其他不正当手段”获取权利人的商业秘密的情形。[②] 但这些解释结论都在一定程度上超出了“利诱”的语义范围，因此面临违反罪刑法定原则的质疑。如今刑法修正案新增这一行为类型，则可谓彻底解决了这一争议，使本罪的规制行为更为全面。

（三）“电子侵入”方式侵犯商业秘密

电子侵入，属于本次修正案新增的行为方式，是指行为人通过采取电子技术未经许可侵入权利人记载商业秘密的信息系统。随着电子化和科技化发展，商业秘密的记载方式早已实现由传统的图纸记载方式为主，转变为以电脑等电子记载为主的转变。本次修正顺应时代发展，将新型侵犯商业秘密的行为类型纳入刑法规制范围之内。在司法适用中需要注意，电子侵入包括但不限于：利用系统漏洞、采取非法软件、盗取有效密码等手段，关键在于着重把握“电子手段”和“侵入性”这两种特征。

三、如何对本罪修正后“明知”责任形式进行判断

在本次修正之前，我国刑法通说认为，本罪是故意犯罪。包括明知与应知两种类型。

明知，是指行为人明知自己的行为会发生侵害权利人商业秘密的结果，仍然实施上述四种侵害行为类型。法条规定的第一种行为类型即非法获取型侵犯商业秘密的责任形式是直接故意，但在其他三种类型中均有“允许他人使用”的规定，这些规定则包含间接故意的放任心态。

刑法修正案（十一）删除了“应知”的规定。1997 年刑法规定与本次刑法修正案草案第二次审议稿，都保留了“明知或者应知前款所列行为”的规定，而对于应知的理解，我国刑法一直存在故意和过失的争议。过失论者指出，符合疏忽大意过失的心理状态，即“应知”而不知，是一种疏忽大意的过失，而不可能是故意。[③]。少数学者赞同，本罪罪过应是疏忽大意的过失。[④] 对过失侵犯商业秘密的行为，通过民事侵权损害赔偿的途径加以解决即为已足，作为犯罪处理并不符合刑法谦抑原则。[⑤] 因此刑

---

① 参见林亚刚：《侵犯商业秘密罪再探》，载《法制与社会发展》2000 年第 1 期。

② 参见陈兴良、周光权：《刑法学的现代展开 I》，中国人民大学出版社 2015 年版，第 413 页。

③ 参见党建军主编：《侵犯知识产权罪》，中国人民公安大学出版社 1999 年版，第 184 页；李晓明、辛军：《对侵犯商业秘密罪的再研究》，载《法学》2002 年第 6 期。

④ 参见倪泽仁主编：《经济犯罪刑法适用指导》，中国检察出版社 2007 年版，第 324 页。

⑤ 参见马克昌主编：《经济犯罪新论：破坏社会主义经济秩序罪研究》，武汉大学出版社 1998 年版，第 547 页。

法通说认为，本罪属于故意犯罪。[①] 将应知理解为故意形态，有不同的解释理由和路径：符合刑法谦益性原则[②]、域外暂无过失侵犯商业秘密立法例[③]、应知理解为推定的明知[④]。我国刑法通说认为，把“应知”理解为推定的故意更为合理。过失泄露或使用他人的商业秘密的，不按本罪处理。[⑤] 由此可知，修正之前本罪中的“应知”属于立法上推定的明知，如此大费周章的论证，虽然理论上使得本罪保持着故意犯罪的不法构造，但实践中仍然面临对行为人不利的重大问题，刑事推定还可能威胁到被告人的其他权利，如公平审判的权利与质证的权利等。[⑥] 因此，刑事推定制度，尤其是不利于被告人的刑事推定，理应得到最大限制，刑法修正案（十一）删除“应知”的规定，符合责任主义原则和刑法罪刑法定原则的要求。

四、如何理解将“重大损失”修正为“情节严重”

对于1997年刑法重大损失要件的认定，2004年《最高人民法院、最高人民检察院关于办理侵犯知识产权刑事案件具体应用法律若干问题的解释》第七条规定，实施刑法第二百一十九条规定的行为之一，给商业秘密的权利人造成损失数额在五十万元以上的，属于“给权利人造成重大损失”，应当以侵犯商业秘密罪判处三年以下有期徒刑或者拘役，并处或者单处罚金。给商业秘密的权利人造成损失数额在二百五十万元以上的，属于刑法第二百一十九条规定的“造成特别严重后果”，应当以侵犯商业秘密罪判处三年以上七年以下有期徒刑，并处罚金。本罪入罪标准被明确化后，随之带来的问题是，本罪司法解释所划定的入罪标准能否符合经济发展的需要，能否发挥保护市场竞争秩序的作用?

值得关注的是，随着时间发展，本节（侵犯知识产权罪）的入罪标准被不断大幅降低。例如，与2001年《最高人民检察院、公安部关于经济犯罪案件追诉标准的规定》相比较，假冒注册商标罪、销售假冒注册商标的商品罪和非法制造、销售非法制造的注册商标标识罪三种犯罪的入罪标准有了大幅度降低，非法经营数额分别从10万元和20万元降到了5万元；

---

① 参见高铭暄主编：《新编中国刑法学》（下册），中国人民大学出版社1998年版，第663页。

② 参见马克昌主编：《经济犯罪新论：破坏社会主义经济秩序罪研究》，武汉大学出版社1998年版，第547页。

③ 参见林亚刚：《侵犯商业秘密罪再探》，载《法制与社会发展》2000年第1期。

④ 参见陈兴良、周光权：《刑法学的现代展开I》，中国人民大学出版社2015年版，第428页。

⑤ 参见王作富主编：《刑法》，中国人民大学出版社2016年版，第352页。

⑥ 参见劳东燕：《推定研究中的认识误区》，载《法律科学》2007年第5期。

与1998年《最高人民法院关于审理非法出版物刑事案件具体应用法律若干问题的解释》相比较，侵犯著作权罪的起刑标准非法经营额从20万元降到了5万元，违法所得数额从5万元降到了3万元。这么调整的原因包括：定罪标准太高、履行国际承诺以及结合实务需求进行调整。[①] 因为存在上述问题，在侵犯商业秘密罪的认定中占有极为重要地位的“重大损失”要件，[②] 也不得不面临修改的命运。

刑法修正案（十一）出台后，本罪取消了“重大损失”的要求。鉴于商业秘密被泄露即造成对原权利人保密性的不可恢复性，以及对正当竞争秩序的侵害已然造成，本次刑法修正，对本罪的成立并不要求有“重大损失”结果的发生。但这并不意味着本罪没有入罪门槛，并非表明侵犯商业秘密罪由侵害犯转变成危险犯，而是需要准确把握法条规定的“情节严重”和“情节特别严重”。其中，“情节严重”可以结合行为不法的程度(例如行为方式、侵害手段)，行为对象的价值以及侵害的程度进行判断。如此，针对因商业秘密的侵犯导致的后果往往不能立即显现，如潜在市场的侵害或者因果关系难以证明的情形，不再要求证明重大损失要件，即更有利于保护权利人的商业秘密，更有助于营造正常有序的市场竞争秩序。

目前，虽然本罪暂未对情节严重做出相应司法解释，但是可以考虑重大损失曾经的认定方案，即我国并无明确的立法或司法解释。有学者提出的以下标准可供参考：（1）侵犯他人商业秘密造成他人重大经济损失的；（2）侵犯他人商业秘密致使权利人丧失竞争优势、倒闭、破产的；（3）侵犯他人商业秘密致使权利人声誉、信誉严重受到影响的；（4）侵犯他人商业秘密致使权利人死亡的；（5）侵犯他人商业秘密势必造成无可挽回的损失的；等等。[③]

例如，在“项某、孙某某侵犯商业秘密案”中，行为人项某与孙某某为A公司软件工程师，并在聘用合同签订保密条款。后来项某提议，由孙某某将A公司开发的成果提供给项某，再由其交给B公司，借此向B公司推荐孙某某。本案争议焦点在于，重大损失结果如何认定。一审法院认为，被告人项某、孙某某违反A公司有关保守商业秘密的约定和要求，披露所掌握的软件源代码的商业秘密，使B公司在没有支付等价的情况下获

① 参见张军：《解读最高人民法院司法解释》（刑事卷），人民法院出版社2006年版，第328页。

② 参见刘蔚文：《侵犯商业秘密罪中“重大损失”司法认定的实证研究》，载《法商研究》2009年第1期。

③ 高铭暄主编：《新型经济犯罪研究》，中国方正出版社2000年版，第842页。

得该软件。项某上诉称，其行为仅是对软件功能的演示，未曾披露商业秘密，无任何证据证实其行为给被害单位造成重大损失，其行为不构成侵犯商业秘密罪。二审法院经审理认为：上诉人项某、孙某某为了达到个人目的，经预谋将A公司的商业秘密披露给他人，给A公司造成特别严重的后果，其行为已构成侵犯商业秘密罪。①

所以，本次修正后侵犯商业秘密罪的“情节严重”要件，可以结合行为不法的程度（例如行为方式、侵害手段），行为对象的价值，侵害的程度，进行判断。如此，针对因商业秘密的侵犯导致的后果往往不能立即显现，如潜在市场的侵害，或者因果关系难以证明的情形，不再要求证明重大损失要件，即可更有利地保护权利人的商业秘密，更有助于营造公平有序的市场竞争秩序。

刑法修正案（十一）第二十三条 【增设为境外窃取、刺探、收买、非法提供商业秘密罪】

二十三、在刑法第二百一十九条后增加一条，作为第二百一十九条之一：“为境外的机构、组织、人员窃取、刺探、收买、非法提供商业秘密的，处五年以下有期徒刑，并处或者单处罚金；情节严重的，处五年以上有期徒刑，并处罚金。”

【条文主旨】

本条是关于增设为境外窃取、刺探、收买、非法提供商业秘密罪②的规定。

为实现对企业产权的全面保护，构建商业秘密保护的完整体系，刑法修正案（十一）新增“为境外窃取、刺探、收买、非法提供商业秘密罪”

---

① 最高人民法院刑事审判第一庭、第二庭编：《刑事审判参考》（总第31集），法律出版社2003年版，第35~41页。

② 2021年2月26日公布的《最高人民法院、最高人民检察院关于执行〈中华人民共和国刑法〉确定罪名的补充规定（七）》确定刑法第二百一十九条之一罪名为为境外窃取、刺探、收买、非法提供商业秘密罪。

的刑法规制条文。本条的设立不仅有助于打击商业秘密非法流向境外的犯罪行为，而且完善了商业秘密的法律保护体系。在强化我国企业产权的保护力度和范围上，具有重大突破。在国内企业智慧成果迸发、国际商务往来繁荣的当下社会，这一条文的增设具有符合时代发展的现实意义。

【条文对照】

修正前	修正后
	第二百一十九条之一　【为境外窃取、刺探、收买、非法提供商业秘密罪】为境外的机构、组织、人员窃取、刺探、收买、非法提供商业秘密的，处五年以下有期徒刑，并处或者单处罚金；情节严重的，处五年以上有期徒刑，并处罚金。

【修正提示】

刑法修正案（十一）在刑法第二百一十九条之后增设了本条，作为第二百一十九条之一。

本条将“为境外的机构、组织、人员窃取、刺探、收买、非法提供商业秘密”的行为列入刑法分则条款。该条款设定与现今经济全球化的发展状况息息相关。规范商业秘密保护、促进国内外交易环境规范发展，有利于促进企业公平竞争、打造良好的营商环境。

【修法背景】

增加规定为境外的机构、组织、人员窃取、刺探、收买、非法提供商业秘密罪，有利于更好保护企业产权，维护国家经济安全和经济秩序，符合产权保护刑事立法的国际趋势。[①] 本条的增设，回应了国内社会加强企业产权保护、健全市场竞争制度的需求；履行了国际市场增强知识产权保护、促进公平竞争的大国义务。

一方面，我国跨国企业不断增加增强，有利于企业发展繁荣的智慧成果

---

① 《修改妨害传染病防治罪、高空抛物入刑、严惩金融乱象——七大看点解析刑法修正案（十一）草案》，载中国人大网，http：//www. npc. gov. cn/npc/c30834/202006/35d4834b30c4486a85aa988c9aa623e3. shtml，最后访问时间：2021 年 2 月 20 日。

不断被创造出来，在市场竞争中，商业秘密对于企业占领市场保持优势具有重要意义。另一方面，我国企业的国际经济活动和商务往来日益频繁，国内企业的商业秘密时有泄露，极大地损害了企业利益。在这种社会发展环境中，商业秘密的跨境保护不仅仅是企业个体的任务，而且涉及国家知识产权保护和维护国家发展利益的重大关切。本条的增设具有重大现实意义。

在当今的国内国际背景下，我国增设对为境外的机构、组织、人员窃取、刺探、收买、非法提供商业秘密行为的刑事条款，具有完善刑事法网和弥补处罚漏洞的重要意义，本条的设置，凸显了商业秘密跨境流通的保护价值，将有效制止为境外主体非法提供商业秘密的不法行为。

【适用指南】

本条的设立与相关条文形成互补关系，增设为境外窃取、刺探、收买、非法提供商业秘密罪，补全了应对为境外组织和个人实施侵犯商业秘密行为的规制，完善了我国商业秘密刑事保护体系，为我国企业国际竞争与合作的安全保驾护航。

一、如何把握本罪的规制范围

为境外的机构、组织、人员窃取、刺探、收买、非法提供商业秘密罪与侵犯商业秘密罪相比，本罪的行为不法程度更高，这类行为具有更大的社会危害性，不仅侵犯了权利人的商业秘密权，更重要的是严重危及了国家的整体利益，破坏了我国民族经济的发展。① 这种对行为性质的理解，有助于司法实践准确把握本罪规制范围。

与侵犯商业秘密罪的行为类型相比，本罪仅选取了不法程度较高的“窃取、刺探、收买、非法提供”行为进行规定。在适用过程中，也应重点判断行为人是否采取了本条规定的行为方式，将商业秘密非法提供给境外主体。

二、如何理解本罪的行为方式

关于本罪的行为方式，可以结合“侵犯商业秘密罪”与“为境外窃取、刺探、收买、非法提供国家秘密、情报罪”的相关规定进行理解，需要注意的是以下两点：

第一，本条与侵犯商业秘密罪相同之处在于，二者的设立都是为了保护企业的商业秘密，维护市场公平有序的竞争秩序；不同之处在于，本罪打击的是将商业秘密非法提供给境外主体的行为，具有非法流向境外的方向性，这

---

① 姜伟主编：《知识产权刑事保护研究》，法律出版社 2004 年版，第 329 页。

表明本条适用的主要目的在于保护境内企业的商业秘密不被非法流出境外。

第二，与为境外窃取、刺探、收买、非法提供国家秘密、情报罪相同之处在于，本罪的行为类型规定具有相似性，在具体适用中，可以结合该罪实践经验予以把握；但二者的保护目的并不相同，本罪行为不法的判断，还需要结合是否侵害了企业的商业秘密这一法益来展开。

刑法修正案（十一）第二十四条　【修改单位犯侵犯知识产权罪的处罚规定】

二十四、将刑法第二百二十条修改为："单位犯本节第二百一十三条至第二百一十九条之一规定之罪的，对单位判处罚金，并对其直接负责的主管人员和其他直接责任人员，依照本节各该条的规定处罚。"

【条文主旨】

本条是关于修改单位犯侵犯知识产权罪的处罚规定。

为进一步强化知识产权保护，构建完善的知识产权刑事规制体系，刑法修正案（十一）对侵犯知识产权罪一节大幅升高法定刑配置，并新增第二百一十九条之一，打击为境外窃取、刺探、收买、非法提供商业秘密的犯罪行为。本条的修改，便是将该新增条文纳入单位犯侵犯知识产权罪的处罚规定之中，因此，第二百一十九条之一也是单位犯罪。

【条文对照】

修正前	修正后
第二百二十条　【单位犯侵犯知识产权罪的处罚规定】单位犯本节第二百一十三条至第二百一十九条规定之罪的，对单位判处罚金，并对其直接负责的主管人员和其他直接责任人员，依照本节各该条的规定处罚。	第二百二十条　【单位犯侵犯知识产权罪的处罚规定】单位犯本节第二百一十三条至**第二百一十九条之一**规定之罪的，对单位判处罚金，并对其直接负责的主管人员和其他直接责任人员，依照本节各该条的规定处罚。

【修正提示】

刑法修正案（十一）对刑法原第二百二十条规定的单位犯侵犯知识产权罪的处罚规定作了一处修正。

此次修正将新增的第二百一十九条之一纳入本条的规定之中。因此，单位也可实施第二百一十九条之一规定之罪。单位犯“为境外窃取、刺探、收买、非法提供商业秘密罪”的，对单位判处罚金，并对其直接负责的主管人员和其他直接责任人员，依照第二百一十九条之一的规定进行处罚。

【修法背景】

我国刑法关于本节规定的罪名，自1997年刑法修订至今，已经长达近24年并未修改。但与本节规定之罪密切相关的前置法规范已经历经多次修改完善。例如，商标法自1982年制定以来，已经在1993年、2001年、2013年以及2019年进行了四次修正；反不正当竞争法自1993年制定以来，已经在2017年和2019年进行了两次重大修正。前置法规范内容的更新和修正对本节规定之罪的适用产生了重要影响，主要表现为影响本节之罪的行为对象定义、行为类型解读和案件情节理解等。

刑法修正案（十一）根据知识产权保护的国内国际新形势，适时调整修正了各罪的法定刑配置，增设了为境外窃取、刺探、收买、非法提供商业秘密罪，并将本节所有罪名规定为单位犯罪，使得本节罪名布局科学合理，规制范围大小适中。

【适用指南】

本条增加刑法第二百一十九条之一规定之罪，作为新的单位犯罪类型。在法律适用过程中，需要妥当分析具体案件是否属于单位犯罪。在实践中已经出现行为人成立公司的目的就是为境外窃取、刺探、收买、非法提供商业秘密。对于这种情况，不能认定为单位犯罪，而应直接适用刑法第二百一十九条之一对行为人进行定罪处罚。根据1999年《最高人民法院关于审理单位犯罪案件具体应用法律有关问题的解释》第二条规定：“个人为进行违法犯罪活动而设立的公司、企业、事业单位实施犯罪的，或者公司、企业、事业单位设立后，以实施犯罪为主要活动的，不以单位犯罪论处。”

刑法修正案（十一）第二十五条　【修改提供虚假证明文件罪】

二十五、将刑法第二百二十九条修改为：“承担资产评估、验资、验证、会计、审计、法律服务、保荐、安全评价、环境影响评价、环境监测等职责的中介组织的人员故意提供虚假证明文件，情节严重的，处五年以下有期徒刑或者拘役，并处罚金；有下列情形之一的，处五年以上十年以下有期徒刑，并处罚金：

“（一）提供与证券发行相关的虚假的资产评估、会计、审计、法律服务、保荐等证明文件，情节特别严重的；

“（二）提供与重大资产交易相关的虚假的资产评估、会计、审计等证明文件，情节特别严重的；

“（三）在涉及公共安全的重大工程、项目中提供虚假的安全评价、环境影响评价等证明文件，致使公共财产、国家和人民利益遭受特别重大损失的。

“有前款行为，同时索取他人财物或者非法收受他人财物构成犯罪的，依照处罚较重的规定定罪处罚。

“第一款规定的人员，严重不负责任，出具的证明文件有重大失实，造成严重后果的，处三年以下有期徒刑或者拘役，并处或者单处罚金。”

【条文主旨】

本条是关于修改提供虚假证明文件罪的规定。

设立提供虚假证明文件罪旨在确保中介组织所出具文件信息的真实性，维护市场秩序稳定。所公开信息的真实性在证券市场、安全生产、环境保护等领域具有重要作用。普通投资者参与市场经济的主要手段是获取公开的信息。公开的信息必须真实、完整，才能有效地保护投资者。相对应的违法行为就是公开信息的虚假、遗漏或者误导。同样，信息的真实性也是避免重大安全事故、环境生态事故的重要前提。针对这些违法行为，刑事上的规制措施就是规定提供虚假证明文件罪，以压实市场“看门人”中介机构保证公开信息真实性的责任。

【条文对照】

修正前	修正后
第二百二十九条　【提供虚假证明文件罪】承担资产评估、验资、验证、会计、审计、法律服务等职责的中介组织的人员故意提供虚假证明文件，情节严重的，处五年以下有期徒刑或者拘役，并处罚金。 【提供虚假证明文件罪】前款规定的人员，索取他人财物或者非法收受他人财物，犯前款罪的，处五年以上十年以下有期徒刑，并处罚金。 【出具证明文件重大失实罪】第一款规定的人员，严重不负责任，出具的证明文件有重大失实，造成严重后果的，处三年以下有期徒刑或者拘役，并处或者单处罚金。	第二百二十九条　【提供虚假证明文件罪】承担资产评估、验资、验证、会计、审计、法律服务、**保荐、安全评价、环境影响评价、环境监测**等职责的中介组织的人员故意提供虚假证明文件，情节严重的，处五年以下有期徒刑或者拘役，并处罚金；**有下列情形之一的，处五年以上十年以下有期徒刑，并处罚金：** **（一）提供与证券发行相关的虚假的资产评估、会计、审计、法律服务、保荐等证明文件，情节特别严重的；** **（二）提供与重大资产交易相关的虚假的资产评估、会计、审计等证明文件，情节特别严重的；** **（三）在涉及公共安全的重大工程、项目中提供虚假的安全评价、环境影响评价等证明文件，致使公共财产、国家和人民利益遭受特别重大损失的。** 【提供虚假证明文件罪】**有前款行为，同时**索取他人财物或者非法收受他人财物**构成犯罪的，依照处罚较重的规定定罪处罚。** 【出具证明文件重大失实罪】第一款规定的人员，严重不负责任，出具的证明文件有重大失实，造成严重后果的，处三年以下有期徒刑或者拘役，并处或者单处罚金。

【修正提示】

刑法修正案（十一）对刑法原第二百二十九条规定的提供虚假证明文件罪做了以下修改：

第一，扩大犯罪主体范围，明晰中介机构法律责任。从新旧法对比可见，修正前刑法第二百二十九条所规定的专业人员违规评估的犯罪主体包括：承担资产评估、验资、验证、会计、审计、法律服务等职责的中介组织的人员。修正后刑法第二百二十九条的犯罪主体增加了保荐、安全评价、环境影响评价、环境监测四类职责的中介组织的人员。中介机构作为资本市场的重要参与主体，其勤勉尽责对于资本市场健康发展至关重要。基于此，刑法修正案（十一）在原列举的中介机构人员基础上，将保荐机构人员纳入刑法规制的提供证券发行相关虚假证明文件的犯罪主体，进一步扩大了本罪的主体范围，并将中介机构的法律责任不断压严压实，敦促各方中介机构切实履行好市场“看门人”的职责。

第二，调整加重情节。旧法中，提供虚假证明文件罪的具体量刑情节分为“情节严重”和“索取他人财物或者非法收受他人财物”。“情节严重”是本罪的入罪标准，适用五年以下有期徒刑的法定刑档次；“索取他人财务或者非法收受他人财物”则作为本罪的加重情节，适用五年以上十年以下有期徒刑的档次。《立案追诉标准（二）》第八十一条的规定对提供虚假证明文件“情节严重”这一入罪标准作出了明确：

（一）给国家、公众或者其他投资者造成直接经济损失数额在五十万元以上的；

（二）违法所得数额在十万元以上的；

（三）虚假证明文件虚构数额在一百万元且占实际数额百分之三十以上的。

刑法修正案（十一）创设了“情节特别严重”这一量刑情节，用以替换“索取他人财物或者非法收受他人财物”，适用五年以上十年以下有期徒刑的刑罚。同时，新法规定，专业人员构成本罪又“索取他人财物或者非法收受他人财物”，构成犯罪的，依照处罚较重的规定定罪处罚。

第三，加大刑事处罚力度。对于中介机构人员故意出具虚假证明文件，同时索取或者收受财物的行为，删除情节加重犯的处罚方式，明确构成其他犯罪的（如受贿罪、非国家工作人员受贿罪等），依照处罚较重的规定定罪处罚。依照旧法规定，专业人员构成提供虚假证明文件罪同时索取或非法收受财物的最高可判处十年有期徒刑。而新法规定该类行为涉及其他犯罪的，将适用处罚较重的规定定罪处罚。由此，依照新法的规定，非国有性质机构的专业人员构成提供虚假证明文件罪同时索取或非法收受财物适用刑法第一百六十三条规定的非国家工作人员受贿罪，最高将判处十年有期徒刑或无期徒刑。国有性质机构或从事公务的专业人员还可能适用刑法第三百八十五条规定的受贿罪，入罪和加重情节的金额标准比照前者要更低。

【修法背景】

刑法修正案（十一）对提供虚假证明文件罪的修改主要有以下三点原因：

第一，与行政法规相协调。随着证券法2019年的修订，中介机构未履行勤勉尽责义务的违法犯罪处罚幅度也不断提高。新证券法对保荐人的最高罚没标准从“没一罚五”提高为“没一罚十”，将对相关责任人员的罚款上限提升至500万元等。相对应地，刑法修正案（十一）则专就提供虚假证明文件罪名增设了“情节特别严重”的规定，即如果资产评估、会计、审计、法律服务、保荐等中介组织人员在证券发行、重大资产交易、公共安全重大工程项目中故意出具虚假证明文件，情节特别严重的，可能面临五年以上十年以下有期徒刑，并处罚金。

除保荐人外，安全评价、环境影响评价、环境监测等专业人员提供虚假证明行为的入刑分别实现了与相关行政法规中的专业人员责任体系的衔接。安全生产法规定，承担安全评价、认证、检测、检验职责的机构，出具虚假报告构成犯罪的，依照刑法有关规定追究刑事责任。依照《环境影响评价法》第三十二条规定：“……接受委托编制建设项目环境影响报告书、环境影响报告表的技术单位违反国家有关环境影响评价标准和技术规范等规定，致使其编制的建设项目环境影响报告书、环境影响报告表存在基础资料明显不实，内容存在重大缺陷、遗漏或者虚假，环境影响评价结论不正确或者不合理等严重质量问题的……构成犯罪的，依法追究刑事责任，并终身禁止从事环境影响报告书、环境影响报告表编制工作。”对安全评价、环境影响评价、环境监测等专业人员的法律责任和处罚方式在相关行政法规中都早已明确，同时也保留了追究刑事责任的规制空间。

第二，将重大事故前的严重违法行为入刑，避免重大安全隐患。在涉及公共安全的重大工程、项目中提供虚假的安全评价、环境影响评估等证明文件是造成重大安全事故的重要原因。2019年3月21日14时48分许，江苏响水“3·21”特大事故爆炸案共造成78人死亡、76人重伤，640人住院治疗，直接经济损失19.86亿元。其中，盐城市环境监测中心等6家中介机构弄虚作假，出具虚假失实文件，导致天嘉宜公司硝化废料重大风险和事故隐患未能及时暴露，干扰误导了有关部门的监管工作，是事故发生的重要原因。相关中介机构、中介机构相关责任人应承担相应刑事责任。因此，应修正刑法，将事故前的严重违法行为入刑，通过法律手段加大安全生产整治的力度。

第三，将环境影响评价机构纳入刑法，加大环境保护力度。多数重大环境污染和生态破坏案件中存在环境评估造价的问题，是重大环境事故发生的重要原因。在响水“3·21”特别重大爆炸事故案中事故调查组查明，相关环评、安评等中介服务机构严重违法违规，出具虚假失实评价报告。① 根据2016年发布的《最高人民法院、最高人民检察院关于办理环境污染刑事案件适用法律若干问题的解释》的相关规定，环境影响评价机构或其人员，故意提供虚假环境影响评价文件，情节严重的，或者严重不负责任，出具的环境影响评价文件存在重大失实，造成严重后果的，将依照刑法规定，以提供虚假证明文件罪或者出具证明文件重大失实罪定罪处罚。因此，为加强对生态环境的保护力度，刑法修正案（十一）将环境影响评价机构及其人员作为提供虚假证明文件罪的主体。

【适用指南】

一、如何认定提供虚假证明文件罪的犯罪主体

第一，本罪犯罪主体包括自然人和单位。根据刑法第二百二十九条第一款规定，承担资产评估、验资、验证、会计、审计、法律服务、保荐、安全评价、环境影响评价、环境监测等职责的中介组织的人员故意提供虚假证明文件，构成提供虚假证明文件罪，可以判处五年以下有期徒刑或者拘役，并处罚金。本罪的主体包括自然人和单位，即中介组织及其工作人员，是否公务员编制或事业编制，抑或非事业编制，不是本罪的构成要件，只要是从事资产评估、验资、验证、会计、审计、法律服务等职责的人员，就符合本罪主体特征。因此，司法局下属公证处公证员（事业编制）或评估人员符合提供虚假证明文件罪的犯罪主体。

第二，未取得从业资格证的人员可作为本罪的犯罪主体。

例如，“岳永某提供虚假证明文件案”② 中，岳永某系烟台A财税咨询服务有限公司负责人。孙某系某公司会计。孙某找到被告人岳永某，以需要贷款为由，委托岳永某制作烟台市甲公司及作为贷款担保人的烟台乙公司的审计报告，但未向被告人岳永某提供任何会计账簿。被告人岳永某

---

① 《江苏响水天嘉宜化工有限公司“3·21”特别重大爆炸事故调查报告公布》，载新华网，http：//www. xinhuanet. com/politics/2019 - 11/15/c_ 1125237644. htm，最后访问时间：2021年5月30日。

② 山东省烟台市中级人民法院（2018）鲁06刑终367号刑事裁定书。

根据孙某的要求，以其挂靠的烟台B有限责任会计师事务所的名义制作了烟台市甲公司、烟台乙公司的虚假审计报告等证明文件。

本罪的主体是具有一定身份的特殊主体，即承担资产评估、验资、验证、会计、审计、法律服务、保荐、安全评价、环境影响评价、环境监测等职责的中介组织的人员，并不要求人员具备行政法规要求的相关从业资格。

虽然按照行政法的规定，承担资产评估、验资、验证、会计、审计、法律服务等职责的人员必须是具有相应资质的人员，否则作出的相应证明文件是无效的。但是，法院认为，提供虚假文件的人虽然不具有相应的资质，但受委托从事了评估师、注册会计师或审计师的工作，所出具的证明文件，同样具有法律效力。因此，这些人亦可构成本罪的主体。本案中，被告人岳永某虽不具有注册会计师的资格，但其系会计师，其借用烟台B有限责任会计师事务所的名义出具的烟台市甲公司和烟台乙公司的审计报告，具有法律效力，故被告人岳永某构成本罪的主体。

二、自行开展环境影响评估的建设单位能否作为提供虚假证明文件罪的犯罪主体

根据环境影响评价法和《建设项目环境保护管理条例》的规定，环境影响评价的主体除环境影响评价的中介组织外，还包括具有环境影响评价技术能力的建设单位。后者也可以自行开展项目环境影响评价。但是，无论是两高解释，还是修正案，均未对自行开展环境影响评价建设单位的刑事责任作出规定。

而按照环境影响评价法和环境影响评价改革的思路，建设单位才是环境影响评价的第一责任主体。《环境影响评价法》第二十条明确规定，建设单位应当对建设项目环境影响报告（表）的内容和结论负责，接受委托编制建设项目环境影响报告书（表）的技术单位承担相应责任。

因此，刑法修正案（十一）规制的仅是环境影响评价工作中部分评估主体。当然，建设单位自行开展环境影响评价的情况并不多见，绝大多数建设单位会委托专业的环境影响评价机构编制环境影响评价文件。因此，实践中暂时不会有太大问题。不过刑法修正案（十一）的规定是否可能会对未来的环境影响评价文件编制模式带来实质性的影响，目前尚未可知。

三、如何处理环境影响评价机构“造假”行为的行政责任与刑事责任衔接

从环境影响评价法规定的行政处罚看，环境影响评价“造假”是指建设项目环境影响报告书（表）存在基础资料明显不实，内容存在重大缺陷、遗漏或者虚假，环境影响评价结论不正确或者不合理等严重质量问题。追究刑事责任时，原则上可以将上述情形认定为“故意提供虚假证明文件”或“出具的证明文件有重大失实”。当然，“情节严重”的认定标准，还有待明确。

此外，刑法修正案（十一）将在涉及公共安全的重大工程、项目中提供虚假的环境影响评价文件，致使公共财产、国家和人民利益遭受特别重大损失的，作为五年以上十年以下有期徒刑的适用情形。

具体何为“涉及公共安全的重大工程、项目”？何为“致使公共财产、国家和人民利益遭受特别重大损失”？一般情况下，对环境影响评价文件“造假”后果的表述，通常是指“严重破坏生态环境”，而非直接指向公共财产、国家和人民利益的损失。因此，行政处罚与刑事责任之间，还需要合理转化、衔接。

四、如何认定环境监测机构“造假”

对环境监测机构造假行为，刑法修正案（十一）没有使用“弄虚作假”“篡改、伪造监测数据”等环境监测工作中的通常表述，而是规定为“故意提供虚假证明文件”或者“出具的证明文件有重大失实”。这一表述，主要是为了与刑法第二百二十九条原先的罪状表述相协调。问题是，环境监测弄虚作假，未必完全体现在监测报告中。

实践中，原环境保护部于2015年发布的《环境监测数据弄虚作假行为判定及处理办法》中规定的部分环境监测数据弄虚作假行为，并不体现在监测报告中。例如，采用人工遮挡、喷淋等手段，干扰采样口或周围局部环境的，是否可以直接认定为故意提供虚假的监测报告或者提供的监测报告严重失真？此外，从事环境监测设备运营维护的机构，本身并不出具环境监测报告，如何以提供虚假证明文件追求其刑事责任？这些问题，有待进一步明确。

刑法修正案（十一）第二十六条　【修改强奸罪】

> 二十六、将刑法第二百三十六条修改为：“以暴力、胁迫或者其他手段强奸妇女的，处三年以上十年以下有期徒刑。
>
> “奸淫不满十四周岁的幼女的，以强奸论，从重处罚。

"强奸妇女、奸淫幼女，有下列情形之一的，处十年以上有期徒刑、无期徒刑或者死刑：

"（一）强奸妇女、奸淫幼女情节恶劣的；

"（二）强奸妇女、奸淫幼女多人的；

"（三）在公共场所当众强奸妇女、奸淫幼女的；

"（四）二人以上轮奸的；

"（五）奸淫不满十周岁的幼女或者造成幼女伤害的；

"（六）致使被害人重伤、死亡或者造成其他严重后果的。"

【条文主旨】

本条是关于修改强奸罪的规定。立法作相应修改，旨在强化刑法对幼女性权益的保护。对幼女的性侵犯罪，易于对幼女带来伤害，而根据原有条款，除"重伤、死亡或者造成其他严重后果"外的伤害后果，只能作为酌定情节，导致在量刑中往往得不到充分的评价。为强化对幼女性权益的保护，体现从严惩处性侵幼女犯罪的刑事政策，刑法修正案（十一）将"奸淫不满十周岁的幼女或者造成幼女伤害"列为法定刑升格的情节，并对先前规定中的立法瑕疵作出纠正，明确将在公共场所当众奸淫幼女和当众强奸妇女相并列，也作为加重处罚的情形。

【条文对照】

修正前	修正后
第二百三十六条　【强奸罪】以暴力、胁迫或者其他手段强奸妇女的，处三年以上十年以下有期徒刑。 奸淫不满十四周岁的幼女的，以强奸论，从重处罚。 强奸妇女、奸淫幼女，有下列情形之一的，处十年以上有期徒刑、无期徒刑或者死刑： （一）强奸妇女、奸淫幼女情节恶劣的；	第二百三十六条　【强奸罪】以暴力、胁迫或者其他手段强奸妇女的，处三年以上十年以下有期徒刑。 奸淫不满十四周岁的幼女的，以强奸论，从重处罚。 强奸妇女、奸淫幼女，有下列情形之一的，处十年以上有期徒刑、无期徒刑或者死刑： （一）强奸妇女、奸淫幼女情节恶劣的； （二）强奸妇女、奸淫幼女多人的；

修正前	修正后
（二）强奸妇女、奸淫幼女多人的； （三）在公共场所当众强奸妇女的； （四）二人以上轮奸的； （五）致使被害人重伤、死亡或者造成其他严重后果的。	（三）在公共场所**当众强奸妇女、奸淫幼女**的； （四）二人以上轮奸的； （五）**奸淫不满十周岁的幼女或者造成幼女伤害的；** （六）致使被害人重伤、死亡或者造成其他严重后果的。

【修正提示】

刑法修正案（十一）对刑法原第二百三十六条规定的强奸罪作了两处修正。

其一，增设“奸淫不满十周岁的幼女或者造成幼女伤害”作为强奸罪法定刑升格的独立情形。刑法原先有关强奸罪的规定，除一般性地规定奸淫幼女应从重处罚外，并没有对未满十周岁的低龄幼女作进一步的特殊保护，也未将对幼女的一般性伤害规定为法定的量刑情节。刑法修正案（十一）对原第三款规定作出修改，在原有的五种情形之外，额外增设前述情形作为法定的加重情形，对相应行为人适用十年以上有期徒刑、无期徒刑或死刑的法定刑档次。

其二，补充规定在公共场所当众奸淫幼女作为法定刑升格的情形。原第二百三十六条第三款第三项只对在公共场所当众强奸妇女作出规定，却遗漏了在公共场所当众奸淫幼女该如何处理的问题。刑法修正案（十一）纠正了原有立法的瑕疵，明确规定在公共场所当众奸淫幼女也适用升格的法定刑。

【修法背景】

性侵幼女几乎在每个社会中都容易引起公愤，对其的反伦理性与危害性极少有人质疑。近年来，我国实务中性侵幼女或其他未成年女性的现象有增无减，呈现屡禁不止的态势。尤其是王某华强制猥亵幼女案，因涉嫌犯罪的行为人身份特殊，王某华系一家上市公司的董事长，经媒体报道后，在全国引发极为广泛的关注。王某华案中，两名被害幼女分别为 9 岁与 12 岁，其性侵行为造成幼女轻伤二级，但因没有性器官的接触，且行为发生在私密场所，最终仅以强制猥亵罪被判处五年有期徒刑。[①] 这个案件影响极为恶劣，由此引发公众对于刑法对幼女的性权益保护不足的质疑。立法机关积极回应民意，为进一步强化对幼女性权益的刑法保障，在维持奸淫幼女作为强奸罪法定的从重情节之外，将针对不满 10 周岁幼女的奸淫与造成幼女伤害的奸淫明确规定为法定刑升格的情形。

此外，1997 年对刑法中强奸罪的条款进行修改时，只将“在公共场所当众强奸妇女”作为法定的加重处罚情节，没有明确在公共场所当众奸淫幼女如何处理的问题。然而这会引发刑法适用上的疑问：对于在公共场所当场奸淫幼女的行为，是否可适用升格的法定刑？从文义上来看，既然刑法第二百三十六条前两款在行为对象上明确区分妇女与幼女，则基于对文义逻辑的遵守，幼女应当不能包含在“妇女”的概念中；但这样理解会导致明显的罪刑倒挂现象，即对在公共场所当众奸淫幼女的行为，反而只能适用强奸罪的基本犯条款，这明显违反罪责刑相一致的原则。从实质的处罚必要性来看，依据当然解释中举轻以明重的原理，既然在公共场所当众强奸妇女都能适用加重的法定刑，在公共场所当众奸淫幼女的行为自然更应予以适用；基于此，从解释论的角度，会倾向于将第三款第三项中的“妇女”作扩张解释，以便将幼女也纳入其中。不可否认，“在刑法条文的表述存在缺陷的情况下，通过解释弥补其缺陷，是刑法解释学的重要内容或任务之一”。[②] 只是，就当众奸淫幼女的问题而言，涉及对同一法条中的相同概念做不同的理解，这样的做法在理论依据上有些牵强，也不符合我国实务处理的习惯。因此，通过立法修正，将在公共场所当众奸淫幼女的情形明确规定在加重情节之中，是更为理想的解决方案。对此方面的修改建议，立法机关予以采纳，由此而对原有的条文表述缺陷做出了补正。

【适用指南】

20 世纪以来，全球范围内随着性观念方面的重大变化，性权利意识的普遍觉醒，强奸罪的立法规定与司法适用都发生重大的变化。相对而言，我国刑法有关强奸罪的规定仍陷于传统的模式之中，虽然承认强奸罪保护

---

① 参见《被判五年　王某华猥亵儿童案宣判》，载新浪网，http：//finance. sina. com. cn/stock/relnews/hk/2020－06－17/doc－iirczymk7528334. shtml，最后访问时间：2021 年 4 月 27 日。

② 张明楷：《刑法理论与刑事立法》，载《法学论坛》2017 年第 6 期。

的法益是被害女性的性自主权，但并未始终以此法益作为指导，来对强奸罪的构成要件做出与时俱进的理解，而是基本上仍陷于传统的范式之中，实质上仍存在将女性的性贞洁视为强奸罪保护法益的倾向。这不仅导致男性被排除在强奸罪的保护对象之外，也造成对强奸行为做过窄的界定，即只有性器官的接触与插入，才能构成强奸，如强制口交或肛交的行为，都被排除在强奸的范畴之外；此外，这也使得理论上与实务中一般都对“婚内强奸”持否定的立场。

我国当前对于强奸罪构成要件与保护范围的通行理解与相应处理，由于深陷传统的性贞洁范式而背离性犯罪方面立法与司法的世界潮流。自20世纪后半期以来，包括英国、美国、法国、德国、日本等国家,[①] 都对强奸罪的立法与司法做出重大变革。这样的发展趋势，无疑值得我国的立法与司法所借鉴。在立法条文明确将强奸罪的对象限定为妇女的情况下，的确难以将男性也纳入强奸罪的保护范围。但是，对于强奸罪的构成要件与保护范围的理解，完全可以在其条文文义可能性允许的范围之内，作出符合时代发展潮流与时俱进的理解。解释者的智慧，就表现在既遵守罪刑法定原则，不超出刑法用语可能具有的含义，又使解释结论实现正义理念，适合社会生活的需求。[②] 基于此，强奸罪虽属于传统的自然犯，但在解释论上不能一味地固守先前理解，而需要对之作出必要的调整。在刑法修正案（十一）对强奸罪的规定做出修改之后，在司法适用中需要注意以下四方面的问题。

一、如何处理新增款项与同款第六项之间的关系

刑法修正案（十一）将“造成幼女伤害”作为独立的加重处罚情形后，便会涉及该项规定与同款第六项有关“致使被害人重伤、死亡或者造成其他严重后果”规定之间的关系如何处理的问题。由于刑法条文是作为一个整体而存在，特定条文的变动，必定会对相关的条文产生辐射性的影响。就强奸罪的规定而言，增加新的款项，不仅涉及与相关款项关系的处理，而且势必影响原有规定的理解。

就强奸罪第三款第五项与第六项之间的关系而言，从体系协调和便于适用的角度来考虑，在理解时需要尽量避免规定之间产生竞合或是交

---

① 杜江：《中英刑法上强奸罪之比较》，载《现代法学》2007年第3期；魏汉涛：《强奸罪的本质特征与立法模式之反思》，载《环球法律评论》2012年第4期；周子实：《强奸罪入罪模式的比较研究——以德国〈刑法典〉第177条修正为视角》，载《比较法研究》2018年第1期。

② 张明楷：《刑法理论与刑事立法》，载《法学论坛》2017年第6期，第31页。

叉的关系。例如，奸淫行为造成幼女重伤，究竟是适用第五项还是第六项，就会存在争议。对两项规定之间的关系处理，可能会存在两种方案。第一种方案是从伤害的程度入手，认为第五项规定中的“伤害”仅限于轻伤或轻伤以下，第六项规定则指向的是重伤、死亡或其他严重后果。第二种方案是从对象入手，认为第五项规定适用于幼女，而第六项适用于幼女以外的女性，即对其中“致使被害人重伤、死亡”中的“被害人”作出限制性解释。

应当说，这两种方案各有利弊。笔者倾向于采取第一种方案，主要理由是，如果认为第六项规定仅适用于幼女之外的其他女性，则在奸淫行为致幼女死亡或者造成其他严重后果的场合，就既不能适用第五项也不能适用第六项，会出现刑法适用上的漏洞。当然，第一种方案也并非没有弊端，主要在于，将第五项中的“伤害”仅限于轻伤或轻伤以下，势必造成两项规定所指向的行为类型在不法程度上的失衡，导致在奸淫幼女的场合，造成幼女轻伤与造成幼女重伤或死亡成为并列的情形。

依据前述第一种方案，第五项规定与第六项规定之间在涉及伤害的部分，就成立排他关系，两项规定的其余部分则是独立或中立的关系。相应地，如果行为人的奸淫行为导致幼女重伤、死亡的，应适用第六项的规定。同时，基于罪刑相适应的考虑，在导致幼女重伤、死亡的场合，在适用第六项的基础上，处罚上应比造成幼女一般伤害的为重。

二、如何界定新增款项中“造成幼女伤害”的规定

修正后的强奸罪第三款第五项将“造成幼女伤害”作为加重处罚情形。要合理适用该项规定，需把握以下三点：

其一，该项规定中的“幼女”是指不满十四周岁的幼女。

鉴于法条的表述中未在“幼女”的概念之前作任何限定，此处的“幼女”应理解为是不满十四周岁的幼女而非不满十周岁的幼女。理由在于：一是对同一条文中的相同概念，从确保条文内部的体系性的角度，有必要做统一的理解。二是将对已满十周岁未满十四周岁的幼女造成伤害的情形排除在法定刑升格的情形之外，在实质判断上也缺乏妥当性。

其二，该项规定中的“伤害”宜理解为限于轻伤。

立法上使用了“伤害”的表述，所谓的伤害，究竟是同时包括轻微伤、轻伤与重伤，还是包括轻微伤与轻伤或是只限于轻伤，可能会存在争议。对此，必须结合该款第六项的规定（“致使被害人重伤、死亡或者造成其他严重后果”）来进行理解。单从文义来看，“伤害”既可包括轻微伤与轻伤，也可包括重伤；但这样解释“伤害”概念的话，就会导致强奸罪第三款第五项与第六项之间存在交叉关系。因而，从保持强奸罪条文内部的体系协调的角度，此处的“伤害”应当将重伤排除在外。

疑问在于，第五项中的“伤害”除轻伤之外，是否包括轻微伤在内?笔者倾向于认为，不宜将轻微伤也纳入“伤害”的范围，即此处的“伤害”只限于轻伤。如果行为人造成被害幼女轻微伤，可将之当作酌定量刑情节，在基本犯的法定刑幅度内予以从重，同时从重的幅度要比一般的奸淫幼女行为更大一些。理由在于：一是结合故意伤害罪的规定，刑法只对轻伤以上的伤害纳入刑法保护的范围，故所谓的伤害行为限于具有引起轻伤以上现实危险的行为。如果行为只导致轻微伤，除特殊情形下可能成立故意伤害未遂之外，一般并不认为具有刑法上的值得处罚性。二是若是将轻微伤纳入“伤害”的范围，容易导致处罚上的罪责刑不相适应。基于幼女生理与心理方面的不成熟，奸淫幼女的行为往往会对幼女的身心健康造成持久的创伤性影响，因而，奸淫幼女行为的危害性与不法程度，较普通的强奸行为大，这也是刑法上将奸淫幼女作为强奸罪法定从重情节的根据所在。但轻微伤的结果本身，并不足以使奸淫幼女的法定刑从三年以上十年以下有期徒刑，升格到十年以上有期徒刑、无期徒刑或者死刑的程度。

值得指出的是，强奸罪新增款项中的“伤害”概念，不应只狭义地理解为生理程度的轻伤，心理、精神层面的伤害，如较为严重的抑郁症，若达到轻伤的程度，也应当认定成立“造成幼女伤害”，从而对行为人适用加重的法定刑幅度。此外，对于奸淫幼女致其怀孕的情况，原先的实务观点认为，一般而言，只有同时具备其他从严的情节，如属于对幼女负有特殊职责的人员、与幼女有共同生活关系的人员或者具有强奸、猥亵犯罪前科的人，长期多次奸淫幼女致其怀孕，或者奸淫幼女同时致其轻伤或感染性病的，才可认定为属于“情节恶劣”而适用加重法定刑。[①] 在刑法修正案（十一）将造成伤害独立规定为奸淫幼女的加重情形之后，前述理解不宜再认为具有合理性。对于奸淫行为致被害幼女怀孕的，可认为属于造成第六项规定中的“其他严重后果”，原则上应适用加重法定刑。

其三，奸淫行为与伤害结果之间具有刑法上的因果关系。

立法上使用“造成幼女伤害”的表述，意味着奸淫行为与伤害结果之

---

① 最高人民法院刑事审判第一、二、三、四、五庭主办：《刑事审判参考》（第98集），法律出版社2014年版，第14~18页。

间需要具有刑法上的因果关系，才能将结果归责于行为人。问题在于，相关规定是否应按结果加重犯的模式来进行理解。如果按结果加重犯的模式，就要求伤害结果必须是基本犯行为即奸淫行为所直接导致，同时要求行为人对伤害结果至少有过失。作这样限定的话，即便客观上出现伤害结果，只要不符合结果加重犯所要求的直接性要件与主观罪过要件，便难以将伤害结果归责于行为人，从而只能适用基本犯的法定刑。例如，就奸淫之后被害幼女自杀或自残而致使自身轻伤的情况而言，要是按结果加重犯的模式来理解相关款项的规定，就不能成立“造成幼女伤害”。这也是为什么实务将因强奸妇女或奸淫幼女导致被害人自杀、精神失常等严重危害妇女或幼女身心健康的后果认定为第六项中因强奸“造成其他严重后果”，而没有认定为强奸妇女、奸淫幼女“致使被害人重伤、死亡”。[①] 笔者初步认为，对于“造成幼女伤害”的规定，仍应按结果加重犯的模式来理解；但是，在介入被害人行为的场合，是否阻却结果归责的判断，要考虑被害幼女的特殊情况。如果能认定自杀或自残系奸淫行为对幼女的后续性影响所致，一般应认定成立“造成幼女伤害”。

三、如何理解“在公共场所当众强奸妇女、奸淫幼女”的规定

刑法修正案（十一）将在公共场所当众实施强奸或奸淫的规定补充完善之后，在适用时进一步面临的问题是，如何理解“公共场所”与“当众”这两个要件。

基于性行为的私密特性，在公共场所当众实施的强奸或奸淫行为，一方面提升了对被害女性的性权益的侵害程度，另一方面也可能涉及对公共利益的侵害，包括对一般公众的冒犯等。因而，“在公共场所当众强奸妇女、奸淫幼女”作为加重的不法类型，需要从与私密性相对公然性的角度来理解与把握；同时，行为人需要对强奸或奸淫行为系“在公共场所当众”进行有主观认知，至于其在意志上是否对之持希望或追求的态度则在所不论。

就“公共场所”而言，允许不特定或多数人自由进出的物理场所，既包括封闭的建筑物，如商场、电影院、剧场、歌厅、酒吧、游乐场等，也包括空间具有开放性的广场、公园、校园与小区中作为公共区域的地方等。即便对进出的人员有某种资格性的限制，如系某单位的员工、某小区的居民或要求具有会员资格，只要允许进出该场所的人员表现出公

---

① 最高人民法院刑事审判第一、二、三、四、五庭主办：《刑事审判参考》（第98集），法律出版社2003年版，第65～67页。

共性或社会性的特点，均可成立“公共场所”。就“当众”而言，应将“当众”理解为“公共场所”之外的并列要件，即相应的公共场所必须有人在场，且随时可能有第三人进入，但不要求在场的人必须是三人以上，也不需要旁观者必须看到性交行为。如果“公共场所”与“当众”两个要件有其中之一不能满足，便不能成立“在公共场所当众强奸妇女、奸淫幼女”。

基于公然性的要求来判断“在公共场所当众”的要件，需要注意把握以下几点：(1) 虽然整体上属于公共性的场所，但如果行为发生在较为隐蔽的区域之内，如公园的灌木丛中，一般不应认定；(2) 虽然属于公共性场所中的公共区域，但该区域的公共性与时间密切相关，如晚上公园关门后将被害女性劫持至公园内强行发生性行为，同样不应认定；(3) 强奸或奸淫行为具有公然性，如通过在线直播的方式进行，由于未满足“公共场所”的要件，也不宜认定；(4) 如果客观上属于公共场所具有旁观者，但行为人主观上误认为是私密场所，或者认为虽属公共场所但暂时不会有人出入而实施强奸或奸淫，由于缺乏相应的故意，也不能成立“在公共场所当众强奸妇女、奸淫幼女”。

四、如何把握强奸罪的实行行为

有关强奸罪实行行为的把握，有必要从强奸罪的保护法益是性自主权的前提出发，发挥法益指导构成要件解释的功能，由此对实行行为做符合时代发展要求的理解。主要涉及两个方面的问题。

其一，强奸罪属于单一行为犯还是复合行为犯，即强奸罪的实行行为是单一行为，还是同时包括手段行为与目的行为。这个问题的回答，直接影响暴力、胁迫或其他手段的要素与违背妇女意志的要素之间关系的认定。

由于传统观点往往将强奸罪与抢劫罪相提并论，以相同的方式来理解强奸罪中的暴力、胁迫或其他手段，从而在实质上将强奸罪理解为复合行为犯。如此一来，强奸罪的构成要求行为人必须采取使被害人不知反抗或不能反抗的手段，在此基础上，进而违背妇女意志强行与之性交。按通行的表述，在被害人为妇女的情况下，违背妇女意志和采取暴力、胁迫等手段，是强奸罪本质特征中两个不可分割的组成部分。违背妇女意志是强奸罪的实质，手段行为对被害妇女人身、精神的强制性，是其实质的外部表现。认定强奸罪必须将两者有机地结合起来。① 这意味着，暴力、胁迫等

---

① 高铭暄、马克昌主编：《刑法学》，北京大学出版社、高等教育出版社2017年版，第466页。

手段与违背妇女意志被理解为是成立强奸罪不可或缺的两个并列要件。这样的理解并不妥当，从强奸罪的法益是个体性自主权的角度，对实行行为在规范上应理解为是违背妇女意志强制进行性交，至于暴力、胁迫等手段，只是作为指向是否违背妇女意志的证据材料而存在。如批评者所言，在许多情况下，不一定能明确区分手段行为与目的行为；同时，法条的表述只是要求行为人使用强行方法与妇女性交，使用强行方法意味着违反妇女意志，而不要求在性交之外存在手段行为。①

实际上，刑法理论上与实务中都并不否认，没有采取任何使被害人不知反抗或不能反抗的手段，只是利用妇女酒醉或熟睡状态进行性交，甚至是单纯利用妇女的认识错误，如误认行为人为自己的丈夫，仍能成立强奸罪。由此可见，强奸罪实行行为的核心要件是违背妇女意志进行性交，暴力、胁迫等手段在规范上并非实行行为的组成部分。即便行为人没有采取暴力、胁迫等手段，只要能够证明性交行为并未获得被害妇女的同意，仍可认定成立强奸行为。据此，如果行为人采取暴力、胁迫等手段，通常可认定为违背妇女意志；同时，没有采取暴力、胁迫等手段，也未必不能认定为违背妇女意志。尤其是，在一些案件中，行为人利用被害人孤立无援的境地，尽管没有采取暴力、胁迫等手段，但被害人在孤立无援的情况下被迫发生性行为的，仍应认定为强奸。最高人民法院相关业务庭在孟某等强奸案的裁判理由解说中指出，在被害人未作明确意思表示的情形下，应当对其客观原因进行具体分析，从案发当时的环境、双方是否熟人关系、被害人的身体状况、行为人的人数等因素，综合判定被害妇女是否具有选择表达不同意的意思自由。② 前述解说表达的是类似的立场。

将强奸罪的实行行为理解为是单一行为，也有助于对奸淫幼女的情形做出合理的解读。既然奸淫幼女被认为属于强奸罪的行为类型，则对强奸罪实行行为的一般理解，也理应适用于奸淫幼女的场合。如果将强奸罪的实行行为理解为复合行为，就会出现难以适用于奸淫幼女的情形而需要做例外处理的现象。相应地，对强奸罪的实行行为便需根据对象的不同，分别按复合行为犯与单一行为犯来处理。这会导致强奸罪内部的割裂。如采纳本书的观点，则可避免这样的割裂。在行为对象系幼女的情况下，由于

---

① 张明楷：《刑法学》（第五版），法律出版社 2016 年版，第 871 页。

② 参见最高人民法院刑事审判第一、二、三、四、五庭主办：《刑事审判参考》（第 98 集），法律出版社 2016 年版，第 46～50 页。

幼女在法律上缺乏同意的能力，故仍可认为性交行为系违背幼女意志而实施，从而保持强奸罪实行行为在内在逻辑上的统一。

其二，强奸行为的外延是否仅限于性器官的插入或接触。当前主流理论与实务仍坚持对强奸行为的外延作狭义的解读，只有性器官的插入或接触才能构成强奸行为或奸淫行为。实际上，强行口交或肛交的行为，以及用性器官之外的其他异物插入被害女性的阴道，就行为本身的不法程度与对性自主权的侵害程度来说，并不亚于甚至超过自然性交的行为。如果考虑当代性观念的发展与性犯罪的动向，实有必要将强行口交或肛交等行为也纳入强奸行为的外延范围。相应地，有必要将强奸行为界定为将性器官插入女性的阴道、口腔或肛门，或者以性器官之外的其他物品插入女性阴道的行为。这样界定强奸行为，也有利于今后立法修改而将男性也纳入强奸罪的保护范围。值得注意的是，如果强奸的外延有所扩张，猥亵犯罪的成立范围便会受到影响。这会直接影响强奸罪与强制猥亵罪之间的界分。笔者认为，猥亵概念的外延要较强奸为宽，强奸罪与强制猥亵罪之间构成特别法条与一般法条之间的关系。强奸行为属于性质最为严重的猥亵，立法将强奸罪独立出来，作不同于强制猥亵罪的处理，旨在体现从严惩处的精神，并使法定刑的设置与行为的不法程度相适应。

刑法修正案（十一）第二十七条　【增设负有照护职责人员性侵罪】

二十七、在刑法第二百三十六条后增加一条，作为第二百三十六条之一："对已满十四周岁不满十六周岁的未成年女性负有监护、收养、看护、教育、医疗等特殊职责的人员，与该未成年女性发生性关系的，处三年以下有期徒刑；情节恶劣的，处三年以上十年以下有期徒刑。

"有前款行为，同时又构成本法第二百三十六条规定之罪的，依照处罚较重的规定定罪处罚。"

【条文主旨】

本条系新增条文，是关于增设负有照护职责人员性侵罪①的规定。设立负有照护职责人员性侵罪，旨在防止承担监护、收养、看护、教育、医疗等特殊职责的人员，利用其职责上的便利或机会，对已满十四周岁不满十六周岁的照护对象进行性剥削。这一年龄阶层的女性，身心方面仍未完全发育成熟，难以准确理解性行为的社会意义，容易受负有照护职责人员的蛊惑与引诱，而与后者发生看似自愿的性行为。因而，对这一群体，刑法上有必要给予特殊的保护，以加强对其性权益的保障。增设该条文后，我国刑法针对未成年女性性侵犯罪的规定便形成梯级保护的格局，由此一举改变了只要年满十四周岁，便一律按成年妇女来对待，只给予一般刑法保护的状况。

【条文对照】

修正前	修正后
	第二百三十六条之一　【负有照护职责人员性侵罪】对已满十四周岁不满十六周岁的未成年女性负有监护、收养、看护、教育、医疗等特殊职责的人员，与该未成年女性发生性关系的，处三年以下有期徒刑；情节恶劣的，处三年以上十年以下有期徒刑。 有前款行为，同时又构成本法第二百三十六条规定之罪的，依照处罚较重的规定定罪处罚。

【修正提示】

刑法修正案（十一）在原刑法第二百三十六条之后增设了本条，作为第二百三十六条之一。

本条分为两款。第一款将对已满十四周岁不满十六周岁的未成年女性负有监护、收养、看护、教育、医疗等特殊职责的人员，与该未成年女性发生性关系的行为规定为犯罪，并设置两档法定刑，根据情节的恶劣与

---

① 2021 年 2 月 26 日公布的《最高人民法院、最高人民检察院关于执行〈中华人民共和国刑法〉确定罪名的补充规定（七）》确定刑法第二百三十六条之一罪名为负有照护职责人员性侵罪。

否，分别适用三年以下有期徒刑与三年以上十年以下有期徒刑。第二款是对想象竞合的情形作出规定，对于相关行为同时构成强奸罪的，适用处罚较重的规定定罪量刑。

【修法背景】

近年来，对未成年人的性侵犯罪呈现高发的态势，每年以相当高的比例增长；尤其是在农村地区，留守儿童缺乏父母的照看，成为易于受到性侵的高危群体。这已然成为严重的社会问题。2020 年广受关注的“鲍某某涉嫌性侵案”，虽然经过调查发现韩某某与鲍某某见面时已年满十八周岁，不属于法律特殊保护的未成年人。现有证据不能证实鲍某某违背韩某某意志，采用暴力、胁迫或者其他手段强行与其发生性关系，不能认定鲍某某的行为构成强奸罪。[①] 但该案让人们普遍意识到，刑法有必要对被照护的未成年女性加强保护，以免受到来自负有照护职责的成年男性的性剥削。

本罪在刑法修正案（十一）（草案）的第一次审议稿中并没有出现，而是在第二次审议稿中所增加。在立法机关就第一次审议稿征求意见时，最高人民法院、最高人民检察院与全国妇联等部门，都不约而同地提出相应的立法议案，建议将负有照护职责的人员与所照护的已满十四周岁未满十六周岁的未成年女性发生性关系的行为入罪。全国人大宪法和法律委员会在有关修改情况的汇报中也提到，一些常委会组成人员、全国人大代表、部门、地方和社会公众提出，性侵害未成年人犯罪案件较为突出，引发社会关切，建议修改刑法相关规定。该议案最终被立法机关所接受。前述汇报明确指出，建议在草案二审稿中增加特殊职责人员性侵犯罪，对负有监护、收养、看护、教育、医疗等特殊职责人员，与已满十四周岁不满十六周岁未成年女性发生性关系的，不论未成年人是否同意，都应追究刑事责任。由于将相关行为入罪化存在高度的共识，该条款在之后的立法审议过程中没有经历变动，最终以刑法修正案（十一）第二十七条的规定予以颁布。

【适用指南】

一、如何界定负有照护职责人员的范围

在认定是否构成负有照护职责人员性侵罪时，首先面临的是负有照护

---

① 《最高人民检察院、公安部联合督导组通报鲍某某涉嫌性侵案调查情况》，载最高人民检察院网站，https：//www. spp. gov. cn/spp/qwfb/202009/t20200917_ 480227. shtml，最后访问时间：2021 年 4 月 27 日。

职责人员的范围如何界定的问题。本罪属于身份犯，只有具有特殊身份的主体才能构成。根据刑法修正案（十一）第二十七条的规定，此类人员包括负有监护、收养、看护、教育、医疗等特殊职责的人员。立法上将此类人员与所照护的已满十四周岁未满十六周岁的未成年女性发生性关系入罪化，实质的理由在于，此类人员与照护对象之间处于支配与被支配的关系，尤其是后者所处的年龄阶段，导致其很容易成为前者进行性剥削的对象。这种性剥削，有可能采取未征得照护对象同意而强制进行，更多的则是负有照护职责的行为人，利用自身所处的支配地位或未成年女性对自己的特殊信赖关系，而在表面上征得对方同意的情况下进行。前种情形传统的强奸罪也可处理，后种情形则由于同意的存在而难以作为犯罪来处理，导致大量的处罚漏洞。立法上增设相关条款，正是为了防止这样的漏洞。因此，负有照护职责人员性侵罪的不法本质，就在于负有照护职责的行为人利用自身所处的支配地位对未成年女性进行性剥削。

这意味着，对负有照护职责人员范围的界定，需要从行为人是否在实质上存在利用照护所形成的支配地位或特殊信赖关系的可能，从而影响后者在性关系问题上的意思自由的角度来进行。对法条所列举的五种职责与其他等外的情形，均应由此来理解与把握。有必要指出的是，法条所规定的监护、收养、看护、教育、医疗等特殊职责，并不要求行为人与被害对象存在正式的或为法律所认可的照护关系。如果双方之间存在正式的或为法律所认可的监护、收养、看护、教育、医疗关系，则作为照护一方的行为人无疑可以成为本罪的主体。同时，即便双方之间不存在正式的或为法律所认可的监护、收养、看护、教育、医疗等关系，只要行为人在平时的生活中对被害对象进行实质上的照护或者存在事实上的接管关系，也应认定为负有照护职责的人员。另外，这种照护关系也不要求是稳定的、长期的，只要行为人所进行的照护具有一定的持续性，并非偶然为之，其受到被照护的未成年女性的特殊信赖，则也应认定为负有照护职责的人员。比如，行为人作为被害女孩的邻居，因女孩的父母外出打工，而不时地照顾和接济女孩，如果其利用女孩对其的特殊信赖而发生性行为，相应行为人同样可以构成本罪。虽然性行为是在照护关系已然中断或终结后进行，但只要曾经作为照护一方的行为人与未成年女性之间的支配关系或特殊信赖关系仍存在，则其仍属于负有照护职责的人员。

二、如何理解“发生性关系”的规定

我国刑法在之前有关性侵犯罪的规定，使用的是强奸、猥亵等专有概念，并没有使用“发生性关系”这样的表述。那么，本条中的“发生性关系”的外延是必须与强奸的外延作相同处理，还是可以将不法程度与自然性交相当的猥亵行为（如口交、肛交等）也纳入进来，或者认为也包括一般的猥亵行为，可能就会存在争议。笔者认为，本条规定的“发生性关系”，在外延上既包括传统上强奸所指向的自然性交行为，也包括不法程度与自然性交相当的猥亵行为，以及一般的猥亵行为。也即，此处规定的“发生性关系”宜作广义理解，既包括性交，也包括一般的猥亵行为。理由在于：一是如果将“发生性关系”仅限定于传统上强奸所指向的行为，会导致两方面的处罚漏洞。一方面，与自然性交相比，用手指插入被害女性的阴道，或者实施口交与肛交之类的行为，行为的危害性与不法程度并没有降低，甚至可能有过之而无不及，这将导致危害相当的行为在刑法处理上出现罪与非罪的区别。另一方面，立法上没有增设利用照护职责的人员对已满十四周岁未满十六周岁的未成年女性实施猥亵犯罪的规定，而此类行为同样具有刑法上的值得惩罚性。二是立法上使用的是“性关系”的表述，将猥亵行为纳入“性关系”的范畴之中，并没有突破概念的文义可能性范围。在司法部门拟定本条的罪名时，曾有意见提出将罪名定为准强奸罪，但该意见并未被采纳。本条罪名最终使用的是“性侵”概念，而“性侵”无论是按社会一般的理解，还是按之前司法部门所制发的司法解释或规范性文件，都是包含猥亵行为在内的。三是从本条所配置的法定刑来看，将猥亵行为纳入“发生性关系”的范畴，完全可以实现罪刑相适应，同时，也能与强制猥亵罪的法定刑相协调。

三、存在“同意”的情形应当如何处理

负有照护职责的行为人与被照护的未成年女性发生性关系，如果后者明确表示同意，行为人是否构成本罪？对此，可能也会存在争议。笔者认为，存在同意的情形，行为人仍然构成本罪，相应情节充其量只在量刑中可予以考虑。

理由在于：一是在未成年女性同意的情形中，行为的不法本质并没有发生改变，即利用照护所形成的支配地位或特殊信赖关系进行性剥削。二是将同意的情形也仍作为犯罪来处理，符合立法的意图。立法机关在相应的立法修改建议的说明中，明确表示“不论未成年人是否同意，都应追究刑事责任”。三是从刑事政策的角度而言，只有将此种情形入罪处理，才能有效地发挥本条保护未成年女性免受性剥削的功能。不然，不仅立法增设本条的意图会被架空，实践中还会出现案发后将相关压力转嫁到未成年女性身上的现象。考虑到行为人与未成年女性之间存在的监护、收养、看护等特殊关系，如果后者的同意可作为去罪化的事由，则不仅大量的行为人会逃脱刑法的制裁，作为被害对象的未成年女性也可能受到多方的压力而被迫做出同意的表示，最终导致其二次受害。四是相应的立法资料也表明，立法者设立该条的本意是，只要负有照护职责的人员与已满十四周岁不满十六周岁的未成年女性发生性关系，不论未成年人是否同意，都要追究其刑事责任。①

四、如何处理本罪与强奸罪、强制猥亵罪的关系

立法上增设本条之后，便会涉及负有照护职责人员性侵罪与强奸罪、强制猥亵罪之间关系的问题。按本文对其实行行为范围的界定，负有照护职责人员性侵罪与强奸罪、强制猥亵罪之间并非对立关系。也即，不能以同意或未经同意来区分本罪与强奸罪，以及本罪与强制猥亵罪，认为本罪针对的是负有照护职责的人员经同意而与照护对象发生性关系的行为，而未经同意发生性关系的行为则只能构成强奸罪或强制猥亵罪。以对立关系的模式来理解本罪与强奸罪、强制猥亵罪的关系，也不符合本条第二款的规定。该款的规定表明，存在既符合本罪同时又符合强奸罪规定的情形。

笔者认为，本罪与强奸罪之间、本罪与强制猥亵罪之间，各自存在部分交叉竞合的关系。这种竞合关系，究竟定位为想象竞合还是法条竞合关系，在相当程度上取决于本罪的法益如何界定。鉴于目前有关本罪保护法益的问题尚未有定论，此处不作展开。可以确定的是，在发生两罪竞合的情形时，应当适用处罚较重的规定。

按本书的解读，本罪的实行行为分为两种类型：一是负有照护职责的人员对照护对象实施自然性交行为；二是负有照护职责的人员对照护对象实施猥亵行为。前一行为类型中未经同意而实施的情形，相应行为除成立本罪之外同时构成强奸罪，应按处罚较重的强奸罪来定罪处罚。后一行为类型中未经同意而实施的情形，相应行为除成立本罪之外同时构成强制猥亵罪，无论是基本犯还是加重犯，都是按强制猥亵罪处罚更重，故一般应适用强制猥亵罪的规定。同时，在按强奸罪或强制猥亵罪进行处罚时，对行为人与被害人之间存在特殊的照护关系的事实，作为酌定从重的情节在量刑中进行把握。

---

① 《全国人民代表大会宪法和法律委员会关于〈中华人民共和国刑法修正案（十一）（草案）〉修改情况的汇报》，载中国人大网，http：//www.npc.gov.cn/npc/c30834/202012/5f7b2d0e41ef44f6ba84ed6eda5cf6c3.shtml，最后访问时间：2021 年 3 月 23 日。周光权：《刑事立法进展与司法展望——〈刑法修正案（十一）〉总置评》，载《法学》2021 年第 1 期。

刑法修正案（十一）第二十八条　【修改猥亵儿童罪】

二十八、将刑法第二百三十七条第三款修改为："猥亵儿童的，处五年以下有期徒刑；有下列情形之一的，处五年以上有期徒刑：

"（一）猥亵儿童多人或者多次的；

"（二）聚众猥亵儿童的，或者在公共场所当众猥亵儿童，情节恶劣的；

"（三）造成儿童伤害或者其他严重后果的；

"（四）猥亵手段恶劣或者有其他恶劣情节的。"

【条文主旨】

本条是关于修改猥亵儿童罪的规定。

儿童处于生理发育初期，人生观、价值观尚不成熟，欠缺足够的辨别是非和自我保护能力，法律对儿童群体的身心健康应给予特殊、优先保护。本条的修订目的正是进一步强化对儿童身心健康的刑法保护，加大对猥亵儿童违法犯罪行为的惩治力度。由于先前条文中加重情节的规定既不明确也缺乏针对性，因此刑法修正案（十一）通过列举的方式对构成猥亵儿童罪可能判处五年以上有期徒刑的情形进行了细化，从而增强司法适用的可操作性，有利于贯彻罪刑法定主义和罪刑相适应原则。

【条文对照】

修正前	修正后
第二百三十七条　【强制猥亵、侮辱罪】以暴力、胁迫或者其他方法强制猥亵他人或者侮辱妇女的，处五年以下有期徒刑或者拘役。 聚众或者在公共场所当众犯前款罪的，或者有其他恶劣情节的，处五年以上有期徒刑。	第二百三十七条　【强制猥亵、侮辱罪】以暴力、胁迫或者其他方法强制猥亵他人或者侮辱妇女的，处五年以下有期徒刑或者拘役。 聚众或者在公共场所当众犯前款罪的，或者有其他恶劣情节的，处五年以上有期徒刑。

修正前	修正后
【猥亵儿童罪】猥亵儿童的，依照前两款的规定从重处罚。	**【猥亵儿童罪】猥亵儿童的，处五年以下有期徒刑；有下列情形之一的，处五年以上有期徒刑： （一）猥亵儿童多人或者多次的； （二）聚众猥亵儿童的，或者在公共场所当众猥亵儿童，情节恶劣的； （三）造成儿童伤害或者其他严重后果的； （四）猥亵手段恶劣或者有其他恶劣情节的。**

【修正提示】

刑法修正案（十一）对刑法原第二百三十七条第三款规定的猥亵儿童罪作了如下修改：

将原条文中“猥亵儿童的，依照前两款的规定从重处罚”删除，让猥亵儿童罪的法定刑设置独立于强制猥亵、侮辱罪。对猥亵儿童罪法定刑升格的条件进行了列举式细化，分为实施对象和实施次数（猥亵儿童多人或者多次的）；实施场所和环境（聚众猥亵儿童的，或者在公共场所当众猥亵儿童，情节恶劣的）；实施行为的后果（造成儿童伤害或者其他严重后果的）；实施行为的情节（猥亵手段恶劣或者有其他恶劣情节的）。

【修法背景】

猥亵儿童犯罪突破道德良知的底线，给未成年人造成终生的身心伤害，社会影响极其恶劣。最高人民检察院发布的《未成年人检察工作白皮书（2014—2019）》显示，2019 年侵害未成年人犯罪中提供公诉人数居前六位的分别是强奸、寻衅滋事、猥亵儿童、抢劫、聚众斗殴、故意伤害，相较于 2017 年的统计数据，猥亵儿童犯罪的上升趋势明显。不少人大代表和学者认为，我国猥亵儿童罪的法定刑设置偏低，刑罚根本没有发挥多少威慑效果。按照修正前刑法第二百三十七条的规定，猥亵儿童的处五年以下有期徒刑或者拘役，聚众或者在公共场所当众犯前款罪的，或者有其他恶劣情节的，处五年以上有期徒刑。实证研究显示，2017 年发布在中国裁判文书网的 389 份猥亵儿童罪的一审判决书中，有期徒刑三年至五年的适用比例较低，五年以上有期徒刑的适用仅有24例（6.2%）[①]。如此看来，再次升高本罪的法定刑似乎是不可避免的。但有学者也警示道，倘若无节制地将本罪的最高法定刑提升至强奸罪或杀人罪的高度，那么反倒会鼓励犯罪人实施更为严重的犯罪，应当让猥亵儿童罪和强奸罪等罪名保持一定的刑罚梯度，贯彻罪刑相适应原则。[②]

实际上，“激活”五年有期徒刑的条款才是提高本罪威慑效果的关键。但是司法实践表明，聚众或者当众猥亵儿童的案件并不多见，而何种情形能够被评价为其他恶劣情节也并不明确，亟待细化。从各级司法机关发布的指导性案例或其他典型案例来看：行为人猥亵儿童造成被害人轻微伤或轻伤后果的，审理法院往往并不认为达到了情节恶劣的程度，因而未能适用五年以上的加重法定刑；行为人多次猥亵儿童或者猥亵儿童多人的，在一些案件中也没有被作为适用加重法定刑的事实依据。

刑法修正案（十一）虽然没有再次提高本罪的法定最高刑，但立法者显然是希望通过明确“其他恶劣情节”的适用来降低本罪加重法定刑的适用门槛。首先，猥亵多人多次的被明确规定为其他恶劣情节之一；其次，猥亵行为只要造成儿童伤害的，就能够符合加重法定刑的适用条件，并不需要达到轻伤或者重伤的程度，且在解释论上应当能够将心理伤害纳入伤害的范畴。不过，对于兜底条款中的“其他恶劣情节”，还是应当由最高司法机关出台相应的司法解释或通过颁布指导性案例的方式予以相对明确。

【适用指南】

一、如何界定本条中的“猥亵”

由于现行刑法并未对猥亵的行为方式进行明确列举，因而猥亵儿童罪司法适用的问题主要在于如何解释“猥亵”。尤其是在网络时代到来的当下，这类传统型侵害人身法益的犯罪也发生了异化。在网络语境下，行为人不可能通过抚摸等身体性接触的方式对被害人实施侵害，那么无身体接触的行为能否被评价为本罪的猥亵行为呢？司法实务已经对此给出了答案。

---

① 参见于潇、郭璐璐：《激活法律“沉睡条款”严惩猥亵儿童犯罪》，载《检察日报》2020年8月10日。

② 于潇、郭璐璐：《激活法律“沉睡条款”严惩猥亵儿童犯罪》，载《检察日报》2020年8月10日。

例如，2015 年 5 月至 2016 年 11 月，被告人蒋某虚构身份，谎称自己代表“星晔童星发展工作室”“长城影视”“艺然童星工作室”等单位招聘童星，在 QQ 聊天软件上结识女童。以检查身材比例和发育情况等为由，要求被害人在线拍摄和发送裸照，并谎称需要面试，诱骗被害人通过 QQ 视频裸聊并做出淫秽动作。对部分女童还以公开裸照相威胁，逼迫对方与自己继续裸聊。经查，蒋某视频裸聊猥亵儿童达到 31 人。

对于本案：猥亵儿童的行为并不必须通过身体性接触的方式实施。被告人为满足自身性欲而利用网络诱骗或者强迫被害人进行视频裸聊或者拍摄裸照，虽然和传统猥亵行为有所不同，但客观上同样侵害了被害人的身心健康，因而应当被评价为猥亵儿童罪。①

又如，2017 年 1 月，被告人骆某使用化名，通过 QQ 软件将 13 岁女童某羽加为好友。聊天中得知某羽系初二学生后，骆某仍通过言语恐吓，向其索要裸照。在被害人拒绝并在 QQ 好友中将其删除后，骆某又通过某羽的校友周某对其施加压力，再次将某羽加为好友。同时骆某还虚构“李某”的身份，注册另一 QQ 号码并添加某羽为好友。之后，骆某利用“李某”的身份在 QQ 聊天中对某羽进行威胁恐吓，同时利用周某继续施压。某羽被迫按照要求自拍裸照十张，通过 QQ 软件传送给骆某观看。

对于本案，网络环境下，以满足性刺激为目的，虽未直接与被害儿童进行身体接触，但是通过 QQ、微信等网络软件，以诱骗、强迫或者其他方法要求儿童拍摄、传送暴露身体的不雅照片、视频，行为人通过画面看到被害儿童裸体、敏感部位的，是对儿童人格尊严和心理健康的严重侵害，与实际接触儿童身体的猥亵行为具有相同的社会危害性，应当认定构成猥亵儿童罪。

检察机关办理利用网络对儿童实施猥亵行为的案件，要及时固定电子数据，证明行为人出于满足性刺激的目的，利用网络，采取诱骗、强迫或者其他方法要求被害人拍摄、传送暴露身体的不雅照片、视频供其观看的事实。要准确把握猥亵儿童罪的本质特征，全面收集客观证据，证明行为人通过网络不接触被害儿童身体的猥亵行为，具有与直接接触被害儿童身体的猥亵行为相同的性质和社会危害性。②

---

① 参见《蒋某猥亵儿童案——依法严惩通过网络实施的无身体接触的猥亵犯罪》，载中国法院网，https：//www. chinacourt. org/article/detail/2019/05/id/3988135. shtml，最后访问时间：2021 年 4 月 26 日。

② “骆某猥亵儿童案”案件事实及裁判理由，参见《最高人民检察院关于印发第十一批指导性案例的通知》，载《最高人民检察院公报》2019 年第 1 期（总第 168 号）。

二、是否能够认定“其他恶劣情节”

在刑法修正案（十一）颁布前，司法实践中曾出现如下否定行为人的猥亵行为构成“其他恶劣情节”的典型案例：

例如，在引发公众热议的“王某某猥亵幼女案”中，由于被告人王某某在猥亵女童时没有发生性器官的接触，因此不能认定强奸罪的成立，但他实施的猥亵行为却造成了被害女童阴道撕裂、经鉴定为轻伤二级。上海市普陀区法院经审理认为，被告人的猥亵行为尚不构成“其他恶劣情节”，仅判处其五年有期徒刑。① 该判决结论普遍遭到公众的质疑。至于被害人遭受的伤害经鉴定仅达到轻微伤程度的案件，则更不可能被认定构成“其他恶劣情节”。

又如，在“杨某猥亵儿童案”中，被告人杨某骑电动车载其八岁的继女行驶至某船舶设备厂附近水泥路段时停下，后采取殴打、胁迫等手段，在该车上以抠摸阴部等方式对该女实施猥亵。本案二审争议焦点就在于杨某的行为是否具有恶劣情节。二审法院认为，刑法第二百三十七条第二款对于其他恶劣情节的规定较为抽象，需要结合具体案情，根据司法评价的一般原理和社会评价的一般经验综合认定。但基于如下两方面的理由，法院最终否定了加重法定刑的适用：其一，尽管杨某采取了抠摸被害人阴部的方式加以侵害，造成了一定的危害后果，但从犯罪次数、暴力程度、持续时间以及实际后果来看，相较于其他同类案件并未达到“其他恶劣情节”的程度；其二，根据有关司法经验，强奸妇女一人的，可以在三年至五年有期徒刑量刑幅度内确定起点，而本案判处五年有期徒刑已经达到了强奸妇女的量刑上限，除非猥亵儿童情节特别恶劣，否则不能适用更高的加重法定刑。②

再如，在“齐某强奸、猥亵儿童案”中，被告人齐某在担任班主任期间，利用午休、晚自习及宿舍查寝等机会，在学校办公室、教室、洗澡堂、男生宿舍等处多次对被害女童A（10岁）、B（10岁）实施奸淫、猥亵，并以带A女童外出看病为由，将其带回家中强奸。此外，齐某还在女生集体宿舍等地多次猥亵被害女童C（11岁）、D（11岁）、E（10岁），猥亵被害女童F（11岁）、G（11岁）各一次。经过几级法院的审理，最高人民法院最终启动了审判监督程序。在再审程序中最高人民法院认为，在教室、集体宿舍等场所实施猥亵行为，只要当时有多人在场，即使在场人员没有实

---

① 参见王俊：《王某某猥亵儿童被判5年是否过轻？法学专家解读四大争议》，载《新京报》2020年6月18日。

② 江苏省泰州市中级人民法院（2019）苏12刑终第231号刑事判决书。

际看到，也应当认定犯罪行为是在“公共场所当众实施”。[①] 显然最高人民法院并不认为，被告人齐某多次猥亵儿童多人也构成了“其他恶劣情节”。

而在刑法修正案（十一）颁布后，根据新条文的规定，以上三名被告人实施的猥亵行为均可以被认定为具有“其他恶劣情节”。

刑法修正案（十一）第二十九条 【修改职务侵占罪】

二十九、将刑法第二百七十一条第一款修改为：“公司、企业或者其他单位的工作人员，利用职务上的便利，将本单位财物非法占为己有，数额较大的，处三年以下有期徒刑或者拘役，并处罚金；数额巨大的，处三年以上十年以下有期徒刑，并处罚金；数额特别巨大的，处十年以上有期徒刑或者无期徒刑，并处罚金。”

【条文主旨】

本条是关于修改职务侵占罪的规定。

本罪的保护客体主要是民营企业的财产。实施上述构成要件行为，并满足“数额较大的”，可构成犯罪。本罪的设置能够惩治民营企业内部发生的侵害财产的行为，保护民营企业的私有财产。刑法修正案（十一）对本罪的调整将进一步加强企业产权保护和优化营商环境、进一步落实产权平等保护精神，使刑法对非公有制经济的保护加强。

【条文对照】

修正前	修正后
第二百七十一条 【职务侵占罪】公司、企业或者其他单位的人员，利用职务上的便利，将本单位财物非法占为己有，数额较大的，处五	第二百七十一条 【职务侵占罪】公司、企业或者其他单位的工作人员，利用职务上的便利，将本单位财物非法占为己有，数额较大的，**处三年以下有期徒刑或者拘役，**

① “齐某强奸、猥亵儿童案”案件事实及裁判理由，参见《最高人民检察院关于印发第十一批指导性案例的通知》，载《最高人民检察院公报》2019 年第 1 期（总第 168 号）。

修正前	修正后
年以下有期徒刑或者拘役；数额巨大的，处五年以上有期徒刑，可以并处没收财产。 【贪污罪】国有公司、企业或者其他国有单位中从事公务的人员和国有公司、企业或者其他国有单位委派到非国有公司、企业以及其他单位从事公务的人员有前款行为的，依照本法第三百八十二条、第三百八十三条的规定定罪处罚。	并处罚金；数额巨大的，**处三年以上十年以下有期徒刑，并处罚金；数额特别巨大的，处十年以上有期徒刑或者无期徒刑，并处罚金。** 【贪污罪】国有公司、企业或者其他国有单位中从事公务的人员和国有公司、企业或者其他国有单位委派到非国有公司、企业以及其他单位从事公务的人员有前款行为的，依照本法第三百八十二条、第三百八十三条的规定定罪处罚。

【修正提示】

刑法修正案（十一）对刑法原第二百七十一条规定的职务侵占罪作了以下修改：

其一，修改了职务侵占“数额较大”的刑期，将“数额较大的，处五年以下有期徒刑或者拘役”改为“数额较大的，处三年以下有期徒刑或者拘役，并处罚金”。

其二，修改了职务侵占“数额巨大”的刑期，将“数额巨大的，处五年以上有期徒刑，可以并处没收财产”改为“数额巨大的，处三年以上十年以下有期徒刑，并处罚金”。修改前，职务侵占数额巨大者，被判处徒刑没有年限限定，且可被没收财产；修改后，“数额巨大”与“数额特别巨大”被拆分为两个量刑档，前者的最高刑期是十年，且不能适用没收财产。

其三，增加了“数额特别巨大的，处十年以上有期徒刑或者无期徒刑，并处罚金”。修改前，职务侵占罪没有无期徒刑；修改后，本罪最高刑期提升至无期徒刑，但原有的“没收财产”这一处罚则被取消。

【修法背景】

经过2008年出台的企业国有资产法对国家出资企业外延的扩张，将更多国有企业中从事组织、领导、监督、经营、管理工作的人员纳入国家工作人员的范围，刑法由此实现了对利用各种职务侵害国有资产行为的全方位打击；但对非公企业管理人员利用职务侵害非公企业财产权益的行为，刑法制裁力度长期不足。两类罪名的法定刑存在明显差异，后者处于弱保护状态。为此，本次刑法修正案调整了非国家工作人员受贿、挪用资金、职务侵占等罪的量刑配置，主要目的是实现对公有制企业和非公有制企业管理人员职务犯罪的平等制裁，这在职务侵占的场合体现得尤为明显。

近年来，民营企业内部的职务侵占行为十分多发，员工通过隐瞒收入、虚构支出、直接侵占保管的财产等方式将公司的财物据为己有，直接损害企业利益。一项针对北京、上海、浙江、江苏、广东、天津和重庆 7 个省市的《2018 年度企业员工职务侵占犯罪大数据研究报告》显示，[①] 上述 7 个省市 2018 年 1 月 1 日至 12 月 31 日的 870 份职务侵占罪判决文书中，民营企业被侵害的有 474 件，占比高达 54%。其中 100 人以下企业案件数量有 221 例，100～499 人企业案件数量有 120 例，500～999 人企业案件数量有 44 例，1000 人以上企业案件数量有 82 例，可见中小企业受害更为严重。

此外，在上述全部 870 个案件中，企业被职务侵占的总额高达 10.44 亿元，单案平均侵占金额 120 万元。侵占金额超过 100 万元的案件占总案件数量的 18.61%，合计被侵占金额达 8.5 亿元，占总金额的 81%。而在《2019 年度中国企业员工舞弊犯罪司法裁判大数据报告》中，[②] 全国 31 个省（自治区、直辖市）2019 年职务侵占刑事判例共涉及金额 37.3 亿元，单案平均侵占金额 148 万元；1000 万元以上金额的案件有 54 例，其中最高金额为 1.55 亿元。随着经济社会的发展，职务侵占罪的犯罪金额不断上升是必然的，因此，现有立法及司法解释规定的量刑档次和数额标准均难以满足新的需求。这也是刑法修正案（十一）针对职务侵占罪作出量刑调整的另一重要原因。

【适用指南】

在刑法修正案（十一）针对职务侵占罪作了上述修改后，在理解与适用该罪时应当注意以下几点：

---

① 《2018 年度中国企业员工舞弊犯罪司法裁判大数据研究报告（节选）》，载星瀚律师事务所官网，http：//www.ricc.com.cn/index.php/cn/why－we－are－better/cn－corporate－fraud－prevention？aid＝1321#？aid＝1321，最后访问时间：2021 年 2 月 4 日。

② 《2019 年度中国企业员工舞弊犯罪司法裁判大数据报告（节选）》，载知乎网，https：//zhuanlan.zhihu.com/p/272524639，最后访问时间：2021 年 2 月 4 日。

一、如何认定本罪的主体身份

(一) 村委会成员职务侵占

根据相关司法解释,[①] 村民小组组长、村委会和党支部成员，利用职务便利，将集体财产非法占为已有的行为，以职务侵占罪定罪处罚。但根据《全国人民代表大会常务委员会关于〈中华人民共和国刑法〉第九十三条第二款的解释》之规定，村民委员会等村基层组织人员协助人民政府从事下列行政管理工作，属于刑法第九十三条第二款规定的“其他依照法律从事公务的人员”:(1) 救灾、抢险、防汛、优抚、扶贫、移民、救济款物的管理;(2) 社会捐助公益事业款物的管理;(3) 国有土地的经营和管理;(4) 土地征用补偿费用的管理;(5) 代征、代缴税款;(6) 有关计划生育、户籍、征兵工作;(7) 协助人民政府从事的其他行政管理工作。

但值得注意的是，村民小组组长将集体土地征用补偿费据为已有不构成贪污罪，应以职务侵占罪定罪处罚。

例如，被告人赵某伙同张某，在协助乡政府发放新郑市城关乡沟张村二组村民南水北调工程征地补偿款的过程中，利用职务便利，先后两次采取虚报人员名单的方式套取国家土地补偿款共计169120元，后将该补偿款据为已有。[②]

该案一审以贪污罪分别判处赵某有期徒刑十年零六个月，判处张某有期徒刑五年。二审法院经审理认为，上诉人赵某身为村民小组组长，利用职务便利，伙同上诉人张某将村民小组集体财产非法占为已有，数额巨大，构成职务侵占罪，分别判处上诉人赵某有期徒刑六年，张某有期徒刑三年。本案中的关键问题是，新郑市城关乡沟张村的南水北调工程永久用地补偿费是应由政府发放给村民个人，还是发放给被征地的村集体组织，即政府发放用地补偿费的责任边界是什么;其实质是，该款项是公款还是已转化为村组集体财产，该款的发放属于村组对集体财产的管理还是协助人民政府从事土地征用补偿费的管理?事实上，该用地补偿费系因该村集体土地被国家征用而获得的补偿费用，该款进入新郑市城关乡“三资”委托代理服务中心账户后即为该中心代为管理的村组集体财产，政府征地补偿费的发放职责已履行完毕，该款如何分配属于村民集体财产的管理，而

---

① 参见《最高人民法院关于村民小组组长利用职务便利非法占有公共财物行为如何定性问题的批复》(法释字〔1999〕12号) 和最高人民法院《全国法院维护农村稳定刑事审判工作座谈会纪要》(法〔1999〕217号)。

② 最高人民法院刑事审判第一至五庭主办:《刑事审判参考》(总第106集)，法律出版社2017年版，第12~18页。

非协助人民政府从事公务，二被告人不属于“其他依照法律从事公务的人员”。二被告人在分配该村组集体财产的过程中，私自将本组的集体财产以张某的名义套取后并私分，其行为符合职务侵占罪的构成要件。

（二）临时工、用工合同到期未续签人员能否成立职务侵占罪

例如，被告人刘某是加工车间代理主任，公司与其签订的用工合同到期后，因当时暂停生产，故未续签用工合同，打算在恢复生产后续签。后刘某用自己保管的仓库钥匙开锁进入仓库，获取了价值五万多元的物品。①

法院经审理认为，虽然刘某的犯罪行为发生在用工合同到期日之后，但当时刘某仍在实际行使管理职责，对车间仓库财物具有管理职权，没有续签用工合同，并不影响刘某是公司员工事实的成立，刘某仍然符合职务侵占罪主体的要求。

又如，被告人于某是北京市甲公司临时工，被任命为上站业务员，负责将货物从本单位签收后领出、掌管货票、持货票到火车站将领出的货物办理托运手续等发送业务。于某从单位领出货物后，与同事去北京站办理货物托运。随后却独自返回北京站，谎称单位让其取回其中四件货物（价值 2152 万元）。②

本案中，检方以被告人犯盗窃罪为由向法院提起公诉。审理法院则认为，被告人系利用职务上的便利，非法侵占本公司的财物，数额较大，其行为构成职务侵占罪。裁判理由在于：按照《刑法》第二百七十一条第一款的规定，职务侵占罪的主体是公司、企业或者其他单位的人员。在我国实际的经济体制中，“公司、企业或者其他单位的人员”，一般包括正式职工、合同工和临时工。是否构成职务侵占罪，关键在于公司、企业或者其他单位人员非法占有单位财物（包括单位管理、使用、运输中的其他单位财产和私人财产）是否利用了职务上的便利，而不是行为人在单位的“身份”。可见，临时工、用工合同到期未续签等形式问题，均不影响行为人实质上能够成为职务侵占罪主体的身份。

二、如何认定“利用职务上的便利”

通说认为，利用职务上的便利，即利用自己主管、管理、经营、经手单位财物的便利条件。但这里的管理、经营、经手并不是指普通意义上的

---

① 参见最高人民法院刑事审判第一至五庭主办：《中国刑事审判指导案例》（第四卷），法律出版社 2017 年版，第 441 ~ 444 页。

② 最高人民法院刑事审判第一至五庭主办：《中国刑事审判指导案例》（第四卷），法律出版社 2017 年版，第 418 ~ 420 页。

经手，应是指对单位财物的支配与控制，或者说，是指利用本人职务上所具有的自我决定或者处置单位财物的权力、职权，而不是利用工作机会。①

司法实践中认定“利用职务上的便利”面临如下问题：其一，名义职务与实际职务不一致的应当如何判定；其二，利用本单位合作方的收费系统漏洞，截留本单位受托收取的业务合作方现金费用的，能否认定构成本罪。

例如，被告人林某和同事涂某等人从福州市晋安区甲农村信用社下属各营业网点押钞回到信用社，将收回的70余万元人民币放进金库保险柜后，被告人林某支开涂某，利用金库及保险柜钥匙未上交之机，又打开金库大门及保险柜，盗走70万元人民币后携款潜逃。

一审法院经审理认为，被告人林某以非法占有为目的，秘密窃取金融机构数额特别巨大财物，其行为构成盗窃罪。二审法院推翻了这一结论，认为被告人林某的行为符合职务侵占罪的构成要件。理由在于：林某实际工作任务包括上存、下拨现金、收款及现金出入库等方面，故林某在履行职务过程中能够直接支配信用社的钱款，如其在收款时、在押运时将钱款非法占有，就应当属于职务侵占。

问题在于，林某将70余万元钱款入库后出于非法占有的目的再次入库取款，其第二次入库取款严格地说已不是履行职务的行为，即窃取钱款的行为不是发生在履行职务的过程中，那么是否因此排除其行为属职务侵占？对此二审法院认为，“利用职务上的便利非法占有”与“履行职务过程中的非法占有”两者外延并不相同，前者包括后者，即履行职务过程中的非法占有必然是利用职务便利的非法占有，而利用职务上的便利非法占有并不一定是发生于履行职务过程中，但又必须与其职务直接相关联。从本案情况看，林某能够窃得巨款客观上利用了以下与其职务及身份有关的条件：

一是保管金库和保险柜钥匙的职务便利。本案中林某至少在实施窃取行为时正常地持有一把钥匙，这是因其职责而产生的事实，其再利用钥匙保管制度上的混乱获得了涂某的另一把钥匙，但此事实不足以否定其利用职务之便的行为性质。涂某的证言也表明，其之所以轻易地把另一把钥匙交给林某，是由于林某也具有保管保险柜钥匙这一工作职责。

二是可以进出金库的职务便利。事实上，林某第二次进入金库时，守库员高某仍在值班，其也知道林某单人入库，尤其见到林某携包离开时，

① 张明楷：《刑法学》（第五版），法律出版社2016年版，第1021页。

也未加以询问制止。可见，高某之所以轻易地让林某单人进出金库，根本原因还是林某日常就有出入金库这一职责。因此，林某利用单人可以出入金库这一制度上的漏洞亦不能否认其在这一环节上“利用职务便利”的行为性质。

又如，被告人谭某在甲公司乙营业厅担任营业员，负责代表甲公司代收业务合作方丙股份有限公司广州分公司的客户电信费用。谭某在工作中发现丙广州公司的电脑收费系统存在漏洞，即先查出曾因欠费而产生滞纳金、后补缴所有费用的客户号码，然后在系统上进行“返销账”操作，以上述客户错缴为由向系统申请退费，系统便将客户补缴的费用及滞纳金以账面数字（非真实钱款）形式退至操作人的系统账号；因补缴费用被退回，上述客户在系统里的状态便重新变回欠费状态，但此时系统仅显示上述客户欠缴费用，不再显示欠缴滞纳金，上述客户曾经缴纳的滞纳金就留在操作人的系统账户内。当新客户以现金形式缴纳费用时，谭某便把账户内的滞纳金当作新客户缴纳的费用缴入系统，从而截留新客户缴纳的现金费用占为己有。

本案审理法院认定被告人谭某构成职务侵占罪，裁判要旨如下：对单位职工将本单位财物占为已有的行为如何定性，要视单位性质、行为人的身份、犯罪手段、涉案财物属性等因素综合判定。单位员工利用本单位业务合作方的收费系统漏洞，制造代收业务费用结算金额减少的假象，截留本单位受托收取的业务合作方现金费用的行为，属于利用职务便利侵占本单位管理控制的财物的行为，符合职务侵占罪的构成要件。

具体来说，首先，被告人谭某与甲公司之间不存在委托保管关系，不构成侵占罪。其次，被告人谭某侵占的费用并不处于丙广州公司占有之下，故其行为亦不构成盗窃罪。被告人截留的电信费用属于甲公司管理、控制的财物。被告人在甲公司任职期间，其工作职责包括利用工号通过 MBOSS CRM 收费系统代收客户缴纳给丙广州公司的电信费用。根据甲公司与丙广州公司的外包协议及工号使用人承诺书，每个合作网点的员工都有对应的工号，并利用工号获得使用 MBOSS CRM 收费系统的权限。

三、如何界定“本单位财物”

按照通说，职务侵占罪对象的“本单位财物”，包括单位现存的财物和确定的收益。但是，对于司法实践中出现的利用职务上的便利侵占本单位管理、使用中的财物，也应当界定为“本单位财物”。

例如，黄某、段某分别系 A 公司原副总经理、原采购部经理。A 公司受 B 公司委托加工生产鞋子，由 B 公司提供制鞋原料猪巴革。加工完成后，黄某伙同段某，将剩余部分原料以退还B公司的名义运至C公司寄存。后B公司与A公司再次签订加工合同，约定原材料由A公司自行采购。黄某伙同段某借用供料商的名义将寄存于C公司的猪巴革返卖给A公司，获得赃款6.7万元。①

在办案过程中，一种观点认为，黄某等人侵占的猪巴革，系B公司提供的加工原料，不属于A公司所有，不符合职务侵占罪“本单位财物”的构成要件。另一种观点认为，A公司因与B公司的合同关系对猪巴革实施管理、加工，黄某等人侵占该批猪巴革将导致A公司对B公司退赔相应价款，实质上仍然侵犯了A公司财产权，构成职务侵占罪。法院采纳了后一种观点，认为职务侵占罪中的“本单位财物”应当包括本单位管理、使用中的财物，所以可以认定两名被告人的行为构成职务侵占罪。

审理法院指出，对职务侵占罪“本单位财物”的认定一直以来存在是单位“所有”还是“持有”的争议。从侵害法益看，无论侵占本单位“所有”还是“持有”财物，实质上均侵犯了单位财产权，对其主客观行为特征和社会危害性程度均可作统一评价。参照刑法第九十一条第二款对“公共财产”的规定，对非公有制公司、企业管理、使用、运输中的财物应当以本单位财物论，对职务侵占罪和贪污罪掌握一致的追诉原则，以有力震慑职务侵占行为，对不同所有制企业财产权平等保护，切实维护民营企业正常生产经营活动。

四、如何认定“数额特别巨大”

在司法实务中，2018年度企业员工职务侵占金额小于100万元（不含本数）的平均刑期是15个月（1年3个月）；金额在100万元到500万元之间的平均刑期是50个月（4年2个月）；金额大于500万元（不含本数）的平均刑期为67个月（5年7个月）。② 可见刑法修正案（十一）将“数额巨大的，处五年以上有期徒刑，可以并处没收财产”改为“数额巨大的，处三年以上十年以下有期徒刑，并处罚金”是符合司法实践规律的，即在侵占金额在100万元以上、不满500万元的场合，刑期一般在五年以下。大于500万元的平均刑期也仅为5年7个月，可见职务侵占500万元

---

① 《涉民营企业司法保护典型案例——“黄某、段某职务侵占案”》，载最高人民检察院网站，https://www.spp.gov.cn/xwfbh/wsfbt/201812/t20181219_405690.shtml#2，最后访问时间：2021年2月4日。

② 《2018年度中国企业员工舞弊犯罪司法裁判大数据研究报告（节选）》，载星瀚律师事务所官网，http://www.ricc.com.cn/index.php/cn/why-we-are-better/cn-corporate-fraud-prevention?aid=1321#?aid=1321，最后访问时间：2021年2月4日。

不足以被认定为“数额特别巨大”。2019 年全国 31 个省（自治区、直辖市）的 2000 多件职务侵占案件的单案平均侵占金额为 148 万元；1000 万元以上金额的案件有 54 例，其中最高金额为 1.55 亿元。① 可见“数额特别巨大”的界定标准可以参考上述实证数据，适当提高标准。

但在数额认定上，职务侵占罪与普通侵占、盗窃等罪的刑法配置并不均衡，如盗窃公私财物 1000 元以上，即“数额较大”，可以入罪；达 3 万元即为“数额巨大，处三年以上十年以下有期徒刑”，盗窃罪“数额特别巨大”的起点仅为 30 万元。而职务侵占 6 万元才能入罪，100 万元才能达到“数额巨大”。因此，刑法修正案（十一）对职务侵占进行修改后，相关司法解释似乎也有待全面修正。正如韩铁教授所言，鉴于国有企业内部的贪污贿赂犯罪在侵害企业权益的同时还侵害公务人员职务行为廉洁性，因此非国家工作人员职务犯罪在各档法定刑的适用标准上，依然要高于国家工作人员，故现有两类罪名的适当认定数额倍数差异应当予以保留。“但是，借助本次刑法修正，可以考虑对非国家工作人员受贿罪、职务侵占罪和挪用资金罪单独制定司法解释，摆脱现有的完全附属于贪污贿赂犯罪的现状，更加体现出保护非国有企业的独立性。”②

五、如何处置财产

从司法实践中，民营企业涉案财产在处置方面存在一定问题。这些问题主要体现在：（1）财产查封、冻结、扣押等强制措施实施不当。这种情况导致与案件无关的当事人财产被非法扣押、查封，使得民营企业的正常经营活动无法正常进行；除此以外，对于查封、扣押的财产若不能妥善保管、适当保存，也将使得被扣押、查封财产价值减损，民营企业产权也会因此受到侵害。（2）犯罪人财产被重复冻结、未制作或未明确制作扣押清单的情况也不鲜见。（3）经查与案件无关的物品不能及时解除查封、扣押、冻结，并未将该财产退还或拖延归还给相关当事人。（4）涉案财产并未随案移送，人民法院尚未作出判决之前，非法处置涉案财物，对民营企业造成重大的经济损失。③

司法机关在刑事诉讼中未依法处置涉案财产将给民营企业造成重大的损害。甚至在一些案件中，涉案财产确定范围的标准不当，将合法财产不

---

① 《2019 年度中国企业员工舞弊犯罪司法裁判大数据报告》，载知乎网，https：//zhuanlan. zhihu. com/p/272524639，最后访问时间：2021 年 2 月 4 日。

② 韩铁：《企业权益刑法保护的立法更新和司法适用——基于〈刑法修正案（十一）〉的解读》，载《中国法律评论》2021 年第 1 期。

③ 张祥宇：《非公经济产权之刑法保护：缺陷与改进》，载《法学论坛》2020 年第 2 期。

当地纳入涉案财产范围中，对民营企业合法财产处置不当，对民营企业产权进行“二次伤害”。刑法修正案（十一）取消了本罪中“没收财产”的规定，能够在一定程度上解决上述问题，但司法者仍须注意区分企业合法财产与非法财产，仍须提高对私有财产的保护意识，提高对被告人、犯罪嫌疑人合法财产的保障意识。

刑法修正案（十一）第三十条　【修改挪用资金罪】

三十、将刑法第二百七十二条修改为：“公司、企业或者其他单位的工作人员，利用职务上的便利，挪用本单位资金归个人使用或者借贷给他人，数额较大、超过三个月未还的，或者虽未超过三个月，但数额较大、进行营利活动的，或者进行非法活动的，处三年以下有期徒刑或者拘役；挪用本单位资金数额巨大的，处三年以上七年以下有期徒刑；数额特别巨大的，处七年以上有期徒刑。

“国有公司、企业或者其他国有单位中从事公务的人员和国有公司、企业或者其他国有单位委派到非国有公司、企业以及其他单位从事公务的人员有前款行为的，依照本法第三百八十四条的规定定罪处罚。

“有第一款行为，在提起公诉前将挪用的资金退还的，可以从轻或者减轻处罚。其中，犯罪较轻的，可以减轻或者免除处罚。”

【条文主旨】

本条是关于修改挪用资金罪的规定。

本罪主要保护民营企业的财产。实施上述构成要件行为，并满足“数额较大、超过三个月未还的，或者虽未超过三个月，但数额较大、进行营利活动的，或者进行非法活动的”，均可构成犯罪。但刑法修正案（十一）总结实践中依法纠正的企业产权保护案件经验，考虑到民营企业发展和内部治理的实际情况，规定有挪用资金行为，但在提起公诉前将挪用的资金退还的，可以从轻或者减轻处罚。其中犯罪较轻的可以减轻或者免除处罚。本罪的设置能够惩治民营企业内部发生的侵害财产的行为，对本罪的调整将进一步加强企业产权保护和优化营商环境，进一步落实产权平等保护精神，加强刑法对非公有制经济的保护。

【条文对照】

修正前	修正后
第二百七十二条 【挪用资金罪】公司、企业或者其他单位的工作人员，利用职务上的便利，挪用本单位资金归个人使用或者借贷给他人，数额较大、超过三个月未还的，或者虽未超过三个月，但数额较大、进行营利活动的，或者进行非法活动的，处三年以下有期徒刑或者拘役；挪用本单位资金数额巨大的，<u>或者数额较大不退还的，处三年以上十年以下有期徒刑。</u> 【挪用公款罪】国有公司、企业或者其他国有单位中从事公务的人员和国有公司、企业或者其他国有单位委派到非国有公司、企业以及其他单位从事公务的人员有前款行为的，依照本法第三百八十四条的规定定罪处罚。	第二百七十二条 【挪用资金罪】公司、企业或者其他单位的工作人员，利用职务上的便利，挪用本单位资金归个人使用或者借贷给他人，数额较大、超过三个月未还的，或者虽未超过三个月，但数额较大、进行营利活动的，或者进行非法活动的，处三年以下有期徒刑或者拘役；挪用本单位资金数额巨大的，**处三年以上七年以下有期徒刑；数额特别巨大的，处七年以上有期徒刑。** 【挪用公款罪】国有公司、企业或者其他国有单位中从事公务的人员和国有公司、企业或者其他国有单位委派到非国有公司、企业以及其他单位从事公务的人员有前款行为的，依照本法第三百八十四条的规定定罪处罚。 **有第一款行为，在提起公诉前将挪用的资金退还的，可以从轻或者减轻处罚。其中，犯罪较轻的，可以减轻或者免除处罚。**

【修正提示】

刑法修正案（十一）对原刑法第二百七十二条规定的挪用资金罪作了以下三处修改：

其一，将“挪用本单位资金数额巨大的，或者数额较大不退还的，处三年以上十年以下有期徒刑”改为“挪用本单位资金数额巨大的，处三年以上七年以下有期徒刑；数额特别巨大的，处七年以上有期徒刑”；

其二，增加了“数额特别巨大的，处七年以上有期徒刑”；

其三，增加了“在提起公诉前将挪用的资金退还的，可以从轻或者减轻处罚。其中，犯罪较轻的，可以减轻或者免除处罚”。

【修法背景】

挪用资金罪的犯罪主体分为两类，单位的普通职员和企业家。本罪对于普通职员和企业家采取了不同的规定，这在刑法修正案（十一）中也有所体现。

在单位普通职员犯本罪的场合，挪用资金罪是财产犯罪，常以造成财产损失作为追诉条件，被害单位在追诉的过程中扮演着重要的角色，被害人和被告人对判决的认同度高，所判处的刑罚却较轻。正是由于类似案件中存在的量刑不均问题，刑法修正案（十一）将“挪用本单位资金数额巨大的，或者数额较大不退还的，处三年以上十年以下有期徒刑”改为了“挪用本单位资金数额巨大的，处三年以上七年以下有期徒刑；数额特别巨大的，处七年以上有期徒刑”，极大提升了对大额挪用企业资金者的处罚力度。回应了保护非公经济和民营企业产权的政策导向。①

与员工或职业经理人挪用资金不同，企业创始人往往抱有“企业是我创建、控股的，企业的钱我想怎么用就怎么用”的想法，因此出现大量不按照公司法和公司章程约定而擅自使用资金的行为。“刑法固然应当要求企业家对此行为负责，但在司法实务中，对于此类行为的处理，往往具有行政管理色彩。即司法者不关心被害单位是否遭受财产损失，也不考虑单位对追诉的态度，发案大多与被害单位的追诉意愿无关；执法人员常常对涉案的民营企业带有有色眼镜，随意处置非公经济主体的涉案财产与合法财产。”② 造成的结果是严重影响非公经济企业的正常经营运行。此外，“刑民不分”也是此类案件中的常见现象，即刑事手段既能保护非公经济，也能成为不当干预经济纠纷的工具。因此，在刑民交叉案件中，刑事手段应适当、必要，切勿随意、任性。否则，一旦涉刑，不仅影响非公经济企业的正常经营运行，还可能严重影响企业的生存。

最高人民法院 2018 年 1 月 2 日发布的《关于充分发挥审判职能作用为企业家创新创业营造良好法治环境的通知》、最高人民检察院 2018 年 11 月发布的《充分发挥检察职能为民营企业发展提供司法保障——检察

---

① 2016 年 11 月 4 日，中共中央、国务院公布了《关于完善产权保护制度依法保护产权的意见》，明确提出：“加大对非公有财产的刑法保护力度”；最高人民检察院、最高人民法院也相继出台了《关于充分发挥检察职能依法保障和促进非公有制经济健康发展的意见》《关于充分发挥审判职能作用切实加强产权司法保护的意见》等规定，对非公有财产的刑法保护作出了积极回应和细化。

② 张祥宇：《非公经济产权之刑法保护：缺陷与改进》，载《法学论坛》2020 年第 2 期。

机关办理涉民营企业案件有关法律政策问题解答》以及最高人民检察院2019年1月24日发布的首批涉民营企业司法保护典型案例，也都是在司法层面对民营企业和企业家进行保护的努力。为更好地保护非公经济，本次刑法修正秉持了积极而谨慎的态度，力求给予非公经济更为平等的保护，使非公经济的活力和创造力充分发挥。因此，草案二次审议稿以及最终公布的刑法修正案（十一）增加了“在提起公诉前将挪用的资金退还的，可以从轻或者减轻处罚。其中，犯罪较轻的，可以减轻或者免除处罚”，正是“总结实践中依法纠正的企业产权保护案件经验，考虑到民营企业发展和内部治理的实际情况”而进行的立法实践。①

【适用指南】

对于本罪规定的理解与适用，在司法实务中主要面临以下问题的解决：

一、如何认定本罪的主体身份

1. 村基层组织人员挪用资金

例如，刘某在担任瑶湾村村委员主任期间，利用职务之便，挪用本村资金归个人使用，达17个月，且数额巨大，一审认定其构成挪用公款罪，判处有期徒刑三年六个月。二审改判为挪用资金罪。②

本案的焦点问题是，村基层组织人员利用职务上的便利挪用资金的，构成挪用公款罪还是挪用资金罪。挪用资金罪与挪用公款罪的区分主要在于主体身份，即行为人究竟是非国家工作人员还是国家工作人员。那么，本案中能否认定村基层组织人员的国家工作人员身份呢？

根据《全国人民代表大会常务委员会关于〈中华人民共和国刑法〉第九十三条第二款的解释》之规定，村民委员会等村基层组织人员协助人民政府从事特定行政管理工作时，才属于刑法第九十三条第二款规定的“其他依照法律从事公务的人员”。本案中，瑶湾村利用村上的自有资金已将拱水坝加固工程实施完毕，并经相关部门验收合格，向税务机关缴纳税款，办理全部的领款手续，后由刘某代表村上将款领回，上述行为并非协助人民政府所从事的行政管理工作。涉案款项应属村委会集体所有的资金，已非公共财产。故二审法院改判刘某构成挪用资金罪。

---

① 《关于〈中华人民共和国刑法修正案（十一）（草案）〉的说明》，载中国人大网，http：//www.npc.gov.cn/npc/c30834/202012/f16fedb673644b35936580d25287a564.shtml，最后访问时间：2021年1月21日。

② 参见陕西省榆林市中级人民法院（2014）榆中刑二终字第00098号刑事判决书。

2. 小区业委会成员挪用资金

例如，王某担任小区业委会主任期间，将业委会44万元转入自己账户，业主要求财物审计后，又将44万元转回业委会账户。法院一审判决王某犯挪用资金罪，王某上诉称，业委会主任不符合挪用资金罪的主体要件，且小区众多业主已表示谅解。二审法院驳回上诉，维持原判。①

二审法院在判决中指出："作为法律规范，不可能穷举所有情况，为使刑法适应不断发展变化的社会生活，实践中根据不同案件的特殊情况可以对单位作出合乎立法精神的解释，而不宜将未明确规定的有关对象直接排除在'单位'的范围之外，导致应该被追究刑事责任的主体得不到惩罚，应该被保护的对象得不到应有的救济。"上述观点同样适用于小区业主委员会之外的，法律未作明确规定的各类"单位"。

2008年最高人民法院、最高人民检察院发布的《关于办理商业贿赂刑事案件适用法律若干问题的意见》第二条规定，刑法第一百六十三条（非国家工作人员受贿罪）、第一百六十四条（对非国家工作人员行贿罪）规定的"其他单位"，既包括事业单位、社会团体、村民委员会、居民委员会、村民小组等常设性的组织，也包括为组织体育赛事、文艺演出或者其他正当活动而成立的组委会、筹委会、工程承包队等非常设性的组织。该规定中将工程承包队都视为"其他单位"，举轻以明重，经依法核准登记，拥有独立的财产和经费，并以此为物质基础以自己的名义对外独立承担责任的其他组织机构，也应当属于本罪规定的"其他单位"。

二、如何解释"挪用本单位资金"

例如，刘某经营彩票投注站期间，采用不交纳投注金的手段，从其经营的彩票投注机上连续打出了每张3.7128万元、总金额为55.692万元的15张中国福利彩票。开奖后，以中奖款填补彩票款的计划无法兑现。检察院以合同诈骗罪向法院提起公诉。②

根据最高人民法院于2000年2月16日发布的《关于对受委托管理、经营国有财产的人员挪用国有资金行为如何定罪问题的批复》规定："对于受国家机关、国有公司、企业、事业单位、人民团体委托，管理、经营国有财产的非国家工作人员，利用职务上的便利，挪用国有资金归个人使用构成犯罪的，应当依照刑法第二百七十二条第一款的规定定罪处罚。"

---

① 《王某挪用资金案》，载《中华人民共和国最高人民法院公报》2020年第5期。

② 最高人民法院刑事审判第一至五庭主办：《刑事审判参考》（总第48集），法律出版社2006年版，第30～40页。

在本案当中，福利彩票投注站的承包经营人员，属于刑法第二百七十二条第一款规定的“其他单位的工作人员”，具有挪用资金罪的主体身份。但是，被告人利用承包经营福利彩票投注站、销售福利彩票的职务便利，不交纳投注金购买彩票的行为，是否应被认定为“挪用本单位资金”呢？

挪用资金罪中的挪用，通常是指不经合法批准，擅自动用所主管、管理、经手的单位资金。但本案中的被告人并没有采取作为的方式动用其管理和经手的本单位资金。对此，法院在判决中指出：彩票销售人员利用职务上的便利，不交纳投注金购买彩票，类似于证券、期货公司工作人员利用职务上的便利，挪用本单位资金或者客户资金用于炒股、购买期货等高风险投资，属于刑法第二百七十二条第一款规定的“挪用本单位资金归个人使用”，事后无力偿付购买彩票款是挪用后不退还的具体表现。“虽然与典型的挪用手段相比，有一定程度的差异，但与挪用本单位资金购买彩票在性质上是相同的，仍具备了挪用资金罪的本质特征，不影响挪用资金罪的认定。”①

三、如何解释“归个人使用或者借贷给他人”

通说认为，将挪用资金罪的“归个人使用”等同于挪用公款罪的“归个人使用”，即将资金供本人、亲友或者其他自然人使用的；以个人名义将资金供其他单位使用的；个人决定以单位名义将公款供其他单位使用，谋取个人利益的，均为归个人使用。② 但也有论者认为，“基本相同”意为“大体上相同”，而非“完全相同”。在挪用公款罪中，以个人名义将公款供其他单位使用的，属于“归个人使用”。相较而言，在挪用资金罪中，以个人名义将本单位资金供其他单位使用的，并不必然符合“归个人使用”要件。③

对此，《最高人民法院关于如何理解刑法第二百七十二条规定的“挪用本单位资金归个人使用或者借贷给他人”问题的批复》规定：“公司、企业或者其他单位的非国家工作人员，利用职务上的便利，挪用本单位资金归本人或者其他自然人使用，或者挪用人以个人名义将所挪用的资金借给其他自然人和单位，构成犯罪的，应当依照刑法第二百七十二条第一款

---

① 该案的判决理由，参见最高人民法院刑事审判第一至五庭主办：《刑事审判参考》（总第48集），法律出版社2006年版，第30～40页。

② 高铭暄、马克昌主编：《刑法学》，北京大学出版社、高等教育出版社2016年版，第514页；张明楷：《刑法学》（第五版），法律出版社2016年版，第1024页。

③ 戴民杰：《挪用资金罪中“归个人使用”的教义学诠释》，载《政治与法律》2020年第2期。

的规定定罪处罚。"《全国人民代表大会常务委员会法制工作委员会刑法室关于挪用资金罪有关问题的答复》也指出:"刑法第二百七十二条规定的挪用资金罪中的'归个人使用'与刑法第三百八十四条规定的挪用公款罪中的'归个人使用'的含义基本相同。"《立案追诉标准(二)》第八十五条第二款也规定,挪用资金供其他单位使用的情形,包括"个人决定以单位名义将本单位资金供其他单位使用,谋取个人利益"和"以个人名义将本单位资金供其他单位使用",肯定了以"个人名义"或经"个人决定"而将"本单位资金供其他单位使用"的情形属于"归个人使用"。既往司法判决也采取了上述立场:

例如,被告人曾某是孝昌县委员会办公室主任科员(正科级),金鸡化工、星火化工、星火投资法定代表人,孝感市第五届人民代表大会代表。2009年6月至12月,曾某以金鸡化工厂房搬迁的名义先后3次向孝昌县人民政府申请搬迁扶持资金,孝昌县财政局共计拨付搬迁扶持资金232.4万元。曾某个人决定将上述232.4万元用于其个人控股的星火化工新建厂房及生产经营活动,2011年才向金鸡化工归还了借款。本案辩护人认为,曾某的行为不属于挪用资金罪。星火化工、星火投资为独立的企业法人,曾某即使个人决定将资金借给星火化工、星火投资使用,也不属于"归本人或者其他自然人使用";且借款行为不是由曾某个人决定。法院未采纳无罪辩护意见,判决曾某犯挪用资金罪,判处有期徒刑三年,缓刑四年。①

此外,单位之间的拆借行为,是否属于"挪用本单位资金归个人使用或者借贷给他人"?对此问题,"张某中案"提供了不同的裁判立场:"张某中案"再审辩护人认为:"涉案4000万元资金属于单位与单位之间的拆借,不属于挪用资金归个人使用",这一主张得到了再审法院的支持。再审判决认定,原审被告人张某中及其辩护人所提出的张某中的行为不属于挪用资金归个人使用,不构成挪用资金罪的辩解和辩护意见成立。这是对"挪用本单位资金归个人使用或者借贷给他人"的限缩性理解,即要求"借贷给他人"要件必须具备"归个人使用"的特征,这对于加强企业产权的刑法保护具有重要意义。②

---

① 参见湖北省孝昌县人民法院(2013)鄂孝昌刑初字第00011号刑事判决书。

② 《依法保护产权和企业家合法权益的"标杆"案件——最高人民法院审判监督庭负责人就张某中案改判答记者问》,载中国法院网,https://www.chinacourt.org/article/detail/2018/05/id/3323287.shtml,最后访问时间:2021年2月4日。

刑法修正案（十一）第三十一条　【修改袭警罪】[1]

> 三十一、将刑法第二百七十七条第五款修改为："暴力袭击正在依法执行职务的人民警察的，处三年以下有期徒刑、拘役或者管制；使用枪支、管制刀具，或者以驾驶机动车撞击等手段，严重危及其人身安全的，处三年以上七年以下有期徒刑。"

【条文主旨】

本条是关于修改袭警罪的规定。

袭警罪旨在保护人民警察依法执行公务。为从法律上进一步加强对袭警行为的预防、惩治，刑法修正案（十一）为刑法第二百七十七条第五款所规定的"暴力袭击正在依法执行职务的人民警察"增加单独的法定刑。同时，针对使用枪支、管制刀具或者驾驶机动车撞击等严重暴力袭警行为，增加规定更重的处罚。

【条文对照】

修正前	修正后
第二百七十七条　【妨害公务罪】以暴力、威胁方法阻碍国家机关工作人员依法执行职务的，处三年以下有期徒刑、拘役、管制或者罚金。 以暴力、威胁方法阻碍全国人民代表大会和地方各级人民代表大会代表依法执行代表职务的，依照前款的规定处罚。	第二百七十七条　【妨害公务罪】以暴力、威胁方法阻碍国家机关工作人员依法执行职务的，处三年以下有期徒刑、拘役、管制或者罚金。 以暴力、威胁方法阻碍全国人民代表大会和地方各级人民代表大会代表依法执行代表职务的，依照前款的规定处罚。 在自然灾害和突发事件中，以暴力、威

① 刑法第二百七十七条第五款原系妨害公务罪中的一款，刑法修正案（十一）对其内容作出了重要修改，之后《最高人民法院、最高人民检察院关于执行〈中华人民共和国刑法〉确定罪名的补充规定（七）》将该款确定罪名为袭警罪。

修正前	修正后
在自然灾害和突发事件中，以暴力、威胁方法阻碍红十字会工作人员依法履行职责的，依照第一款的规定处罚。 故意阻碍国家安全机关、公安机关依法执行国家安全工作任务，未使用暴力、威胁方法，造成严重后果的，依照第一款的规定处罚。 暴力袭击正在依法执行职务的人民警察的，依照第一款的规定从重处罚。	胁方法阻碍红十字会工作人员依法履行职责的，依照第一款的规定处罚。 故意阻碍国家安全机关、公安机关依法执行国家安全工作任务，未使用暴力、威胁方法，造成严重后果的，依照第一款的规定处罚。 【袭警罪】暴力袭击正在依法执行职务的人民警察的，**处三年以下有期徒刑、拘役或者管制；使用枪支、管制刀具，或者以驾驶机动车撞击等手段，严重危及其人身安全的，处三年以上七年以下有期徒刑。**

【修正提示】

刑法修正案（十一）对刑法第二百七十七条仅作了一处修正，即为本条第五款所规定的“暴力袭击正在依法执行职务的人民警察”配置独立的法定刑。在修法之前，此类行为是“依照妨害公务罪从重处罚”，即在“三年以下有期徒刑、拘役、管制或者罚金”的量刑幅度内从重处罚。而在修法以后，暴力袭击正在依法执行职务的人民警察的，不再依照妨害公务罪从重处罚，而是直接适用刑法修正案（十一）为其单独增设的法定刑。其中，基本犯处三年以下有期徒刑、拘役或者管制；使用枪支、管制刀具，或者以驾驶机动车撞击等手段，严重危及其人身安全的，处三年以上七年以下有期徒刑。

值得一提的是，在刑法修正案（十一）草案二次审议稿中还规定了暴力袭击正在依法执行职务的人民警察，“致人重伤、死亡，同时构成其他犯罪的，依照处罚较重的规定定罪处罚”。而在正式公布的刑法修正案（十一）中并无该项规定。需要注意的是，刑法修正案（十一）没有就“致人重伤、死亡”的情形作出专门规定，并不意味着此类情形也被纳入“三年以上七年以下有期徒刑”的量刑档次。刑法修正案（十一）之所以没有就“致人重伤、死亡”的情形作出专门规定，主要原因可能有二：一是考虑到暴力袭击正在依法执行职务的人民警察，致人重伤、死亡的行为，已经明显超出了妨害公务罪所能评价的不法范围，本应按照其他处罚较重的规定定罪处罚；二是实践中此类情形并不多见，无需专门设置相应条款予以规定。

【修法背景】

袭警罪原系妨害公务罪的一个条款。从刑法分则的体系编排来看，妨害公务罪既位于“妨害社会管理秩序罪”之首，也位于“扰乱公共秩序罪”之首。理论上一般认为本罪所要保护的法益是依法执行的“公务”，具体包括国家机关工作人员依法执行的职务、人民代表大会代表依法执行的代表职务、红十字会工作人员依法履行的职责，以及国际安全机关、公安机关依法执行的国家安全工作任务。但是，如果仅从保护法益的角度分析，难以理解刑法修正案（十一）为何要给袭警行为配置更高的法定刑。因为与其他国家机关工作人员、人大代表、红十字会工作人员、国家安全机关和公安机关工作人员所执行的“公务”相比，人民警察所执行的“公务”并不具有更高的位阶或者更需要刑法保护。相反地，从自我保护的能力来看，人民警察似乎要比前述其他依法执行公务的工作人员更有能力进行自我保护。笔者认为，要想准确理解刑法修正案（十一）对本罪所作的修正，还需跳出个罪、个案的教义学分析框架，结合我国社会治理转型的大背景，从更加宏观的“社会管理秩序”以及“公共秩序”的视角加以论证。

综观刑法修正案（十一）草案的历次审议稿，不难发现2020年7月3日发布的草案一次审议稿及相关说明文件并未就袭警行为作出专门规定。直至2020年10月21日发布的草案二次审议稿才增加了相关规定。全国人大宪法和法律委员会（含全国人大法律委员会）在随即公布的《关于〈中华人民共和国刑法修正案（十一）（草案）〉修改情况的汇报》第三条中指出增加该项规定是为了“从法律上进一步加强对袭警行为的预防、惩治”。值得注意的是，“新型冠状病毒肺炎”疫情（以下简称“新冠”疫情）暴发后，各地依托当地警力相继采取了较为严格的疫情防控措施。在此期间，有些行为人不服从疫情防控规定，袭击依法执行疫情防控公务的人民警察。这其中就包括“驾驶机动车撞击”防疫关卡等“严重危及人身安全”的情形。而这些实务案件及相关新闻报道自然成为推动立法者为袭警行为增设法定刑的实践素材。

当然，刑法修正案（十一）为袭警行为增设单独的法定刑，并不单纯是为了满足一时的疫情防控需要。其实，只需结合我国社会治理转型的大背景，就会发现“新冠”疫情期间发生的众多袭警案件只不过是为立法调整提供了契机，而真正促使立法者作出相关调整的因素是这些案件所反映出的“系统性的”社会治理转型需求。随着我国社会转型的不断深入，全社会对人民警察的期待也在悄然发生变化。以往，人民警察主要扮演“与犯罪做斗争”的角色；而现如今，大到抗疫救灾、扫黑除恶，小到家庭邻里纠纷、社区街道治安等，都需要人民警察依法履职。在这种警民互动的过程中，人民警察依法执行的职务范围日益拓宽。相应地，人民警察在执行职务时所要面临的局面和风险也愈加复杂和多元。在此情况下，确有必要“从法律上进一步加强对袭警行为的预防、惩治”，从而为社会改革和社会转型提供法治保障。但是，需要警惕的是，任何社会改革和社会转型的最终目的都是增进国民的福祉，增强对警务工作的保护绝不意味着可以削弱对国民权利的保障。相反地，只有在充分保障国民权利的前提下，警务工作本身以及对警务工作的刑法保护才具有坚实的正当性基础。

【适用指南】

在刑法修正案（十一）给“暴力袭击正在依法执行职务的人民警察的”行为配置单独的法定刑以后，本罪的司法适用将面临如下两大新问题：（1）如何理解刑法第二百七十七条第五款与第一款之间的关系？以（非暴力的）威胁方法阻碍人民警察依法执行职务的，应当如何处理？使用枪支、管制刀具，或者以驾驶机动车撞击等严重危及人身安全的手段，暴力袭击正在依法执行公务的“人民警察以外的其他国家机关工作人员”的，该如何处理？（2）如何理解刑法第二百七十七条第五款与故意伤害罪、以危险方法危害公共安全罪之间的关系？使用枪支、管制刀具，或者以驾驶机动车撞击等手段，暴力袭击正在依法执行职务的人民警察，严重危及“人民警察以外的其他人民群众”的人身安全的，该如何处理？在人民警察与其他国家机关工作人员一起依法执行职务的场合，行为人暴力袭击依法执行职务的人员的，该如何处理？此外，在本修正案出台以前就已经出现如今仍继续存在或更加突出的问题有：（1）如何界定刑法第二百七十七条第五款中的“人民警察”？（2）如何认定第二百七十七条第五款中的“依法执行职务”？（3）如何认定第二百七十七条第五款中的“暴力”？下面根据“先新后旧”的顺序，先探讨本次立法修正带来的两大新问题，再简要分析立法修正前就已经出现但立法修正后仍较为突出的三个旧问题。

一、如何理解刑法第二百七十七条第五款与第一款之间的关系

在立法修正之前，暴力袭击正在依法执行职务的人民警察的，依照刑法第二百七十七条第一款的规定从重处罚。由于第一款中的“国家机关工作人员”与第五款中的“人民警察”之间以及第一款中的“暴力、威胁方

法”与第五款中的“暴力袭击”之间都属于包含与被包含的关系，再加上第一款与第五款属于同一档法定刑，所以在立法修正之前，第二百七十七条第五款其实是第一款的提示性规定。

但是，在刑法修正案（十一）为第二百七十七条第五款配置单独的法定刑（包括法定刑升格条件）以后，第二百七十七条第五款就不再是第一款的提示性规定。根据修正后的第二百七十七条第五款规定：“暴力袭击正在依法执行职务的人民警察的，处三年以下有期徒刑、拘役或者管制；使用枪支、管制刀具，或者以驾驶机动车撞击等手段，严重危及其人身安全的，处三年以上七年以下有期徒刑。”虽然第一款中的“国家机关工作人员”与第五款中的“人民警察”之间以及第一款中的“暴力、威胁方法”与第五款中的“暴力袭击”之间仍属于包含与被包含的关系，但是由于第五款新增了一档法定刑，所以立法修正以后，第二百七十七条第五款就不再是第一款的提示性规定。准确地讲，第二百七十七条第五款已经变成第一款的特别法。这两个条款关系的变动可能给司法实务带来以下三个法律适用问题。

（一）以（非暴力的）威胁方法阻碍人民警察依法执行职务的，应当如何处理

第二百七十七条第一款规定了“暴力”和“威胁方法”两种妨害公务的行为，而第五款则仅规定了“暴力袭击”这一种妨害公务的行为。在立法修正之前，以（非暴力的）威胁方法阻碍人民警察依法执行职务的，应当直接适用刑法第二百七十七条第一款的规定处罚，但不适用原第二百七十七条第五款有关“从重处罚”的规定。但问题是，在刑法修正案（十一）给第二百七十七条第五款配置独立的法定刑之后，以（非暴力的）威胁方法阻碍人民警察依法执行职务的，是否还应当继续适用第一款而不适用第五款的规定进行处罚。

笔者认为，根据罪刑法定原则，立法修正后该种行为还是应当继续适用第一款予以处罚，且不应从重处罚。理由是：刑法第二百七十七条第一款将“暴力”和“威胁方法”并列规定，就说明“威胁方法”难以被评价为“暴力”。况且从二者的日常语义来看，“暴力”可以被降低评价为“威胁方法”，但是“威胁方法”却难以被升格评价为“暴力”。所以，在第二百七十七条第五款仅规定“暴力”的情况下，行为人采取（非暴力的）威胁方法的，就不能适用第五款予以处罚。由于人民警察也属于国家机关工作人员，所以行为人以（非暴力的）威胁方法阻碍人民警察依法执行职务的，符合第二百七十七条第一款的规定。

（二）使用枪支、管制刀具，或者以驾驶机动车撞击等严重危及人身安全的手段，暴力袭击正在依法执行公务的“人民警察以外的其他国家机关工作人员”的，该如何处理

根据修正后的刑法第二百七十七条第五款的规定，使用枪支、管制刀具，或者以驾驶机动车撞击等手段，暴力袭击正在依法执行职务的“人民警察”的，严重危及其人身安全的，处三年以上七年以下有期徒刑。问题是，如果将这里的袭击对象换成“人民警察以外的其他国家机关工作人员”，又该如何处理呢？由于第二百七十七条第五款仅规定了被袭击对象是人民警察的情形，所以根据罪刑法定原则，当被袭击对象是“人民警察以外的其他国家机关工作人员”时，显然不能适用第五款的规定处罚。可是，如果仅适用第二百七十七条第一款的规定，那么就只能在“三年以下有期徒刑、拘役、管制或者罚金”内处罚。如此一来，便会出现对“人民警察”和“人民警察以外的其他国家机关工作人员”不平等保护的结果。

笔者认为，使用枪支、管制刀具，或者以驾驶机动车撞击等严重危及人身安全的手段，暴力袭击正在依法执行公务的“人民警察以外的其他国家机关工作人员”的，构成妨害公务罪和其他侵犯人身类或公共安全类犯罪的想象竞合犯，应择一重罪处罚。根据第二百七十七条第一款的规定，暴力袭击正在依法执行公务的“人民警察以外的其他国家机关工作人员”的，构成妨害公务罪，处三年以下有期徒刑、拘役、管制或者罚金。但是，妨害公务罪尚不足以完全评价行为人“使用枪支、管制刀具，或者以驾驶机动车撞击等”严重危及人身安全的手段的违法性，所以还需结合个案具体情况认定行为人构成故意杀人罪、故意伤害罪、以危险方法危害公共安全罪等其他侵犯人身类或公共安全类犯罪。由于这属于同一行为触犯数罪，所以构成数罪的想象竞合犯，应择一重罪处罚。

（三）在人民警察与其他国家机关工作人员一起依法执行职务的场合，行为人暴力袭击依法执行职务的人员的，该如何处理

在人民警察与其他国家机关工作人员一起依法执行职务的场合，行为人暴力袭击依法执行职务的人员的，应当根据暴力行为所指向的具体对象进行分类讨论。其一，如果人民警察只是负责维护外围秩序，行为人的暴力行为仅指向人民警察以外的其他国家机关工作人员，那么直接适用刑法第二百七十七条第一款的规定予以处罚；其二，如果行为人的暴力行为仅指向人民警察，那么直接适用刑法第二百七十七条第五款的规定予以处罚；其三，如果行为人的暴力行为既指向人民警察，也指向其他国家机关

工作人员，那么应当先分别适用刑法第二百七十七条第五款和第一款确定法定刑，再按照法定刑较重的规定处罚。

二、如何理解刑法第二百七十七条第五款与故意杀人罪、故意伤害罪、以危险方法危害公共安全罪等其他侵犯人身或公共安全类犯罪之间的关系

刑法第二百七十七条第五款所规定的“使用枪支、管制刀具，或者以驾驶机动车撞击等”严重危及人身安全的手段，有可能导致包括人民警察在内的被害人重伤、死亡，或者危及不特定或多数人的人身、财产安全。这就涉及刑法第二百七十七条第五款与其他侵犯人身类或公共安全类犯罪之间的关系问题。

如果“使用枪支、管制刀具，或者以驾驶机动车撞击等”严重危及人身安全的手段是指向正在依法执行公务的人民警察的，那么直接按照刑法第二百七十七条第五款的规定处罚。但是，如果这些手段行为同时危及在场的其他人员的，就超出了刑法第二百七十七条第五款的评价范围。对此，应当结合行为人的主观故意或过失，并根据涉案行为实际造成的人员伤亡情况，认定行为人另外构成故意伤害罪、过失致人死亡罪或以危险方法危害公共安全罪等其他侵犯人身或公共安全类犯罪，而且应当进行数罪并罚。

有必要进一步探讨的是，如果行为人通过对人民警察以外的其他在场群众“使用枪支、管制刀具，或者以驾驶机动车撞击等”严重危及人身安全的手段，从而阻碍人民警察依法执行职务的，能否适用刑法第二百七十七条第五款的规定予以处罚？答案是否定的。因为从刑法第二百七十七条第五款的表述来看，当且仅当这些严重危及人身安全的手段行为直接指向人民警察才适用本款规定予以处罚。如果这些严重危及人身安全的手段行为直接指向的是人民警察以外的其他在场群众，那么就不符合刑法第二百七十七条第五款的规定。此时，司法者也不应当按照本款规定归纳案件事实。而应当根据涉案行为实际对人身、财产或公共安全等造成的侵害或危险，按照其他侵犯人身、财产或公共安全类犯罪予以定罪处罚。

三、如何认定刑法第二百七十七条第五款中的“人民警察”、“依法执行职务”和“暴力”

（一）如何认定刑法第二百七十七条第五款中的“人民警察”

根据人民警察法第二条第二款规定：“人民警察包括公安机关、国家安全机关、监狱、劳动教养管理机关的人民警察和人民法院、人民检察院的司法警察。”实践中，需要注意的是第二百七十七条第五款中的“人民警察”仅限于拥有正式行政编制的人民警察，不包括没有正式行政编制的协警、辅警、警校学生或实习生。

（二）如何认定刑法第二百七十七条第五款中的“依法执行职务”

被害的人民警察是否“依法执行职务”，应当由法院通过对法律、法规进行解释，综合考虑职务行为对被执行人的利益损害程度、职务行为的目的正当性、执行职务手段的相当性、执行职务的必要性等因素作出客观判断。法官在判断职务行为的合法性时，应以裁判时为基准。行为人对以裁判时为基准判明的不合法行为进行阻碍的，不成立本罪。

一方面，根据人民警察法第六条的规定，公安机关的人民警察按照职责分工，依法履行下列职责：“（一）预防、制止和侦查违法犯罪活动；（二）维护社会治安秩序，制止危害社会治安秩序的行为；（三）维护交通安全和交通秩序，处理交通事故；（四）组织、实施消防工作，实行消防监督；（五）管理枪支弹药、管制刀具和易燃易爆、剧毒、放射性等危险物品；（六）对法律、法规规定的特种行业进行管理；（七）警卫国家规定的特定人员，守卫重要的场所和设施；（八）管理集会、游行、示威活动；（九）管理户政、国籍、入境出境事务和外国人在中国境内居留、旅行的有关事务；（十）维护国（边）境地区的治安秩序；（十一）对被判处拘役、剥夺政治权利的罪犯执行刑罚；（十二）监督管理计算机信息系统的安全保护工作；（十三）指导和监督国家机关、社会团体、企业事业组织和重点建设工程的治安保卫工作，指导治安保卫委员会等群众性组织的治安防范工作；（十四）法律、法规规定的其他职责。”暴力袭击正在依法实施这些行为的人民警察的，构成本罪。

另一方面，人民警察法第二十二条采用不完全列举的方式规定人民警察不得有下列行为：“（一）散布有损国家声誉的言论，参加非法组织，参加旨在反对国家的集会、游行、示威等活动，参加罢工；（二）泄露国家秘密、警务工作秘密；（三）弄虚作假，隐瞒案情，包庇、纵容违法犯罪活动；（四）刑讯逼供或者体罚、虐待人犯；（五）非法剥夺、限制他人人身自由，非法搜查他人的身体、物品、住所或者场所；（六）敲诈勒索或者索取、收受贿赂；（七）殴打他人或者唆使他人打人；（八）违法实施处罚或者收取费用；（九）接受当事人及其代理人的请客送礼；（十）从事营利性的经营活动或者受雇于任何个人或者组织；（十一）玩忽职守，不履行法定义务；（十二）其他违法乱纪的行为。”显然，这些行为都不属于人民警察“依法”执行的公务。所以，暴力袭击正在实施这些行为的人民警察的，既不构成妨害公务罪，也不应适用修正后的刑法第二百七十七条第五款予以定罪处罚。

（三）如何认定刑法第二百七十七条第五款中的“暴力”

刑法第二百七十七条第五款中的“暴力”与本条第一款中的“暴力”应作同义解释，都指足以危及人身安全的行为。实践中，需要注意的是，在人民警察依法执行公务的过程中，被执行的一方实施轻微反抗、逃跑、威胁行为的，由于缺乏期待可能性，不宜认定为本罪。更不能将依法执行公务的对方所实施的摆脱、挣脱行为认定为本罪。

刑法修正案（十一）第三十二条　【增设冒名顶替罪】

> 三十二、在刑法第二百八十条之一后增加一条，作为第二百八十条之二：“盗用、冒用他人身份，顶替他人取得的高等学历教育入学资格、公务员录用资格、就业安置待遇的，处三年以下有期徒刑、拘役或者管制，并处罚金。
>
> “组织、指使他人实施前款行为的，依照前款的规定从重处罚。
>
> “国家工作人员有前两款行为，又构成其他犯罪的，依照数罪并罚的规定处罚。”

【条文主旨】

本条是关于增设冒名顶替罪[①]的规定。

刑法修正案（十一）针对晚近以来在社会上引起公众广泛关注的冒名顶替上大学等事件增设了冒名顶替罪，将通过盗用、冒用他人身份以顶替他人取得的高等学历教育入学资格、公务员录用资格、就业安置待遇的行为规定为犯罪。鉴于实践中冒名顶替行为一般均需要多环节的配合，为了从根本上杜绝此类行为，保障人民群众“前途的安全”，刑法修正案（十一）将组织、指使他人实施冒名顶替行为的情形，依照冒名顶替者所应当适用的法定刑从重处罚。此外，国家工作人员在组织、指使、协调或者帮

---

① 2021年2月26日公布的《最高人民法院、最高人民检察院关于执行〈中华人民共和国刑法〉确定罪名的补充规定（七）》确定刑法第二百八十条之二罪名为冒名顶替罪。

助他人顶替高等学历教育入学资格、公务员录用资格以及就业安置待遇的过程中，还有可能触及滥用职权罪，招收公务员、学生徇私舞弊罪等罪名，对于此种情形，刑法修正案（十一）规定国家工作人员同时构成本罪与其他犯罪的，依照数罪并罚的规定处罚。

【条文对照】

修正前	修正后
	第二百八十条之二　【冒名顶替罪】盗用、冒用他人身份，顶替他人取得的高等学历教育入学资格、公务员录用资格、就业安置待遇的，处三年以下有期徒刑、拘役或者管制，并处罚金。 **组织、指使他人实施前款行为的，依照前款的规定从重处罚。** **国家工作人员有前两款行为，又构成其他犯罪的，依照数罪并罚的规定处罚。**

【修正提示】

本罪是立法机关针对刑法修正案（十一）（草案第一次审议稿）进行二次审议时增加的条款。在草案二审稿中，立法机关回应民意，将盗用、冒用他人身份，顶替他人取得高等学历教育入学资格、公务员录用资格、就业安置待遇的行为规定为犯罪，同时规定组织、指使他人实施的，从重处罚。相比之下，刑法修正案（十一）则在草案二审稿的基础上增加了国家工作人员有前两款行为，又构成其他犯罪的，依照数罪并罚的规定处罚的条款，以更好地规制冒名顶替行为，提升实施相关违法犯罪行为的成本。

【修法背景】

2020 年以来，多起冒名顶替他人上大学的事件在社交媒体上迅速发酵，引起社会公众的广泛关注。无论是“陈某秀、王某丽事件”①还是“山东 242

① 《关于聊城市冠县、东昌府区两起冒名顶替上学问题调查处理及相关情况的通报》，载山东省教育厅网站，http：//edu. shandong. gov. cn/art/2020/6/29/art_ 107094_ 9249170. html，最后访问时间：2021 年 1 月 14 日。

人冒名顶替取得学历事件”,① 无不在民众中引起强烈反响。在社情民意的推动之下，借着刑法修正的契机，全国人大常委会成员在分组审议刑法修正案（十一）（草案）的过程中普遍建议在刑法中增加相关罪名，并加大量刑标准，以立法保障公民“前途的安全”。②基于此，本着类型化立法的要求，刑法修正案（十一）将顶替他人取得的高等学历教育入学资格、公务员录用资格、就业安置待遇的行为规定为犯罪。③ 实际上，群众的呼声虽然在此次修法的过程中发挥了重要作用，但在高涨的民意背后，冒名顶替行为的严重社会危害性和我国刑法针对性罪名的匮乏之间的矛盾，是此次修法的主要动因。

一、冒名顶替行为具有严重的社会危害性

在实践中，除顶替他人上大学外，冒名顶替行为还具有多种形式，主要表现为顶替他人公务员录用资格和顶替他人就业安置待遇等。前者如“河南郸城县退伍军人件某华就业安置待遇被顶替案”,④后者如“湖南衡阳曾某娟事业编制工作被顶替案”。⑤ 在上述案例中，冒名顶替者“窃取”了本属于他者的人生，也相应地造成了多种社会利益的侵害。首先，冒名顶替的行为侵犯了被顶替者的个人权利。无论是高等学历教育入学资格、公务员录用资格还是就业安置待遇，都是被顶替者付出不懈的努力后应当获得的报偿。冒名顶替者所攫取的，是受害人的受教育权、被录用权和被安置权。其次，冒名顶替的行为侵害了国家级别考试、公务员录取制度以及特殊人群就业安置制度的公平性和公正性，削弱了社会公众对于选拔录用制度的信赖感。最后，冒名顶替的行为妨害了我国在身份制度方面的社会管理秩序。在冒名顶替的过程中，顶替者及其亲属等人必定需要实施伪造、变造身份证件、使用虚假的身份证件等妨害社会管理秩序的行为，这类行为显然对我国有关公

---

① 《两年查出 242 人涉嫌冒名顶替入学取得学历?! 山东省教育厅回应来了》，载环球网，https://baijiahao. baidu. com/s? id = 1669926910612641593&wfr = spider&for = pc，最后访问时间：2021 年 1 月 14 日。

② 《立法机关回应“前途的安全”：建议将“冒名顶替上学”入刑》，载中国新闻网，https://www. chinanews. com/gn/2020/06 - 30/9225271. shtml，最后访问时间：2021 年 1 月 14 日。

③ 周光权：《论通过增设轻罪实现妥当的处罚——积极刑法立法观的再阐释》，载《比较法研究》2020 年第 6 期。

④ 《河南退伍军人被冒名顶替工作，涉事者已被警方控制》，载《新京报》2019 年 12 月 4 日。

⑤ 《湖南衡阳“冒名顶替事件”属实 弄虚作假三责任人被立案侦查》，载东方网，http://news. eastday. com/eastday/13news/auto/news/society/u7ai1533471_ K4. html，最后访问时间：2021 年 1 月 14 日。

文、印章、身份证件的管理制度造成侵害。①通过上述分析可以发现，相比于刑法中规定的盗窃罪等财产犯罪以及代替考试罪等有关罪名，冒名顶替行为无疑具有更为严重的社会危害性。根据刑法中“举轻以明重”的当然解释原理，冒名顶替行为自然具备相当程度的刑事可罚性。并且，国外立法例中也不乏对冒名顶替行为的刑事规制条款。例如，《意大利刑法典》第四百九十四条便规定了“人身顶替”的行为：“以为自己或其他人获取好处或者使他人遭受损害为目的，非法地以自己顶替他人，赋予自己或其他人以假姓名、假身份或者具有法律后果的资格，以致陷某人于错误的，如果行为不构成其他侵犯公共信义的犯罪，处一年以下有期徒刑。”②

二、刑法修正案（十一）出台之前，针对性刑罚手段的匮乏

然而，面对冒名顶替行为所具备的严重社会危害性，在刑法修正案（十一）出台之前，我国刑法却并没有针对性的规制条款，仅能通过既有条款提供一种间接性的“外围性规制”。具言之，在冒名顶替的过程中，一般需要对以下三类人员施加惩罚：冒名顶替者本人，组织、指使冒名顶替者实施顶替行为的人（如冒名顶替者的父母、亲属等），以及在冒名顶替过程中提供关键性帮助的国家工作人员。其中，对于国家工作人员而言，刑法既有的贪污贿赂犯罪和渎职犯罪如滥用职权罪，玩忽职守罪，招收公务员、学生徇私舞弊罪等罪名已然能够织成严密的刑事法网，针对其提供帮助的行为施加妥当的处罚。但对于冒名顶替者本人以及实施组织、帮助行为的亲属等人，我国刑法却只能视相关情况，以使用虚假身份证件、盗用身份证件罪、伪造、变造、买卖国家机关公文、证件、印章罪、行贿罪以及有关渎职犯罪的共犯进行处理。尽管司法机关通过准确的事实认定和妥善的法律解释等方法能够达到不遗漏犯罪的效果，但毕竟在定性方面有所偏差，也无法触及在最终环节为行为人带来不法利益的冒名顶替行为。

此外，在冒名顶替者在行为时尚不具备刑事责任能力但东窗事发时已经具备的情况下，能够发挥惩罚作用的刑法条文便更显捉襟见肘，仅有刑法第二百八十条之一使用虚假身份证件、盗用身份证件罪。在顶替者后续使用身份证明领取信用卡等场合，还可能构成刑法第一百七十七条之一妨害信用卡管理罪中的“使用虚假的身份证明骗领信用卡的”和第一百九十六条信用卡诈骗罪中的“使用以虚假的身份证明骗领的信用卡的”。但一

① 杨帆：《冒名顶替他人高考学籍行为的法律规制——兼论对顶替者刑事制裁的可能性》，载《中国高教研究》2020年第9期。

② 《最新意大利刑法典》，黄风译注，法律出版社2007年版，第169页。

方面，使用虚假身份证件、盗用身份证件罪的法定刑仅为拘役、管制，并处或单处罚金，对于冒名顶替者所攫取的身份利益，该罪的惩罚力度明显过于轻缓，无助于达至罪刑均衡与罪刑相适应的理想效果；另一方面，如果冒名顶替者并不实施后续性犯罪行为，则妨害信用卡管理罪与信用卡诈骗罪同样没有适用余地。

综上所述，在冒名顶替行为所导致的多重社会危害性与我国刑事立法的空白的共同作用之下，刑法修正案（十一）在刑法第六章“妨害社会管理秩序罪”中增设冒名顶替罪，并将其置于适用虚假身份证件、盗用身份证件罪之后，共同打击和惩治冒名顶替行为。

【适用指南】

在刑法修正案（十一）将冒名顶替行为独立成罪并纳入扰乱公共秩序罪一节后，司法机关在适用本罪时应当注意以下问题。

一、如何理解本罪的保护法益

从本罪的体系定位和构成要件的表述方式来看，本罪的保护法益应当是公共法益。首先，刑法修正案（十一）将本罪置于“妨害社会管理秩序罪”一章，便表明了本罪属于妨害社会管理秩序的犯罪。因为根据“体系秩序的要求，法律规定的编排都是有意义的”。[①]刑法分则将某个罪安置于分则的某一章节，就是基于编排与体系秩序的考虑。[②]其次，本罪作为刑法第二百八十条之二，在法益属性的确定上自然要受到刑法第二百八十条规定的伪造、变造买卖国家机关公文、证件、印章罪、伪造公司、企业、事业单位、人民团体印章罪、伪造、变造、买卖身份证件罪，和刑法第二百八十条之一规定的使用虚假身份证件、盗用身份证件罪的影响。既然第二百八十条和第二百八十条之一的法益均为公共法益，则本罪的保护法益亦应当认定为公共法益。但同时需要注意的是，根据本罪构成要件的规定，单纯盗用、冒用他人身份的尚不成立犯罪，只有在顶替他人身份并取得了高等学历教育入学资格、公务员录用资格、就业安置待遇的情况下才构成犯罪。这意味着本罪所意图保护的客体应当局限于上述三种资格。基于此，本罪的保护法益应当被界定为在高等学历教育入学资格、公务员录用资格以及就业安置待遇方面的个人身份管理秩序，个人身份权利则应被归为公共法益保护背景下的附

---

① ［德］英格博格·普珀：《法学思维小学堂》，蔡圣伟译，北京大学出版社 2011 年版，第 56 页。

② 张明楷：《刑法分则的解释原理》，中国人民大学出版社 2011 年版，第 58 页。

带性效果。

将本罪的保护法益界定为公共法益，能够妥善处理现实生活中可能发生的各种类型的冒名顶替事件。在实践中，总体而言存在如下三种冒名顶替的模式：第一，直接被冒名顶替的行为模式。也即在被顶替者不知情的情况下，冒名顶替者直接对其进行替代，冒用其身份而获得上大学等资格的。第二，自动放弃而被冒名的行为模式。即冒名顶替者在他人主动放弃自身资格与机会的情况下，冒用其身份、成绩和机会上学、入职为公务员的。第三，自己交易被冒名的行为模式。即被冒名顶替者同意行为人冒用其入学资格、公务员录用资格以及就业安置待遇的。在后两种行为模式下，被冒名顶替者具有自愿性。①如若认为本罪所保护的是个人法益，或认为本罪保护个人法益“和”公共法益，则上述自动放弃型和自己交易型冒名顶替行为便无法受到本罪规制。但如上所述，既然本罪所保护的是公共法益，那么被顶替者放弃甚至交易个人身份、资格的，冒名顶替者同样侵犯了个人身份管理秩序，仍应当以本罪论处。在自己交易型冒名顶替的场合，交易双方亦有可能构成本罪的共同正犯。

二、如何准确理解与适用本罪的客观构成要件

本罪在客观构成要件方面表现为行为人盗用、冒用他人身份，顶替他人取得的高等学历教育入学资格、公务员录用资格、就业安置待遇。其中犯罪主体、犯罪行为和犯罪结果等客观构成要件要素均为值得注意的问题。

首先，在犯罪主体方面，本罪是一般主体而非身份犯，任何年满十六周岁、具备刑事责任能力的行为人均能构成本罪。本罪第三款之规定亦说明国家工作人员也能没有障碍地构成本罪。需要说明的是，根据全国人民代表大会宪法和法律委员会关于刑法修正案（十一）（草案三次审议稿）修改意见的报告，实践中“冒名顶替”行为也有高校管理人员等共同参与，同时构成犯罪的，也应当数罪并罚。②换言之，高校管理人员同样属于本罪第三款中规定的“国家工作人员”。

其次，在犯罪行为方面，本罪的实行行为是通过伪造身份证明文件等方式盗用、冒用他人身份并以此顶替他人取得的高等学历教育入学资格、公务员录用资格、就业安置待遇。显然，盗用、冒用他人身份是手段行

① 侯艳芳：《冒名顶替上学问题的刑法回应》，载《新疆师范大学学报（哲学社会科学版）》2021 年第 3 期。

② 《全国人民代表大会宪法和法律委员会关于〈中华人民共和国刑法修正案（十一）（草案三次审议稿）〉修改意见的报告》，载中国人大网，http：//www. npc. gov. cn/npc/c30834/202012/da46f7418eec4dc9b7f5573ee7e01427. shtml，最后访问时间：2021 年 1 月 19 日。

为，而顶替他人取得的相关资格和待遇则是目的行为。需要说明的是，尽管二者构成手段—目的关系，但并不意味着行为人只要以顶替他人取得的资格或待遇为目的而实施盗用、冒用他人身份的行为，即构成本罪的既遂。换言之，只有行为人既实施了盗用、冒用他人身份的手段行为又实施了顶替他人的目的行为，并发生了现实的顶替结果，才能认为构成本罪的既遂。单纯盗用、冒用他人身份的，只能视相关情况认定为本罪的预备或者未遂。如果手段行为涉及使用虚假身份证件、盗用身份证件罪等罪名，则应当按照罪数论和竞合论的原理进行处理，后文详述。

再次，在犯罪结果方面，基于本罪构成要件表述的限制，行为人所顶替的必须是他人已经取得的高等学历教育入学资格、公务员录用资格、就业安置待遇。行为人只是冒用他人的学籍信息参加高考、公务员考试的，不应认定为本罪。根据高等教育法第十六条的规定，高等学历教育分为专科教育、本科教育和研究生教育。根据公务员法第二条的规定，公务员是指依法履行公职、纳入国家行政编制、由国家财政负担工资福利的工作人员。至于事业编制的人员，出于罪刑法定原则和刑法谦抑性原则的要求，不宜一概认定为本罪所规定的公务员。但当事业编制的人员所承担的职务能够被认定为“公务”时，根据刑法第九十三条关于国家工作人员的定义，也存在将其认定为公务员的空间。而所谓就业安置待遇，是指退役士兵、军官、退役运动员等特殊人群享有的就业方面的优惠待遇。例如，国务院发布的《退役士兵安置条例》第三条规定，国家建立以扶持就业为主，自主就业、安排工作、退休、供养等多种方式相结合的退役士兵安置制度，妥善安置退役士兵；体育法第二十八条规定，国家对优秀运动员在就业或者升学方面给予优待。行为人盗用、冒用他人身份而非法获取本属于他人的就业安置待遇的，应当构成本罪。

最后，组织、指使他人实施冒名顶替行为的，是指行为人在他人冒名顶替的过程中起到了不可或缺的关键性作用。基于法定刑的严厉性，组织、指使行为应当区别于一般的提供帮助和教唆的行为。对于在冒名顶替过程中提供非关键性帮助或者进行教唆的行为人，应当结合本罪以及刑法总则共同犯罪的规定进行处罚。

例如，在“陈某萍冒名顶替案”中，其父陈某鹏（冠县某有限责任公司法定代表人）和其舅张某（时任某乡党委副书记、乡长）请托时任冠县招生办主任冯某振，帮助陈某萍顶替他人上大学。冯某振利用县招生办统一发放考生档案的便利，将被害人陈某秀档案交给陈某鹏。张某请托武训高级中学校长崔某会，在贴有陈某萍照片的空白高中毕业生登记表上加盖了中学公章，张某加盖烟庄乡政府公章，伪造了姓名为陈某秀、照片及相关信息为陈某萍的高中毕业生登记表，并替换到陈某秀的考生档案中。张某找到时任冠县公安局烟庄派出所所长任某坤出具虚假户口迁移证明。并由山东理工大学校教务处处长助理杜某利协调，帮助陈某萍办理了入学手续。①

在本案中，陈某萍的父亲陈某鹏和舅舅张某在其冒领陈某秀的录取通知书、伪造学生档案、户籍造假以及入学报到等环节均发挥了关键性作用，应当被认定为本款规定的组织行为，依照前款规定从重处罚。此外值得注意的是，本款并非关于冒名顶替行为共犯的规定，而是立法者单独规定的独立罪名。因此，即使冒名顶替者在实施冒名顶替行为当时不具有刑事责任能力，也并不影响本款规定罪名的成立。实际上，即使认为本条第二款是关于共同犯罪的规定，也能够通过区分不法意义上的犯罪和责任意义上的犯罪，采用共犯限制从属性理论认定第二款所规定的犯罪的成立。

三、如何理解本罪的主观构成要件

本罪的主观构成要件方面表现为故意，即行为人明知自己实施的冒名顶替行为会造成高等学历教育入学资格、公务员录用资格以及就业安置待遇方面的个人身份管理秩序的破坏，但希望或者放任这种结果发生。由于过失犯法律有规定的才处罚，本罪显然不能由过失构成。此外，成立本罪并不要求行为人具备特殊目的或者动机，但倘若行为人具有的特殊目的与动机反映其具有较大的预防必要性，则司法机关可以作为量刑情节予以考虑。

四、如何理解和适用本罪的犯罪性质

从构成要件的表述可以看出，本罪是结果犯，既遂的成立要求发生了顶替他人已经取得的高等学历教育入学资格、公务员录用资格或就业安置待遇，未遂的成立要求盗用、冒用他人身份的行为已然导致了上述三类资格、待遇被顶替的现实、紧迫的危险。而根据刑法的基本理论，从结果的发生与犯罪终了的关系，结果犯又可分为即成犯、状态犯与继续犯。不同属性决定了本罪共犯与罪数的认定以及追诉时效的计算，意义重大。笔者认为，本罪是继续犯而非即成犯或状态犯。换言之，在本罪保护法益遭受侵害的持续期间，实行行为在持续进行，结果在持续地发生，构成要件符

---

① 《关于聊城市冠县、东昌府区两起冒名顶替上学问题调查处理及相关情况的通报》，载山东省教育厅官网，http：//edu. shandong. gov. cn/art/2020/6/29/art_ 107094_ 9249170. html，最后访问时间：2021 年 1 月 15 日。

合性在持续地得到满足。①之所以作出此种认定，是因为一旦冒名顶替的结果发生，作为目的行为的顶替行为便一直处于持续的过程中，本罪法益也即在高等学历教育入学资格、公务员录用资格以及就业安置待遇方面的个人身份管理秩序也始终在遭受侵害。而既然认为本罪是继续犯，对于实施冒名顶替他人之行为时尚不符合刑事责任年龄要求，但被查处时已满刑事责任年龄要求的行为人，则可以没有障碍地以本罪论处。

五、如何处理本罪与伪造、冒用类犯罪以及滥用职权罪等职务犯罪之间可能发生的竞合关系

在刑法修正案（十一）公布后，没有疑问的是，冒名顶替者、组织、指使他人冒名顶替者，均应当以本罪定罪处罚。但同时，冒名顶替者在此过程中还可能触及刑法中其他类型的罪名。对此存在如下几种情形。

第一，冒名顶替者以及组织、指使者可能涉及我国刑法中伪造类或者冒用类犯罪。

例如，在“王某嵘伪造国家机关证件案”中，被告人王某嵘为了使其女儿能够读上本科大学（贵州某大学），采取冒用他人身份信息及高考成绩信息等资料、伪造被冒用者的户口迁移证及学生学籍档案、在办理户口迁移证的环节私刻派出所印章等手段，使其女儿以被冒用者的身份就读大学。②

在本案中，被告人王某嵘私刻国家机关印章，伪造户口迁移证和学籍档案，构成伪造国家机关证件罪。同时，冒名顶替者在使用这些伪造的身份证件的同时，还可能构成使用虚假身份证件、盗用身份证件罪。前文已有相关阐述，此处不赘。关于伪造类犯罪，司法机关还需要注意“有形伪造”和“无形伪造”的区分。前者是指没有公文证件制作权限的人所实施的伪造行为，如办假证的人帮助他人办假证。王某嵘案中便涉及有形伪造；后者是指具有制作权限的人利用职务上的便利，超越权限、违背事实，为他人或自己制作内容与真实情况不符的证件。③前述陈某萍案中，户籍造假都是通过请托民警利用职权完成的，便涉及无形伪造。笔者认为，无论是有形伪造还是无形伪造，都侵犯了国家机关公文证件的公信力，均应当构成伪造类犯罪。

第二，冒名顶替者以及组织、指使者可能构成贪污贿赂犯罪、渎职犯罪的教唆犯或者帮助犯。因为在很多情况下，冒名顶替者在各个关键环节

---

① 张明楷：《刑法学》（第五版），法律出版社2016年版，第172页。

② 参见湖南省邵阳市北塔区人民法院（2009）北刑初字第46号刑事判决书。

③ 熊永明：《论刑法中的无形伪造——以文书为视角》，载《法学论坛》2005年第3期。

上都要借助公权力才能造假过关。在这个过程中，具备特定身份者，涉嫌构成渎职类犯罪，不具备特定身份者，则是通过教唆犯或者帮助犯的形式，构成有身份者的共犯。①仍以前述“陈某萍冒名顶替案”为例。该案中，冯某振作为山东冠县招生办主任，其行为可能构成我国刑法第四百一十八条规定的招收学生徇私舞弊罪。相应地，陈某萍的父亲陈某鹏由于其请托行为，可能构成招生学生徇私舞弊罪的教唆犯和帮助犯。在共同犯罪中，应当视其发挥的作用大小认定主犯与从犯。倘若在陈某鹏请托的过程中存在行贿、受贿的情节，则应当分别认定为行贿罪和受贿罪。

第三，组织、指使他人实施冒名顶替行为者，自身可能具备某种身份而构成滥用职权类犯罪的正犯。例如，陈某萍的舅舅张某在伪造档案的过程中，加盖了政府公章，伪造了姓名为陈某秀、照片及相关信息为陈某萍的高中毕业生登记表，并替换到陈某秀的考生档案中。张某作为烟庄乡党委副书记、乡长，其行为造成了恶劣社会影响，致使个人身份管理制度被架空，陈某秀的身份权利遭受重大损害，涉嫌构成刑法第三百九十七条规定的滥用职权罪。

在上述分析的基础上，笔者认为，在本罪与相关行为人可能构成的其他犯罪之间的关系上，为了实现全面保护法益、惩治冒名顶替现象的理想效果，司法机关应当更多以数罪并罚而非牵连犯或者想象竞合的方式处理罪数问题。原因在于：首先，本罪第三款规定国家机关工作人员有冒名顶替行为、组织、指使顶替行为，同时构成其他犯罪的，依照数罪并罚的规定处罚。笔者认为本款的规定属于注意规定而非法律拟制，是立法机关考虑到国家工作人员在冒名顶替中起到的关键性作用而特地提示司法机关工作人员，在解决此类问题时应当采取的做法。既然国家工作人员应当数罪并罚，一般人员也并无从一罪处罚的理由。其次，尽管冒名顶替者、组织指使者的伪造、冒用行为往往与顶替行为之间构成手段行为与目的行为的关系，但并不意味着应当依照牵连犯从一重罪处罚的原理进行处理。因为在法益侵害方面，伪造、冒用行为侵害了国家机关公文、证件、印章以及个人身份证件的公共信用，行为人请托国家工作人员为其提供帮助、出具证明，则是侵害了公权力的公正性、纯洁性和不可谋私利性。而相比之下，顶替行为侵犯的则是高等学历教育入学资格、公务员录用资格、就业安置待遇三个方面的个人身份管理制度。在手段行为与目的行为在法益侵害方面并不具有包

---

① 车浩：《冒名顶替上学的罪与罚》，载中国法律评论微信公众号，https://mp.weixin.qq.com/s/We9tEKyJIDoWGB12tMVNzA，最后访问时间：2021 年 1 月 15 日。

容性或者同一性时，从一重罪处罚的处理方式便失去了合理性根基。

六、如何处理冒名顶替行为的诉讼时效问题

尽管晚近以来多起冒名顶替事件激起了民众的普遍愤慨，司法机关在处理相关案件时也应当注重诉讼时效问题的处理。同时，在刑法修正案（十一）生效后，司法工作人员在审判实务中亦应当正确运用从旧兼从轻原则处理此类案件。需要注意的是，由于本罪属于继续犯，在刑法修正案（十一）生效前实施但持续到生效后的冒名顶替行为亦可视具体情形，以本罪定罪量刑。

刑法修正案（十一）第三十三条　【增设高空抛物罪】

三十三、在刑法第二百九十一条之一后增加一条，作为第二百九十一条之二："从建筑物或者其他高空抛掷物品，情节严重的，处一年以下有期徒刑、拘役或者管制，并处或者单处罚金。

"有前款行为，同时构成其他犯罪的，依照处罚较重的规定定罪处罚。"

【条文主旨】

本条是关于增设高空抛物罪[①]的规定。

为防范近年来屡次发生的高空抛物恶性事件，切实维护人民群众"头顶上的安全"，刑法修正案（十一）将从建筑物或者其他高空抛掷物品，情节严重的行为规定为犯罪，并纳入我国刑法分则第六章"扰乱公共秩序罪"一节。此外，鉴于高空抛物类行为在实践中往往同时触犯故意杀人罪、故意伤害罪、故意毁坏财物罪、寻衅滋事罪、重大责任事故罪等罪名，刑法修正案（十一）规定，有高空抛物行为，同时构成其他犯罪的，应当依照处罚较重的规定定罪处罚。

---

① 2021年2月26日公布的《最高人民法院、最高人民检察院关于执行〈中华人民共和国刑法〉确定罪名的补充规定（七）》确定刑法第二百九十一条之二罪名为高空抛物罪。

【条文对照】

修正前	修正后
	第二百九十一条之二　【高空抛物罪】从建筑物或者其他高空抛掷物品，情节严重的，处一年以下有期徒刑、拘役或者管制，并处或者单处罚金。 有前款行为，同时构成其他犯罪的，依照处罚较重的规定定罪处罚。

【修正提示】

本条是立法机关为了应对晚近以来频繁发生的高空抛物致死、致伤、致损等系列事件所新增的罪名。

刑法修正案（十一）（草案第一次审议稿）将高空抛物罪作为刑法第一百一十四条的第二款与第三款，规定从高空抛掷物品，危及公共安全的，处拘役或者管制，并处或者单处罚金。此外，草案一审稿还规定有放火、决水、爆炸、投放危险物质、从高空抛掷物品等危及公共安全的行为，致人伤亡或者造成其他严重后果，同时构成其他犯罪的，依照处罚较重的规定定罪处罚。

相较于草案一审稿，草案二审稿在体系地位、构成要件表述、法定刑设置以及犯罪竞合的处理方法四个方面进行了调整。

首先是在体系地位上，将本罪从危害公共安全罪调整为扰乱公共秩序罪；

其次是在构成要件表述上，将“从高空抛掷物品”修改为“从建筑物或者其他高空抛掷物品”，此外删除“危及公共安全”这一构成要件要素，并且增加“情节严重”之要素；

再次是在法定刑设置上，将本罪的法定刑从拘役或者管制，并处或者单处罚金，上调为一年以下有期徒刑、拘役或者管制，并处或者单处罚金；

最后是在犯罪竞合的处理方法上，删除“致人伤亡或者造成其他严重后果”的表述，直接规定有前款行为，同时构成其他犯罪的，依照处罚较重的规定定罪处罚。草案二审稿关于高空抛物行为的规定经过第十三届全国人大常委会第二十四次会议的审议，正式成为刑法修正案（十一）的条文内容。

【修法背景】

随着我国经济社会的迅猛发展和城镇化水平的不断提高，万千广厦拔地而起。据腾讯网报道，截至2020年，全球范围内4992座150米以上已建成建筑中，中国独有2215座，占全球的44.37%。[①]然而，高楼住户数量不断增加也带来了高空抛物事件的频繁发生。例如，2019年7月，浙江省舟山市一名男子将两块广告牌玻璃从4楼扔下，造成楼下停放的车辆损坏。[②]再如，2019年8月，上海市闵行区一男子为发泄情绪，将手机、平板电脑、水果刀等从14楼扔出窗外，砸落在楼下的轿车上。[③]此类高空抛物行为对于人民群众的生命、财产安全造成了相当程度的威胁，引起了人民群众的普遍担忧，总体上也在全国范围内达成了用刑法保护“头顶上的安全”的声音与共识。

相应地，为了充分发挥司法审判的惩罚、规范和预防功能，依法妥善审理高空抛物、坠物案件，切实维护人民群众“头顶上的安全”，保障人民安居乐业，维护社会公平正义，最高人民法院依据刑法、侵权责任法[④]等相关法律，发布了《关于依法妥善审理高空抛物、坠物案件的意见》。《关于依法妥善审理高空抛物、坠物案件的意见》指出，应当准确认定高空抛物犯罪，其中规定，故意从高空抛弃物品，尚未造成严重后果，但足以危害公共安全的，依照刑法第一百一十四条规定的以危险方法危害公共安全罪定罪处罚；致人重伤、死亡或者使公私财产遭受重大损失的，依照刑法第一百一十五条第一款的规定处罚。为伤害、杀害特定人员实施上述行为的，依照故意伤害罪、故意杀人罪定罪处罚。

而从刑法修正案（十一）草案一审稿采取的将高空抛物罪作为刑法第一百一十四条的新增条款的做法来看，草案一审稿显然沿袭了《关于依法妥善审理高空抛物、坠物案件的意见》的思路，将高空抛物行为作为危害公共安全的犯罪。然而，此种处理方式面临着来自学理和实务的双重质疑。

首先，在学理层面上，用以针对性规制高空抛物行为的罪名与刑法

---

① 《最新中国城市高楼数量统计》，载腾讯网，https：//xw. qq. com/cmsid/20200423A0DWH800？f = newdc，最后访问时间：2021年1月18日。

② 倪戈：《共同守护“头顶上的安全”》，载《人民日报》2019年10月17日。

③ 黄雄：《上海高空抛物入刑首案宣判：危险方法危害公共安全被判刑》，载《中国应急管理》2019年第12期。

④ 已被民法典废止。

第一百一十四条规定的放火罪、决水罪、爆炸罪、投放危险物质罪以及以危险方法危害公共安全罪等危害公共安全的犯罪在保护法益方面格格不入。众所周知，我国刑法第一百一十四条在理论构造上属于具体危险犯，其保护法益是公共安全，即不特定多数人的生命、身体安全。所谓多数，是指数量上的较多人；所谓不特定，根据德日和我国刑法理论通说，则是指危险的不特定扩大，要求危险的扩大是行为人不可能限定的，或者扩大的范围是不可能预测的。① 既然将高空抛物列入该条，根据体系解释的基本原理，便意味着典型的高空抛物行为所侵害的是不特定多数人的生命、身体安全，高空抛物是会对不特定多数人的生命、身体安全造成紧迫、具体危险的行为类型。然而，除却极端特殊情形外，现实生活中的高空抛物行为很难认为能够像放火、爆炸、决水等行为一样危害公共安全。

例如，在“黄某芳以危险方法危害公共安全案”中，2019年7月5日21时许，被告人黄某芳为发泄情绪，抱起放置在404房和405房之间的一个消防箱（箱内装有两个未使用过的干粉灭火器，总重量约40斤），从四楼阳台扔向一楼地面，砸坏了停放在一楼停放自行车区域的一辆自行车。该时段是公司员工上下班进出宿舍高峰期，宿舍楼下和停放自行车区域会有不特定多人经过。②

在本案中，被告人黄某芳从四楼高度扔下一个重约40斤的消防箱，尽管很可能导致人员伤亡和财产毁坏的结果发生，但这种危害人身、财产安全的结果显然是限制在很小范围内的，是一种针对特定的少数人的危险。即使其高空抛物行为发生在公司员工上下班进出宿舍的高峰期，也不可能危及不特定多数人的生命、身体安全，不可能造成危险的不特定扩大之局面。换言之，通常的高空抛物行为对于公共安全而言，至多造成一种抽象而非具体、缓和而非紧迫的危险，其更多是对社会公众的安全感造成了侵犯。可是，公众安全感的维护虽然属于刑法规制的附带效果，却并非刑法直接保护的经验性对象。这意味着，《关于依法妥善审理高空抛物、坠物案件的意见》和草案一审稿将典型的高空抛物行为认定为危害公共安全的犯罪的做法，显然存在疑问。

其次，在司法实务层面上，《关于依法妥善审理高空抛物、坠物案件的意见》发布后，司法机关工作人员尽管应当运用以危险方法危害公共安

① 张明楷:《高空抛物案的刑法学分析》，载《法学评论》2020年第3期。

② 广东省深圳市龙岗区人民法院（2019）粤0307刑初3459号刑事判决书。

全罪认定典型的高空抛物类案件，但却往往在刑罚方面作宽缓化处理。

例如，在“刘某某以危险方法危害公共安全案”中，2020 年 9 月 2 日 11 时许，被告人刘某某在本区上南路某室，在明知高空抛物有危险的情况下，酒后将家中闲置的陶瓷杯从五楼至六楼走道窗户扔出，将被害人沈某停放在楼下场地的小型轿车天窗砸坏。经鉴定，涉案轿车天窗价值人民币 1277 元。①

本案中，尽管法院认定被告人刘某某构成以危险方法危害公共安全罪，但通过认定自首、被害人谅解等情节从轻处罚，最终判处有期徒刑一年六个月，缓刑一年六个月。

又如，在“梁某某以危险方法危害公共安全案”中，被告人梁某某酒后无故将家中陶瓷台盆抱起从三楼阳台扔向楼下通道，台盆当场被砸碎，其间其自己头部被台盆割伤。上址除被告人梁某某外另有居民 35 人。该通道宽约 2.5 米，系上述居民主要通行道及活动场所，两侧停放了多辆电动自行车及儿童滑板车。嗣后，房东须某某报警，民警胡某等人至上址处理警情。其间，被告人梁某某与民警胡某发生争执，将胡某警用反光衣扯落。后增援民警沈某某将被告人梁某某送至复旦大学附属华山医院北院救治。被告人梁某某因不愿支付救护车费用，在医院与民警即被害人沈某某发生冲突，并用手掐住被害人沈某某的颈部，致其颈部多处被抓伤，少量渗血。经鉴定，被害人沈某某的伤势构成轻微伤。②

在本案中，法院认定被告人梁某某构成以危险方法危害公共安全罪和妨害公务罪，数罪并罚，决定执行有期徒刑三年，缓刑四年。

在实践中，司法机关对于高空抛物刑事案件所采取的“高高举起、轻轻放下”的做法并非个例。根据学者的实证统计，高空抛物未造成严重后果与以危险方法危害公共安全未造成严重后果的犯罪，在量刑上存在明显差异。在 13 个适用基本刑的高空抛物犯罪中，判刑不足 3 年的有 5 例，占比 38.46%；判刑 3 年的 7 例，占比 53.85%；判刑 4 年的仅有 1 例。而相比之下，在 27 个以危险方法危害公共安全的犯罪中，判刑不足 3 年的 4 例，占比 14.8%；判刑 3 年的 9 例，占比 33.33%；判刑 4 年及以上的 10 例，占比 37.04%。根据以刑制罪的基本原理，高空抛物行为的社会危害

---

① 上海市浦东新区人民法院（2020）沪 0115 刑初 4862 号刑事判决书。

② 上海市宝山区人民法院（2020）沪 0113 刑初 765 号刑事判决书。

性显然远远低于以放火、决水等危险方法危害公共安全的犯罪。[①]高空抛物行为对于不特定多数人的生命、身体安全也难以造成具体而紧迫的危险。由此可见,《关于依法妥善审理高空抛物、坠物案件的意见》与一审稿所采取的将高空抛物行为纳入危害公共安全犯罪中的做法,显然在体系地位和逻辑安排上存在疑问。

基于此,草案二审稿调整了高空抛物罪的体系位置,将其置于刑法分则第六章"扰乱公共秩序罪"之中,并相应地修改了构成要件表述。应当认为,此种修改意味着高空抛物行为与危害公共安全犯罪实现了脱钩,高空抛物罪的成立并不以侵犯公共安全为必要。

【适用指南】

在刑法修正案(十一)将高空抛物罪独立成罪并纳入扰乱公共秩序犯罪一节后,司法机关在适用的过程中应当注意以下几点问题。

一、如何认定本罪的保护法益

在草案二审稿将高空抛物罪从危害公共安全犯罪调整到扰乱公共秩序罪中,并相应地删除"危及公共安全"要素和增加"情节严重"要素后,其保护法益便不能被认定为不特定多数人的生命、身体安全,而应当被认定为社会公共管理秩序。具言之,本罪的保护法益应当是不得从建筑物等高空随意抛掷物品的公共管理秩序。这一法益在当下具有十分鲜明的重要性。如学者所言,随着社会的发展变化,原本不被认为是利益或者原本不会被侵害的利益,现在却是重要利益并且受到了严重侵害。[②]我国高层住户迅速增加的客观现实催生了高空抛物方面的公共管理秩序。在人民群众普遍居住在低矮平房的时代,高空抛物方面的秩序利益并不存在,人们也极少因为高空抛物类行为而遭受利益侵害。但在高楼广布的时代,在全社会范围内形成一种关于高空抛物的社会管理秩序便有其必要性。这一方面是为了维护人民群众出行的安全,另一方面也是为了发挥刑法作为行为规范所具有的行动指南之功能。

需要注意的是,刑法修正案(十一)将本罪法益界定为不得从建筑物等高空随意抛掷物品的公共管理秩序,意味着行为人所实施的高空抛物行

---

① 赵香如:《论高空抛物犯罪的罪刑规范构造——以〈刑法修正案(十一)〉(草案)为背景》,载《法治研究》2020 年第 6 期。

② 张明楷:《增设新罪的观念——对积极刑法观的支持》,载《现代法学》2020 年第 5 期。

为即使并未造成公共安全、人身安全、财产损毁的实害结果或者具体危险，亦可能因为其秩序违反性而构成犯罪。毕竟，高空抛物行为在特殊情况下虽然可能造成不特定人的生命、身体或者财产安全，在一定程度上具有危害公共安全的性质，但不可否认同时存在对公共安全并没有危害的高空抛物行为，这些高空抛物行为所侵害的正是公共秩序。只有将扰乱公共秩序的高空抛物行为纳入刑法处罚范围，才能有效地惩治与预防此种现象。①

例如，在“陈某某高空抛物案”中，2020 年 8 月 22 日 21 时许，被告人陈某某因琐事与儿子陈某发生争吵，后陈某某在回家过程中发现未带钥匙，故通知开锁工人前来开锁。开锁工人将 2102 室门打开后，陈某某生气试图追打开锁工人，开锁工人逃离时将开锁工具箱遗留在开锁现场。陈某某生气将工具箱从 21 楼门口过道向外抛出，工具箱及内装的开锁工具散落在 1 单元门口附近，导致单元门上方遮阳的钢化玻璃损坏，价值 860 元。②

在本案中，被告人陈某某将开锁工具箱从 21 楼高度抛出，导致价值 860 元的财产损坏。根据 2008 年《最高人民检察院、公安部关于公安机关管辖的刑事案件立案追诉标准的规定（一）》第三十三条，故意毁坏公私财物，造成公私财物损失 5000 元以上的，才应当立案追诉。也即，本案中陈某某的行为并未达到故意毁坏财物罪所要求的刑事可罚性。此外，被告人陈某某仅仅是从高空抛掷了一个开锁工具箱，也无法对不特定多数人的生命、身体安全造成具体、紧迫危险。但由于其在住户较多的地点实施高空抛物行为，侵犯了社会公共管理秩序，情节较为严重，已然符合了刑法修正案（十一）所规定的高空抛物罪的构成要件，应当以该罪定罪处罚。

二、如何理解本罪的客观构成要件

本罪在客观构成要件方面表现为行为人从建筑物或者其他高空抛掷物品。鉴于高空抛物情形在现实生活中所呈现的复杂形态，本罪的犯罪主体、犯罪行为以及构成要件要素的具体含义和判断方法等问题，均值得进一步讨论。

首先，就犯罪主体方面，本罪是一般主体而非身份犯，任何年满十六周岁、具备刑事责任能力的行为人均能构成本罪。倘若已满十二周岁不满十六周岁的限制刑事责任主体通过高空抛物行为而实施故意杀人、故意伤

---

① 陈兴良：《公共安全犯罪的立法思路嬗变：以〈刑法修正案（十一）〉为视角》，载《法学》2021 年第 1 期。

② 安徽省肥西县人民法院（2020）皖 0123 刑初 490 号刑事判决书。

害行为的，司法机关应当结合具体事实以故意杀人罪、故意伤害罪论处，不应认定为本罪。

其次，本罪的实行行为是从建筑物或者其他高空抛掷物品，如行为人从十层高的住宅窗户往外抛掷家具、灭火器等物品。“抛掷”是指行为人投、扔、丢弃相应物品的行为。如若行为人在高空使用弹弓等杀伤力较强的工具伤害他人身体或者公私财物的，不应认定为本罪中的抛掷行为。

例如，在“沈某某寻衅滋事案”中，2019 年 7 月 12 日至 15 日，被告人沈某某在连云港市海州区某小区 16 号楼 1 单元 10××室家中，多次利用弹弓射击钢珠的方式，损坏周边邻居房屋的玻璃，造成被害人于某等人家中玻璃损坏。①

本案中，沈某某从高空使用弹弓射击，损坏周边邻居房屋的玻璃的行为，由于不符合“抛掷”的文义，不能归入高空抛物罪的规制范围，应当视相关情况以故意毁坏财物罪或寻衅滋事罪论处。

值得注意的是，尽管实行行为之关键在于“抛掷”，但这并不意味着本罪仅能由作为方式构成。实践中亦有可能出现以不作为方式实施的高空抛物行为。不作为犯的情形如，父母在明知不具备刑事责任能力的孩童或者在监护人明知在自己监护之下的精神病人从高空抛掷物品，而对此予以追求或者放任。不过，由于缺乏刑法条文的具体规定，本罪的不作为犯形式只能是不真正（纯正）不作为。因此，司法机关在具体认定不作为的高空抛物罪时，需要将保证人地位与作为义务、不作为与作为的等价性以及保证人的作为能力和履行作为义务的可能性等因素纳入综合考量的范围。另外需要说明的是，如安置于高楼阳台上的花盆等物品不慎坠落的场合，如后文所述，由于欠缺故意，刑法不应当以不作为的高空抛物罪追究所有权人或者管理人的刑事责任，而是应当视相关情况以过失致人死亡罪、过失致人重伤罪等过失犯罪或者侵权责任的方式处理此类案件。

再次，对“建筑物或者其他高空”以及“物品”等要素的认定问题。根据实质不法论，构成要件是实质不法类型，构成要件要素必须能够表征实质的法益侵害性。这意味着，并非只要是建筑物便能够认定为高空，更不能认为只要高于一般人头顶的高度便是高空。此外，“物品”这一要素的解释也应当有所限定，重量极其轻微而不可能造成危害后果的物品如一个塑料袋、一张 A4 纸，均不应当被认定为高空抛物罪中的“物品”。同时，“物品”也不应当限于固体，液体和气体在特殊情况下也可纳入本罪

① 江苏省连云港市海州区人民法院（2020）苏 0706 刑初 46 号刑事判决书。

规定的“物品”范畴。笔者认为，司法机关在从事检察审判工作过程中，应当采用综合性和整体性的视角认定“高空”要素和“物品”要素。详言之，应当结合抛掷的高度、场所和被抛掷物品的形状、大小、质量、软硬程度、尖锐程度等因素综合认定。实际上，根据相关报道，一颗重约 30 克的鸡蛋从 25 楼的高度抛下即可使人当场死亡，一块重约 1 千克的石头从 30 米的高度砸中人的头部也会造成死亡结果。①而将一个笔记本电脑从 2 米的高处抛下，一般不会造成显著的危害后果。因此，要求刑法采取自然科学那样精确的数值确定高空的概念，是不现实也是不科学的。

最后，本罪关于“情节严重”的要求，意味着受到刑法规制的典型高空抛物行为，应当现实地造成了公共秩序遭受侵害的结果。这与我国刑法第十三条的规定是一致的，行为人实施的行为情节显著轻微危害不大的，不认为是犯罪。“情节严重”这一构成要件要素的存在意味着，一些特殊的高空抛物案件不应作犯罪化处理。例如，行为人从周围无人居住且来往行人很少的乡间高层建筑中抛掷物品的，或者维修偏远地区高压电线的工人从高空抛掷物品的，由于并不存在值得保护的公共秩序利益，在未发生其他后果的情况下，不应当认定为犯罪。此外，根据《关于依法妥善审理高空抛物、坠物案件的意见》的规定，在行为人实施高空抛物行为已然造成了社会公共秩序遭受显著损害的情况下，存在多次实施、经劝阻继续实施、受过刑事处罚或者行政处罚后又实施、在人员密集场所实施以及其他严重情节的，由于其提升了高空抛物行为的不法性或者表征了行为人自身的特殊预防必要性，应当依法从重处罚。

例如，在“吴某某高空抛物案”中，2019 年 12 月 15 日 15 时许，被告人吴某某在东莞市长安镇上沙社区某楼房（高度约 9 米）醉酒闹事，将破坏的一个房门（重量 12.35 千克）、六个灭火器（最轻的重量 2.1 千克，最重的重量 6.2 千克）、一张椅子和消防水带（重量 8.15 千克）等物品（上述物品价值共 1705 元）从四楼高处扔下，物品砸落在 18 栋宿舍楼下公共道路上，未造成人身伤害或重大财产损失的严重后果。②

本案中，被告人吴某某从四楼高处扔下房门、灭火器等能够导致人身、财产损害的物品，虽然没有引起人身伤害或者重大财产损失等后果，但已然符合了高空抛物罪的构成要件。此外，鉴于吴某某在特定时间段内

---

① 《又是高空抛物！“天降”苹果砸中三个月大女婴　右脑震碎命悬一线》，载《人民日报》2018 年 3 月 13 日。

② 广东省东莞市第二人民法院（2020）粤 1972 刑初 1387 号刑事判决书。

先后多次实施高空抛物行为，无疑给社会管理秩序造成了更为严重的侵害，应当在高空抛物罪的法定刑幅度内依法从重处罚。

三、如何认定本罪的主观构成要件

本罪的主观构成要件方面表现为故意，即行为人明知自己实施的高空抛物行为会造成社会公共秩序的破坏，仍希望或者放任这种结果的发生。根据刑法基本理论，故意是指实施犯罪的意思。换言之，故意是对犯罪客观事实的认识与意欲。因此，与客观构成要件要素相契合的犯罪事实便属于故意的认识对象。[①]具体到本罪之中，行为人应当对“高空”“抛掷”“物品”等客观构成要件事实具有明知。但行为人的明知只需要达到社会一般公众对于高空抛物的认识程度即可。此外，构成本罪不要求行为人具有目的、动机等主观超过要素，倘若行为人基于恶劣动机和目的而实施高空抛物行为，司法机关在量刑时应作为特殊预防情节加以考量。

行为人由于过失的主观心态而从高空抛掷物品的，不应认定为本罪。司法机关应当准确区分基于故意心态的“高空抛物”和基于过失心态的“高空坠物”。高空抛物行为的社会危害性更为严重，行为人主观方面为故意；而高空坠物的行为人主观方面则是过失，通常以造成相应结果作为入罪要件。[②]

例如，在“朱某某、雷某某高空坠物案”中，2017 年 12 月 23 日 13 时许，被告人朱某某等二人拆除 17 号楼 28 层至 26 层的飘窗悬挑架。同期，施工人员孔某乙（死者），在没有接到停工通知的情况下也进入 17 号楼同一立体施工场地施工。当日 14 时许，被告人朱某某在该楼 26 层拆除飘窗悬挑架时，违反拆除顺序，在室内拆除连墙杆时，造成与外面连接的两根扣件相连的钢管坠落砸中正下方在 13 层私自使用高空吊篮实施打胶作业的孔某乙，致其死亡。[③]

本案中，由于被告人朱某某违反拆除飘窗悬挑架顺序，疏忽大意造成钢管坠落砸中被害人孔某乙并造成其死亡的结果。鉴于被告人朱某某并不具备从高空抛掷物品的故意，其行为应当认定为高空坠物而非高空抛物，以刑法第一百三十四条重大责任事故罪论处。

---

① ［日］西田典之：《日本刑法总论》，刘明祥、王昭武译，中国人民大学出版社 2007 年版，第 165 页；张明楷：《刑法学》（第五版），法律出版社 2016 年版，第 252 页。

② 姜启波、郭锋、陈龙业：《〈关于依法妥善审理高空抛物、坠物案件的意见〉的理解与适用》，载《人民司法》2020 年第 16 期。

③ 江苏省徐州市泉山区人民法院（2019）苏 0311 刑初 251 号刑事判决书。

四、如何处理本罪与故意杀人罪、故意伤害罪、故意毁坏财物罪、寻衅滋事罪等罪名的竞合关系

本罪第二款规定，有前款行为，同时构成其他犯罪的，依照处罚较重的规定定罪处罚。这为司法机关正确处理高空抛物类案件，准确适用相关刑法条文提供了指导。在实践中，高空抛物罪往往与下述罪名产生司法适用上的竞合关系。

第一，故意实施的高空抛物行为致人死亡或者产生了致人死亡的具体危险，行为人对于此种危害结果具有明知且追求和放任此种结果发生的。对于此种情形，司法机关应当以故意杀人罪既遂/未遂论处。原因在于，在行为人明知自己实施的高空抛物行为具有致人死亡的危险而予以追求或者放任时，在主客观方面已然同时符合了故意杀人罪和高空抛物罪的构成要件，鉴于行为人只实施了一个行为，根据想象竞合的基本原理，应当从一重罪即故意杀人罪既遂/未遂论处。

第二，故意实施的高空抛物行为，导致他人身体伤害的，应当认定为故意伤害罪。

例如，在“斯某甲高空抛物案”中，2018年11月23日1时许，被告人斯某甲醉酒后在越西县申普乡某村某山坡上朝下面的水泥路扔石头，走在水泥路上的斯某乙等人多次喊话未能阻止斯某甲继续向下抛掷石头。后斯某甲扔的一块石头击中被害人斯某丙头部右侧，致斯某丙受伤倒地，后斯某丙经医院抢救无效死亡。经鉴定，被害人斯某丙系被他人以钝器击打头面部致重度开放性颅脑损伤死亡。①

在本案中，被告人斯某甲故意实施的高空抛物行为造成了被害人斯某丙的死亡结果。从案情来看，被告人斯某甲显然明知山坡下有行人存在，但仍然多次实施从山坡抛掷石头的行为，放任可能发生的伤害结果的实现。同时，根据现有证据不足以证明被告人斯某甲具有杀人故意，因此应当认定为故意伤害罪（致人死亡）与高空抛物罪的想象竞合，从一重罪处罚。需要说明的是，故意实施的高空抛物行为，具有导致他人身体伤害的危险，但并没有导致人员伤害结果出现的，由于我国司法实践并不处罚故意伤害罪的未遂，难以认定为故意伤害罪，②司法机关对于此种情形应当以高空抛物罪论处。学理中有观点认为此种情形可以认定为我国刑法第二百

---

① 四川省凉山彝族自治州中级人民法院（2019）川34刑初135号刑事判决书。

② 张明楷：《高空抛物案的刑法学分析》，载《法学评论》2020年第3期。

九十三条寻衅滋事罪中的“随意殴打他人”或者“拦截、恐吓”行为。[①]笔者认为，在高空抛物独立成罪之前，采取此种思路无疑是可行的。但刑法修正案（十一）生效后，应当将此种情形评价为高空抛物罪。这是因为，一方面高空抛物罪能够更加准确地评价此种行为的性质，从而更充分地发挥刑法作为行为规范的指引功能；另一方面也能保持故意伤害罪的未遂、高空抛物罪与寻衅滋事罪之间的罪刑均衡。

第三，故意实施的高空抛物行为，没有导致人员伤亡的危险，但导致财物损坏达到数额较大或者情节严重标准的，应当以故意毁坏财物罪论处。

例如，在“黄某高空抛物案”中，2019年6月24日21时许，黄某饮酒后回到住处，见到居住在2903房的邻居陈某及陈某家放置在门外走廊的杂物，遂以陈某家物品占用了公共空间为由将放置在该处的凉席、婴儿钢琴等物品从二十九楼直接扔向楼下。黄某从二十九楼扔下的物品将在该小区居住的蔡某、周某、王某停放在该栋楼下的三台车辆砸坏。其中经鉴定，被损坏的三台车合计毁损价值为人民币5806元。[②]

本案中，被告人黄某酒后故意实施高空抛物行为，将被害人陈某的凉席、婴儿钢琴等财物从二十九楼高处抛下，造成该栋楼下停放的三台车辆被砸坏。被告人黄某的行为已然符合了故意毁坏财物，数额较大的规定，构成故意毁坏财物罪和高空抛物罪的想象竞合，应以故意毁坏财物罪处罚。同时，由于故意毁坏财物罪在实践中亦不处罚未遂，在行为人高空抛物的行为仅仅造成他人财物的具体危险的场合，司法机关单独以高空抛物罪论处即可。

第四，强令工人违章高空抛物，因而发生重大伤亡事故或者造成其他严重后果的，对强令者应当认定为强令违章冒险作业罪和高空抛物罪间接正犯的想象竞合，以强令违章冒险作业罪处罚。

第五，从高空抛掷物品危害公共安全的，如从高空抛掷毒害性、放射性、传染病病原体或者从高空向正在运行的火车、汽车、电车等公共交通工具抛掷足以使其颠覆的物品的，应当认定为我国刑法分则第二章危害公共安全犯罪与高空抛物罪的想象竞合，以投放危险物质罪、以危险方法危害公共安全罪或者破坏交通工具罪等罪名论处。

第六，过失实施的高空抛物行为致人死亡、重伤的，应当分别认定为

---

① 魏东、赵天琦：《刑法修正案的规范目的与技术选择——以〈刑法修正案（十一）〉为参照》，载《法治研究》2020年第5期。

② 广东省深圳市龙华区人民法院（2019）粤0309刑初1690号刑事判决书。

过失致人死亡罪和过失致人重伤罪。在生产、作业中违反有关安全管理规定，或者由于安全生产设施、安全生产条件不符合国家规定，导致从高空坠落物品，造成重大伤亡事故或者其他严重后果的，应当视情形认定为重大责任事故罪、重大劳动安全事故罪。

第七，尽管高空抛物罪的第二款规定了应当依照处罚较重的规定定罪处罚，司法机关亦应当积极发挥想象竞合犯的明示机能，在裁判文书中对行为人所实施的高空抛物行为的违法犯罪属性予以明确认定，从而更好地实现我国刑法保护法益和一般预防的重要机能。

刑法修正案（十一）第三十四条 【增设催收非法债务罪】

> 三十四、在刑法第二百九十三条后增加一条，作为第二百九十三条之一："有下列情形之一，催收高利放贷等产生的非法债务，情节严重的，处三年以下有期徒刑、拘役或者管制，并处或者单处罚金：
>
> "（一）使用暴力、胁迫方法的；
>
> "（二）限制他人人身自由或者侵入他人住宅的；
>
> "（三）恐吓、跟踪、骚扰他人的。"

【条文主旨】

本条是关于增设催收非法债务罪[①]的规定。

为有效规制近年来愈演愈烈的暴力催收非法债务等违法犯罪活动，维护民间借贷中的经济金融秩序和社会秩序，刑法修正案（十一）在我国刑法第二百九十三条寻衅滋事罪之后增加了催收非法债务犯罪，将行为人使用暴力、胁迫、限制他人人身自由、侵入他人住宅以及恐吓、跟踪、骚扰他人等手段催收高利放贷等产生的非法债务，情节严重的情形，明确规定为犯罪。

---

① 2021年2月26日公布的《最高人民法院、最高人民检察院关于执行〈中华人民共和国刑法〉确定罪名的补充规定（七）》确定刑法第二百九十三条之一罪名为催收非法债务罪。

【条文对照】

修正前	修正后
	第二百九十三条之一 【催收非法债务罪】有下列情形之一，催收高利放贷等产生的非法债务，情节严重的，处三年以下有期徒刑、拘役或者管制，并处或者单处罚金： （一）使用暴力、胁迫方法的； （二）限制他人人身自由或者侵入他人住宅的； （三）恐吓、跟踪、骚扰他人的。

【修正提示】

本罪是立法机关为了应对催收非法债务行为所增设的条款。在刑法修正案（十一）审议的过程中，立法机关对于本罪的构成要件表述进行了多次调整。

此次修法前，我国刑法中缺乏规制催收非法债务行为的专门条款，刑法修正案（十一）（草案第一次审议稿）（以下简称草案一审稿）总结“扫黑除恶”专项斗争实践经验，将采取暴力、软暴力等手段催收高利放贷产生的债务以及其他法律不予保护的债务，并以此为业的行为规定为犯罪。[①]草案一审稿结合最高人民法院、最高人民检察院、公安部、司法部《关于办理黑恶势力犯罪案件若干问题的指导意见》《关于办理非法放贷刑事案件若干问题的意见》《关于办理实施“软暴力”的刑事案件若干问题的意见》《关于办理“套路贷”刑事案件若干问题的意见》，银保监会、公安部、市场监管总局、人民银行《关于规范民间借贷行为维护经济金融秩序有关事项的通知》等指导意见，将通过下列三种行为非法催债的情形规定为犯罪：（1）使用暴力、胁迫方法的；（2）限制他人人身自由或者侵入他人住宅，情节较轻的；（3）恐吓、跟踪、骚扰他人，情节严重的。鉴于非法催债行为往往涉及故意伤害、非法拘禁、非法侵入他人住宅等侵犯公民合法权益的情形，草案一审稿规定非法催债行为同时构成其他犯罪的，

---

① 《关于〈中华人民共和国刑法修正案（十一）（草案）〉的说明》，载中国人大网，http：//www.npc.gov.cn/npc/c30834/202012/f16fedb673644b35936580d25287a564.shtml，最后访问时间：2021 年 1 月 21 日。

依照处罚较重的规定定罪处罚。

针对草案一审稿，草案二审稿作了以下改动：第一，删除本条第二项关于“情节较轻的”规定和本条第三项关于“情节严重的”规定，并在第一款中增加“情节严重”的规定，以统摄本款的三项行为类型；第二，删除第一款中“以此为业”的规定，从而降低了本罪的入罪门槛和证明难度；第三，删除本条第二款“有前款行为，同时构成其他犯罪的，依照处罚较重的规定定罪处罚”的规定。草案二审稿的上述调整使本条的构成要件设置更为明晰，避免了同一罪名中多次出现“情节严重”“情节较轻”的冗余表述。草案二审稿删除有关犯罪竞合的处理方式的做法，也使得司法机关能够更加灵活地适用本罪，在行为人催收非法债务的过程中触犯其他罪名的场合，司法机关也可以采取数罪并罚等竞合论原理进行处理，实现全面评价行为的不法性质与罪刑相适应的理想效果。

在草案二审稿的基础上，立法机关在第十三届全国人大常委会第二十四次会议的审议过程中，将“高利放贷产生的债务或者其他法律不予保护的债务”的构成要件要素修改为“高利放贷等产生的非法债务”，以更具有概括性的表述进一步明确了本罪的适用范围。

【修法背景】

随着我国经济社会的不断发展，高利放贷、套路贷等非法放贷现象频繁发生，据相关报道，截至 2020 年 8 月，全国扫黑办便通过专项斗争带动全国打掉非法放贷、暴力讨债的套路贷团伙 6814 个。①非法放贷、催收非法债务的行为在侵犯债务人人身、财产权利的同时，严重扰乱了我国民间借贷的正常秩序和金融管理秩序。基于此，最高人民法院、最高人民检察院、公安部、司法部联合发布了《关于办理非法放贷刑事案件若干问题的意见》《关于办理“套路贷”刑事案件若干问题的意见》等指导意见，明确将高利放贷、非法放贷等违法犯罪行为纳入我国刑法的处罚范围。实践中，高利放贷、非法放贷等活动往往滋生次生性犯罪。常见的情形，如行为人为强行索要因非法放贷而产生的债务，实施故意杀人、故意伤害、非法拘禁、故意毁坏财物等行为；再如，采用纠集、指使、雇用他人采用滋扰、纠缠、哄闹、聚众造势等“软暴力”手段强行索要非法债务，如发生于 2016 年的于某案即此种情况。针对前一种情形，符合我国刑法故意杀人

---

① 《铲除“黑金帝国”！全国 528 个涉黑组织资产过亿（决战报道之三）》，载澎湃新闻，https：//www. thepaper. cn/newsDetail_ forward_ 9635547，最后访问时间：2021 年 1 月 22 日。

罪、故意伤害罪、寻衅滋事罪等罪名的，司法机关直接以相关罪名论处即可。2000 年 7 月最高人民法院《关于对为索取法律不予保护的债务非法拘禁他人的行为如何定罪问题的解释》规定了："行为人为索取高利贷、赌债等法律不予保护的债务，非法扣押、拘禁他人的，依照刑法第二百三十八条的规定定罪处罚。"而针对后一种情形，实务中我国司法机关往往将其认定为"软暴力"，进而以寻衅滋事罪论处。①

例如，在"殷某、李某波寻衅滋事案"中，2016 年 3 月 14 日，张某为修方塘向甲公司借款，用房屋抵押签订了房屋买卖合同。此后张某又多次拿住宅房照抵押，签订房屋买卖合同，向甲公司借款。在张某逾期还款期间，被告人殷某、李某波、王某等人多次到张某家中催收非法债务，对张某及其丈夫滕某进行滋扰、威胁、恐吓，殷某还辱骂张某。此外，王某等人趁张某外出不在家时，将张某家的门窗用木板钉上，严重影响张某及其家人的生活。②

在本案中，司法机关认为被告人殷某、李某波为索要债务，多次使用"软暴力"方式催收非法债务，且有组织地采取滋扰、纠缠、聚众造势等手段，恐吓、辱骂他人，情节恶劣，其行为均构成寻衅滋事罪，依法应予惩处。

然而，正如学者所言，行为人为索取债务实施的滋扰行为往往都是因一定纠纷引起的，而且被告人大多长期拖欠债务，有的无理拒不归还欠款，存在严重过错，被告人的催收行为因而带有私力救济的性质。③因此，以基本法定刑为五年有期徒刑的寻衅滋事罪处理此种问题，显然过于严厉，也不当地忽略了讨债行为背后客观存在的债权债务关系。此外，根据 2013 年 7 月最高人民法院、最高人民检察院《关于办理寻衅滋事刑事案件适用法律若干问题的解释》第一条第三款的规定："行为人因婚恋、家庭、邻里、债务等纠纷，实施殴打、辱骂、恐吓他人或者损毁、占用他人财物等行为的，一般不认定为'寻衅滋事'，但经有关部门批评制止或者处理处罚后，继续实施前列行为，破坏社会秩序的除外。"换言之，行为人为了索取债务而采取一定程度的恐吓、辱骂等不当行为，在大多数情况下不应当被认为构成寻衅滋事罪。可见，我国司法机关对于催收非法债务行为

---

① 周光权：《刑事立法进展与司法展望——〈刑法修正案（十一）总置评〉》，载《法学》2021 年第 1 期。

② 辽宁省葫芦岛市中级人民法院（2020）辽 14 刑终 290 号刑事裁定书。

③ 周光权：《刑事立法进展与司法展望——〈刑法修正案（十一）总置评〉》，载《法学》2021 年第 1 期。

采取的惯常性做法存在较大疑问。

在寻衅滋事罪之外，我国亦有学者提出，根据《关于办理非法放贷刑事案件若干问题的意见》，在非法放贷行为被认定为构成非法经营罪之后，司法机关对于非法催收的行为，应当以非法放贷行为所构成的非法经营罪的共犯论处。①

例如，在“陈某甲非法放贷案”中，在被告人陈某甲通过信息网络非法放贷后，在借款期限届满前一天，由缪某、陈某乙、陈某丙等人通过打电话、发短信等方式向借款人进行讨债，到当天下午借款人还未还款或态度恶劣或不接电话的，便将借款人手机号码发给陈某丁，由其使用“海盗船”短信轰炸软件向借款人手机不间断地发送验证码短信进行滋扰，或以向其家人或亲戚朋友讨债等短信内容相威胁。若借款人逾期未还款，陈某丁便将借款人信息推送给外包催收人员李某、袁某（均另案处理）等人，由外包催收人员采取依次拨打借款人黄某、桂某、沈某、许某、邱某、张某、徐某、关某、王某、伏某等人手机的通信录联系人电话，打电话、发短信、发送 PS 图片给借款人进行辱骂、威胁等手段进行催收非法债务。②

在本案中，根据《关于办理非法放贷刑事案件若干问题的意见》的规定，被告人陈某甲因非法放贷行为而构成非法经营罪，负责讨债的缪某、陈某乙、陈某丙、陈某丁等人由于仅仅实施了打电话、发短信、发送 PS 图片等骚扰行为，难以构成敲诈勒索罪、寻衅滋事罪等犯罪，依照前述观点，只能以非法经营罪的共犯论处。

问题在于，刑法规范不仅是面向司法机关工作人员的裁判规范，还是面向社会成员的行为规范。司法机关将催收非法债务行为以非法经营罪的共犯论处，尽管能够达到全面评价不法行为的目的，但却无法向全社会传递出清晰的行为指南。法律规范根植于国民的良知中，只有在国民这里，法律规范才能找到其牢固的立足点，也只有在国民这里，法律规范才有其发展的动力。③申言之，只有刑法规范明确规定了催收非法债务行为，才能在全体国民范围内产生令行禁止之效。此外，以非法经营罪共犯的方式处理催收非法债务行为，还面临着共犯认定的难题。我国主流刑法理论在共犯问题上采限制从属性说，共犯的成立以存在符合构成要件的不法行为为

---

① 张明楷：《增设新罪的原则——对〈刑法修正案十一（草案）〉的修改意见》，载《政法论丛》2020 年第 6 期。

② 福建省宁德市蕉城区人民法院（2020）闽 0902 刑初 619 号刑事判决书。

③ ［德］弗兰茨·冯·李斯特：《德国刑法教科书》，徐久生译，法律出版社 2000 年版，第 4 页。

前提。这意味着，在高利放贷、非法放贷等行为的事实情况因为某些问题而暂无法查明时，催收非法债务行为便不能得到处理，此种局面显然令人难以忍受。

有鉴于此，为了维护民间借贷的正常秩序和社会安定，准确认定催收非法债务行为的违法犯罪性质，同时避免将在一定程度上带有私力救济属性的行为一概认定为寻衅滋事罪这一重罪，刑法修正案（十一）将催收高利放贷等非法债务的部分行为类型单独规定为犯罪。行为人以暴力、胁迫、限制他人人身自由、侵入他人住宅等严重侵害他人合法权益的非法手段催收非法债务的，以本罪论处。

【适用指南】

在刑法修正案（十一）将催收非法债务的行为独立成罪并纳入扰乱公共秩序罪一节后，司法机关在适用本罪的过程中应当注意以下四点。

一、如何认定本罪的保护法益

关于本罪的保护法益，刑法学界已有一定程度的讨论。有观点认为，本罪保护的是公民赖以生存发展的良好稳定有序的社会生活秩序以及公平、平等的善良风俗；①也有观点认为，本罪保护的是社会公共秩序和人身财产权益这一复合型法益。②笔者认为，本罪保护的是合法、正当的民间借贷秩序以及民间借贷关系中债务人的人身、财产不受侵犯的利益。民法典第六百八十条第一款规定："禁止高利放贷，借款的利率不得违反国家有关规定。"这一规定意味着，只有合法的民间借贷关系才能受到法律保护，行为人通过高利放贷等方式产生的非法债务不受法律保护。此外，催收非法债务行为往往涉及对债务人人身权利和财产权利的侵害，刑法之所以规定本罪，正是为了保护债务人的相关权益不受侵犯。

值得注意的是，刑法修正案（十一）将本罪作为扰乱公共秩序罪并规定在寻衅滋事罪之后，还有以下两个方面的考量。

其一是希望确立起规范的民间借贷秩序。在民间借贷尤其是网络民间借贷日渐普遍化的当下，催收非法债务行为之于社会公众对正当借贷关系信赖的冲击和破坏极为严重。在"欠债还钱，天经地义"之传统盛行的中国社会，通过刑法手段在全社会范围内确立其合法借贷、有序讨债的氛围

---

① 参见曹波、杨婷：《非法催收不予保护债务入刑的正当根据与规范诠释》，载《天津法学》2020年第4期。

② 参见王红举：《非法催收贷款行为的刑法规制》，载《法学杂志》2019年第3期。

和风气，极为必要。一言以蔽之，民事权利即私权不能滥用，催收债务的过程中不能对债务人的人身权利、自由权利以及人格尊严造成严重侵犯，否则即为不法。①

其二是意在提醒司法机关工作人员，针对催收非法债务行为的处理，应当尽量避免以寻衅滋事罪这一重罪论处，应充分考虑到催收非法债务行为背后客观存在的借贷关系以及私力救济的权利属性，避免重罪化和重罚化倾向，借此实现通过轻罪进行社会治理的良善目标。

二、如何结合保护法益和法定刑设置，妥当解释客观构成要件

（一）非法债务的认定

在本罪的客观构成要件方面，首先需要认定“非法债务”的范围。

实践中，非法债务主要基于高利放贷、套路贷、赌债、嫖债等方式产生。其中，高利放贷是问题的核心。而在高利放贷问题上，利率的认定则是关键问题。根据《关于办理非法放贷刑事案件若干问题的意见》第二条的规定，非法放贷行为的实际年利率超过36%的，属于刑法第二百二十五条非法经营罪规定的“情节严重”。《关于办理非法放贷刑事案件若干问题的意见》关于实际年利率的规定，显然是参考了2015年8月发布的《最高人民法院关于审理民间借贷案件适用法律若干问题的规定》第二十六条第二款的规定：“借贷双方约定的利率超过年利率36%，超过部分的利息约定无效。借款人请求出借人返还已支付的超过年利率36%部分的利息的，人民法院应予支持。”然而，2020年8月修正的《最高人民法院关于审理民间借贷案件适用法律若干问题的规定》第二十六条对于民间借贷无效利率的规定作了修正，不再按照年利率36%的基准认定受法律保护的债务边界，而是认为，只要双方约定的利率超过合同成立时一年期贷款市场报价利率四倍的，即不受法律保护。

笔者认为，在2020年《最高人民法院关于审理民间借贷案件适用法律若干问题的规定》修改了无效利率的规定后，刑法对于非法债务的认定应当以其作为参考标准。换言之，民间借贷关系中高于合同成立时一年期贷款市场报价利率四倍的，便应当认定为本罪中“高利放贷等产生的非法债务”。之所以作如此处理，一方面是为了实现刑法与民法之间的协调，达至法秩序统一的理想效果，防止陷入“民法不保护的非法债务反而受到刑法保护”的冲突境地；另一方面则是因为相比于非法经营罪五年有期徒刑的基本法定刑，催收非法债务犯罪属于轻罪，在保护范围上自然可以有

---

① 王渊、张哲：《催债行为的合理边界与法律规制》，载《检察日报》2017年4月1日。

所扩张而不至于产生轻罪重罚的局面。

在套路贷的问题上需要注意的是，在实践中司法机关对于此类案件应当谨慎处理，不能认为套路贷与民间借贷是完全不同的概念，更不能以套路贷为由否定本罪在类似情形中的适用。

例如，甲、乙等人成立小额贷款公司。A 两次向公司分别贷款人民币 7000 元、8000 元，但签订借款金额分别为 14000 元、16000 元的虚高借款合同。公司以砍头息、保证金、管理费等名义向 A 事前分别收取 1865 元（A 实际得款 5135 元）、2280 元费用（A 实际得款 5720 元）。甲事前明确告知 A，如果未违约按期偿还，虚高的金额无需支付；但若违约，虚高的金额将作为违约金、催收费要求 A 支付。后 A 未按期还款，甲、乙等人通过打电话、发短信催讨，催讨未果后，持虚高的借条上门索债。[①]

本案中，行为人甲、乙二人显然使用了“砍头息”“虚增借贷金额”等套路贷的方式，但并未实施欺骗行为，A 对于所有的事实均清清楚楚。司法机关不能因为甲、乙的行为属于套路贷，便认为其索债行为无法适用本罪。妥当的做法应该是，在准确认定甲、乙二人借款本金的基础上，将高出本金的额度认定为利息。倘若利率超出了合同成立时一年期贷款市场报价利率四倍，且甲、乙二人在讨债过程中对被害人 A 实施了非法限制人身自由、非法侵入住宅等滋扰行为，便应当以本罪论处。

（二）行为手段的认定

对比我国刑法条文可以发现，本罪列举的三种行为类型在刑法既有体系中能找到与之相对应的罪名：本罪的暴力行为与故意伤害罪、寻衅滋事罪中的“随意殴打他人”相对应；本罪的限制他人人身自由或侵入他人住宅的行为与非法拘禁罪和非法侵入住宅罪相对应；本罪的恐吓行为则与寻衅滋事罪中的“追逐、拦截、辱骂、恐吓他人”相对应。

鉴于故意伤害罪、非法拘禁罪、非法侵入住宅罪和本罪的基本法定刑均为三年以下有期徒刑或者拘役，根据以刑制罪的法解释学原理，司法机关完全可以认为本罪中的暴力、限制他人人身自由、侵入他人住宅等实行行为，能够包容故意伤害罪、非法拘禁罪和非法侵入住宅罪的基本法定刑所要求的实行行为。换言之，本罪与故意伤害罪等罪名之间并非对立关系。行为人以暴力、非法拘禁等行为从事催收非法债务活动的，司法机关应当首先肯定故意伤害罪、非法拘禁罪等罪名的成立。在查明债务具有非

---

① 张明楷：《不能以“套路贷”概念取代犯罪构成》，载《人民法院报》2019 年 10 月 10 日。

法性之后，司法机关亦应认定行为人构成催收非法债务犯罪。在竞合与罪数问题的处理上，倘若行为人实施的仅为故意伤害罪、非法拘禁罪的基本行为，则以催收非法债务犯罪一罪论处即可全面评价行为的不法性。倘若行为人在催收非法债务的过程中所使用的暴力、限制人身自由等手段可以被评价为故意伤害罪、非法拘禁罪的加重行为，为了实现全面而不重复地评价行为的不法性质的效果，司法机关应当运用数罪并罚的原理处理此类问题。

至于本罪中的胁迫、恐吓、跟踪、骚扰等“软暴力”行为类型，司法机关应当在综合考量对被害人人身、财产权利侵害的程度和对民间借贷秩序造成破坏的程度等因素的基础上，进行准确认定。只有当行为人采取的“软暴力”手段对于法益的侵害达到了与暴力、非法限制人身自由、非法侵入住宅等手段相同的程度，才应当认定为构成本罪。换言之，司法机关在适用本罪的过程中应当着重考察不同催收非法债务手段之间的等价性。

实践中，催收非法债务行为往往呈现为多种手段并用的局面。在讨债的初始阶段，行为人可能仅采取恐吓、骚扰等“软暴力”手段。而当债务人仍不肯清偿债务时，行为人则可能诉诸暴力、限制人身自由、毁坏财物等更为严重的方式。①在此种场合，单独来看行为人采取的某一项手段可能均不足以成立本罪或者故意伤害罪、非法拘禁罪等罪名，但只要综合行为人所实施全部手段能够认为其严重侵害了正当合法的民间借贷秩序和被害人的人身、财产权益，司法机关便可以对行为人以本罪论处。刑法修正案（十一）有意地将本罪的行为类型之一表述为“限制他人人身自由”而非“非法拘禁”也从侧面体现了这一考量。

（三）情节严重的认定

催收非法债务行为情节严重的，方才构成本罪。对于情节严重这一要素的认定，司法机关应当结合催收非法债务的手段、数额、次数、对被害人的正常生产、生活造成的侵扰程度等因素综合认定。行为人以组织、领导黑社会性质组织的形式讨要非法债务，或者成立专门的讨债集团以催收非法债务为业的，由于对民间借贷秩序造成了更为频繁和严重的破坏，可以认定为符合本罪要求的情节严重之要件。

三、如何理解和适用本罪的主观构成要件

本罪在主观方面由故意构成，即行为人明知自己催收非法债务的行为

---

① 谢文哲、宋春龙：《作为纠纷解决方法的职业讨债研究——兼论职业讨债的规范化路径》，载《时代法学》2014 年第 4 期。

会造成对民间借贷秩序的破坏和对债务人的人身、财产权利的侵扰的结果，而希望此种危害结果的发生。行为人的动机可能表现得多种多样，如为了获得讨债的佣金等，但均不影响本罪的成立。

值得讨论的是，成立本罪是否要求行为人具备非法占有目的？笔者认为，对此问题应当做出否定性回答。原因在于：其一，就单独的每一起高利放贷而言，其体现的就是特定借款合同关系，民法对于出借人的本金和合法利息部分仍然是予以认可的。[①]在现实生活中，讨债者对于本金、合法利息和非法利息所具备的态度是一致的，一般不会刻意进行区分。其二，在“外包型催收非法债务”的场合，查明讨债者是否具备非法占有目的是相当困难的。其三，从体系地位的角度来看，催收非法债务犯罪是扰乱公共秩序犯罪而非盗窃罪等财产犯罪，规制的重心在于催收非法债务的行为方式，而不在于行为人占有债务人财产的主观意图。其四，从构成要件的表述来看，本罪的成立也并不要求发生了现实的财产转移的结果。既然如此，倘若成立本罪以行为人具备非法占有目的为要件，一则大幅限缩本罪的处罚范围，不利于形成健康的民间借贷秩序；二则徒增刑事诉讼过程中的证明难度。

四、如何处理本罪与寻衅滋事罪、敲诈勒索罪、非法经营罪以及正当维权行为之间的关系

在本罪与故意伤害罪、非法拘禁罪、非法侵入住宅罪等罪名的竞合以及罪数问题的处理上，上文已有相关论述，此处不赘。但就本罪与寻衅滋事罪、敲诈勒索罪、非法经营罪以及正当维权行为的关系问题，仍有必要详加论述。

（一）本罪与寻衅滋事罪的关系

从立法目的来看，催收非法债务行为独立成罪，正是为了取代实务中司法机关以寻衅滋事罪处理讨债行为的不当做法。笔者认为，催收非法债务行为与寻衅滋事行为之间存在如下区别。

其一，在行为的客观面，催收非法债务行为属于“事出有因”，而寻衅滋事行为则具有“无端性”。《最高人民法院、最高人民检察院关于办理寻衅滋事刑事案件适用法律若干问题的解释》第一条规定：“行为人为寻求刺激、发泄情绪、逞强耍横等，无事生非，实施刑法第二百九十三条规定的行为的，应当认定为‘寻衅滋事’。行为人因日常生活中的偶发矛盾

---

① 周光权：《刑事立法进展与司法展望——〈刑法修正案（十一）总置评〉》，载《法学》2021 年第 1 期。

纠纷，借故生非，实施刑法第二百九十三条规定的行为的，应当认定为‘寻衅滋事’，但矛盾系由被害人故意引发或者被害人对矛盾激化负有主要责任的除外……”从这一规定可以看出，寻衅滋事的一大主要特点在于行为人没有正当理由地实施侵扰他人正常生产、生活以及人身、财产权利的行为。相比之下，催收非法债务行为不仅事出有因，而且讨债者本人对于借贷的本金和合法利息而言更是具备正当的权利基础。债权属于请求权，债权人为了实现权利当然可以请求债务人清偿债务，只是不能以严重侵扰债务人权利的方式进行而已。

其二，在行为的主观面，催收非法债务者的可谴责性和主观恶性显然低于寻衅滋事者。“欠债还钱”是通行于世界范围内的行为准则，法律不可能期待债权人不去实现自己的债权，法律只能期待债权人以合法的方式实现债权。在公力救济不足甚至“债权人弱势、债务人强势”现象较为普遍的中国社会，通过法益衡量认为允许债权人适度介入自主讨债行为也是可以被允许的。[①]因此，催收非法债务者在可谴责性和主观恶性层面，与无端生事、借故生非的寻衅滋事者不可同日而语。

其三，在行为的危害性方面，尽管同样属于扰乱公共秩序的行为，催收非法债务行为往往发生在较为私密的场所，其侵害的是无形的民间借贷秩序和人们对此的信赖关系，一般不会波及现实的社会公共秩序。但寻衅滋事罪则与之不同，其在构成要件符合性层面便要求“破坏社会秩序”。换言之，寻衅滋事罪的保护法益是典型的社会公共秩序，四种行为类型均以破坏社会公共秩序为必要：禁止“随意殴打他人”的规定所欲保护的法益，是与公共秩序相关联的个人的身体安全；禁止“追逐、拦截、辱骂、恐吓他人”的规定所欲保护的法益，是一般人在公共生活、公共活动中的行动自由与名誉；禁止“强拿硬要或者任意毁损、占有公私财物”的规定所欲保护的法益，是与财产有关的社会生活的安宁或平稳；禁止“在公共场所起哄闹事”的规定所欲保护的法益，是不特定人或者多数人在公共场所从事自由活动和安全与顺利。[②]

基于上述区别，司法机关今后在处理此类问题时，应当尽量避免将催收非法债务行为认定为寻衅滋事行为。

---

① 孙山、易利娟：《如何回应弱化债权下的强势债务现象——论讨债中自主行为与非法拘禁的法益衡量》，载《天津法学》2011 年第 3 期。

② 张明楷：《妥善对待维权行为避免助长违法犯罪》，载《中国刑事法杂志》2020 年第 5 期。

例如，在“马某塘催收非法债务案”中，自2015年5月20日起，被告人马某塘陆续以5%～8%的月利率借款给被害人杨某800万元，扣除首月利息后，实际转款745万元。被害人杨某在陆续归还部分款项后无力继续还款。2016年，被告人马某塘安排、指使被告人朱某刚、杨某宏等人到杨某曾经营的水上人家餐厅吃、住、守候、跟随被害人杨某，在迫使被害人杨某出具连本带利欠款2080.7万元的借条后，才将守候、跟随杨某的人撤走。后因杨某仍未还款，2016年7月，马某塘安排朱某刚、罗某、杨某宏、王某龙等人采取守候、跟随、恐吓等滋扰的方式向被害人杨某追要钱款。至同年8月初，杨某及其哥哥同意将杨某名下的四套房产过户给马某塘，再支付290万元以了结债务，被告人马某塘另安排人将杨某名下一辆越野车开走，才撤走守候、跟随杨某的人员，并在杨某归还290万元后，才将车辆还给杨某。后因杨某未依约过户房产，被告人马某塘安排被告人罗某等人跟随杨某到昭通威信工地守候、跟随杨某追要借款。被告人罗某守候、跟随了约五个月，被告人杨某宏守候、跟随了一个月左右。2017年12月被告人马某塘委托被告人吕某到昭通威信工地向杨某追要欠款。被告人吕某等四人在杨某的工地滞留三天，以追逐、拦截、跟随、守候的方式向杨某追要欠款。①

本案中，被告人马某塘与被害人杨某之间的行为便属于事出有因的催收非法债务行为，马某塘采取的跟踪、骚扰、恐吓等行为也应当被认定为催收非法债务行为而非寻衅滋事行为，鉴于其行为对于被害人杨某的生产、生活造成严重侵扰，应当认定为催收非法债务罪而非寻衅滋事罪。

不过，司法机关也不能据此认为催收非法债务罪与寻衅滋事罪之间是对立关系。在债权人与债务人之间仅具有少量债权债务关系，债权人以讨债为幌子侵害债务人的人身、财产权利并严重破坏社会秩序时，司法机关应认定为寻衅滋事罪与催收非法债务罪的想象竞合，从一重罪论处。

（二）本罪与敲诈勒索罪等财产犯罪的关系

在本罪与敲诈勒索罪、抢劫罪等财产犯罪的关系上，司法机关应当着重对比行为人向被害人索要的款项与高利贷本息之间的数量关系。如果行为人使用暴力、威胁、非法侵入住宅等手段催收的本息在大致合理的范围，则可能构成本罪。倘若行为人索要的财物明显高于高利贷本金以及利

---

① 云南省大理白族自治州中级人民法院（2020）云29刑终293号刑事判决书。

息，如高利放贷100万元，一年后使用暴力等手段向对方索要500万元的，则可以肯定行为人完全属于意图借机非法占有被害人的财物，具备非法占有目的，构成敲诈勒索罪、抢劫罪等财产犯罪与本罪的想象竞合，应从一重罪论处。

（三）本罪与非法经营罪的关系

还应当注意的是，《关于办理非法放贷刑事案件若干问题的意见》第六条规定："纠集、指使、雇佣他人采用滋扰、纠缠、哄闹、聚众造势等手段强行索要债务，尚不单独构成犯罪，但实施非法放贷行为已构成非法经营罪的，应当按照非法经营罪的规定酌情从重处罚。"这意味着催收非法债务行为可能构成非法经营罪的共犯。如行为人在他人非法放贷之时即答应催收且事后实施相应催收非法债务行为的，即构成非法经营罪的共犯。但是，在他人发放高利贷的当时并无通谋与帮助行为，事后接受催收任务的，由于非法放贷者已经构成非法经营罪的既遂且犯罪行为实质上已经终了，催收非法债务行为人便无从构成非法经营罪的共犯，只应以本罪论处。至于非法放贷人自身因其非法放贷行为构成非法经营罪，而后亲自实施催收非法债务行为的，由于其实施了并不重合的多个独立行为，侵害了多重法益，应当同时构成非法经营罪和本罪，数罪并罚。

（四）本罪与正当维权行为的关系

最后需要注意的是，司法机关在实务中应当正确区分催收非法债务犯罪与正当维权行为。对于合法债务的讨要行为，不应认定为本罪。因为既然相对方存在债务，债权人便可以基于债权进行讨债。在债务人不履行债务的情况下，债权人采取跟踪、纠缠、恐吓、辱骂等方式讨债，是为了实现正当目的。如果债权人索要的利息在合法限度之内，完全具有正当性。如果利息超出了法律保护的范围，债权人就没有超过的部分索要利息，也是正当的。①针对此种情形，基于罪刑法定原则，司法机关不应当认定行为人构成催收非法债务犯罪，更不能认为行为人构成不法性质更为严重的寻衅滋事罪。此外，即使行为人索要的债务些微超过了法律保护的范围（如实际年利率超过合同成立时一年期贷款市场报价利率四倍的百分之一的情形），由于民事违法和行政违法在界限上具有一定的模糊性，司法机关也应当坚守刑法的谦抑性和最后手段性原则，不以犯罪论处。

① 参见张明楷：《妥善对待维权行为避免助长违法犯罪》，载《中国刑事法杂志》2020年第5期。

刑法修正案（十一）第三十五条　【增设侵害英雄烈士名誉、荣誉罪】

三十五、在刑法第二百九十九条后增加一条，作为第二百九十九条之一："侮辱、诽谤或者以其他方式侵害英雄烈士的名誉、荣誉，损害社会公共利益，情节严重的，处三年以下有期徒刑、拘役、管制或者剥夺政治权利。"

【条文主旨】

本条是关于新增侵害英雄烈士名誉、荣誉罪[①]的规定。

为了维护社会公共利益，传承和弘扬英雄烈士精神、爱国主义精神，同时与2018年实施的英雄烈士保护法"英雄烈士的姓名、肖像、名誉、荣誉受法律保护。任何组织和个人不得在公共场所、互联网或者利用广播电视、电影、出版物等，以侮辱、诽谤或者其他方式侵害英雄烈士的姓名、肖像、名誉、荣誉"有关规定相衔接，刑法修正案（十一）特别增设侵害英雄烈士名誉、荣誉罪，将其纳入刑法规制范围，有利于严厉打击相关犯罪行为，维护社会公共利益和英雄烈士名誉、荣誉。

【条文对照】

修正前	修正后
	第二百九十九条之一　【侵害英雄烈士名誉、荣誉罪】侮辱、诽谤或者以其他方式侵害英雄烈士的名誉、荣誉，损害社会公共利益，情节严重的，处三年以下有期徒刑、拘役、管制或者剥夺政治权利。

① 2021年2月26日公布的《最高人民法院、最高人民检察院关于执行〈中华人民共和国刑法〉确定罪名的补充规定（七）》确定刑法第二百九十九条之一罪名为侵害英雄烈士名誉、荣誉罪。

【修正提示】

刑法修正案（十一）制订本条时，曾考虑将其放入刑法分则第四章“侵犯公民人身权利、民主权利罪”一章中。一审稿征求意见时有学者提出意见，认为刑法分则第四章是侵害个人法益的犯罪，而第十七条的定罪情节将侵犯法益确定为“社会公共利益”，会引起质疑。① 例如，张明楷教授认为，从法条所处的位置来看，第四章中规定的公民原则上是有生命的自然人，而不包括死者，本罪是侵犯公民权利的犯罪，然而法条表述中又属于对社会法益的侵犯，导致本罪的保护法益与行为性质不明确，进而导致构成要件不明确。②

二审稿吸纳专家的意见，将该条调整到第六章“妨害社会管理秩序罪”一章，并放在“侮辱国旗、国徽、国歌罪”之后，与条文中规定的“社会公共利益”相协调。在行为方式上增加了侮辱、诽谤之外的“其他方式”兜底性规定，并明确侵害的对象是英雄烈士的名誉、荣誉，限定侵害的范围。

【修法背景】

近年来，个别人在信息网络上发表侮辱性言论，歪曲英雄烈士事迹，对社会风气造成严重不良影响。例如，“××漫画”通过“××头条”平台发布含有丑化恶搞董存瑞烈士和叶挺烈士作品《囚歌》的视频。③ 又如，一些个人为发泄情绪、提高个人关注度，在互联网上辱骂四川凉山救火牺牲的消防烈士。

例如，在“张某寻衅滋事案”中，被告人张某使用新浪微博在“四川木里县发生森林火灾失联人员遗体全部找到”的微博评论区内发表“死得好”等言论，侮辱四川凉山因救火牺牲的消防战士，引发网民的强烈愤慨。④

此前，对英雄烈士的法律保护主要通过民事法律和行政法律，英雄烈士保护法于2018年5月1日生效，第二十二条第二款规定：“……任何组

---

① 参见黄晓亮：《〈刑法修正案（十一）（草案）〉的三维考察》，载《法治研究》2020年第5期。

② 参见张明楷：《增设新罪的原则——对〈刑法修正案十一（草案）〉的修改意见》，载《政法论丛》2020年第6期。

③ 《文化和旅游部严查丑化恶搞英烈等违法违规经营行为》，载中国政府网，http：//www.gov.cn/xinwen/2018－06/01/content_5295230.htm，最后访问时间：2021年5月8日。

④ 参见陕西省榆林市榆阳区人民法院（2019）陕0802刑初339号刑事判决书。

织和个人不得在公共场所、互联网或者利用广播电视、电影、出版物等，以侮辱、诽谤或者其他方式侵害英雄烈士的姓名、肖像、名誉、荣誉。任何组织和个人不得将英雄烈士的姓名、肖像用于或者变相用于商标、商业广告，损害英雄烈士的名誉、荣誉。”民法典于2021年1月1日生效，其第一百八十五条规定了对英雄烈士人格利益的保护：“侵害英雄烈士等的姓名、肖像、名誉、荣誉，损害社会公共利益的，应当承担民事责任。”但是在刑法上却缺乏对英雄烈士保护的有效手段。一方面，侮辱罪、诽谤罪作为亲告罪，告诉的才处理。虽然刑法第二百四十六条但书中规定“严重危害社会秩序和国家利益的除外”，但是侮辱诽谤英雄烈士是否构成本条文的但书规定，2013年的《最高人民法院、最高人民检察院关于办理利用信息网络实施诽谤等刑事案件适用法律若干问题的解释》中并没有明确，导致在是否可以对诽谤英雄烈士提起公诉上存在争议。另一方面，“诽谤他人”中的“他人”在传统刑法通说上认为保护的是自然人，而死者不属于自然人，诽谤罪能否评价诽谤已逝英雄烈士行为在刑法上尚存在一定争议。因此，刑法修正案（十一）通过独立设置侵害英雄烈士名誉、荣誉罪的方式，为依法惩治相关犯罪提供了法律依据，有利于保护公共利益。因为，如何看待本国、本民族的英雄烈士，体现了一个国家国民的价值观念。侮辱、诽谤英雄烈士的行为，实质上还涉及国家的文化安全问题。只有崇尚英雄、敬重烈士的国家和民族，才能培育和造就民族和国民的英雄气概、家国情怀，担当起民族复兴的伟大使命。①

【适用指南】

在刑法修正案（十一）针对英雄烈士名誉、荣誉的保护作出规定后，在理解与适用时应当注意以下几点。

一、如何理解与把握本条规定中的“英雄烈士”

自民法总则出台以来，对“英雄烈士”的解释就存在争议：有观点主张本条中的“英雄”应理解为形容词并修饰“烈士”，是指具有英雄品质的烈士；有观点将“英雄”作名词理解，认为单独与“烈士”并列；也有观点认为，应将本条的英雄烈士限缩解释为“已经去世且无近亲属的英雄烈士”，因为如果有亲属在世，则其可依据民法典及相关司法解释的规定

---

① 参见曾粤兴：《对〈刑法修正案（十一）（草案）〉的审思与建议》，载《法治研究》2020年第5期。

提起诉讼。[①] 张明楷教授认为刑法修正案（十一）“英雄烈士”的用法不符合法条的明确性原则，比如“英雄烈士”可以解释为仅限于去世的英雄般的烈士，也可以解释为去世的英雄或者烈士，还可以解释为活着的英雄与所有烈士。如果再考虑年代因素，英雄烈士的起算时间是新中国成立之后，或者中国共产党诞生之后，或者中华民国成立以来；还是不受时间限制。[②] 上述问题有必要予以明确。

一是在年代上，本罪所称的“英雄烈士”应当限定在近代以来。根据法秩序统一性原理，刑法中“英雄烈士”的含义可以参照英雄烈士保护法第二条第二款的规定，其特指“近代以来，为了争取民族独立和人民解放，实现国家富强和人民幸福，促进世界和平和人类进步而毕生奋斗、英勇献身的英雄烈士”。

二是在对象上，“英雄烈士”应当解释为英雄和烈士。按照文义解释的方法，虽然“英雄”一词既可以作名词用，也可以作形容词用。作为名词是指“本领高强、勇武过人的人”以及“不怕困难，不顾自己，为人民利益而英勇斗争，令人钦佩的人”；作为形容词是指“具有英雄品质的”。[③]“烈士”是指“为正义事业而牺牲的人”。[④] 但是从通常理解上，英雄烈士中的英雄应当是名词而非形容词。因为烈士本身就是英雄，如果将英雄作为形容词，解释为英雄般的烈士，就会造成语义重复和修辞错误。英雄烈士是英雄和烈士两个近义词的并称。

三是在审查上，“烈士”的审查判断有明确标注标准，在《烈士褒扬条例》中规定了烈士的评定标准及备案审查评定的程序。《烈士褒扬条例》第八条第一款规定，公民牺牲符合下列情形之一的，评定为烈士：（1）在依法查处违法犯罪行为、执行国家安全工作任务、执行反恐怖任务和处置突发事件中牺牲的；（2）抢险救灾或者其他为了抢救、保护国家财产、集体财产、公民生命财产牺牲的；（3）在执行外交任务或者国家派遣的对外援助、维持国际和平任务中牺牲的；（4）在执行武器装备科研试验任务中

---

① 刘颖：《〈民法总则〉中英雄烈士条款的解释论研究》，载《法律科学（西北政法大学学报）》2018 年第 2 期。

② 张明楷：《增设新罪的原则——对〈刑法修正案十一（草案）〉的修改意见》，载《政法论丛》2020 年第 6 期。

③ 参见中国社会科学院语言研究所词典编辑室：《现代汉语词典（第五版）》，商务印书馆 2012 年版，第 1559 页。

④ 参见中国社会科学院语言研究所词典编辑室：《现代汉语词典（第五版）》，商务印书馆 2012 年版，第 818 页。

牺牲的；（5）其他牺牲情节特别突出，堪为楷模的。对于现役军人，《军人抚恤优待条例》第八条第一款明确，现役军人死亡，符合下列情形之一的，批准为烈士：（1）对敌作战死亡，或者对敌作战负伤在医疗终结前因伤死亡的；（2）因执行任务遭敌人或者犯罪分子杀害，或者被俘、被捕后不屈遭敌人杀害或者被折磨致死的；（3）为抢救和保护国家财产、人民生命财产或者执行反恐怖任务和处置突发事件死亡的；（4）因执行军事演习、战备航行飞行、空降和导弹发射训练、试航试飞任务以及参加武器装备科研试验死亡的；（5）在执行外交任务或者国家派遣的对外援助、维持国际和平任务中牺牲的；（6）其他死难情节特别突出，堪为楷模的。现役军人在执行对敌作战、边海防执勤或者抢险救灾任务中失踪，经法定程序宣告死亡的，按照烈士对待。

“英雄”更多是一个政治意义上的概念，如何认定此处的“英雄”资格较为复杂。民法研究者提出“英雄”是指近代以来为保护中华民族整体利益、社会公共利益、国家利益，或为社会主义建设作出巨大成就、贡献的人员。[①] 从目的解释，保护英雄烈士，是维护公民对英雄烈士的尊重与崇敬之感情和保护社会公共利益，无论是在世的英雄还是已故的英雄或烈士，都寄托着公民感情，其名誉、荣誉都应当得到刑法保护。因此，不宜将本罪的“英雄”缩小解释为“去世的英雄”，只要是英雄（无论在世还是去世），其名誉都因为涉及公共利益而受到刑法的特殊保护。在实际操作过程中，为了防止不当的扩大解释，可以以政府有关部门认定或授予的英雄称号为判定依据，如国家主席签署主席令授予的“人民英雄”国家荣誉称号、民政部公布的抗日英雄群体名录等。

二、如何理解与把握“损害社会公共利益”的要件

公共利益在性质上属于不确定的概念，司法判断时会产生不统一的结论，基于此，应当考虑立法背景、立法目的，结合所处语境进行界定，将此处的“社会公共利益”理解为维护社会风气与社会公共道德。[②] 司法认定“损害社会公共利益”时，主要的难题在于如何论证社会公众的精神性利益受到了侵害及如何衡量公共利益的受损害程度，可以借助该行为的影响范围来说明并以程序主义的论证路径为支撑；而其与个人权利的冲突可

---

① 刘颖：《〈民法总则〉中英雄烈士条款的解释论研究》，载《法律科学（西北政法大学学报）》2018 年第 2 期。

② 参见王叶刚：《侵害英雄烈士等人格权益的民事责任——以〈民法总则〉第 185 条为中心》，载《中国人民大学学报》2017 年第 4 期。

以通过利益权衡和平等分配原则两个维度来解决，也可以引入比例原则作为参照标准。①

本罪为情节犯，只有“情节严重”的才作为犯罪惩罚，以体现刑法的最后手段性作用。行为人侮辱、诽谤英雄烈士的名誉、荣誉，损害社会公共利益但尚未达到情节严重情形的，不承担刑事责任，但可能根据民法典第一百八十五条的规定承担民事责任。② 由于我国多数采取“立法定性”与“司法定量”相结合的方式，本罪的“情节严重”因素在未来有必要时还需要司法解释予以明确，统一法律适用。需要结合行为人的主观恶性、侮辱诽谤内容的负面程度、信息网络传播规模以及是否造成严重后果进行综合判断。

三、如何处理本罪与侮辱罪、诽谤罪之间的关系

本罪实际上侵犯了多重法益，既侵害了社会公共利益，也侵害了英雄烈士的名誉，因此可能与其他罪名存在竞合关系。如果按照刑法通说，侮辱罪、诽谤罪只保护自然人的名誉而不保护死者的名誉，对于侮辱、诽谤去世英雄和烈士的行为，则不能以侮辱罪、诽谤罪定罪，情节严重的，以本罪论处。对于侮辱、诽谤在世英雄，被害人提起自诉的，只能以侮辱罪、诽谤罪提起诉讼；对于严重危害社会秩序的，本罪同时涉及侮辱罪、诽谤罪和侵害英雄烈士名誉、荣誉罪，按照想象竞合犯，择一重者处罚。

在刑法修正案（十一）实施前侮辱在世英雄的，并且该行为未经审判或者判决尚未确定的，根据从旧兼从轻原则，需要比较以侮辱罪、诽谤罪处罚和以侵害英雄烈士名誉、荣誉罪处罚的轻重。因为两罪法定刑均为三年以下有期徒刑、拘役、管制或者剥夺政治权利，此时应当根据从旧原则，以侮辱、诽谤罪定罪。

四、如何处理本罪与寻衅滋事罪之间的关系

寻衅滋事罪规定，追逐、拦截、辱骂、恐吓他人，情节恶劣的，破坏社会秩序的，处五年以下有期徒刑、拘役或者管制。《最高人民法院、最高人民检察院关于办理利用信息网络实施诽谤等刑事案件适用法律若干问题的解释》第五条第一款规定：“利用信息网络辱骂、恐吓他人，情节恶劣，破坏社会秩序的，依照刑法第二百九十三条第一款第（二）项的规

---

① 参见孙宗龙：《〈民法总则〉第185条中“公共利益”的属性及司法认定》，载《新疆大学学报（哲学·人文社会科学版）》2019年第1期。

② 参见王叶刚：《侵害英雄烈士等人格权益的民事责任——以〈民法总则〉第185条为中心》，载《中国人民大学学报》2017年第4期。

定，以寻衅滋事罪定罪处罚。”但如果是诽谤英雄烈士，损害社会公共利益，由于行为类型的差异性，无法将诽谤评价为寻衅滋事罪中的“辱骂”，因此诽谤英雄烈士只能定本罪，而不能定寻衅滋事罪。

如果是侮辱英雄烈士，此时需要判定是否符合本罪和寻衅滋事罪的其他构成要件，因为两罪的罪量要件并不是完全一致的，主要看是否符合本罪“损害社会公共利益，情节严重”的罪量要件和寻衅滋事罪“情节恶劣的，破坏社会秩序”的罪量要件，如果只符合其中一个罪名的罪量要件，以该罪定罪；如果同时符合两个罪名的罪量要件，由于侵害英雄烈士名誉、荣誉罪的烈士属于特殊对象，寻衅滋事罪中的辱骂他人是一般对象，参照特殊法优于一般法的原则，应以本罪论处。

在刑法修正案（十一）实施前侮辱英雄烈士的，并且该行为未经审判或者判决尚未确定的，根据从旧兼从轻原则，需要比较以寻衅滋事罪处罚和以侮辱英雄烈士罪处罚的轻重。因为寻衅滋事罪法定刑为五年以下有期徒刑、拘役或者管制，纠集他人多次实施，严重破坏社会秩序的，处五年以上十年以下有期徒刑，可以并处罚金；而本罪情节严重的，处三年以下有期徒刑、拘役、管制或者剥夺政治权利，法定刑较低，所以应当以本罪论处。

例如，在“仇某某侵害英雄烈士名誉、荣誉案”中，在国家有关部门发布祁发宝、陈红军等5位卫国戍边官兵英雄烈士事迹后不久，仇某某在其自媒体账号“辣笔小球”（粉丝数250余万人）上发表两条不实微博。上述信息通过网络迅速扩散，引发恶劣社会影响。[①] 2021年2月19日，公安机关接到群众举报后立案侦查，后以寻衅滋事罪对仇某某提请批准逮捕。3月1日，南京市建邺区人民检察院根据刑法第十二条“从旧兼从轻”原则，以涉嫌侵害英雄烈士名誉、荣誉罪依法批准逮捕仇某某。

刑法修正案（十一）第三十六条　【修改开设赌场罪、增设组织参与国（境）外赌博罪】

三十六、将刑法第三百零三条修改为：“以营利为目的，聚众赌博或者以赌博为业的，处三年以下有期徒刑、拘役或者

---

① 参见许震宁、徐宁：《嫌犯“辣笔小球”被批捕》，载《南京日报》2021年3月2日。

管制，并处罚金。

“开设赌场的，处五年以下有期徒刑、拘役或者管制，并处罚金；情节严重的，处五年以上十年以下有期徒刑，并处罚金。

“组织中华人民共和国公民参与国（境）外赌博，数额巨大或者有其他严重情节的，依照前款的规定处罚。”

【条文主旨】

本条是关于修改开设赌场罪、增设组织参与国（境）外赌博罪[①]的相关规定。

为了有效应对传统赌博罪网络化趋势和遏制我国公民参与境外赌博现象的高发态势，刑法修正案（十一）调整了我国刑法第三百零三条第二款规定的开设赌场罪的刑罚配置，增强了对开设赌场罪的处罚力度。同时，刑法修正案（十一）新增了组织参与国（境）外赌博罪的专门条款。上述修正体现了我国严厉惩治赌博相关犯罪的决心，反映了我国刑法维护经济安全和社会稳定的重要功能。

【条文对照】

修正前	修正后
第三百零三条 【赌博罪】以营利为目的，聚众赌博或者以赌博为业的，处三年以下有期徒刑、拘役或者管制，并处罚金。 【开设赌场罪】 开设赌场的，处三年以下有期徒刑、拘役或者管制，并处罚金；情节严重的，处三年以上十年以下有期徒刑，并处罚金。	第三百零三条 【赌博罪】以营利为目的，聚众赌博或者以赌博为业的，处三年以下有期徒刑、拘役或者管制，并处罚金。 【开设赌场罪】开设赌场的，**处五年以下有期徒刑、拘役或者管制，并处罚金；情节严重的，处五年以上十年以下有期徒刑，并处罚金。** **【组织参与国（境）外赌博罪】组织中华人民共和国公民参与国（境）外赌博，数额巨大或者有其他严重情节的，依照前款的规定处罚。**

① 2021年2月26日公布的《最高人民法院、最高人民检察院关于执行〈中华人民共和国刑法〉确定罪名的补充规定（七）》确定刑法第三百零三条第三款罪名为组织参与国（境）外赌博罪。

【修正提示】

刑法修正案（十一）对刑法原第三百零三条规定的赌博相关犯罪作了以下两处修正。

其一，提升开设赌场罪的法定刑。刑法修正案（十一）将第三百零三条第二款所规定的开设赌场罪的基本法定刑从三年以下有期徒刑、拘役或者管制，提升为五年以下有期徒刑、拘役或者管制。相应地，开设赌场罪情节严重的，所适用的法定刑也从三年以上十年以下有期徒刑，并处罚金，提升为五年以上十年以下有期徒刑。

其二，在原有的赌博罪和开设赌场罪的基础上新增组织参与国（境）外赌博罪的条款，用以有针对性地打击和惩治组织中华人民共和国公民参与国（境）外赌博的犯罪行为。该新增条款的法定刑依照开设赌场罪的法定刑进行处罚。

【修法背景】

近年来，境外赌场和网络赌博集团对我国公民招赌吸赌问题日益突出，跨境赌博违法犯罪活动日渐猖獗，致使大量资金外流，严重妨害社会管理秩序，损害国家形象，危害我国经济安全和社会稳定。同时，互联网领域黑灰产业助推传统赌博和跨境赌博向互联网迁移，跨境网络赌博违法犯罪活动呈高发态势，严重威胁人民群众人身财产安全和社会公共安全。在此种背景之下，刑法修正案（十一）对赌博罪作出相应修改，进一步调整开设赌场罪的刑罚配置，同时增加组织参与国（境）外赌博罪。下文对于开设赌场罪刑罚配置的调整和新增组织参与国（境）外赌博罪的修法背景作进一步具体阐释。

首先是为了应对通过互联网实施的赌博犯罪日渐猖獗之势，提升了开设赌场罪的法定刑。互联网的代际性演变带来了网络技术的普及和电子金融业务的发展，使赌博从现实社会蔓延到网络空间成为可能。[①]与传统赌博相比，网络赌博具有隐蔽性强、成本低、超越时空性等特点。这些特征使得网络赌博的参与范围更广、涉案金额巨大，导致国内资金大量外流，甚至会严重扰乱我国的金融秩序，其社会危害性远远超过传统赌博行为。[②]

---

① 参见于志刚:《网络开设赌场犯罪的规律分析与制裁思路——基于 100 个随机案例的分析和思索》，载《法学》2015 年第 3 期。

② 参见罗开卷:《关于网络赌博的刑法学思考》，载《犯罪研究》2006 年第 4 期。

实践中，赌博网站的设立与运行是网络赌博的前提和基础，对赌博网站的打击应当成为规制网络赌博违法犯罪活动的根本抓手。基于此，最高人民法院、最高人民检察院和公安部于2010年发布了《关于办理网络赌博犯罪案件适用法律若干问题的意见》，将建立赌博网站并接受投注的、建立赌博网站并提供给他人组织赌博的、为赌博网站担任代理并接受投注的以及参与赌博网站利润分成的四种情形均认定为刑法第三百零三条规定的“开设赌场”行为，《关于办理网络赌博犯罪案件适用法律若干问题的意见》的出台有力打击了网络赌博违法犯罪现象。然而近年来，由于网络赌博违法犯罪活动形式的多样化以及与境外赌博违法犯罪活动相互交织，网络赌博现象呈现出新的复杂形态，跨境网络赌博违法犯罪活动成为刑法需要重点规制的对象。为了回应这一社会问题，立法机关通过刑法修正案（十一）显著提升了开设赌场罪的法定刑，意图从源头遏制网络赌博现象。

其次是为了精准打击和惩治跨境赌博活动，将组织中华人民共和国公民参与国（境）外赌博的行为单独规定为一类犯罪。近年来，随着对外交流的不断扩大和人民生活水平的不断提高，我国边境毗邻地区建立了许多专门针对我国公民的赌场，以吸引我国公民参与境外赌博，屡禁不止。①总体而言，跨境赌博活动在实践中呈现出线上和线下两种基本形态。在线上跨境赌博方面，行为人往往通过在境外开设的网络赌场或者为境外网络赌场担任代理的方式进行。根据我国学者的统计结果，在100个随机择取的通过网络开设赌场犯罪的案例中，确定涉及境外因素的案件有65例，占总体的65%，确定不涉及境外因素的仅有17例，占总体的17%。而在65例涉境外因素案件中，代理型案件为55例，占涉及境外因素案件的84%。以上数据反映出我国境内开设赌场犯罪行为大部分都与境外网络赌场相关，且主要涉及为境外网络赌场担任代理型案件。②而在线下跨境赌博方面，则主要表现为境外赌场的经营人、实际控制人、投资人、管理人员、代理人等组织、招揽中华人民共和国公民赴境外赌博的情形。在我国刑法被修正前，对于跨境赌博活动只能以第三百零三条第一款赌博罪和第二款开设赌场罪论处。此种处理方式尽管有所成效但

① 参见高茂春：《我国跨境赌博活动的特点分析》，载《北京人民警察学院学报》2011年第4期。

② 参见于志刚：《网络开设赌场犯罪的规律分析与制裁思路——基于100个随机案例的分析和思索》，载《法学》2015年第3期。

却无法有针对性地打击诸如组织我国公民参与境外赌博的违法犯罪等活动。面对此种局面，刑法修正案（十一）将组织中华人民共和国公民参与国（境）外赌博的行为单独作为一类犯罪行为处理，以此阻遏跨境赌博的高发态势。

【适用指南】

在刑法修正案（十一）针对赌博犯罪作出修正后，司法机关在理解与适用的过程中应当注意以下问题。

一、如何合理界定组织参与国（境）外赌博罪中相关概念的具体内涵

首先是“组织”这一概念应当如何理解的问题。笔者认为，本款中的“组织”应当包含以下特征：第一，从客观的角度看，行为人应当在我国公民参与跨境赌博的过程中发挥了关键作用，一旦缺少这一组织行为，则跨境赌博便无法或极难实施。例如，为我国公民跨境赌博提供偷越国（边）境服务、提供境外网络赌博平台登录方式或者在我国赌徒与国外赌场之间实施其他招揽、引诱等牵线搭桥行为的，便应当认定为本罪规定的组织行为。而行为人仅仅是为参与跨境赌博的我国公民提供可有可无的非关键性帮助行为的，不宜认定为构成本罪。实际上，对“组织”要素作此种严格解释，也能够与本罪严厉的刑罚设置取得平衡。第二，从主观的角度看，行为人即组织者应当对被组织者前往国（境）外赌博的意图明知。只有具备组织我国公民前往国（境）外赌博的故意时才能认定为本罪。此外，由于本罪的法定刑较为严厉，且基于“组织”这一要素的限制，应当认为行为人一般只有在具备直接故意时才能构成本罪。基于放任心态而帮助我国公民参与国（境）外赌博的，司法机关应当在查明案情的基础上十分谨慎地适用本罪。第三，在人数上并不要求具有多人参与性。这一点与我国刑法第二十六条在定义“犯罪集团”时所适用的“三人以上”标准不同。原因在于，在某些场合，一到两名行为人即可组织我国公民参与国（境）外赌博，在网络跨境赌博的场合更是如此。第四，实务中司法机关应当注重区分罪与非罪的界限，诸如国内赌徒出于亲自赌博的动机自发结伙参与境外赌博的，不应认定为符合组织中华人民共和国公民参与国（境）外赌博的构成要件，符合赌博罪、偷越国（边）境罪等罪名的，以相关规定论处即可。

例如，在“云南临沧侦破杨某某等组织人员偷渡出境赌博案”中，2020 年 4 月，云南省临沧市公安局发现，犯罪嫌疑人杨某某涉嫌组织中国公民偷渡出入边境从事赌博活动，即开展立案侦查。经查，杨某某安排夏某某组织10余名中国公民非法往来中缅边境从事境外赌博活动，通过微信联系并支付偷渡费。专案组先后将犯罪嫌疑人杨某某及其组织偷渡团伙成员10人抓获归案，并协调缅甸警方将犯罪嫌疑人夏某某及涉嫌偷渡人员从境外窝点抓获并移交我方。[①]在本案中，行为人杨某某组织中国公民偷渡出入境从事赌博活动，通过微信与实际进行赌博的中国公民联系并收取偷渡费。

在本案中，杨某某等人在明知的情况下为我国公民提供偷渡服务，在我国公民赴境外赌博的过程中发挥了关键性的作用，应当认定为“组织”行为，以组织中华人民共和国公民参与境外赌博的规定论处。

其次是“赌博”这一构成要件要素的理解问题。从法条形式逻辑的角度看，刑法第三百零三条第一款是基本条款而第三百零三条第三款是特别条款。基本条款与特别条款这一关系的存在意味着，前者对后者具有一定程度的制约作用。[②]详言之，特别条款中相关概念的解释，应当尽可能与基本条款保持一致。相应地，在刑法第三百零三条第一款规定了赌博罪的情况下，第三百零三条第三款中的“赌博”要素，也应当被理解为“以营利为目的，聚众赌博或者以赌博为业”。对“赌博”作如此解释，既保证了同一法条内部基本含义的稳定性和连续性，又有利于在赌博罪与组织参与国（境）外赌博罪这两款规定之间达至罪刑相适应的局面。但同时需要注意的是，跨境赌博的组织者构成犯罪，并不以参与境外赌博的我国公民构成赌博罪为前提，只要后者准备实施或者已经实施的行为能够被认定为赌博罪的实行行为即可，否则会出现轻纵犯罪的局面。

二、如何认定组织中华人民共和国公民参与国（境）外赌博

实践中，组织中华人民共和国公民参与国（境）外赌博主要存在以下几种情形。第一，境外赌场的经营人、实际控制人、投资人、管理人以及受境外赌场指派雇佣的人等组织、招揽我国公民前往境外赌博的；第二，与境外赌场没有利益关联的行为人，组织、招揽我国公民前往境外赌博的；第三，在境外赌场通过开设账户、洗码等方式为我国公民前往境外赌博提供资金担保服务的；第四，在境外以建立、购买、租用赌博网站、应用程序的方式组织我国公民在境内进行跨境网络赌博的，或者为境外赌博

---

① 《公安部公布打击跨境赌博犯罪十起典型案例》，载中国警察网，http：//news. cpd. com. cn/n3559/202006/t20200622_ 917296. html，最后访问时间：2020年1月10日。

② 在刑法学界，早有学者对于同一条文内部的基本条款和特殊条款的适用关系作出了论述。张明楷：《刑法学》，法律出版社2016年版，第869页。

网站、应用程序担任代理并组织我国公民进行投注等赌博活动的。在刑法修正案（十一）公布之前，上述四类行为一般认定为刑法第三百零三条第一款规定的聚众赌博罪和第三百零三条第二款规定的开设赌场罪。但在刑法修正案（十一）公布后，上述认定方式便与现行刑法条文的规定不甚相符，此时便涉及刑法关于赌博罪的三款规定应当如何适用的问题。

首先是刑法第三百零三条第一款与第三款的适用问题。根据立法条文的表述，在不涉及境外因素的情况下，第一款规定的赌博罪与第三款规定的组织中华人民共和国公民参与境外赌博罪之间并不会产生竞合关系。然而，在行为人组织、招揽中华人民共和国公民赴境外赌博并且从参赌人员中获取费用或者其他利益的场合，刑法第三百零三条规定的“聚众赌博”行为与组织我国公民参与境外赌博的行为之间便发生了竞合关系。笔者认为，在此种场合应当优先适用第三款的规定进行处罚。原因在于：如上所述，刑法第三百零三条第一款定义了“赌博”这一要素在刑法中的应然性含义，对第三百零三条第三款中的“赌博”要素的解释应当与第三百零三条第一款保持一致。也即，只有当被组织的我国公民参与境外赌博的情形，在不考虑境外这一因素后能够符合刑法第三百零三条第一款规定的“以营利为目的，聚众赌博或者以赌博为业”时，才能肯定其刑事可罚性。而根据特别法优先于普通法的基本原理，在一行为既符合基本条款又满足特殊条款的情况下，应当适用特殊条款。从赌博罪与组织中华人民共和国公民参与境外赌博罪的法定刑设置也能得出上述结论。刑法修正案（十一）规定，组织我国公民参与境外赌博的，依照“前款”即开设赌场罪的规定处罚，适用五年以下有期徒刑、拘役或者管制。相比之下，赌博罪的法定刑仅为三年以下有期徒刑、拘役或者管制，并处罚金。在行为人的行为同时具有赌博罪和组织中华人民共和国公民参与境外赌博的双重性质时，毫无疑问应当适用重法，由此才能严厉惩治赌博相关犯罪，防止国内资金通过跨境赌博的方式大量流失国外。

其次是刑法第三百零三条第二款与第三款的适用问题。实践中，开设赌场的行为往往与组织我国公民参与境外赌博的行为相互交织。二者的伴生与并发现象既存在于线下开设、租用境外赌场并组织、招募我国公民赴境外赌博的场合，亦存在于通过境外网络赌博平台组织我国公民参与赌博的场合。就如何认定此类行为的性质这一问题，下文举两例加以说明。

案例一：“王某甲、石某等组织他人偷越国（边）境案”。2012 年年底开始，虞某（另案处理）在老挝波桥省甲赌场承包 3 号厅开设赌场。2015 年 4 月中旬，被告人王某甲和虞某共谋，由虞某向王某甲出码，王某甲组织人员到虞某在老挝的赌厅内赌博，被组织的参赌人员赌博产生的洗码费由虞某和王某甲两人分成，并约定赌博结束回国后，在规定时间内被告人王某甲和虞某结算输赢。2015 年 5 月 20 日，被告人王某甲为赚取洗码费，组织被告人王某乙、石某及许某（另行处理）到老挝虞某的赌厅内赌博。因被告人王某乙无法签证出境，被告人王某甲联系虞某，虞某指使叶某、王某丙（均另案处理）帮助被告人王某甲等人安排偷渡出境相关事项。被告人王某甲带领被告人石某、王某乙及许某乘坐飞机到某市，与叶某、王某丙碰头后，由叶某、王某丙安排王某甲、王某乙、石某及许某偷渡出境到老挝。后被告人王某甲从虞某赌厅内领取筹码后，出码给王某乙、石某、许某进行赌博。①

在本案中，被告人虞某在境外承包赌场，并和被告人王某甲共谋组织我国公民前往其在老挝的赌厅内赌博，并就参赌人员产生的洗码费进行分成。在刑法修正案（十一）公布前，由于二人在开设赌场的过程中均发挥了不可替代的重要作用，虞某和王某甲的行为应当以开设赌场罪的共同正犯论处。但刑法修正案（十一）公布后，虞某和王某甲的行为应该如何论处便成为问题。

笔者认为，二人的行为应当以刑法第三百零三条第三款即组织中华人民共和国公民参与境外赌博罪的共同正犯论处，不宜继续认定为开设赌场罪。原因在于：第一，从立法条文的角度，开设赌场罪的实行行为是指开设以行为人为中心，在其支配下供他人赌博的行为，并不包括组织、招揽他人前往境外赌博的行为。根据罪刑法定原则，当刑法分则条文仅仅将开设赌场作为犯罪的实行行为时，不能将单纯招揽赌徒的行为作为本罪的实行行为。②实际上，从事此类活动的行为人只有在与境外赌场存在密切关联的情况下（或者是境外赌场的经营人、实际控制人、投资人、管理人员，或者受到境外赌场的雇佣和指派）才构成开设赌场罪。而在刑法修正案（十一）公布后，行为人只要具备组织我国公民参与境外赌博的行为，便能够肯定其构成犯罪。第二，在类似案件中，如若认定行为人构成开设赌场罪，在案件侦办与取证方面存在很大难度，因为跨境赌博活动涉及各类复杂因素，如银行资金支持、网络、通信、旅游等，相关案件的办理必然需要多个部门的协助。此外，出于经济利益的考量，赌博活动在许多国家都得到了承认甚至受到保护。我国司法机关在办理境外开设赌场类案件时

---

① 浙江省东阳市人民法院（2019）浙 0783 刑初 113 号刑事判决书。

② 参见张明楷：《刑法学》，法律出版社 2016 年版，第 1080 页。

必然面临着取证难等巨大阻力，这无助于有效打击日渐猖獗的跨境赌博现象。相比之下，司法机关办理组织我国公民赴境外赌博的案件，更加简单易行。第三，根据刑法第三百零三条第三款的规定，组织中华人民共和国公民参与境外赌博的，依照前款也即开设赌场罪的规定处罚，这意味着即使司法机关将类似情形更多地以第三百零三条第三款定罪处罚，也不会产生放纵跨境赌博犯罪的局面。

案例二："吕某某开设赌场案"。2007 年至 2009 年 9 月，被告人吕某某为缅甸某地区甲赌场担任经纪人，组织、引诱中国境内人员参与甲赌场网络赌博，赚取洗码费等费用非法获利；2009 年 9 月至 2010 年 7 月，吕某某为老挝磨丁四号厅担任经纪人，组织、引诱中国境内人员参与磨丁四号赌场网络赌博，非法获取流动股分红……2010 年 5 月至 2016 年 5 月，吕某某作为老挝"阳×在线"赌博网站（原名：蓝×在线、诚×在线）代理，组织、引诱中国境内人员参与网络赌博并非法获利。①

在本案中，吕某某通过为境外赌场担任经纪人，组织、引诱我国公民参与境外网络赌场的赌博活动，并因此获取境外赌场的利润分成。笔者认为，在刑法修正案（十一）公布后，此类行为同样应当以刑法第三百零三条第三款而非第二款的规定进行处理。一方面，从立法条文的文义涵摄范围来看，"组织中华人民共和国公民参与国（境）外赌博"这一规定没有疑问地包含了上述案例中的行为方式。刑法修正案（十一）（草案二审稿）关于本条的规定是"组织、招揽中华人民共和国公民出境参与赌博"，这一规定显然要求我国公民在物理意义上越过我国边境。而最终形成的修正案文本仅仅规定了"组织中华人民共和国公民参与国（境）外赌博"，从而将我国公民在我国境内通过网络平台等在线方式参与境外赌博的情形也纳入了本款处罚范围。另一方面，在上述案件中，被告人吕某某的行为仅仅是帮助他人开设赌场的行为，且开设赌场的行为在缅甸境内亦属于合法活动。在刑法修正案（十一）公布后，倘若仍以开设赌场罪为其定罪量刑，无论在定罪的准确程度还是量刑的精确程度上均存在疑问。

综上所述，在刑法修正案（十一）公布后，司法机关应当更加普遍地适用刑法第三百零三条第三款即组织中华人民共和国公民参与跨境赌博的相关规定，从而降低案件办理难度，同时增强对跨境赌博行为的惩治力度。此外，对于跨境赌博共同犯罪、关联犯罪、赌资数额、案件管辖以及证据的收集和审查判断等方面的工作，司法机关应当在把握相关行为的根

① 黑龙江省七台河市新兴区人民法院（2018）黑 0902 刑初 46 号刑事判决书。

本属性的基础上，结合《关于办理赌博刑事案件具体应用法律若干问题的解释》《关于办理利用赌博机开设赌场案件适用法律若干问题的意见》《关于办理网络赌博犯罪案件适用法律若干问题的意见》的有关规定，依法妥当处理。

三、如何处理组织中华人民共和国公民参与国（境）外赌博罪与其他罪名之间的竞合关系

在组织我国公民出境参与赌博的过程中，组织者和参与赌博的我国公民还可能同时触犯组织他人偷越国（边）境罪、骗取出境证件罪、提供伪造、变造的出入境证件罪、出售出入境证件罪、运送他人偷越国（边）境罪以及偷越国（边）境罪等罪名。由于组织中华人民共和国公民参与境外赌博这一条款的规范目的与妨害国（边）境管理罪并不相同［前者在于惩治跨境赌博活动，维护我国经济安全与社会稳定；后者在于保护我国国（边）境管理秩序］，行为人既实施了偷越国（边）境相关行为又实施了其他组织行为的，理应对其数罪并罚。而行为人组织他人参与境外赌博的具体形式即为帮助他人偷越国（边）境的，则应当认定为想象竞合犯，从一重罪论处。

刑法修正案（十一）第三十七条　【修改妨害传染病防治罪】

三十七、将刑法第三百三十条第一款修改为："违反传染病防治法的规定，有下列情形之一，引起甲类传染病以及依法确定采取甲类传染病预防、控制措施的传染病传播或者有传播严重危险的，处三年以下有期徒刑或者拘役；后果特别严重的，处三年以上七年以下有期徒刑：

"（一）供水单位供应的饮用水不符合国家规定的卫生标准的；

"（二）拒绝按照疾病预防控制机构提出的卫生要求，对传染病病原体污染的污水、污物、场所和物品进行消毒处理的；

"（三）准许或者纵容传染病病人、病原携带者和疑似传染病病人从事国务院卫生行政部门规定禁止从事的易使该传染病扩散的工作的；

"（四）出售、运输疫区中被传染病病原体污染或者可能被传染病病原体污染的物品，未进行消毒处理的；

"（五）拒绝执行县级以上人民政府、疾病预防控制机构依照传染病防治法提出的预防、控制措施的。"

【条文主旨】

本条是关于修改妨害传染病防治罪的规定。

为了今后更好地防治传染病，与传染病防治法等法律相衔接，刑法修正案（十一）总结新冠肺炎疫情防控经验和需要，对妨害传染病防治罪进行了修改补充。其进一步明确依法确定采取甲类传染病管理措施的传染病，属于本罪调整范围；补充完善构成犯罪的情形，增设非法出售、运输疫区被污染或可能被污染物品、拒绝执行人民政府、疾病预防控制机构依法提出的预防控制措施等犯罪行为。上述修改增加了妨害传染病防治罪的行为类型，将本次防疫过程中所暴露出来的突出问题予以犯罪化，使得今后在惩治类似行为时有法可依，减少争议。

【条文对照】

修正前	修正后
第三百三十条　【妨害传染病防治罪】违反传染病防治法的规定，有下列情形之一，引起甲类传染病传播或者有传播严重危险的，处三年以下有期徒刑或者拘役；后果特别严重的，处三年以上七年以下有期徒刑： （一）供水单位供应的饮用水不符合国家规定的卫生标准的； （二）拒绝按照卫生防疫机构提出的卫生要求，对传染病病原体污染的污水、污物、粪便进行消毒处理的；	第三百三十条　【妨害传染病防治罪】违反传染病防治法的规定，有下列情形之一，引起甲类传染病以及依法确定采取甲类传染病预防、控制措施的传染病传播或者有传播严重危险的，处三年以下有期徒刑或者拘役；后果特别严重的，处三年以上七年以下有期徒刑： （一）供水单位供应的饮用水不符合国家规定的卫生标准的； （二）**拒绝按照疾病预防控制机构**提出的卫生要求，对传染病病原体污染的污水、污物、场所和物品进行消毒处理的；

修正前	修正后
（三）准许或者纵容传染病病人、病原携带者和疑似传染病病人从事国务院卫生行政部门规定禁止从事的易使该传染病扩散的工作的； （四）拒绝执行卫生防疫机构依照传染病防治法提出的预防、控制措施的。 单位犯前款罪的，对单位判处罚金，并对其直接负责的主管人员和其他直接责任人员，依照前款的规定处罚。 甲类传染病的范围，依照《中华人民共和国传染病防治法》和国务院有关规定确定。	（三）准许或者纵容传染病病人、病原携带者和疑似传染病病人从事国务院卫生行政部门规定禁止从事的易使该传染病扩散的工作的； （四）出售、运输疫区中被传染病病原体污染或者可能被传染病病原体污染的物品，未进行消毒处理的； （五）拒绝执行县级以上人民政府、疾病预防控制机构依照传染病防治法提出的预防、控制措施的。 单位犯前款罪的，对单位判处罚金，并对其直接负责的主管人员和其他直接责任人员，依照前款的规定处罚。 甲类传染病的范围，依照《中华人民共和国传染病防治法》和国务院有关规定确定。

【修正提示】

刑法修正案（十一）对刑法第三百三十条规定的妨害传染病防治罪作了四处修改。

其一，将“依法确定采取甲类传染病预防、控制措施的传染病”增至本罪的传染病范围。修改前，只有甲类传染病可以适用本罪；修改后，将“妨害传染病防治罪”的适用范围从“甲类传染病”扩大至“依法确定采取甲类传染病预防、控制措施的传染病”。

其二，将刑法第三百三十条第一款第二项的“卫生防疫机构”修改为“疾病预防控制机构”，以及将第五项（原第四项）的“卫生防疫机构”修改为“县级以上人民政府、疾病预防控制机构”。

其三，将刑法第三百三十条第一款第二项的“粪便”修改为“场所和物品”。

其四，增设妨害传染病防治罪行为形式。增加“出售、运输疫区中被传染病病原体污染或者可能被传染病病原体污染的物品，未进行消毒处理的”作为刑法第三百三十条第一款第四项。

【修法背景】

1997 年 3 月，全面修订后的刑法正式公布，其中第三百三十条首次规定妨害传染病防治罪，但该罪并未得到关注，司法实践中也并未显示公开案例。2003 年 5 月，最高人民法院、最高人民检察院联合制定施行《关于办理妨害预防、控制突发传染病疫情等灾害的刑事案件具体应用法律若干问题的解释》（法释〔2003〕8 号），将故意或过失造成传染病传播，危害公共安全的，分别以以危险方法危害公共安全罪或过失以危险方法危害公共安全罪定罪处罚。[①] 妨害传染病防治罪依旧比较冷门。新冠肺炎疫情暴发以来，我国高度重视强化公共卫生法治保障，全面加强和完善公共卫生领域相关法律法规建设，作为专门针对传染病防治中的犯罪行为予以打击的妨害传染病防治罪日益受到重视。本次出台的刑法修正案（十一）为了强化公共卫生刑事法治保障，吸收疫情期间经验和需要，对妨害传染病防治罪进行了有针对性的修改。

首先，明确依法确定的采取甲类传染病管理措施的传染病，属于本罪调整范围。新冠肺炎疫情期间，每一刻都有感人的故事见证人性的光辉，但也存在漠视疫情、无视法律的事件。针对行为人故意隐瞒病情、接触史、旅行史导致多人被病毒感染的案件，各地公安机关有以以危险方法危害公共安全罪立案侦查的，[②] 有以过失以危险方法危害公共安全罪立案侦查的，[③] 也有以妨害传染病防治罪立案侦查的。[④]

同案不同罪的原因在于修改前的本罪适用范围局限于“甲类传染病”，根据 2013 年 6 月全国人大常委会修订后的传染病防治法第三条，甲类传染病是指鼠疫、霍乱，新冠肺炎并不在其中。2020 年 1 月 20 日，中华人民共和国国家卫生健康委员会发布第 1 号公告，将新型冠状病毒

---

① 《关于办理妨害预防、控制突发传染病疫情等灾害的刑事案件具体应用法律若干问题的解释》第一条规定，故意传播突发传染病病原体，危害公共安全的，依照刑法第一百一十四条、第一百一十五条第一款的规定，按照以危险方法危害公共安全罪定罪处罚。患有突发传染病或者疑似突发传染病而拒绝接受检疫、强制隔离或者治疗，过失造成传染病传播，情节严重，危害公共安全的，依照刑法第一百一十五条第二款的规定，按照过失以危险方法危害公共安全罪定罪处罚。

② 《九江首例新冠肺炎患者张某某涉嫌以危险方法危害公共安全罪被警方立案侦查》，载九江市委市政府门户网站，https：//www.jiujiang.gov.cn/zwzx/jrjj/202002/t20200209_3130248.html，最后访问时间：2021 年 2 月 28 日。

③ 《查处一起新冠肺炎患者涉嫌过失以危险方法危害公共安全罪立案侦查》，载常德市公安局网站，https：//gaj.changde.gov.cn/zwgk/zfxxgk/ywgz/ajsd/content_722557，最后访问时间：2021 年 2 月 28 日。

④ 《天津一确诊新冠肺炎女子因涉嫌妨害传染病防治罪被警方依法立案侦查》，载中国新闻网，https：//www.chinanews.com/sh/2020/02－17/9094215.shtml，最后访问时间：2021 年 2 月 28 日。

感染的肺炎纳入传染病防治法规定的乙类传染病，并采取甲类传染病的预防、控制措施。① 2020 年 2 月，最高人民法院、最高人民检察院、公安部、司法部印发《关于依法惩治妨害新型冠状病毒感染肺炎疫情防控违法犯罪的意见》的通知（以下简称《防控意见》），首次在司法解释层面对妨害传染病防治罪作出解释。其第二条规定，其他拒绝执行卫生防疫机构依照传染病防治法提出的防控措施，引起新型冠状病毒传播或者有传播严重危险的，依照刑法第三百三十条的规定，以妨害传染病防治罪定罪处罚。

其实早在 2008 年 6 月，《最高人民检察院、公安部关于公安机关管辖的刑事案件立案追诉标准的规定（一）》第四十九条中就提到，违反传染病防治法的规定，引起甲类或者按照甲类管理的传染病传播或者有传播危险，涉嫌下列情形之一的，应予立案追诉。但此规定与修改前的刑法第三百三十条规定不完全一致，《防控意见》也是如此，其将引起新型冠状病毒（采取甲类传染病预防、控制措施的）传播或者有传播严重危险的行为规定为妨害传染病防治罪。此次刑法修正案（十一）将采取甲类传染病预防、控制措施的传染病纳入妨害传染病防治罪犯罪对象范围，保持法律体系统一。同时，传染病等级的确定需要经过各级卫健委或者各级人民政府层层上报至国务院，再由国务院卫生行政部门决定并予以公布，临时确定其他传染病为甲类传染病是一个冗长的过程，而宣布采取甲类传染病预防、控制措施则是一个可以迅速作出的应急措施，本次刑法修改有利于更高效、快速地应对突发公共卫生危机。

其次，为了与现行传染病防治法、我国疾病预防控制机构制度相衔接，也为了今后更好地推进重大疫情防控工作，将第三百三十条第一款第二项的“卫生防疫机构”修改为“疾病预防控制机构”，以及将第五项（原第四项）的“卫生防疫机构”修改为“县级以上人民政府、疾病预防控制机构”。

刑法修正案（十一）将“卫生防疫机构”修改为“疾病预防控制机构”，是为了与其他法律法规制度保持一致。1953 年政务院批准在全国建立卫生防疫站，属于卫生行政部门管理的事业单位，兼有卫生执法监督和

---

① 1989 年 9 月颁布的传染病防治法中并没有关于乙类传染病按照甲类管理的说法，2004 年 12 月修订的传染病防治法增加了第四条，规定对乙类传染病中传染性非典型肺炎、炭疽中的肺炭疽和人感染高致病性禽流感，采取本法所称甲类传染病的预防、控制措施。2013 年 6 月修订的传染病防治法延续了此规定，为此公告提供法律依据。

技术管理双重职能。2000年前后我国开始进行疾控体制和卫生监督体制改革，2001年4月卫生部印发了《关于卫生监督体制改革实施的若干意见》和《关于疾病预防控制体制改革的指导意见》①，规定疾病预防控制机构为“政府举办的实施疾病预防控制与公共卫生技术管理和服务的公益事业单位”。2002年1月23日由中国预防医学科学院更名重组的“中国疾病预防控制中心”正式成立，标志着疾病预防控制体系改革的启航。各级卫生防疫站陆续分离出卫生监督所（局），改称为疾病预防控制中心（CDC）。之后，2004年12月修订的传染病防治法共计42次提及“疾病预防控制机构”，规定了各级疾病预防控制机构的地位和职责，并规定了其法律责任，这些规定一直沿用至今。

此外，将第五项（原第四项）的“卫生防疫机构”修改为“县级以上人民政府、疾病预防控制机构”的原因在于，根据传染病防治法（2013年修订）第五条第二款规定，县级以上人民政府制定传染病防治规划并组织实施，建立健全传染病防治的疾病预防控制、医疗救治和监督管理体系。同时，本法对县级以上人民政府的职责和权限进行了规定，明确其有权决定传染病的预防、控制措施。新冠肺炎疫情暴发之际，病毒传播速度快、暴发地域集中，必须立即采取预防、控制措施，如紧急排查、隔离、封闭等，各地人民政府在贯彻落实各项政策措施时反应更快、效率更高。修改前的刑法条文未将“拒绝执行县级以上人民政府、疾病预防控制机构依照传染病防治法提出的预防、控制措施”作为行为方式之一，既与现行传染病防治法割裂，又不利于对妨害传染病防治行为的打击。此次刑法修正案（十一）对行为人拒绝的主体作出了更加科学、完善的规定。

再次，将刑法第三百三十条第一款第二项的“粪便”修改为“场所和物品”。在刑法修正案（十一）草案第一次审议稿和第二次审议稿中，该条的修订之处仅为将“卫生防疫机构”修改为“疾病预防控制机构”，直到2020年12月26日正式通过的刑法修正案（十一）之中，才将“粪便”修改为“场所和物品”。本处修改主要为了与传染病防治法（2013年修

① 《卫生部关于印发〈关于卫生监督体制改革实施的若干意见〉和〈关于疾病预防控制体制改革的指导意见〉的通知》（卫办发〔2001〕112号），载国家卫生健康委卫生健康监督中心官网，https：//www. jdzx. net. cn/article/402881e4094442080109473d4662001f/2015/6/402881e409444208010948850957002c. html，最后访问时间：2021年2月25日。

订）保持一致，[①] 也扩大了消毒对象的规制范围。

最后，增设“出售、运输疫区中被传染病病原体污染或者可能被传染病病原体污染的物品，未进行消毒处理的”行为方式作为刑法第三百三十条第一款第四项。新冠疫情期间，口罩、医用防护服等医用物资一度较为匮乏，发生了行为人收购被污染的口罩等物资、未经消毒即进行出售事件，此类事件引起了社会公众的强烈不满和谴责。出售、运输疫区中被传染病病原体污染或者可能被传染病病原体污染的物品，未进行消毒处理的行为对社会造成的危害不言而喻，对其加以刑法规制，确有必要。

【适用指南】

理解与适用该条时应当注意以下几点。

一、如何理解“违反传染病防治法的规定”和“依照传染病防治法提出的预防、控制措施”

“违反传染病防治法的规定”应当从广义理解。这里的“传染病防治法”是一个关于传染病防控的法律体系，包括传染病防治法、突发事件应对法、《突发公共卫生事件应急条例》等一系列与疫情防控有关的法律法规和国务院有关规定。我国传染病防治法明确了各级政府和有关部门为预防、控制和消除传染病可以采取的措施，是传染病防治的主要法律依据之一。同时，突发事件应对法、《突发公共卫生事件应急条例》和《国家突发公共卫生事件应急预案》等法律法规和规范性文件，明确了各级政府和有关部门为应对突发公共卫生事件可以采取的行政措施，也是突发传染病防控的重要法律依据和来源。

因此，在办理妨害疫情防控案件时，上述法律法规和规范性文件的规定均可作为认定妨害传染病防治罪中“违反传染病防治法的规定”的依据。最高人民法院连续发布三批依法惩处妨害疫情防控犯罪典型案例，最高人民检察院相继发布五批全国检察机关依法办理妨害新冠肺炎疫情防控犯罪典型案例和五批全国检察机关依法办理涉新冠肺炎疫情典型案例。案例显示，故意隐瞒旅居史、密切接触史等违反防控规定的行为，可被定性

---

① 传染病防治法（2013 年修订）第二十七条规定，对被传染病病原体污染的污水、污物、场所和物品，有关单位和个人必须在疾病预防控制机构的指导下或者按照其提出的卫生要求，进行严格消毒处理；拒绝消毒处理的，由当地卫生行政部门或者疾病预防控制机构进行强制消毒处理。

为妨害传染病防治罪。

例如，在“苟某妨害传染病防治案”中，2020年1月16日，被告人苟某乘坐火车从武汉市返回西宁市。1月23日，苟某所在村村委会根据青海省、市、县新型冠状病毒感染肺炎疫情防控工作要求，通知武汉返回西宁人员进行登记，苟某未按要求登记。1月24日，镇卫生院医生电话排查苟某从武汉返回时间及同行人情况，苟某未如实告知从武汉返回西宁时间和其子苟某山一同返回的情况。1月25日晚，镇卫生院医生、村医及村主任到苟某家中开展疫情排查工作，苟某仍故意隐瞒，谎称自己回家已40余天，返程车票已撕毁。1月26日傍晚，苟某感觉身体不适，搭车前往西宁市其妹妹家，并于次日乘坐出租车前往青海省红十字医院就诊，被诊断为新冠肺炎疑似病例。1月30日，苟某被确诊患有新冠肺炎。苟某确诊后，仍对卫生疾控部门调查人员故意隐瞒行踪轨迹、密切接触人员情况。苟某所在村村民及部分外来人员共计900余人被整体隔离，苟某山等3名亲属被确诊感染新冠肺炎。法院经审理认为，被告人苟某违反传染病防治法规定，在国家卫生健康委员会宣布对新冠肺炎采取甲类传染病预防、控制措施后，明知应当报告武汉居住史，却故意隐瞒，拒绝执行预防、控制措施，未自行隔离，引起病毒传播危险，其行为已触犯刑律，构成妨害传染病防治罪。①

同时，对于地方政府和有关部门在疫情防控期间，依据上述法律法规和规范性文件出台的疫情预防、控制措施，如果法律依据充分、无明显不当（如有的地方应急指挥部和地方政府依据突发事件应对法等规定发布的居家隔离14天通告），一般均可以认定为刑法第三百三十条第一款第五项中规定的“县级以上人民政府、疾病预防控制机构依照传染病防治法提出的预防、控制措施”。

例如，在“常某妨害传染病防治案”中，2020年1月23日，在武汉市即将实施新冠肺炎疫情管控措施前，被告人常某驾车带其妻儿赶赴长沙市，后乘飞机抵达北京市，于2020年1月24日入住北京市房山区某小区。其间，常某明知北京市采取相关疫情防控措施，未向社区报告武汉居住史，且不执行居家隔离规定，多次出入超市、药店等公共场所，

---

① 青海省湟中县人民法院（2020）青0122刑初40号刑事判决书。本案例收录于《人民法院依法惩处妨害疫情防控犯罪典型案例（第三批）》，载中华人民共和国最高人民法院网站，http：//www. court. gov. cn/zixun－xiangqing－225671. html，最后访问时间：2021年2月28日。

并乘车往返北京市海淀区、门头沟区、房山区等地。2月16日，常某的母亲被确诊为新冠肺炎患者。2月18日，常某被确诊为无症状感染者（病原携带者），与其密切接触的28人被隔离。法院经审理认为，被告人常某明知北京市采取相关疫情防控措施，却不执行如实报告和居家隔离规定，往返北京市多个地区，违反传染病防治法的规定，拒绝执行卫生防疫机构依照传染病防治法提出的预防、控制措施，引起新型冠状病毒传播的严重危险，致20多人被隔离观察，其行为构成妨害传染病防治罪。①

需要注意的是，行为人构成刑法第三百三十条妨害传染病防治罪除有拒绝执行防控措施的行为外，还需要具有引起甲类传染病以及依法确定采取甲类传染病预防、控制措施的传染病传播或者有传播严重危险的情形，如造成多人被确诊为新冠肺炎病人或者多人被诊断为疑似病人等。实践中，考虑到妨害传染病防治罪是危害公共卫生犯罪，因此对行为人造成共同生活的家人之间传播、感染的，一般不应作为犯罪处理。对于一般的违反防控措施的行为，由公安机关根据治安管理处罚法予以治安管理处罚，或者由有关部门予以其他行政处罚。

二、如何区分妨害传染病防治罪与以危险方法危害公共安全罪

根据《防控意见》规定，② 在办理妨害疫情防控措施犯罪案件适用以危险方法危害公共安全罪时，应当注意把握以下三个方面：其一，主体上限于已确诊的新冠肺炎病人、病原携带者，或者新冠肺炎疑似病人；其二，主观上具有传播新冠肺炎病原体的故意；其三，客观上表现为拒绝隔离治疗或者隔离期未满擅自脱离隔离治疗，实施了进入公共场所或者公共交通工具的行为，其中新冠肺炎疑似病人还要求造成新型冠状病毒传播的后果。司法实践中，适用以危险方法危害公共安全罪应当依法从严把握。此外，对于明知自身已经确诊为新冠肺炎病人或者疑似病人，出于报复社会等主观故意，恶意向不特定多数人传播病毒，后果严重、情节恶劣的，也应当适用以危险方法危害公共安全罪。

---

① 北京市房山区人民法院（2020）京0111刑初165号刑事判决书。

② 《防控意见》第二条规定，依法严惩抗拒疫情防控措施犯罪。故意传播新型冠状病毒感染肺炎病原体，具有下列情形之一，危害公共安全的，依照刑法第一百一十四条、第一百一十五条第一款的规定，以以危险方法危害公共安全罪定罪处罚：1. 已经确诊的新型冠状病毒感染肺炎病人、病原携带者，拒绝隔离治疗或者隔离期未满擅自脱离隔离治疗，并进入公共场所或者公共交通工具的；2. 新型冠状病毒感染肺炎疑似病人拒绝隔离治疗或者隔离期未满擅自脱离隔离治疗，并进入公共场所或者公共交通工具，造成新型冠状病毒传播的。

对于其他拒绝执行疫情防控措施，引起新型冠状病毒传播或者有传播严重危险的行为，依照刑法第三百三十条的规定，适用妨害传染病防治罪。①

在上文所提及的“苟某妨害传染病防治案”中，据新闻报道，苟某最早是被公安机关涉嫌以危险方法危害公共安全罪立案侦查，作为全国首例妨害传染病防治案件而引起关注。② 后该案检察机关最终以妨害传染病防治罪对苟某提起公诉，法院采纳起诉的罪名定性，判处苟某有期徒刑一年。其实，除极少数恶意报复社会的患者外，公开判例中的行为人虽然隐瞒活动轨迹或密切接触史，但其对于病毒传播的后果是持否定态度的，生硬适用以危险方法危害公共安全罪并不合适。正确区分妨害传染病防治罪与以危险方法危害公共安全罪，既可以在法律适用层面上精准打击妨害疫情防控犯罪，防止“一刀切”的机械操作和重刑主义，也有利于消除群众的对抗情绪，有效地推进疫情防控工作。③

当然，此次疫情期间也存在以危险方法危害公共安全罪的案件。

例如，在“北京市昌平区支某某以危险方法危害公共安全案”中，2020年2月17日，被告人支某某驾驶轿车在防疫工作站办理进入小区登记手续时，认为登记时间过长，与现场的疫情防控工作人员刘某某发生言语冲突。为发泄不满情绪，支某某驾车加速冲撞疫情防控工作人员、办证群众所在人群及防疫帐篷（用于防控人员办公、休息、存放防疫物资，从外部无法看到内部情况），将防疫工作人员刘某某和邢某某直接撞入防疫帐篷并致帐篷坍塌，车辆被帐篷覆盖。支某某在视线被遮挡的情况下，倒车后再次加速冲撞。两次冲撞致刘某某手部、膝部多处挫伤，邢某某面部擦伤、右侧鼻骨骨折以及体表擦挫伤，被损坏的办公电脑、执法仪、体温计等防疫物资价值人民币6580元。案发时，现场有10多名疫情防控人员及办理出入小区登记的群众在支某某车辆周围，支某某为发泄个人情绪，驾车冲撞人群和办公帐篷，置不特定多数人的生命健康安全于不顾，性

---

① 《依法惩治妨害疫情防控违法犯罪　切实保障人民群众生命健康安全》，载中华人民共和国最高人民检察院网站，https://www.spp.gov.cn/xwfbh/wsfbt/202002/t20200227_455391.shtml，最后访问时间：2021年2月28日。

② 《青海确诊病例苟某被警方以涉嫌危险方法危害公共安全罪立案侦查》，载新华网，http://www.xinhuanet.com/2020-02/01/c_1125519207.htm，最后访问时间：2021年2月28日。

③ 参见王新：《全聚焦妨害传染病防治罪　彰显刑事司法理念进步》，载《人民法院报》2020年4月18日。

质恶劣，严重危害了公共安全。法院采纳了检察机关指控的犯罪事实、罪名及量刑建议，当庭以以危险方法危害公共安全罪判处支某某有期徒刑五年六个月。①

行为人驾车冲撞疫情防控工作站，性质恶劣，危害严重，给社会造成了很坏的影响，司法机关依法从严从快惩处，从而有力地震慑犯罪，为疫情防控工作的顺利开展提供良好的司法保障和稳定的社会环境。

此外，还需注意刑法第三百三十条规定的妨害传染病防治罪与第一百一十五条第二款规定的过失以危险方法危害公共安全罪之间的竞合关系。关于妨害传染病防治罪的责任形式，理论和实务上一般认为是过失，其作为一种危害公共安全的行为，与过失以危险方法危害公共安全罪，实际上是法条竞合关系，应当按照特别法优于一般法的适用原则，优先适用妨害传染病防治罪。②

三、如何区分妨害传染病防治罪与妨害国境卫生检疫罪

我国取得了防控疫情的显著成效，为了防止境外疫情扩散，严惩妨害国境卫生检疫的行为也极为重要。根据刑法第三百三十二条规定，违反国境卫生检疫规定，引起检疫传染病传播或者有传播严重危险的，构成妨害国境卫生检疫罪，处三年以下有期徒刑或者拘役，并处或者单处罚金。2020 年 3 月，最高人民法院、最高人民检察院、公安部、司法部、海关总署联合发布《关于进一步加强国境卫生检疫工作 依法惩治妨害国境卫生检疫违法犯罪的意见》（以下简称《惩治意见》），规定对六种行为以妨害国

---

① 《全国检察机关依法办理涉新冠肺炎疫情典型案例（第九批）》，载中华人民共和国最高人民检察院网站，https：//www. spp. gov. cn/xwfbh/wsfbt/202004/t20200409_ 458357. shtml#1，最后访问时间：2021 年 2 月 28 日。

② 2003 年《关于办理妨害预防、控制突发传染病疫情等灾害的刑事案件具体应用法律若干问题的解释》没有规定妨害传染病防治罪的适用，而是规定对于患有突发传染病或者疑似突发传染病而拒绝接受检疫、强制隔离或者治疗，过失造成传染病传播，情节严重，危害公共安全的，按照过失以危险方法危害公共安全罪定罪处罚。但由于 2003 年原卫生部将“非典”列入法定传染病，但未明确为甲类传染病或者按照甲类传染病管理，导致适用妨害传染病防治罪存在障碍。

境卫生检疫罪追诉。①

在“宁夏回族自治区丁某某涉嫌妨害国境卫生检疫案”中，犯罪嫌疑人丁某某在疫情发生之前，于伊朗库姆市穆斯塔法大学学习语言。2020 年 2 月 19 日 13 时 30 分（当地时间，下同），丁某某从伊朗机场乘坐飞机于 17 时到达莫斯科机场，后 2 月 20 日 9 时，丁某某从莫斯科机场乘坐飞机于 23 时 5 分到达上海浦东国际机场。出机场后乘坐出租车到达某酒店入住。之后乘坐火车到达兰州，后又到达中卫火车站，根据中卫市疫情防控规定，被送至中卫大酒店隔离。宁夏回族自治区和中卫市疾病预防控制中心对丁某某的流行病学调查报告及有关医疗记录均显示，根据丁某某自述，其 2 月 19 日下午自伊朗出发时自感乏力、畏寒；20 日加重，出现间断性发热、咳嗽、咳痰，咳嗽呈阵发性。而其于 2 月 20 日在上海入境填写《入境健康申明卡》时，并未如实申报，隐瞒自身已出现咳嗽、乏力等症状，致使上海海关在其入境时未能及时采取管控措施。2 月 26 日，经检测丁某某被确诊为新冠肺炎患者。由于丁某某违反国境卫生检疫规定隐瞒病情，入境后于 2 月 20 日至 24 日期间，又多次乘坐公共交通工具、出入公共场所，引起新冠肺炎病毒传播严重风险，造成了上海、兰州、中卫等地共 200 余名密切接触者被隔离的严重后果。

3 月 14 日，某县公安局以涉嫌妨害国境卫生检疫罪对犯罪嫌疑人丁某某立案侦查。3 月 18 日，该县公安局主动听取县检察院对收集完善证据提出的意见建议。3 月 31 日，公安机关对丁某某采取取保候审强制措施，目前丁某某处于愈后隔离观察期。下一步，司法机关将依法予以追诉。②

---

① 《惩治意见》第二条第二项规定，依法惩治妨害国境卫生检疫犯罪。根据刑法第三百三十二条规定，违反国境卫生检疫规定，实施下列行为之一的，属于妨害国境卫生检疫行为：1. 检疫传染病染疫人或者染疫嫌疑人拒绝执行海关依照国境卫生检疫法等法律法规提出的健康申报、体温监测、医学巡查、流行病学调查、医学排查、采样等卫生检疫措施，或者隔离、留验、就地诊验、转诊等卫生处理措施的；2. 检疫传染病染疫人或者染疫嫌疑人采取不如实填报健康申明卡等方式隐瞒疫情，或者伪造、涂改检疫单、证等方式伪造情节的；3. 知道或者应当知道实施审批管理的微生物、人体组织、生物制品、血液及其制品等特殊物品可能造成检疫传染病传播，未经审批仍逃避检疫，携运、寄递出入境的；4. 出入境交通工具上发现有检疫传染病染疫人或者染疫嫌疑人，交通工具负责人拒绝接受卫生检疫或者拒不接受卫生处理的；5. 来自检疫传染病流行国家、地区的出入境交通工具上出现非意外伤害死亡且死因不明的人员，交通工具负责人故意隐瞒情况的；6. 其他拒绝执行海关依照国境卫生检疫法等法律法规提出的检疫措施的。

② 《全国检察机关依法办理涉新冠肺炎疫情典型案例（第八批）》，载中华人民共和国最高人民检察院网站，https：//www. spp. gov. cn/xwfbh/wsfbt/202004/t20200409_ 458357. shtml#1，最后访问时间：2021 年 2 月 28 日。

除上述案件外，其他如著名的“河南省郭某鹏妨害传染病防治案”“甘肃省胡某某涉嫌妨害传染病防治案”① “黎某妨害传染病防治案”② 等境外输入型案例中，被告人都被以妨害传染病防治罪定罪处罚。其中，郭某鹏辗转多趟航班回国并隐瞒出境史导致40余名人员被隔离观察；胡某某入境后未遵守管控要求，不及时申报、不居家隔离致上百人被隔离；黎某登记后未主动申报发热、身体乏力等情况和接触史，虽在飞机降落前如实填写《出/入境健康申明卡》并告知了机组人员自己的病情、就医情况，但仍导致60余人被隔离观察。

由此可见，实践中在把握妨害传染病防治罪与妨害国境卫生检疫罪之间的界限时，应当注意两罪实施的具体行为有何差异。入境人员妨害新冠肺炎防控的，可能在不同时间段分别涉嫌妨害传染病防治罪、妨害国境卫生检疫罪。行为人在入境时拒绝执行国境卫生检疫机关的检疫措施，引起新冠肺炎传播或者有传播严重危险的，构成妨害国境卫生检疫罪。行为人在入境后拒绝执行卫生防疫机构的防控措施，引起新型冠状病毒传播或者有传播严重危险的，构成妨害传染病防治罪。如果行为人既有拒绝执行国境卫生检疫机关检疫措施的行为，又有在入境后拒绝执行县级以上人民政府、疾病预防控制机构防控措施的行为，同时构成妨害传染病防治罪和妨害国境卫生检疫罪的，一般应当依照处罚较重的规定定罪处罚。

刑法修正案（十一）总结防控疫情经验，完善妨害传染病防治罪对象范围，以便今后更高效、快速地应对突发公共卫生危机。机构名称和消毒对象的修改，凸显了与疾病预防控制机构制度和其他法律的衔接。其增设妨害传染病防治罪行为方式，从而更好地规制疫情防控过程中出现的新型犯罪行为。此次刑法修改与正在进行的传染病防治法的修改，辅之以典型案例的发布和实践指引，有助于今后各地审判机关更好地适用本罪。

---

① “河南省郭某鹏妨害传染病防治案”“甘肃省胡某某涉嫌妨害传染病防治案”均被收录至《全国检察机关依法办理涉新冠肺炎疫情典型案例（第八批）》，载中华人民共和国最高人民检察院网站，https：//www. spp. gov. cn/xwfbh/wsfbt/202004/t20200403_ 457905. shtml#1，最后访问时间：2021年2月28日。

② 北京市顺义区人民法院（2020）京0113刑初534号刑事判决书。

刑法修正案（十一）第三十八条　【增设非法采集人类遗传资源、走私人类遗传资源材料罪】

三十八、在刑法第三百三十四条后增加一条，作为第三百三十四条之一："违反国家有关规定，非法采集我国人类遗传资源或者非法运送、邮寄、携带我国人类遗传资源材料出境，危害公众健康或者社会公共利益，情节严重的，处三年以下有期徒刑、拘役或者管制，并处或者单处罚金；情节特别严重的，处三年以上七年以下有期徒刑，并处罚金。"

【条文主旨】

本条是关于增设非法采集人类遗传资源、走私人类遗传资源材料罪①的规定。

本条的规范意旨是强化公共卫生刑事法治保障，维护国家人类遗传资源安全和生物安全，防范生物威胁。此外，本罪也是为了与2020年10月发布的生物安全法相衔接，贯彻宽严相济刑事政策，预防有关犯罪的基本要求。刑法修正案（十一）将该条设置在原刑法第三百三十四条（非法采集、供应血液、制作、供应血液制品罪）之后，作为第三百三十四条之一。

【条文对照】

修正前	修正后
	第三百三十四条之一　【非法采集人类遗传资源、走私人类遗传资源材料罪】违反国家有关规定，非法采集我国人类遗传资源

① 2021年2月26日公布的《最高人民法院、最高人民检察院关于执行〈中华人民共和国刑法〉确定罪名的补充规定（七）》确定刑法第三百三十四条之一罪名为非法采集人类遗传资源、走私人类遗传资源材料罪。

修正前	修正后
	或者非法运送、邮寄、携带我国人类遗传资源材料出境，危害公众健康或者社会公共利益，情节严重的，处三年以下有期徒刑、拘役或者管制，并处或者单处罚金；情节特别严重的，处三年以上七年以下有期徒刑，并处罚金。

【修正提示】

本条为刑法修正案（十一）新增的犯罪。

第一，刑法修正案（十一）（草案二次审议稿）删除了一审稿期间拟定的第三款规定，即“未经安全审查，将国家人类遗传资源信息向境外组织、个人及其设立或实际控制的机构提供或者开放使用的”。因此，修改后的刑法实际上由四类行为组成，即非法采集我国人类遗传资源的行为、非法运送我国人类遗传资源材料出境、非法携带我国人类遗传资源材料出境以及非法邮寄我国人类遗传资源材料出境的行为。

第二，本罪设置有两档法定刑，即“情节严重的”和“情节特别严重的”；本罪的最高法定刑为 7 年有期徒刑，并处罚金。需要注意的，这里的“情节严重的”属于本罪的构成要件，而非量刑情节。关于“情节严重”和“情节特别严重”的判断标准，有待于最高司法机关提供进一步的权威解释。

【修法背景】

人类遗传资源无论对于科学研究还是国家安全而言均具有重大意义：对于科学研究而言，一方面，鉴于人类生命的本质问题还尚未被充分弄清楚，人类遗传资源在整个研究过程中将发挥重要作用；另一方面，目前已发现有数万种疾病是由遗传物质发生改变或是由致病基因所控制的，因此通过对人类遗传资源的科学研究，便能够进一步了解疾病发生、发展的机理和机制，从而守护公众健康。① 对于国家安全而言，人类遗传资源是一类特殊的资源，而国家对人类遗传资源和生物资源享有主权。因此，非法

① 参见《保护人类遗传资源 建设“健康中国”》，载中华人民共和国国务院办公室网站，http://www.scio.gov.cn/32344/32345/39620/40664/zy40668/Document/1656741/1656741.htm，最后访问时间：2021 年 1 月 25 日。

将我国人类遗传资源材料或信息向境外组织、个人及其设立或者实际控制的机构提供或者开放使用的，会对我国生物安全造成损害。此外，由于我国多民族、多人口的特征，我国人类遗传资源与其他大部分国家相比都更为丰富，因此对于我国国家生物安全的强调也更加重要。①

但是，无论在科学研究层面，还是在国家安全层面，人类遗传资源的不恰当应用都潜藏着巨大的风险。科学研究不规范导致一些组织或个人在生物技术研究、开发活动中实施严重悖逆社会伦理的行为或者生物恐怖主义，直接或者间接导致生物危害等问题。更重要的是，当我国大量的人类遗传资源材料或信息流失至外国数据中心、外国生物实验室进行研究时，也会形成潜在的生物安全和国家安全威胁。事实上，从20世纪90年代初，一些中外合作的人体试验项目已然在中国境内展开：由国外的研究机构资助，通过中国留学生回国做项目，对中国人进行人体血清和DNA样本采集，然后送至他国进行研究。② 近年来，非法运送我国人类资源出境的行为也屡见不鲜。例如，科技部在2015年以来就开出了多张涉及我国人类遗传资源的行政处罚单。③

对人类遗传资源的利用所蕴含风险的规制，我国有一个逐渐加强的过程。早在1998年，为了有效保护和合理利用我国的人类遗传资源，我国便制定了《人类遗传资源管理暂行办法》，人类遗传资源管理迈入制度化轨道。近年来，我国逐渐加大了对人类遗传资源的管控力度，并逐渐完善了对人类遗传资源的管理体系。例如，2015年科技部发布了《人类遗传资源采集、收集、买卖、出口、出境审批行政许可事项服务指南》，对涉及我国人类遗传资源的相关行为进行规范化管理；2016年国务院法制办公室就《人类遗传资源管理条例（送审稿）》④ 向社会公开征求意见，送审稿强调，禁止利用人类遗传资源从事可能危及国家安全和社会公共安全的活动；2017年科技部发布了《关于优化人类遗传资源行政审批流程的通知》，

---

① 参见2012年国务院法制办《关于起草〈人类遗传资源管理条例（送审稿）〉的说明》。

② 参见童增：《“人类遗传资源管理条例”有利于国家安全》，载《中国青年报》2019年7月3日。

③ 可参见中华人民共和国科技部国科罚〔2015〕1号行政处罚决定书；中华人民共和国科技部国科罚〔2015〕2号行政处罚决定书；中华人民共和国科技部国科罚〔2016〕1号行政处罚决定书；中华人民共和国科技部国科罚〔2016〕1号行政处罚决定书；中华人民共和国科技部国科罚〔2018〕1号行政处罚决定书；中华人民共和国科技部国科罚〔2018〕2号行政处罚决定书；中华人民共和国科技部国科罚〔2018〕3号行政处罚决定书。

④ 该送审稿原由科技部于2006年开始起草，其间不断对草案修改完善，数易其稿；2016年1月，科技部再次向国务院报送。

进一步优化了相关审批流程。2019 年 7 月 1 日，人类遗传资源管理条例正式开始施行。人类遗传资源管理条例完善了我国对人类遗传资源管理的基本制度，并进一步指出：采集、保藏、利用、对外提供我国人类遗传资源，不得危害我国公众健康、国家安全和社会公共利益。值得一提的是，2020 年 10 月 17 日公布的生物安全法将人类遗传资源的规制与保护上升至国家法律层面，强调国家加强对我国人类遗传资源和生物资源采集、保藏、利用、对外提供等活动的管理和监督，保障人类遗传资源和生物资源安全。国家对我国人类遗传资源和生物资源享有主权。

但是，在刑法修正案（十一）颁布之前，我国缺乏与人类遗传资源相关的行政责任相衔接的刑事责任，这可能导致处罚漏洞。例如，人类遗传资源管理条例第四十四条规定，违反本条例规定，侵害他人合法权益的，依法承担民事责任；构成犯罪的，依法追究刑事责任。生物安全法第八十二条规定，违反本法规定，构成犯罪的，依法追究刑事责任。但是，我国刑法在对人类遗传资源的规制上长期处于缺失的状态。因此，此次刑法修正案（十一）增加的涉及人类遗传资源犯罪将保证与生物安全法等前置法的有效衔接；通过适当扩大处罚圈的方式，该条更好地打击了有关犯罪，保障了国家的生物安全。

如今刑法已经不单单扮演对法益损害被动地进行回应的角色，相反，现代工业社会风险的不断加剧使得刑法越来越具有充当针对失范行为反应工具的意义。人们逐渐认为，仅凭行政规范无法满足人们在安全管理上的需求，相反，立法者通过大量诉诸压制性的制裁法机制，即刑罚，有针对性地对违反规范的行为作出反应。通过这样一种方式，从积极的、一般的、预防的意义上讲，强化了一般大众的守法意识，阻碍了潜在的犯罪人采取反常的举止。这应当是刑法修正案（十一）对此类行为入罪的最本质的考虑。

【适用指南】

作为新增罪名，本罪在司法实践中将面临两个重要问题：一是如何正确地认定本罪构成要件内容及与其他相关犯罪的关系；二是如何正确地处理本罪与相关前置法的关系。接下来，笔者将依次论述这两个问题。

一、如何认定本罪构成要件及与相关犯罪的关系

（一）应当注意本罪的构成要件规定

本罪的行为对象指的是“人类遗传资源”，根据生物安全法第八十五条第八项的规定，人类遗传资源主要包括两类，即人类遗传资源材料

和人类遗传资源信息。前者指含有人体基因组、基因等遗传物质的器官、组织、细胞等遗传材料，后者指利用人类遗传材料产生的数据等信息资料。需要注意的是，只有针对我国的人类遗传资源的行为才构成犯罪，相反，对外国的人类遗传资源进行非法采集的行为，以及将外国的人类遗传资源运送、邮寄、携带进入我国的行为，都不构成本罪。此外，参照2008年《最高人民法院、最高人民检察院关于办理非法采供血液等刑事案件具体应用法律若干问题的解释》第一条的规定，本罪所谓的非法采集，是指未经国家主管部门批准或者超过批准的业务范围的采集行为。

（二）应当注意本罪与其他犯罪的衔接关系

本罪极易与其他犯罪发生牵连、竞合关系。比如，通过非法采集我国公民血液的方式非法采集我国人类遗传资源的，有可能同时构成刑法第三百三十四条的“非法采集、供应血液、制作、供应血液制品罪”；未经许可运送、邮寄、携带我国人类遗传资源材料出境的，可能同时构成刑法第一百五十一条第三款的“走私国家禁止进出口的货物、物品罪”，或者构成刑法第三百二十二条的“偷越国（边）境罪”，此时应当从一重罪论处；伪造国务院科学技术行政部门出具的人类遗传资源材料出境证明，非法运送、邮寄、携带我国人类遗传资源材料出境的，还可能构成刑法第二百八十条的“伪造、变造、买卖国家机关公文、证件、印章罪”；违反国家规定，侵入国家尖端科学技术领域的计算机信息系统，非法采集我国人类遗传资源的，也可能构成刑法第二百八十五条的“非法侵入计算机信息系统罪”，此时应当从一重罪论处；实施本款规定的犯罪，又以暴力、威胁方法抗拒查处，构成其他犯罪的，应当依照数罪并罚的规定处罚。此外，本罪也容易与刑法分则第五章规定的“侵犯财产罪”发生竞合，因此需要在实践中仔细鉴别。

二、如何有效地与有关行政前置法相衔接

在刑法修正案（十一）出台之前，对于非法采集或者非法运送、邮寄、携带我国人类遗传资源出境的行为，一般仅依靠有关行政法规范进行处罚。例如，人类遗传资源管理条例第三十八条规定，违反本条例规定，未经批准将我国人类遗传资源材料运送、邮寄、携带出境的，由海关依照法律、行政法规的规定处罚。科学技术行政部门应当配合海关开展鉴定等执法协助工作。海关应当将依法没收的人类遗传资源材料移送省、自治区、直辖市人民政府科学技术行政部门进行处理。生物安全法第七十九条、第八十条也规定了相应的处罚条款。但是，对于大量违法单位来说，这样的处罚或许根本难以起到相应的惩戒效果，更无法有效保证我国人类遗传资源的安全。

例如，在1997年，美国某大学与国内一些单位合作在安徽采集血样，进行哮喘病等疾病的遗传基因研究，这些基因取样样本数量达到两亿，其中仅在安徽的哮喘病样本的筛选就达到了600万人。①

又如，2015年，甲基因公司和乙大学附属丙医院未经许可，与英国丁大学开展国际合作研究，将部分人类遗传资源信息从网上传递出境；②2016年，戊公司未经许可将5165份人血清作为犬血浆违规带出境。③

如上述2015年的案例，科技部认定：甲基因公司与丙医院未经许可与英国丁大学开展中国人类遗传资源国际合作研究，甲基因公司未经许可将部分人类遗传资源信息从网上传递出境。此行为违反了《人类遗传资源管理暂行办法》第四条、第十一条、第十六条的规定。根据《人类遗传资源管理暂行办法》第二十一条及行政处罚法有关规定，科技部对其的处罚为：第一，在接到决定书之日起立即停止该研究工作的执行；第二，销毁该研究工作中所有未出境的遗传资源材料及相关研究数据；第三，自处罚决定书送达之日起停止其进行涉及我国人类遗传资源的国际合作，整改验收合格后，再行开展。④

需要注意的是，在刑法修正案（十一）出台之后，那些社会危害性较大的行为将可能被作为犯罪处理。换言之，刑法修正案（十一）通过增设相关轻罪的方式，对于那些涉及情节严重的非法采集我国人类遗传资源或走私我国人类遗传资源材料的且仅仅通过有关行政处罚手段与行为人的行为不相称的情形，进行相应的刑事惩罚，进一步加大对我国生物安全的保护力度。就此而言，行政机关在“情节严重的”情况下，应当移交司法机关处理，司法机关在适用本罪的时候，应当严格审查本罪的构成要件，尤其是要实质性地判断这样的行政违法行为是否危害了公众健康或者社会公共利益，从而有必要以犯罪论处。

---

① 参见熊蕾、汪延：《令人生疑的国际基因合作项目》，载《瞭望新闻周刊》2001年第13期。

② 参见中华人民共和国科技部国科罚〔2015〕2号行政处罚决定书。

③ 参见中华人民共和国科技部国科罚〔2016〕1号行政处罚决定书。

④ 参见中华人民共和国科技部国科罚〔2015〕2号行政处罚决定书。

刑法修正案（十一）第三十九条　【增设非法植入基因编辑、克隆胚胎罪】

> 三十九、在刑法第三百三十六条后增加一条，作为第三百三十六条之一："将基因编辑、克隆的人类胚胎植入人体或者动物体内，或者将基因编辑、克隆的动物胚胎植入人体内，情节严重的，处三年以下有期徒刑或者拘役，并处罚金；情节特别严重的，处三年以上七年以下有期徒刑，并处罚金。"

【条文主旨】

本条是关于增设非法植入基因编辑、克隆胚胎罪[①]的规定。

本条的规范意旨是强化公共卫生刑事法治保障，维护国家生物安全，防范生物威胁。此外，本罪也是为了与生物安全法相衔接，贯彻宽严相济刑事政策，预防犯罪的基本要求。刑法修正案（十一）将该条设置在第三百三十六条（非法行医罪、非法进行节育手术罪）之后，作为第三百三十六条之一。

【条文对照】

修正前	修正后
	第三百三十六条之一　【非法植入基因编辑、克隆胚胎罪】将基因编辑、克隆的人类胚胎植入人体或者动物体内，或者将基因编辑、克隆的动物胚胎植入人体内，情节严重的，处三年以下有期徒刑或者拘役，并处罚金；情节特别严重的，处三年以上七年以下有期徒刑，并处罚金。

---

① 2021年2月26日公布的《最高人民法院、最高人民检察院关于执行〈中华人民共和国刑法〉确定罪名的补充规定（七）》确定刑法第三百三十六条之一罪名为非法植入基因编辑、克隆胚胎罪。

【修正提示】

本条为刑法修正案（十一）的新增犯罪。

第一，刑法修正案（十一）（草案一次审议稿）仅规定了“违反国家有关规定，将基因编辑的胚胎、克隆的胚胎植入人类或者动物体内”的情形，刑法修正案（十一）（草案二次审议稿）修改了相应的措辞，并增加了一种犯罪类型，即“将基因编辑、克隆的动物胚胎植入人体内”。修改后的刑法基本采纳了刑法修正案（十一）（草案二次审议稿）的构成要件描述，但是删除了“违反国家有关规定”的规定。

第二，本罪设置有两档法定刑，即“情节严重的”和“情节特别严重的”；本罪的最高法定刑为 7 年，并处罚金。需要注意的是，这里的“情节严重的”属于本罪的构罪要件，而非量刑情节。关于“情节严重”和“情节特别严重”的判断标准，还有待于最高司法机关提供进一步的权威解释。

【修法背景】

基因编辑技术主要是通过删除、插入、替换等方式对我们的遗传物质进行修改，从而实现对特定 DNA 片段的修饰的技术。基因编辑技术大大改进了人们的生产和生活。比如，在农业相关的生产领域，基因编辑可以通过改变作物性状的方式提高产量和生产效率，从而有望解决粮食短缺的问题；通过基因编辑，研究人员已经研制出无籽西红柿、不含谷蛋白的小麦等，从而满足了不同人的食物需求。在医学领域，基因编辑技术也显现出巨大的应用潜力：鉴于成千上万的遗传性疾病可以代代相传，而通过重写病人细胞中致病的 DNA，基因编辑技术有望成功治疗甚至预防人类疾病。①近年来，基因编辑技术愈加发展成熟。例如，2018 年美国科学家首次利用 CRISPR－Cas9 基因编辑技术提高了 4 只患有杜氏肌营养不良症的狗的肌肉蛋白水平。2019 年美国科学家用此技术制造出了第一种经过基因编辑的爬行动物，这一突破有助于研究白化病患者基因缺失如何影响其视网膜发育的问题。② 2020 年诺贝尔化学奖授予 CRISPR－Cas9

---

① 参见《基因编辑的意义：重写生命代码》，载世界科学网，http：//www.worldscience.cn/qk/2018/4y/zg/584867.shtml，最后访问时间：2021 年 1 月 22 日。

② 参见《首次用于爬行动物，基因编辑技术制造出白化蜥蜴》，载中国新闻网，https：//www.chinanews.com/sh/2019/08－29/8940788.shtml，最后访问时间：2021 年 1 月 25 日。

基因编辑技术。

但是，基因编辑技术在创造了巨大便捷的同时也不断地引起争议。例如，2018 年的“基因编辑婴儿案”意味着，基因编辑已经不仅仅局限于传统医学“治疗”的领域，而开始运用到基因的“增强”上。人们担心，对婴儿的基因编辑可能带来巨大的未知风险。概括而言，这样的风险主要来自两个方面。一是技术风险，即基因编辑在技术上存在安全风险。根据多数科学家的看法，人们对基因编辑技术的运用还没有足够成熟到临床应用可以接受的水平，特别是这种修复容易带来脱靶效应导致的非预期突变的问题，进而可能带来不可控的后果；基因编辑带来的遗传结构变化和所处环境将发生怎样的相互作用和后果也很难给出有效的预判。①二是伦理风险，即基因增强技术的运用会加剧社会不公，或者伤害自主原则等。比如，进行此种基因改进的人将与被改进的婴儿一道成为其人生的共同创作者，这将破坏传统的“自我责任”的基本结构，甚至导致责任爆炸；又如，因为每个人社会财富和地位的不同，所以在“改进能力”上也将有所不同，从而加剧社会不公等。②

在本质上讲，基因编辑技术所涉及的风险主要是一种伦理风险。人们总是出于特定的目的而发明工具，因此，如果我们还没有对人类未来的目的做好充分设想的情况下就贸然进行基因编辑，那么必然导致社会不公及道德风险。就此而言，人们从未放弃对基因编辑的规制。在世界范围内，许多国家对从事基因编辑和人类胚胎的做法进行了法律规制。例如，英国 1990 年制定《人类受精与胚胎法》，德国 1990 年出台《胚胎保护法》，美国 1995 年出台《迪基—威克修正案》，日本 2001 年出台《特定胚胎技术处理指南》、2002 年出台《规范基因技术法》。世界卫生组织 1998 年发布的《世界人类基因组与人权宣言》第五条明确表示，针对个体使用的基因技术用于治疗或诊断或实施人体手术，必须保障人的尊严、知情、安全等权利。近年来，我国也不断加强对基因编辑技术的法律规制。例如，我国民法典第一千零九条以专条形式明确规定：从事与人体基因、人体胚胎等有关的医学和科研活动，应当遵守法律、行政法规和国家有关规定，不得危害人体健康，不得违背伦理道德，不得

① 参见《用好基因这把“剪刀”》，载中国科学院网，http：//www. cas. cn/cm/201703/t20170314_ 4593302. shtml? from = singlemessage，最后访问时间：2021 年 1 月 22 日。

② 对基因增强的更多的质疑及评价，可参见陈景辉：《有理由支持基因改进吗?》，载《华东政法大学学报》2019 年第 5 期。

损害公共利益。生物安全法第六章以专章的形式对人类遗传资源与生物资源安全作出了规定。

刑法修正案（十一）通过增设专条的方式对于非法基因编辑的行为进行刑法上的规制，主要出于两方面的考虑：第一，更好地与生物安全法等前置法相衔接。例如，我国生物安全法第八十二条明确规定，违反本法规定，构成犯罪的，依法追究刑事责任。因此，通过增设相关基因编辑犯罪，这对于我国在打击相关犯罪，从而维护国家生物安全上将发挥重大作用。第二，堵塞处罚漏洞。在刑法修正案（十一）出台之前，这种基因编辑的行为要么不构成犯罪，要么只能比照与之相类似的罪名处理。比如，在“基因编辑婴儿案”中，法院便以非法行医罪对被告人进行定罪。但是，这样的处理方式要么会放纵相关犯罪，要么存在罪刑法定原则方面的问题。因此，此次新增的基因编辑犯罪能够起到有效地惩处此类行为，从而避免出现处罚漏洞。

【适用指南】

作为新增罪名，本罪在司法实践中将面临两个重要问题：一是如何正确地认定本罪构成要件内容及与其他相关犯罪的关系；二是如何正确地处理本罪与相关前置法的关系。

一、如何认定本罪的构成要件及与其他犯罪的关系

本罪的行为方式有两种：第一，将基因编辑、克隆的人类胚胎植入人体或者动物体内；第二，将基因编辑、克隆的动物胚胎植入人体内。因此，并不是所有的基因编辑行为都构成犯罪。非涉及对“人类胚胎”或“动物胚胎”的基因编辑不可能构成本罪；基因编辑的“人类胚胎”或“动物胚胎”未植入人体或者动物体内的，不构成本罪；基因编辑、克隆的动物胚胎植入动物体内的，不构成本罪；等等。本罪与第三百三十六条规定的“非法行医罪”的区别在于：按照多数刑法学家的看法，非法行医罪是职业犯，而本罪无此要求；另外，两罪在行为表现上也有所区别。本条与刑法第三百三十四条之一的关于人类遗传资源的犯罪有可能存在牵连关系，此时应当从一重罪论处。此外，构成本罪同时构成刑法分则第四章“侵犯公民人身权利、民主权利罪”的，应当从一重罪处罚。

二、如何看待该条与有关前置法的关系

在刑法修正案（十一）出台之前，对于基因编辑行为的相关规定零散地体现在一些规范性文件中。例如，早在 1993 年，为将人的体细胞治疗及基因治疗的临床研究纳入法制化管理，卫生部药政管理局下发了《人的体

细胞治疗及基因治疗临床研究质控要点》；为规范人类辅助生殖技术，2001 年卫生部颁布的《人类辅助生殖技术管理办法》发布了相关技术规范、基本标准和伦理原则；2003 年科技部和卫生部联合下发的《人胚胎干细胞研究伦理指导原则》明确了人胚胎干细胞的有关规范，并再次申明中国禁止进行生殖性克隆人的任何研究，禁止买卖人类配子、受精卵、胚胎或胎儿组织；2016 年卫计委发布的《涉及人的生物医学研究伦理审查办法》为涉及人的生物医学研究伦理进行了相关规范。然而，这些规范性文件不但效力不高，而且缺乏有力的处罚规则，更谈不上刑罚处罚。这直接导致了司法处理上的困境。

例如，2018 年 11 月 26 日，南方科技大学副教授贺某某宣布一对经过基因编辑的双胞胎婴儿于 11 月在中国诞生，其团队利用新一代基因编辑技术（CRISPR－Cas9）对婴儿的一个基因进行了修改，使得她们出生后即能天然抵抗艾滋病病毒 HIV。① 与以往不同的是，贺某某团队此次进行的基因编辑针对的是生殖细胞（即未出生婴儿身上的 CCR5 基因）。

在本案中，深圳市南山区人民法院认为，3 名被告人未取得医生执业资格，追名逐利，故意违反国家有关科研和医疗管理规定，逾越科研和医学伦理道德底线，贸然将基因编辑技术应用于人类辅助生殖医疗，扰乱医疗管理秩序，情节严重，其行为已构成非法行医罪。② 然而，这样的判决面临以下疑问：第一，根据刑法理论，非法行医罪是职业犯罪，而被告人贺某某并不满足此要求；第二，根据《最高人民法院关于审理非法行医刑事案件具体应用法律若干问题的解释》第二条的规定，只有具有下列情形之一的，才能被认定为刑法第三百三十六条第一款规定的“情节严重”：“（一）造成就诊人轻度残疾、器官组织损伤导致一般功能障碍的；（二）造成甲类传染病传播、流行或者有传播、流行危险的；（三）使用假药、劣药或不符合国家规定标准的卫生材料、医疗器械，足以严重危害人体健康的；（四）非法行医被卫生行政部门行政处罚两次以后，再次非法行医的；（五）其他情节严重的情形。”就此而言，被告人贺某某的行为能否算作“其他情节严重的情形”也面临着说理上的困难。

由上可见，法院认为该案中的基因编辑行为社会危害性较大，仅仅通

---

① 参见《世界首例免疫艾滋病的基因编辑婴儿诞生》，载新京报，https：//www.bjnews.com.cn/detail/154321553214078.html，最后访问时间：2021 年 1 月 25 日。

② 参见《“基因编辑婴儿案”一审宣判，贺某某等三被告人被追究刑事责任》，载新华网，http：//m.xinhuanet.com/gd/2019－12/30/c_ 1125403845.htm，最后访问时间：2021 年 2 月 1 日。

过行政手段进行处罚将与行为人的违法行为严重不相适应，然而，通过刑罚手段进行惩罚又没有明确的法律根据，因此，基因编辑行为立法规制的缺失造成了此前司法的窘境。而如今，基因编辑行为获得了更加明确的法律依据，如民法典第一千零九条规定，从事与人体基因、人体胚胎等有关的医学和科研活动，应当遵守法律、行政法规和国家有关规定，不得危害人体健康，不得违背伦理道德，不得损害公共利益；进一步地，这样的行为也将获得直接的刑法根据，因此，如果事件发生于刑法修正案（十一）生效后，“基因编辑婴儿案”中的被告人应该以非法植入基因编辑、克隆胚胎罪论处。

刑法修正案（十一）第四十条 【修改污染环境罪】

四十、将刑法第三百三十八条修改为：“违反国家规定，排放、倾倒或者处置有放射性的废物、含传染病病原体的废物、有毒物质或者其他有害物质，严重污染环境的，处三年以下有期徒刑或者拘役，并处或者单处罚金；情节严重的，处三年以上七年以下有期徒刑，并处罚金；有下列情形之一的，处七年以上有期徒刑，并处罚金：

“（一）在饮用水水源保护区、自然保护地核心保护区等依法确定的重点保护区域排放、倾倒、处置有放射性的废物、含传染病病原体的废物、有毒物质，情节特别严重的；

“（二）向国家确定的重要江河、湖泊水域排放、倾倒、处置有放射性的废物、含传染病病原体的废物、有毒物质，情节特别严重的；

“（三）致使大量永久基本农田基本功能丧失或者遭受永久性破坏的；

“（四）致使多人重伤、严重疾病，或者致人严重残疾、死亡的。

“有前款行为，同时构成其他犯罪的，依照处罚较重的规定定罪处罚。”

【条文主旨】

本条是关于修改污染环境罪的规定。

本条的规范意旨是加大污染环境罪的惩处力度，保护生态环境。刑法修正案（十一）将第三百三十八条污染环境罪的法定刑由两档提高至三档。

【条文对照】

修正前	修正后
第三百三十八条　【污染环境罪】违反国家规定，排放、倾倒或者处置有放射性的废物、含传染病病原体的废物、有毒物质或者其他有害物质，严重污染环境的，处三年以下有期徒刑或者拘役，并处或者单处罚金；后果特别严重的，处三年以上七年以下有期徒刑，并处罚金。	第三百三十八条　【污染环境罪】违反国家规定，排放、倾倒或者处置有放射性的废物、含传染病病原体的废物、有毒物质或者其他有害物质，严重污染环境的，处三年以下有期徒刑或者拘役，并处或者单处罚金；**情节严重的**，处三年以上七年以下有期徒刑，并处罚金；**有下列情形之一的，处七年以上有期徒刑，并处罚金：** **（一）在饮用水水源保护区、自然保护地核心保护区等依法确定的重点保护区域排放、倾倒、处置有放射性的废物、含传染病病原体的废物、有毒物质，情节特别严重的；** **（二）向国家确定的重要江河、湖泊水域排放、倾倒、处置有放射性的废物、含传染病病原体的废物、有毒物质，情节特别严重的；** **（三）致使大量永久基本农田基本功能丧失或者遭受永久性破坏的；** **（四）致使多人重伤、严重疾病，或者致人严重残疾、死亡的。** **有前款行为，同时构成其他犯罪的，依照处罚较重的规定定罪处罚。**

【修正提示】

刑法修正案（十一）对刑法原第三百三十八条规定的污染环境罪的修改主要涉及三个方面：

第一，设置了更高的法定刑幅度，加大了环境保护力度。在修改之前，本罪分两个量刑档次，即基本构成要件规定和“后果特别严重的”规定；相应的最高法定刑是 7 年。在修改之后，本罪分三个量刑档次，分别是基本构成要件规定、“情节严重的”和“情节特别严重的”；相应的最高法定刑提高至 15 年。

第二，细化了“情节特别严重的”构成要件的行为类型，为本罪的适用提供了更明确的指引。需要注意的是，刑法修正案（十一）草案一次审议稿第一项所指向的行为对象主要包括两类，即饮用水水源保护区和自然保护区核心区；草案二次审议稿在此基础上增加了“等依法确定的国家重点生态保护区域”兜底性的规定，修改后的刑法最终将该兜底性规定修改为“等依法确定的重点保护区域”。除此之外，修改后的刑法还将第一项的“自然保护区核心区”修改为“自然保护地核心保护区”，并将“造成特别严重后果”修改为“情节特别严重”；草案一次审议稿和草案二次审议稿第二项要求“造成特别严重后果”，而修改后的刑法最终修改为“情节特别严重”；草案一次审议稿第三项所指向的对象范围是“大量基本农田”，草案二次审议稿期间将其修改为“大量永久基本农田”；草案一次审议稿第四项的规定为“致人重伤、死亡的”，草案二次审议稿期间将其修改为“致使多人重伤、严重疾病，或者致人严重残疾、死亡的”。

第三，增加一款作为注意规定，即若行为人实施该款规定的行为，同时又构成其他犯罪的，则属于刑法上的想象竞合犯；按照想象竞合的一般原理，司法者不但应当在相应文书中明示行为人所犯之罪，而且应当在所竞合之罪中从一重罪处罚。

【修法背景】

生态文明建设在我国国家安全建设中逐渐占据重要地位。近年来，我国加快完善环境保护领域的立法。2018 年 6 月 16 日，中共中央、国务院发布的《关于全面加强生态环境保护 坚决打好污染防治攻坚战的意见》明确指出，生态文明建设要注重依法监管，要完善生态环境保护法律法规体系，健全生态环境保护行政执法和刑事司法衔接机制，依法严惩重罚生态环境违法犯罪行为。在环境立法上，我国制定环境保护法、核安全法、土壤污染防治法等多部法律。2020 年 5 月 28 日通过的民法典确立了“绿色原则”为民事主体从事民事活动的基本原则。

在刑法上，现行刑法第三百三十八条的“污染环境罪”来自刑法修正案（八）。刑法修正案（八）不仅将原该条的“重大环境污染事故罪”

修改为“污染环境罪”，而且从行为对象、行为模式、行为危害程度等诸方面大大拓宽了该罪的适用范围，彰显了国家保护环境资源的决心与力度。自修法以来，现行刑法在打击环境污染犯罪方面发挥了积极作用。但是，该条在实际适用中依然面临许多具体难题。比如，“非法处置”行为方式该如何界定？与“排放”和“倾倒”有何区别？“有毒物质”和“其他有害物质”的具体范围如何确定？“严重污染环境”和“后果特别严重”该如何具体认定？等等。2017 年，最高人民法院、最高人民检察院联合出台了《关于办理环境污染刑事案件适用法律若干问题的解释》（2013 年制定、2016 年修订），在定罪量刑标准、从重或从宽的处罚情节、单位犯罪的定罪量刑标准、构成想象竞合犯时的处理规则、相关专业名词的概念界定及程序问题等方面作出具体说明，解决了相关构成要件“认定难”的问题，对之后的司法实务产生了重要的指导作用。2019 年，最高人民法院、最高人民检察院、公安部、司法部、生态环境部联合下发的《关于办理环境污染刑事案件有关问题座谈会纪要》对单位犯罪，犯罪未遂，主观过错，生态环境损害标准，本罪与非法经营罪、投放危险物质罪、涉大气污染环境犯罪的关系，非法排放、倾倒、处置行为的认定，有害物质、从重处罚情形，严格适用不起诉、缓刑、免予刑事处罚等方面进行了专门界定。近年来，为落实中央要求，在认真研究、广泛征求地方生态环境部门和有关方面意见的基础上，生态环境部提出了增加环境污染罪的处罚情形以及提高相应的刑罚档次的建议，多次向全国人大有关立法部门汇报、沟通并提供参考材料，得到了人大立法机关的理解和大力支持。[①] 在刑法修正案（十一）的形成和讨论过程中，立法机关根据中央大力推进生态文明建设和加强环境保护的决策部署精神，进一步修改、完善了现行刑法关于污染环境犯罪的规定。[②] 最终，刑法修正案（十一）不但进一步明确了相关构成要件的行为类型，而且提高了污染环境罪的法定刑档次——污染环境罪的最高法定刑将提高至有期徒刑 15 年。

---

① 参见别涛：《惩治环境犯罪的新利器——刑法修正案（十一）关于环境犯罪的规定分析》，载《中国环境报》2021 年 1 月 1 日。

② 参见别涛：《惩治环境犯罪的新利器——刑法修正案（十一）关于环境犯罪的规定分析》，载《中国环境报》2021 年 1 月 1 日。

【适用指南】

近年来，污染环境罪在实践中的适用越来越受到司法机关的重视。本罪主要有四个较为困难的问题需要处理：一是最高人民法院、最高人民检察院出台的《关于办理环境污染刑事案件适用法律若干问题的解释》（以下简称《环境污染解释》）是适用环境污染罪的重要依据，而环境污染罪的修改在多方面都与《环境污染解释》存在差异，因此如何看待这些差异便成为首要解决的问题；二是污染环境罪因果关系的认定是该罪固有的疑难问题，近年来，最高司法机关对该问题逐渐演化出一些崭新的判断规则，因此，如何看待这种规则就需要得到相应的说明；三是值得注意的是，对于污染环境罪主观罪过的认定，最高司法机关也持有一个相当新颖的观点；四是需要正确处理本罪与其他相紧密的犯罪可能会发生的关系。因此，以下将从这四个方面展开本部分的论述。

一、如何理解新增规定与《环境污染解释》的区别

《环境污染解释》是司法机关适用环境污染罪的重要依据，其对《刑法》第三百三十八条的构成要件内容作了大量细致化的规定。然而，刑法修正案（十一）所增加的行为类型在诸多方面都不同于《环境污染解释》，因此需要进行仔细分辨。具体而言。

第一，《环境污染解释》第一条第一项将刑法第三百三十八条构成要件的“严重污染环境”界定为“在饮用水水源一级保护区、自然保护区核心区排放、倾倒、处置有放射性的废物、含传染病病原体的废物、有毒物质的”行为，而根据刑法修正案（十一）的修改，“在饮用水水源保护区、自然保护地核心保护区等依法确定的重点保护区域排放、倾倒、处置有放射性的废物、含传染病病原体的废物、有毒物质，情节特别严重的”作为加重构成要件处七年以上有期徒刑，并处罚金；根据水污染防治法等法律的规定，饮用水水源保护区分为一级保护区和二级保护区，而刑法修正案（十一）的规定不再局限于“饮用水水源一级保护区”，就此而言，“严重污染环境”的界定也不应当局限在《环境污染解释》规定的“饮用水水源一级保护区”。

第二，刑法修正案（十一）将《环境污染解释》第一条第一项规定的“自然保护区核心区”修改为“自然保护地核心保护区”。需要注意的是，“自然保护地”是一个内涵相当丰富的概念，它不仅包括“自然保护区”，还包括国家公园和自然公园。2019 年 6 月中共中央办公厅、国务院办公厅印发的《关于建立以国家公园为主体的自然保护地体系的指导意见》是我国出台的关于自然保护地体系建设最为系统的专门政策文件，该文件指出，我国将逐步建成“以各类国家公园为主体、自然保护区为基础、各类自然公园为补充的自然保护地分类系统”。就此而言，刑法修正案（十一）实质上扩大了《环境污染解释》第一条的规定，加大了对污染环境的惩处力度。

第三，《环境污染解释》第一条第一项仅仅包括“饮用水水源一级保护区”和“自然保护区核心区”两类，而刑法修正案（十一）不但在实质上拓展了这两类区域，而且进一步使用了兜底性的、概括性的语言，即“依法确定的重点保护区域”。这意味着，与“饮用水水源保护区”和“自然保护地核心保护区”属于同种类的其他保护区域亦有可能成为该罪保护的对象。

第四，刑法修正案（十一）规定的“向国家确定的重要江河、湖泊水域排放、倾倒、处置有放射性的废物、含传染病病原体的废物、有毒物质，情节特别严重的”在《环境污染解释》中并没有明确的规定，是修正案的新增内容。《环境污染解释》中的“基本农田”被刑法修正案（十一）修改为“永久基本农田”，根据2019年修订的《土地管理法》，应当认为这两个概念没有实质区别；修正案规定“大量”的认定标准能否直接采纳《环境污染解释》第三条“后果特别严重”的相关标准是有争议的，因为刑法修正案（十一）不但将“后果特别严重”改成了“情节严重”，而且“大量永久基本农田”出现在比“情节严重”更高一级的法定刑行列。同样地，“致使多人重伤、严重疾病，或者致人严重残疾、死亡的”的“多人”的认定标准也会产生争议。这些问题都有待最高司法机关的进一步规定。

二、如何认定污染环境罪的因果关系

污染环境罪经常面临着因果关系难以证明的难题，即由于司法人员的有限理性，事实上不可能查明危害行为和危害结果之间存在百分之百的、必然的因果关系；所谓的“不可能查明”，是指根据目前的刑事证据手段原则上不可查明，也没有希望查明。这时候，在对污染环境案件因果关系进行判断时应当采纳刑法理论上的风险升高理论[①]：只要行为人实施了危害行为，并且该行为高概率（通常要求≥50%）地提升了结果出现的可能

---

① 有争议的是，该把这个风险升高标准理解成规范性的还是事实性的，不过，这个争议并没有实践上的重要性，即无论如何，两者都不要求危害行为和结果之间存在100%的关联。

性，就应当认为危害结果已经实现了。应当认为，最高司法机关已经接纳了这种理论。

例如，2017年9月至12月期间，甲公司在无危险废物经营许可证的情况下，经被告人肖某某等人介绍，先后从成都温江乙生物制药股份有限公司、丙公司、被告人唐某、刘某处承接工业废水处置业务。甲公司负责人、被告人吕某某安排公司员工或伙同被告人蔡某某，用环卫罐车运输工业废水至四川省彭州市南部新城等地后，将废水直接排放至城市污水井内。经查，共非法运输并排放工业废水443.685吨。经鉴定，涉案工业废水含有甲苯、甲基丙烯酸甲酯等挥发性危险化学物质，系危险废物。排放至彭州市南部新城污水井的危险废物沿污水管网进入青白江，造成下游水体污染，丁水业有限公司地表水生产停产172小时，直接经济损失100余万元；上述非法处置危险废物的行为，给彭州市造成直接经济损失共计570.8万元。彭州市人民法院判决被告单位甲公司、丙公司的行为构成单位犯罪，判处被告单位甲公司、丙公司犯污染环境罪，并分别处罚金120万元、80万元；被告人吕某某、张某等分别被判处五年至十个月不等的有期徒刑，并处罚金。部分被告人以量刑过重为由，提出上诉。成都市中级人民法院作出维持原判决的裁定。①

在本案的庭审中，对非法处置危险废物从而导致成都市青白江区自来水厂停产和损失的行为，部分被告人和辩护人提出质疑，即不排除其他介入因素导致危害结果的可能。公诉人答辩认为，现有证据证实，案发时间段被告单位（人）曾先后7次向彭州市南部新城污水井内排放工业废水，而彭州市南部新城地下污水管道与青白江上游连通，工业废水系沿管道到达自来水公司取水口。自来水公司的实时记录证实了每次水样异常的时间与排污的时间，并且受污染情况与排污情况均能吻合。在对上游沿岸进行排查后，侦查人员没有发现其他污染源。因此，被告单位（人）的非法排污行为与自来水厂因水污染停产的结果间是存在因果关系的。最终，法院认可了公诉机关的答辩意见。②

由上可见，辩护人试图通过否定因果关系进而适用“存疑时有利于被

---

① 参见最高人民检察院：《关于印发全国检察机关服务保障打好污染防治攻坚战典型案例的通知》，载最高人民检察院网站，https：//www.spp.gov.cn/spp/xwfbh/wsfbh/202010/t20201028_483189.shtml，最后访问时间：2021年1月27日。

② 参见最高人民检察院：《关于印发全国检察机关服务保障打好污染防治攻坚战典型案例的通知》，载最高人民检察院网站，https：//www.spp.gov.cn/spp/xwfbh/wsfbh/202010/t20201028_483189.shtml，最后访问时间：2021年1月27日。

告人”的原则为被告人出罪，但最终并未被法官采纳。检察官指出，现有证据能够证实案发时间段被告单位（人）曾先后7次向彭州市南部新城污水井内排放工业废水，并且不存在其他污染源，因此即便不能证明被告人的行为会百分之百地导致结果，但是，由于被告人实施了刑法上的危害行为，并且该行为也大概率会导致结果的发生，就此而言，应当认为被告人的行为与环境污染之间存在因果关系。

三、如何认定本罪的罪过形式

在刑法修正案（八）出台之前，本罪是“重大环境污染事故罪”，一般认为这是一个过失犯罪；在刑法修正案（八）出台之后，本罪被修改为“污染环境罪”，从语言上讲，构成要件中“排放”“倾倒”“处置”这样的语词表明本罪只能是一个故意犯罪。但需要注意的是，最高司法机关认为本罪既可以由故意构成，也可以由过失构成，本罪是一个“混合罪过”的犯罪。

例如，2012年7月下旬，为处理副产品危险化学品硫酰氯，山东甲新材料有限公司与被告人樊某某商定以每吨给樊某某300元的价格交由樊某某处置；同年7月25日，樊某某安排被告人王某某、蔡某驾驶罐车到山东甲新材料有限公司拉走35吨硫酰氯，得款10500元。7月27日2时许，樊某某、王某某、蔡某将罐车开至山东省高青县花沟镇唐口村南小清河大桥上，将35吨硫酰氯倾倒于小清河中。硫酰氯遇水反应生成的毒气雾团飘至山东省邹平县焦桥镇韩套村，将熟睡中的村民熏醒，致上百村民呼吸系统受损，并造成庄稼苗木等重大财产损失。其中，村民韩某某原患有扩张型心肌病等疾病，因吸入酸性刺激气体，致使其气管和肺充血、水肿，直接加重心肺负荷，最终因急性呼吸循环衰竭而死亡。7月28日，王某某被抓获归案，樊某某、蔡某投案自首。山东省淄博市人民检察院以被告人樊某某、王某某、蔡某犯以危险方法危害公共安全罪向淄博市中级人民法院提起公诉。淄博市中级人民法院经审理认为，被告人樊某某、王某某、蔡某违反国家规定，往河中倾倒具有腐蚀性、刺激性的化学品硫酰氯，严重污染环境，并造成一人死亡、重大财产损失的特别严重后果，其行为均已构成污染环境罪。①

本案是最高人民法院公布的典型案例。在本案中，法院否定了被告人将35吨硫酰氯倾倒于小清河中的行为构成投放危险物质罪，原因在于，被

---

① 参见《被告人樊某某、王某某、蔡某污染环境案》，载《人民法院报》2014年5月1日。

告人的罪过形式是过于自信的过失：从被告人不明知被倾倒物品的化学成分、缺乏对危害结果的准确预判，以及其变更倾倒地点的原因来看，被告人不希望或放任危害结果的发生，结合三被告人作案后返回现场查看是否造成危害后果的事实，其主观上更符合过于自信的过失。就此而言，污染环境罪是一类可以由过失构成的犯罪。那么，本罪是否能由故意构成呢？答案是肯定的。原因在于：一方面，如果将污染环境罪的主观罪过局限为过失，那么不但将导致该罪的适用范围过窄，且也不符合本罪构成要件的表述——至少在语言上讲，认为"排放""倾倒""处置"这样的词语是过失性质的，是不贴切的；另一方面，《环境污染解释》第八条规定，违反国家规定，排放、倾倒、处置含有毒害性、放射性、传染病病原体等物质的污染物，同时构成污染环境罪、非法处置进口的固体废物罪、投放危险物质罪等犯罪的，依照处罚较重的规定定罪处罚。由此可见，污染环境罪和投放危险物质罪是可以成立想象竞合的。这样，鉴于投放危险物质罪是故意犯罪，而如果污染环境罪是过失犯罪的话，两者成立想象竞合便存在理论上的困难。一个更好的解读是：污染环境罪既可以由过失构成，也可以由故意构成，当污染环境罪由故意构成的时候，便存在与投放危险物质罪成立想象竞合的空间。

四、如何处理本罪与相关犯罪的关系

《环境污染解释》第八条规定，违反国家规定，排放、倾倒、处置含有毒害性、放射性、传染病病原体等物质的污染物，同时构成污染环境罪、非法处置进口的固体废物罪、投放危险物质罪等犯罪的，依照处罚较重的规定定罪处罚。在此基础上，刑法修正案（十一）新增一款注意规定："有前款行为，同时构成其他犯罪的，依照处罚较重的规定定罪处罚。"本款存在的意义在于，司法机关工作人员应充分注意：根据想象竞合原理的要求，司法机关要对涉及竞合的诸构成要件展开详细审查，并作出从一重罪处罚的判决。具体而言，比如，在饮用水水源保护区、自然保护地核心保护区等依法确定的重点保护区域排放、倾倒、处置有放射性的废物、含传染病病原体的废物、有毒物质，或者向国家确定的重要江河、湖泊水域排放、倾倒、处置有放射性的废物、含传染病病原体的废物、有毒物质，有可能同时构成刑法第三百三十条的"妨害传染病防治罪"，也有可能同时构成刑法修正案（十一）新增的第三百四十二条之一，还有可能构成刑法第一百一十五条的"投放危险物质罪"，此时应当从一重罪论处；污染环境致使多人重伤、严重疾病，或者致人严重残疾、死亡的，有可能同时构成刑法第二百三十三条的"过失致人死亡罪”或第二百三十五条的“过失致人重伤罪”，此时也应当从一重罪论处。

除此之外，还需要注意的是，若环境影响评价机构或其人员，故意提供虚假环境影响评价文件，情节严重的，或者严重不负责任，出具的环境影响评价文件存在重大失实，造成严重后果的，应当依照刑法第二百二十九条、第二百三十一条的规定，以“提供虚假证明文件罪”或“出具证明文件重大失实罪”定罪处罚。

刑法修正案（十一）第四十一条　【增设非法猎捕、收购、运输、出售陆生野生动物罪】

四十一、在刑法第三百四十一条中增加一款作为第三款：“违反野生动物保护管理法规，以食用为目的非法猎捕、收购、运输、出售第一款规定以外的在野外环境自然生长繁殖的陆生野生动物，情节严重的，依照前款的规定处罚。”

【条文主旨】

本条是关于增设非法猎捕、收购、运输、出售陆生野生动物罪[①]的规定。

本条的规范意旨是从源头上防范和控制重大公共卫生安全风险，打击以食用为目的非法猎捕、收购、运输、出售除珍贵、濒危野生动物和“三有野生动物”外的陆生野生动物的行为，加大对野生动物的保护力度。刑法修正案（十一）将该罪名设置为第三百四十一条第三款，其中，前两款罪分别是危害珍贵、濒危野生动物罪和非法狩猎罪。

---

① 2021年2月26日公布的《最高人民法院、最高人民检察院关于执行〈中华人民共和国刑法〉确定罪名的补充规定（七）》确定刑法第三百四十一条第三款罪名为非法猎捕、收购、运输、出售陆生野生动物罪。

【条文对照】

修正前	修正后
第三百四十一条　【非法猎捕、杀害珍贵、濒危野生动物罪】【非法收购、运输、出售珍贵、濒危野生动物、珍贵、濒危野生动物制品罪】非法猎捕、杀害国家重点保护的珍贵、濒危野生动物的，或者非法收购、运输、出售国家重点保护的珍贵、濒危野生动物及其制品的，处五年以下有期徒刑或者拘役，并处罚金；情节严重的，处五年以上十年以下有期徒刑，并处罚金；情节特别严重的，处十年以上有期徒刑，并处罚金或者没收财产。 【非法狩猎罪】违反狩猎法规，在禁猎区、禁猎期或者使用禁用的工具、方法进行狩猎，破坏野生动物资源，情节严重的，处三年以下有期徒刑、拘役、管制或者罚金。	第三百四十一条　【危害珍贵、濒危野生动物罪】① 非法猎捕、杀害国家重点保护的珍贵、濒危野生动物的，或者非法收购、运输、出售国家重点保护的珍贵、濒危野生动物及其制品的，处五年以下有期徒刑或者拘役，并处罚金；情节严重的，处五年以上十年以下有期徒刑，并处罚金；情节特别严重的，处十年以上有期徒刑，并处罚金或者没收财产。 【非法狩猎罪】违反狩猎法规，在禁猎区、禁猎期或者使用禁用的工具、方法进行狩猎，破坏野生动物资源，情节严重的，处三年以下有期徒刑、拘役、管制或者罚金。 **【非法猎捕、收购、运输、出售陆生野生动物罪】违反野生动物保护管理法规，以食用为目的非法猎捕、收购、运输、出售第一款规定以外的在野外环境自然生长繁殖的陆生野生动物，情节严重的，依照前款的规定处罚。**

【修正提示】

本条是刑法修正案（十一）的新增犯罪。

第一，本条规定在第三百四十一条第一款“危害珍贵、濒危野生动物罪”和第二款“非法狩猎罪”之后作为第三款，即非法捕猎、收购、运输、出售陆生野生动物罪的行为也将作为犯罪处理。

第二，本罪的处罚与前款罪，即非法狩猎罪的处罚相同，均在三年以下有期徒刑、拘役、管制或者罚金范围内处罚。此外，本罪有“情节严重”的要求，这将开放给最高司法机关进行进一步解释。

---

① 2021 年 2 月 26 日公布的《最高人民法院、最高人民检察院关于执行〈中华人民共和国刑法〉确定罪名的补充规定（七）》确定刑法第三百四十一条第一款罪名为危害珍贵、濒危野生动物罪（取消非法猎捕、杀害珍贵、濒危野生动物罪和非法收购、运输、出售珍贵、濒危野生动物、珍贵、濒危野生动物制品罪罪名）。

【修法背景】

生物的多样性对于自然界有着极其重要的作用：在漫长的进化过程中，多样化的物种逐渐形成了一个完整的生态循环。它主要包括生态系统多样性、遗传多样性和物种多样性三个基本组成部分。野生动物多样性是生物多样性的重要一环，也是我国生态环境保护的重要组成部分。野生动物对于稳定生态链、保持生态平衡，有着十分重要的意义，而当物种平衡被破坏，人类生存环境就会急剧恶化，各种自然灾害也将随之而来。就此而言，维护生物多样性、保护生态环境就是保护人类自己。然而，近年来，除了土地开垦、森林砍伐、土地沙化、草场退化等现象致使野生动物的栖息地不断受到压缩之外，随着生活水平的不断提高，人类开始以各种方式猎食野生动物，破坏生态平衡，导致野生动物的生存环境变得愈加恶劣。

而猎杀、食用野生动物对人类自身也具有很大风险，如有研究证明，从果子狸上分离出的类 SARS 冠状病毒与人身上分离出的 SARS 病毒高度同源，它是非典病毒的主要载体。[①] 早在 1979 年，我国刑法制定了“非法狩猎罪”，开启了对野生动物的法律保护；同年，我国环境保护法（试行）第十五条规定，保护、发展和合理利用野生动物、野生植物资源。按照国家规定，对于珍贵和稀有的野生动物、野生植物，严禁捕猎、采伐。1988 年，我国制定首部针对野生动物保护的法律——野生动物保护法，该法分别在 2004 年、2009 年、2016 年、2018 年进行修订，使对野生动物保护的规范依据日渐完善。1993 年，我国批准加入《生物多样性公约》。直至 1997 年，我国刑法第三百四十一条规定了非法猎捕、杀害珍贵、濒危野生动物罪，非法收购、运输、出售珍贵濒危野生动物、珍贵、濒危野生动物制品罪，非法狩猎罪等罪，这意味着我国进一步加大了对野生动物的保护力度。

但是，尽管这些法律文件对我国野生动物的保护发挥了重要作用，但它们的侧重点主要局限在对“珍贵、濒危野生动物”的保护。新冠病毒肺炎疫情暴发后，滥食野生动物所潜在的公共卫生风险引起了广泛重视，因此，在疫情防控的关键时期，全国人民代表大会常务委员会出台了《关于

---

① 参见《钟南山：SARS 病原体已找到 禁止宰杀销售果子狸》，载中国法院网，https：//www. chinacourt. org/article/detail/2009/01/id/340634. shtml，最后访问时间：2021 年 4 月 26 日。

全面禁止非法野生动物交易、革除滥食野生动物陋习、切实保障人民群众生命健康安全的决定》，其中第二条第二款便明确规定，全面禁止以食用为目的猎捕、交易、运输在野外环境自然生长繁殖的陆生野生动物。就此而言，此次刑法修正案（十一）的出台是回应实践关切，防范公共卫生危险的重要体现。该修正案在刑法第三百四十一条中增加一款作为第三款："违反野生动物保护管理法规，以食用为目的非法猎捕、收购、运输、出售第一款规定以外的在野外环境自然生长繁殖的陆生野生动物，情节严重的，依照前款的规定处罚。"就此，我国对野生动物的保护范围得到进一步拓展，这对于维护生物多样性、保持生态平衡将具有深远的意义。

【适用指南】

作为新增罪名，本罪在实践中主要面临三个问题：其一，鉴于本罪与前两款已规定之罪在构成要件上的相似性，因此如何准确地认定本罪的构成要件内容及与前两款已规定之罪的关系应当是本罪适用的难点；其二，由于本罪第三款"情节严重的，依照前款的规定处罚"中的"前款"指向对象的模糊性，因此这里需要明确所谓的"前款"究竟是第一款还是第二款；其三，需要正确处理本罪与其他关系紧密的犯罪可能会发生的关系。以下将从这三个问题展开本部分的论述。

一、如何处理本款规定与前两款规定之间的关系

（一）应当严格审查本罪的构成要件内容

第一，本罪的行为表现是"非法猎捕、收购、运输、出售"，结合2000年《最高人民法院关于审理破坏野生动物资源刑事案件具体应用法律若干问题的解释》第二条的规定，所谓的"收购"，可以是以食用为目的的购买行为；"运输"，包括采用携带、邮寄、利用他人、使用交通工具等方法进行运送的行为；"出售"，包括以食用为目的的加工利用行为。

第二，本罪的行为对象指的是"第一款规定以外的在野外环境自然生长繁殖的陆生野生动物"，因此水生野生动物和珍贵、濒危的陆生野生动物均不在此列。2018年，我国新修改的野生动物保护法第二十五条第一款规定："国家支持有关科学研究机构因物种保护目的人工繁育国家重点保护野生动物。"第二款规定："前款规定以外的人工繁育国家重点保护野生动物实行许可制度……"由此可见，人工繁育野生动物是有法律根据的，也是客观存在的，就此而言，人工繁育的陆生野生动物因为不属于"在野外环境自然生长繁殖"的范围，所以也不是本罪的行为对象。

第三，本罪的主观目的是"以食用为目的"，这里的"以食用为目

的”，既可以是以自己食用为目的，也可以是以他人食用为目的，但是，出于其他目的，如美容、医疗、收藏等目的非法猎捕、收购、运输、出售的行为，不构成本罪。

（二）应当注意新增的本款罪名与前两款罪名之间的关系

第一，刑法第三百四十一条第一款规定了危害珍贵、濒危野生动物罪，此罪的行为对象是“国家重点保护的珍贵、濒危野生动物”。而第三款的规定所指向的行为对象是“第一款规定以外的在野外环境自然生长繁殖的陆生野生动物”。因此，第三百四十一条第一款和第三款是排斥关系。也就是说，构成第一款之罪就不会再构成第三款之罪，反之亦然。

但是，这并不意味着，以食用为目的，非法猎捕、收购、运输、出售珍贵、濒危野生动物的就不构成犯罪。第三百四十一条第一款所规定之罪并没有目的上的限定，因此以食用为目的的非法猎捕、收购等行为依然有可能构成本罪。2014 年全国人大常委会通过的《关于〈中华人民共和国刑法〉第三百四十一条、第三百一十二条的解释》规定：“知道或者应当知道是国家重点保护的珍贵、濒危野生动物及其制品，为食用或者其他目的而非法购买的，属于刑法第三百四十一条第一款规定的非法收购国家重点保护的珍贵、濒危野生动物及其制品的行为。”就此而言，我国刑法并没有缩小对珍贵、濒危野生动物的保护，而新增的第三款扩大了处罚范围。

第二，刑法第三百四十一条第二款规定了非法狩猎罪，该罪的行为对象指向的是“野生动物资源”，而第三款规定的对象是“第一款规定以外的在野外环境自然生长繁殖的陆生野生动物”，根据 2018 年修改后的野生动物保护法第二条第二款的规定，所谓的“野生动物”，是指珍贵、濒危的陆生、水生野生动物和有重要生态、科学、社会价值的陆生野生动物，就此而言，第三百四十一条第二款和第三款的行为对象是包含关系，即第二款的“野生动物资源”包括第三款规定的“第一款规定以外的在野外环境自然生长繁殖的陆生野生动物”。第二款和第三款的主要区别在于行为方式和主观目的上：在行为方式上，第二款要求“在禁猎区、禁猎期或者使用禁用的工具、方法进行狩猎”，而第三款并无此要求；在主观目的上，第三款要求“以食用为目的”，而第二款并无目的上的要求。就此而言，第二款和第三款之间存在部分交叉关系，存在成立法条竞合的可能，其中第二款是一般法条，第三款是特殊法条。

综上可见，本罪实质上是扩大了对野生动物的保护范围，因此，近年来多发的行为人以食用为目的非法猎捕、收购、运输、出售“三有”陆生野生动物的行为便有了刑法上的处罚根据。

例如，2019 年 9 月，崔某从 QQ 群里学习非法猎鸟方法，购买播放器、药和面包虫为猎捕灰头鹀做准备；同年 9 月至 11 月，崔某多次前往沭阳县高墟镇某村田地内，采用播撒拌药面包虫、播放鸟鸣录音以引诱灰头鹀啄食的方法进行猎捕。案发后，沭阳县公安机关从崔某家中扣押死鸟 3737 只、面包虫 2 盆、播放器 15 个及充电器 1 个。庭审中，崔某称其毒杀的鸟准备供自己食用及到年底送给亲朋好友。经鉴定，被捕杀的鸟中 3351 只系灰头鹀，属于国家保护的有重要生态、科学、社会价值的陆生野生动物；另有 386 只因形态不完整，无法确定其具体种属。法院认为，野生动物是珍贵的自然资源，具有生态、科学、历史、美学、文化等价值。非法猎捕野生动物易造成生态失衡，同时给公共卫生安全带来重大风险。因此，最终以非法狩猎罪判处被告人崔某有期徒刑二年十个月。①

在刑法修正案（十一）颁行之后，本案中行为人以食用为目的的猎捕行为便有了更加明确的法律依据；行为人应当以第三款所规定之罪论处。

二、如何理解“情节严重的，依照前款的规定处罚”

有疑问的是，这里的“依照前款的规定处罚”的“前款”指的是第三百四十一条的第一款还是第二款？如果是第一款，那么，由于第一款设置有两个加重刑档次，因此就会产生歧义，即第三款是否也同样适用第一款的“情节特别严重的”规定，从而使得第三款的刑罚可以达到“十年以上有期徒刑，并处罚金或者没收财产”？在这里，存在类似问题的条款是刑法第一百八十条的“利用未公开信息交易罪”的刑罚设置。其规定，“情节严重的，依照第一款的规定处罚”，而第一款的“内幕交易、泄露内幕信息罪”也存在“情节严重的”和“情节特别严重的”两档加重刑档次。因此，同样的问题就是：“利用未公开信息交易罪”是否也可适用“情节特别严重”的条款？可资借鉴的是，2019 年最高人民法院、最高人民检察院发布的《关于办理利用未公开信息交易刑事案件适用法律若干问题的解释》第七条第一款规定：“刑法第一百八十条第四款规定的‘依照第一款的规定处罚’，包括该条第一款关于‘情节特别严重’的规定。”按照此种解释，这里的“依照前款的规定处罚”也有可能适用“情节特别严重”的量刑档次。

相反，如果这里的“依照前款的规定处罚”指的是依照第二款即“非法狩猎罪”的规定处罚，那么，因为第二款只有“情节严重的”这一档法

① 参见《严惩非法猎捕野生动物行为》，载中国军网，http：//www. 81. cn/jfjbmap/content/2020 - 03/12/content_ 256230. htm，最后访问时间：2021 年 2 月 2 日。

定刑，所以就不会存在上述争议。

出于两个理由，笔者赞同第二种理解。这两个理由均是出于形式上的考虑。第一，为了条文的简约，刑法中存在大量的“依照前款的规定处罚”的规定，而这样的规定一般都被认为是依照上一款的规定处罚；真正需要依照第一款规定处罚的，刑法一般表述为“依照第一款的规定处罚”，因此，这里不应认为立法者为了简约的美德，同时又犯下了模糊的错误。第二，第三款的“情节严重”与第一款的“情节严重”在性质上存在不同：第三款的“情节严重”是构罪情节，而第一款的“情节严重”是法定刑升高的情节，与之不同，第二款的“情节严重”与第三款在性质上完全相同。

三、如何处理本罪与相关犯罪的关系

本罪极易和其他犯罪发生牵连、竞合关系，因此实践中需要仔细地进行区分。例如，使用爆炸、投毒、设置电网等危险方法猎捕陆生野生动物，有可能同时构成刑法分则第二章规定的“危害公共安全罪”，此时应当依照处罚较重的规定定罪处罚；走私第三款规定的陆生野生动物的，有可能同时构成第一百五十三条的“走私普通货物、物品罪”，还有可能构成第三百二十二条的“偷越国（边）境罪”，此时应当依照处罚较重的规定定罪处罚；实施本款规定的犯罪，又以暴力、威胁方法抗拒查处，构成其他犯罪的，应当依照数罪并罚的规定处罚；等等。

刑法修正案（十一）第四十二条　【增设破坏自然保护地罪】

四十二、在刑法第三百四十二条后增加一条，作为第三百四十二条之一：“违反自然保护地管理法规，在国家公园、国家级自然保护区进行开垦、开发活动或者修建建筑物，造成严重后果或者有其他恶劣情节的，处五年以下有期徒刑或者拘役，并处或者单处罚金。

“有前款行为，同时构成其他犯罪的，依照处罚较重的规定定罪处罚。”

【条文主旨】

本条是关于增加破坏自然保护地罪[①]的规定。

本条的规范意旨是加大对我国生态环境资源的保护力度，保护野生动物及其栖息地，维护生物多样性，增加规定在国家级自然保护区非法开垦、开发或者修建建筑物等严重破坏自然保护区生态环境资源的犯罪。

【条文对照】

修正前	修正后
	第三百四十二条之一　【破坏自然保护地罪】违反自然保护地管理法规，在国家公园、国家级自然保护区进行开垦、开发活动或者修建建筑物，造成严重后果或者有其他恶劣情节的，处五年以下有期徒刑或者拘役，并处或者单处罚金。 **有前款行为，同时构成其他犯罪的，依照处罚较重的规定定罪处罚。**

【修正提示】

本条是刑法修正案（十一）的新增条文。

第一，本条在草案两次审议期间是作为刑法第三百四十五条之一出现的，但是最终立法者将其设置为第三百四十二条之一。本条在一审稿期间仅仅规定了对“国家级自然保护区”的保护，从二审稿开始，该罪的行为对象扩展到“国家公园”。此外，构成本罪还需要“严重后果”或者“其他恶劣情节”。关于“严重后果”和“其他恶劣情节”的判断标准，可能将由最高司法机关提供进一步的解释。

第二，本罪第二款设置有注意规定，即行为人有前款规定的行为，同时又构成其他犯罪的，属于刑法上的想象竞合犯；按照想象竞合的一般原理，司法者不但应当在相关文书中明示行为人所犯之罪，而且应当在所竞合之罪中从一重罪处罚。

---

① 2021年2月26日公布的《最高人民法院、最高人民检察院关于执行〈中华人民共和国刑法〉确定罪名的补充规定（七）》确定刑法第三百四十二条之一罪名为破坏自然保护地罪。

【修法背景】

自然保护区的存在不但是保护自然资源、维持生物多样性、涵养水土、减少自然灾害最重要的途径，而且也是保护野生动物和其赖以生存的环境的最直接有效的手段。因此，自然保护区的保护和建设有着深远的意义。① 我国自 1956 年建立第一处自然保护区以来，保护区的类型从单一到全面，数量从无到有，面积从小到大，已基本形成类型比较齐全、布局基本合理、功能相对完善的自然保护区体系。② 但是，尽管如此，自然保护区建设和管理尚面临多重挑战。例如，“十二五”期间，原环保部联合中科院开展了全国生态环境十年变化（2000—2010 年）调查预评估，评估结果显示，89% 的国家级自然保护区生态环境状况有所改善或维持不变；11% 有所退化，生态保护与经济发展矛盾突出，存在一些自然保护区被经济开发破坏的困境。另外，根据现有统计结果，仍有 10% 至 15% 的重要生态系统和保护物种未纳入保护地体系。③ 党的十八大以来，作为统筹推进“五位一体”总体布局和协调推进“四个全面”战略布局的重要内容，生态文明建设被提升到前所未有的高度。但是，由于生态环境保护的观念在人们心中尚未引起足够的重视，出现了生物多样性遭到削弱和破坏，生物资源被过度开发，森林、灌丛、草地、湿地等自然生态空间被严重挤占的现象，优质生态资源供给和人民群众需求仍有较大差距。

我国并不缺乏自然保护区保护的规范性文件，例如，在 1994 年，为了对自然保护区的建设规范化，我国通过了《自然保护区条例》，根据其规定，禁止在自然保护区内进行砍伐、放牧、狩猎、捕捞、采药、开垦、烧荒、开矿、采石、挖沙等活动；禁止任何人进入自然保护区的核心区；禁止在自然保护区的缓冲区开展旅游和生产经营活动；在自然保护区的核心区和缓冲区内，不得建设任何生产设施等。之后，我国又制定了多个规范性文件。然而，由于这些规范性文件执行效果差，也缺乏相应的惩戒措施，我国生态保护的现状难以有根本的好转。

近年来，尤其是党的十八大以来，随着国家层面上对生态建设的重

---

① 由于国家公园和自然保护区在性质上的相似性，因此这里的论述同样适用于国家公园。

② 参见《如何强化对自然保护区的保护和管理》，载《光明日报》2019 年 1 月 12 日。

③ 参见《全国生态环境十年变化（2000—2010）评估报告发布》，载中国科学院网站，http://www.cas.cn/jh/201703/t20170317_4593777.shtml，最后访问时间：2020 年 1 月 28 日。

视，越来越多的保护自然保护区的法律、规范性文件出台，国家惩治破坏生态行为的决心逐渐彰显。例如，2018 年，原国家林业局公布《在国家级自然保护区修筑设施审批管理暂行办法》，完善了在国家级自然保护区修筑设施的审批与管理。同年，野生动物保护法修订，其第六条第一款规定，任何组织和个人都有保护野生动物及其栖息地的义务。禁止违法猎捕野生动物、破坏野生动物栖息地。第十三条规定，禁止在相关自然保护区域建设法律法规规定不得建设的项目。2019 年，中共中央办公厅、国务院印发《关于建立以国家公园为主体的自然保护地体系的指导意见》，其指出，我国要按照保护区域的自然属性、生态价值和管理目标进行梳理调整和归类，逐步形成以国家公园为主体、自然保护区为基础、各类自然公园为补充的自然保护地分类系统。这些文件为规范我国自然保护区的生态建设发挥了巨大的作用。

为了确保相应法律法规的贯彻实施，加大对自然保护区的保护力度，我国刑法修正案（十一）特增加了相关犯罪。需要注意的是，我国刑法第三百四十二条设定了非法占用农用地罪，对非法改变耕地、林地等用途造成毁坏的行为进行了规制，在很大程度上发挥了生态保护的功能，起到了积极的一般预防效果，但该条款并不直接涉及对国家公园和自然保护区的保护。此次刑法修正，在第三百四十二条之后增加了在国家公园、国家级自然保护区非法开发、建设的犯罪，并设定相应的刑罚，作为第三百四十二条之一，同时补充了想象竞合从一重罪的处罚规则。该条款的设计不但是对现实中发生的多起恶性环境破坏影响案件的回应，也将起到风险防范、进一步推进生态文明建设的作用。

【适用指南】

作为新增罪名，本罪在司法实践中将面临两个重要问题：一是如何正确地认定本罪构成要件内容及与其他相关犯罪的关系；二是如何正确地处理本罪与相关前置法的关系。接下来，笔者将依次论述这两个问题。

一、如何认定本罪构成要件及与相关犯罪的关系

适用本罪，应当注意本罪与其他犯罪的竞合关系。

违反自然保护地管理法规，在国家公园、国家级自然保护区进行开垦、开发活动或者修建建筑物，造成严重后果或者有其他恶劣情节的成立本罪。这里需要注意的是，本罪的行为对象是“国家公园”和“国家级自然保护区”。根据 2019 年 6 月国务院办公厅印发的《关于建立以国家公园为主体的自然保护地体系的指导意见》的相关规定，我国将逐步建成“以各类国家公园为主体、自然保护区为基础、各类自然公园为补充的自然保护地分类系统”。由此可见，“国家公园”“自然保护区”“自然公园”是互不相同的概念。因此，在各类自然公园进行开垦、开发活动或修筑建筑物的，不成立本罪。此外，根据《自然保护区条例》第十一条第一款的规定，自然保护区分为国家级自然保护区和地方级自然保护区，就此而言，在地方级自然保护区进行开垦、开发活动或修筑建筑物的，也不成立本罪。

本罪第二款设有注意规定，即“有前款行为，同时构成其他犯罪的，依照处罚较重的规定定罪处罚”。这指的是，如果行为人在国家公园、国家级自然保护区进行开垦、开发活动或者修建建筑物，因其行为同时触犯刑法其他相关法条，还可能构成其他犯罪，从而成立想象竞合犯，进而从一重罪论处。比如，如果行为人在国家公园、国家级自然保护区未取得采矿许可证而擅自采矿，那么就有可能同时构成刑法第三百四十三条规定的“非法采矿罪”；行为人的开垦、开发活动或者修建建筑物的行为，还可能同时构成非法猎捕、杀害珍贵、濒危野生动物，从而构成刑法第三百四十一条的“非法猎捕、杀害珍贵、濒危野生动物罪”，非法采伐、毁坏珍贵树木或者国家重点保护的其他植物的，也可能成立刑法第三百四十四条规定的“非法采伐、毁坏国家重点保护植物罪”；行为人也可能在国家公园、国家级自然保护区进行开垦、开发活动或者修建建筑物的过程中，还进行盗伐森林或者其他林木，便可能同时构成第三百四十五条规定的“盗伐林木罪”等。尤其需要注意的是，本罪也极有可能跟刑法分则第五章“侵犯财产罪”成立想象竞合，就此也要审查侵犯财产罪相关犯罪的构成要件。

二、如何理解本条与相关行政前置法的关系

在刑法修正案（十一）实施之前，由于缺乏有效的处罚措施，实践中大量破坏自然保护区的行为难以得到根本的遏止，自然保护区的保护现状堪忧，在刑法修正案（十一）实施之后，处罚这样的行为便有了刑法上的根据。

例如，祁连山是我国西部重要生态安全屏障，是黄河流域重要水源产流地，也是我国生物多样性保护优先区域。我国早在1988年就批准设立了甘肃祁连山国家级自然保护区。然而，长期以来，祁连山局部生态破坏问题十分突出。比如，违法违规开发矿产资源问题严重，长期以来大规模的探矿、采矿活动导致保护区局部植被破坏、水土流失、地表塌陷；部分水电设施违法建设、违规运行导致下游河段出现减水甚至断流现象，水生态系统遭到严重破坏。由于没有引起足够重视，生态环境突出问题整改不力，瞒报、漏报探采矿项目，生态修复和整治工作进展缓慢。①

又如，秦岭是重要的生态安全屏障，有着“国家中央公园”和“中国绿肺”之称。然而，近年来，秦岭北麓地区不断出现大量违规建设的别墅，导致生态环境遭到严重破坏。2018 年 7 月以来，“秦岭违建别墅拆除”备受社会关注。中央、省、市三级打响“秦岭保卫战”，秦岭北麓西安段共有 1194 栋违建别墅被列为查处整治对象。②

作为近年来发生的颇有影响力的生态环境遭到严重破坏的事件，上述两个案例表现出我国生态建设的推进在现实中面临着严重的阻力：生态环境的建设势必会触及多方主体的经济利益，因此，若没有严厉的处罚，生态保护将永远停留在纸面上。需要注意的是，在刑法修正案（十一）颁行之前，这样的行为要么依照《自然保护区条例》等行政法规进行没收违法所得、罚款等处罚，但是，这些处罚措施相当之轻，与实践中的违法行为难相适应；要么以污染环境罪或非法采矿罪等罪进行处罚，但是，这些罪名并不直接涉及对国家公园和自然保护区的保护。在刑法修正案（十一）颁行之后，通过增设轻罪的方法，对破坏自然保护区的行为进行惩罚将获得更明确的指引，我国的生态环境也将获得更周延的保护。

刑法修正案（十一）第四十三条 【增设非法引进、释放、丢弃外来入侵物种罪】

> 四十三、在刑法第三百四十四条后增加一条，作为第三百四十四条之一：“违反国家规定，非法引进、释放或者丢弃外来入侵物种，情节严重的，处三年以下有期徒刑或者拘役，并处或者单处罚金。”

---

① 参见《中办国办严肃处理祁连山生态破坏问题》，载央视网，http：//news. cctv. com/2017/07/21/ARTIPpMKA27kSy51Feny9DxU170721. shtml，最后访问时间：2021 年 1 月 24 日。

② 《秦岭违建别墅整治始末 一抓到底正风纪》，载央视网，http：//news. cctv. com/2019/01/09/ARTIl00SY58z4iOBNnOWJGHj190109. shtml，最后访问时间：2021 年 5 月 30 日。

【条文主旨】

本条是关于增设非法引进、释放、丢弃外来入侵物种罪①的规定。

本条的规范意旨是强化公共卫生刑事法治保障，维护国家生态安全，防范生物威胁，打击非法处置外来入侵物种的行为。此外，本罪也是与生物安全法衔接，贯彻宽严相济刑事政策，预防犯罪的基本要求。刑法修正案（十一）将该条设置在原刑法第三百四十四条之后，作为第三百四十四条之一。

【条文对照】

修正前	修正后
	第三百四十四条之一　【非法引进、释放、丢弃外来入侵物种罪】违反国家规定，非法引进、释放或者丢弃外来入侵物种，情节严重的，处三年以下有期徒刑或者拘役，并处或者单处罚金。

【修正提示】

本条是刑法修正案（十一）的新增犯罪。

第一，本罪的行为方式有三种，分别是：非法引进外来入侵物种的行为、非法释放外来入侵物种的行为、非法丢弃外来入侵物种的行为。

第二，构成本罪有“情节严重”的要求，关于“情节严重”的判断标准，可能需要由最高司法机关提供进一步的解释。

【修法背景】

生态系统指在自然界的一定空间内，生物与环境构成的统一整体；在这个统一整体中，生物与环境之间相互影响、相互制约，并在一定时期内处于相对稳定的动态平衡状态。维持这个系统的动态平衡具有重要的意义：一方面，生态平衡是生物维持正常生长发育、生殖繁衍的根本条件，

---

① 2021 年 2 月 26 日公布的《最高人民法院、最高人民检察院关于执行〈中华人民共和国刑法〉确定罪名的补充规定（七）》确定刑法第三百四十四条之一罪名为非法引进、释放、丢弃外来入侵物种罪。

而生态平衡遭到破坏，会使各类生物濒临灭绝；另一方面，生态平衡也是人类生存的基本条件，因此，生态平衡的破坏将使得人类也无法独善其身。外来物种的入侵是破坏生态平衡的一个重要因素：当一个外来物种被引入一个特定的生态系统，既有可能因不能适应新环境而被该系统排斥，也有可能因为这个新的环境中没有与之相抗衡或制约的生物，从而成为真正的入侵者——打破平衡、改变或破坏当地的生态环境、严重破坏生物多样性。2020 年 6 月，生态环境部发布的《2019 年中国生态环境状况公报》显示，全国已发现 660 多种外来入侵物种，其中，71 种对自然生态系统已造成或具有潜在威胁并被列入《中国外来入侵物种名单》。67 个国家级自然保护区外来入侵物种调查结果表明，215 种外来入侵物种已入侵国家级自然保护区，其中 48 种外来入侵物种被列入《中国外来入侵物种名单》。[①]

这些外来入侵物种一旦适应了本地环境并成为优势物种，将会对生态平衡带来严重影响，并带来严重的经济损失。我国已然成为遭受外来物种危害严重的国家之一。就此而言，制定外来物种入侵防治法规，加强外来入侵物种安全管理成为当务之急。在国际上，2002 年 4 月在荷兰海牙召开的《生物多样性公约》缔约方大会第六次会议上通过了《关于预防引入对生态系统、生境或物种构成威胁的外来物种并减轻其影响的指导原则》。该指导原则的目的是协助各国政府共同采取措施抵御外来物种入侵，分别就外来物种入侵的预防与分级处理确立了十五项对策措施。国际社会已经通过了 50 多项涉及外来物种入侵防治的国际文件，这些重要的国际和区域环境法律文件都或多或少地涉及防治外来物种入侵问题。[②] 这些公约为各国防治外来物种入侵奠定了国内立法和确立行政规制模式的基础。

涉及对外来物种入侵的管理，我国有一个逐渐重视的过程。早期对外来物种管理的法律和法规大都散见在诸如《中华人民共和国环境保护法》《中华人民共和国森林法》《中华人民共和国野生动物保护法》《中华人民共和国海洋环境保护法》《中华人民共和国进出境动植物检疫法》《中华人民共和国国境卫生检疫法》《植物检疫条例》《植物检疫条例实施细则》等文件中。但是，这些法律、法规对外来物种入侵的规制显然力道不足：一方面，这些法律、法规对外来物种入侵的规制体系不完善；另一方面，这些规制手段也缺乏系统的惩罚措施。生物安全法第六十条第三款规定，任

---

① 参见中华人民共和国生态环境部发布的《2019 年中国生态环境状况公报》，第 39 页。

② 参见张一茨：《浅议生态安全与防治外来物种入侵的生物多样性保护》，载《生态文明与环境资源法——2009 年全国环境资源法学研讨会（年会）论文集》，第 788 ~ 791 页。

何单位和个人未经批准，不得擅自引进、释放或者丢弃外来物种；第八十一条第一款规定，违反本法规定，未经批准，擅自引进外来物种的，由县级以上人民政府有关部门根据职责分工，没收引进的外来物种，并处五万元以上二十五万元以下的罚款；第八十二条规定，违反本法规定，构成犯罪的，依法追究刑事责任。由此可见，生物安全法规定了行政责任，并规定构成犯罪的可能成立刑事责任。为了更好地与生物安全法相衔接，防范生物威胁，刑法修正案（十一）新增第三百四十四条之一的规定，指出非法引进、释放或者丢弃外来入侵物种，情节严重的，需要承担相应的刑事责任。

【适用指南】

作为新增罪名，本罪在司法实践中将面临两个重要问题：一是如何正确地认定本罪的构成要件；二是如何正确地处理本罪与相关前置法的关系。

一、如何正确地认定本罪的构成要件

本罪规定，非法引进、释放或者丢弃外来入侵物种，情节严重的构成本罪。该罪的行为方式是“非法引进、释放或者丢弃”。根据 2018 年修改的野生动物保护法第三十七条的规定，即“从境外引进野生动物物种的，应当经国务院野生动物保护主管部门批准”，这里的“引进”，主要指“从境外引进”。不过，需要注意的是，根据本罪的保护目的，凡是将那些不属于引入地或迁移地的物种人为地引入迁移地的，都应该是“引进”，而不仅仅是“从境外引进”。根据野生动物保护法第三十八条的规定，即“任何组织和个人将野生动物放生至野外环境，应当选择适合放生地野外生存的当地物种，不得干扰当地居民的正常生活、生产，避免对生态系统造成危害”，这里的“释放”，指的应该是“将野生动物放生至野外环境”。

该罪的行为对象是“外来入侵物种”，即《中国外来入侵物种名单》里的物种，但需要注意的是，并不是《中国外来入侵物种名单》里的物种都构成本罪，司法机关在适用本罪的时候需要实质性判断新引入、释放或丢弃的物种是否没有与之相抗衡的生物从而构成了对生态系统平衡的实质性威胁。此外，本条所指的“物种”并没有限制为动物，因此，外来入侵植物也可以成为本罪的对象。

二、如何理解本条与相关行政前置法的关系

在刑法修正案（十一）颁行之前，对于非法引入、丢弃、释放外来入侵物种的行为，我国法律缺乏有力的惩戒措施。在刑法修正案（十一）颁行之后，相关行为不但受到生物安全法的规制，而且情节严重的有望获得刑事制裁。

例如，福寿螺又名大瓶螺、苹果螺，原产于南美洲亚马孙河流域。20世纪80年代初，其由巴西籍华人引入广东省中山市养殖，被视为高蛋白食品；1984年，福寿螺作为特种养殖对象在广东省被推广，并很快被人工引种。但是，由于味道不受人喜欢，福寿螺便被遗弃野外，其因适应性强而大量繁殖，成为危害巨大的外来入侵物种，如浙江的台州和宁波分别于1999年和2002年被福寿螺入侵。根据浙江省农业科学院研究显示，福寿螺在向北迁移的过程中，经历-3～5℃的低温考验后的种群存活率更高。目前，福寿螺在长江以南广大地区已有广泛分布，并且可以自然越冬。但是，福寿螺在中国仍然在不断北移，已在中国长江以北的许多地区繁衍传播。①

福寿螺在我国仅仅是外来入侵物种中很小的一部分。这些外来入侵物种一旦适应了本地环境并成为优势物种，将会对生态平衡带来严重影响。因此，需要注意的是，引进外来入侵物种的行为将会按照生物安全法第八十一条的规定受到没收、罚款等行政处罚，而且，刑法第三百三十四条之一规定，对于那些“情节严重”的，通过行政处罚手段与行为人的行为不相称的情形，应当按照“非法引进、释放、丢弃外来入侵物种罪”的规定处以三年以下有期徒刑或者拘役，并处或者单处罚金。这样，我国就基本上形成了一个梯度合理的、对引入外来入侵物种进行规制的处罚体系，即“行政处罚+相应轻罪”的处罚体系。

刑法修正案（十一）第四十四条 【增设妨害兴奋剂管理罪】

四十四、在刑法第三百五十五条后增加一条，作为第三百五十五条之一：“引诱、教唆、欺骗运动员使用兴奋剂参加国内、国际重大体育竞赛，或者明知运动员参加上述竞赛而向其提供兴奋剂，情节严重的，处三年以下有期徒刑或者拘役，并处罚金。

“组织、强迫运动员使用兴奋剂参加国内、国际重大体育竞赛的，依照前款的规定从重处罚。”

① 参见刘义满等：《福寿螺的世界分布》，载《湖北农业科学》2019年第6期。

【条文主旨】

本条是关于增设妨害兴奋剂管理罪①的规定。

新增条款旨在保障体育的纯洁性和体育竞赛的公平性。新增条款将引诱、教唆、欺骗使用兴奋剂，非法提供兴奋剂和组织、强迫使用兴奋剂的危害行为（以下统称为三类严重兴奋剂违规行为）纳入刑法规制范围，加大了打击力度，既回应了日益增强的兴奋剂入刑的民意呼声，也表明了我国严厉打击兴奋剂违法行为的坚定决心。

【条文对照】

修正前	修正后
	第三百五十五条之一　【妨害兴奋剂管理罪】引诱、教唆、欺骗运动员使用兴奋剂参加国内、国际重大体育竞赛，或者明知运动员参加上述竞赛而向其提供兴奋剂，情节严重的，处三年以下有期徒刑或者拘役，并处罚金。 **组织、强迫运动员使用兴奋剂参加国内、国际重大体育竞赛的，依照前款的规定从重处罚。**

【修正提示】

本条为刑法修正案（十一）的新增犯罪，包括三种兴奋剂犯罪行为：第一，引诱、教唆、欺骗使用兴奋剂；第二，非法提供兴奋剂；第三，强迫使用兴奋剂的危害行为。

引诱、教唆、欺骗使用兴奋剂的行为和非法提供兴奋剂的行为，则必须是针对参加国内、国际重大体育竞赛的运动员实施且情节严重的危害行为，才可能入罪。也就是说，引诱、教唆、欺骗使用兴奋剂罪和非法提供兴奋剂罪，都属于情节犯，只有达到情节严重程度，如存在针对未成年人运动员等情节，才可能构成犯罪。

---

① 2021年2月26日公布的《最高人民法院、最高人民检察院关于执行〈中华人民共和国刑法〉确定罪名的补充规定（七）》确定刑法第三百五十五条之一罪名为妨害兴奋剂管理罪。

【修法背景】

此次新增条款专门将非法使用与提供兴奋剂的行为入罪化，主要是基于以下四方面的原因：

第一，体育比赛中兴奋剂违法使用现象呈现上升趋势，严重危害体育竞赛的公平公正。根据中国反兴奋剂中心数据显示，2016—2019 年中国兴奋剂检查呈逐年增长趋势，2019 年中国实施兴奋剂检查 20314 例，共查处兴奋剂违规 68 起。在体育招生考试或学校体育竞赛中兴奋剂违规行为也时有发生。根据中国反兴奋剂中心公布的违规情况，在 2020 年高校体育特长生招生考试中，王某和桑某某两位中学生违规使用兴奋剂。所以，兴奋剂问题不仅只出现在竞技体育中，也逐渐演变成公共健康、教育公平等问题。

第二，从国际形势上看，近年来国际组织和各国政府加大了对使用兴奋剂的打击力度。国际体育组织的兴奋剂禁赛对象不再限于个别运动员，而是扩展至整个运动项目。目前，运用刑事手段打击严重的兴奋剂违法行为，成为国际反兴奋剂斗争的发展趋势。如法国、意大利、丹麦、芬兰、德国、奥地利、西班牙、俄罗斯、埃塞俄比亚等国家均已颁布相关刑事法律，对严重兴奋剂违法者定罪处罚。

第三，我国反兴奋剂方面的立法层级较低，大多为政府部门规章等。对于三类严重违规行为，多以取消比赛成绩或参赛资格、禁赛、身份禁止、负担兴奋剂检测费用等行业处罚追究责任。这类处罚的威慑力和惩罚力度较弱，且只是约束体育从业人员，还有可能会让真正的违法者逃脱法律责任。面对名利和金钱的巨大诱惑，有些违法分子更是无视禁赛等处罚规则。

第四，兴奋剂刑事案件的司法解释仍存在打击兴奋剂使用的漏洞。2019 年 11 月 18 日，最高人民法院发布《关于审理走私、非法经营、非法使用兴奋剂刑事案件适用法律若干问题的解释》（以下简称《兴奋剂刑事案件司法解释》）。该司法解释将部分兴奋剂解释为“毒品”。它根据我国刑法对兴奋剂相关的定罪量刑作出了规定，其中涉及兴奋剂相关的罪名有：走私国家禁止进出口的货物、物品罪；走私普通货物、物品罪；非法经营罪；生产、销售不符合安全标准的食品罪；生产、销售有毒、有害食品罪；虐待被监护、看护人罪；组织考试作弊罪；滥用职权罪、玩忽职守罪；走私、贩卖、运输、制造毒品罪和非法持有毒品罪等其他涉及毒品类犯罪。该解释对加强兴奋剂源头管理、惩治非法使用兴奋剂行为和压实监管责任等提供了很好的司法保障。

若情节严重，构成犯罪的，依据《兴奋剂刑事案件司法解释》可以按我国现行刑法第三百五十三条引诱、教唆、欺骗他人吸毒罪、强迫他人吸毒罪，第三百五十四条容留他人吸毒罪，第三百五十五条非法提供麻醉药品、精神药品罪和第二百八十四条组织考试作弊罪等定罪处罚。但根据罪刑法定原则，我国刑法第三百五十七条毒品范围之外的其他兴奋剂严重违规行为，如引诱、强迫运动员使用《禁用清单国际标准》（世界反兴奋剂机构发布）中所涉及的其他禁用物质或方法的，则不构成犯罪。但其严重的社会危害性与毒品类犯罪相比并无太大差异，甚至在体育领域有更加严重的社会危害和恶劣的国内外影响。这一立法空白将使兴奋剂违法者有机可乘。

《兴奋剂刑事案件司法解释》只是在已有罪名的框架下对审判中有关法律问题的解释，并非对刑罚规则的创制。此次刑法修正案（十一）则是在立法层面以新增罪名的形式，专门对严重兴奋剂违规行为做出明确规定。

【适用指南】

一、行政法上的兴奋剂违规行为是否均属于本罪的规制范围

行政法意义上的兴奋剂违规行为不仅包括使用兴奋剂，而且包括妨害兴奋剂检测等行为。依据我国《体育运动中兴奋剂管制通则》，兴奋剂违规行为主要有十大类：兴奋剂检测结果阳性的；使用或企图使用兴奋剂的；逃避、拒绝或未能完成样本采样的；违反行踪信息管理规定的；篡改或企图篡改兴奋剂管制环节的；非法持有兴奋剂的；从事或企图从事兴奋剂交易的；对运动员施用或企图施用兴奋剂的；协助、鼓励、资助、教唆、策划、包庇等组织或帮助使用兴奋剂的；使用兴奋剂违规人员从事运动员辅助工作的行为等。根据谦抑性原则，刑法应当规制严重侵害法律所保护的利益的行为。

引诱、教唆、欺骗使用兴奋剂，非法提供兴奋剂需要达到情节严重的程度，组织、强迫使用兴奋剂行为的入罪则不以情节严重作为成立要件，只要有组织或强迫的手段行为和被组织、被强迫的运动员使用兴奋剂的结果行为，不论情节是否严重，也不论运动员等级身份如何等，均构成犯罪既遂。

因此，行政法规定的其他兴奋剂违规行为，并不当然属于本罪的规制范围，不过，仍然可以按照《中华人民共和国体育法》《反兴奋剂条例》规定进行处罚。

二、运动员自愿使用兴奋剂的行为能否被该罪规制

对于运动员自愿使用兴奋剂的行为应否入刑，学术界有一定的争议。反对入刑的理由是，自愿使用兴奋剂的行为仅是对自己身体健康的伤害，没有对他人造成伤害。赞成入刑的理由是自愿使用兴奋剂的行为仍然损害体育竞赛的公平性，甚至体育事业可持续发展的动力和体育强国的建设。不过，刑法修正案（十一）新增条款并没有将运动员自愿使用兴奋剂作为专门的兴奋剂犯罪来对待。因此，自愿使用兴奋剂的行为不是犯罪。

但是，运动员自愿使用兴奋剂的行为可能构成其他犯罪。例如，运动员持有大量毒品类兴奋剂，又无法说明其正当来源（如有效的治疗用药豁免）的，则可能构成非法持有毒品罪。

三、兴奋剂和国内、国际重大体育竞赛的范围

《兴奋剂刑事案件司法解释》第八条规定，对于是否属于本解释规定的“兴奋剂”“兴奋剂目录所列物质”“体育运动”“国内、国际重大体育竞赛”等专门性问题，应当依据《中华人民共和国体育法》《反兴奋剂条例》等法律法规，结合国务院体育主管部门出具的认定意见等证据材料作出认定。

根据体育法第三十一条第一款至第三款规定，国家对体育竞赛实行分级分类管理。全国综合性运动会由国务院体育行政部门管理或者由国务院体育行政部门会同有关组织管理。全国单项体育竞赛由该项运动的全国性协会负责管理。是否属于国内、国际重大体育竞赛应按照体育竞赛的组织者的级别、参赛队伍成员的来源地、体育竞赛的重要性来判断。

刑法修正案（十一）第四十五条 【修改食品监管渎职罪、增设药品监管渎职罪】

四十五、将刑法第四百零八条之一第一款修改为：“负有食品药品安全监督管理职责的国家机关工作人员，滥用职权或者玩忽职守，有下列情形之一，造成严重后果或者有其他严重情节的，处五年以下有期徒刑或者拘役；造成特别严重后果或者有其他特别严重情节的，处五年以上十年以下有期徒刑：

"（一）瞒报、谎报食品安全事故、药品安全事件的；

"（二）对发现的严重食品药品安全违法行为未按规定查处的；

"（三）在药品和特殊食品审批审评过程中，对不符合条件的申请准予许可的；

"（四）依法应当移交司法机关追究刑事责任不移交的；

"（五）有其他滥用职权或者玩忽职守行为的。"

【条文主旨】

本条是关于修改食品监管渎职罪、增设药品监管渎职罪①的规定。

为了与药品管理法等法律做好衔接，进一步强化对食品、药品安全风险的刑法规制，预防由于负有安全监管职责的国家工作人员滥用职权或者玩忽职守所导致的安全事故及其引发的后续损害，刑法修正案（十一）遂对食品监管渎职罪的条文内容作出了修改，增加药品监管渎职犯罪，进一步细化了食品药品渎职犯罪情形，增强了可操作性和可适用性。

【条文对照】

修正前	修正后
第四百零八条之一　【食品监管渎职罪】负有食品安全监督管理职责的国家机关工作人员，滥用职权或者玩忽职守，导致发生重大食品安全事故或者造成其他严重后果的，处五年以下有期徒刑或者拘役；造成特别严重后果的，处五年以上十年以下有期徒刑。 徇私舞弊犯前款罪的，从重处罚。	第四百零八条之一　【食品、药品监管渎职罪】**负有食品药品安全监督管理职责的国家机关工作人员**，滥用职权或者玩忽职守，**有下列情形之一，造成严重后果或者有其他严重情节的**，处五年以下有期徒刑或者拘役；**造成特别严重后果或者有其他特别严重情节的**，处五年以上十年以下有期徒刑： **（一）瞒报、谎报食品安全事故、药品安全事件的；**

① 2021年2月26日公布的《最高人民法院、最高人民检察院关于执行〈中华人民共和国刑法〉确定罪名的补充规定（七）》确定刑法第四百零八条之一罪名为食品、药品监管渎职罪（取消食品监管渎职罪罪名）。

修正前	修正后
	（二）对发现的严重食品药品安全违法行为未按规定查处的； （三）在药品和特殊食品审批审评过程中，对不符合条件的申请准予许可的； （四）依法应当移交司法机关追究刑事责任不移交的； （五）有其他滥用职权或者玩忽职守行为的。 徇私舞弊犯前款罪的，从重处罚。

【修正提示】

刑法修正案（十一）对刑法第四百零八条之一作了如下修改：

其一，扩大了本罪的犯罪主体范围，将负有药品安全监督管理职责的国家机关工作人员也纳入进来，从而将本罪实际扩展为食品、药品监管渎职罪。自此之后，这类监管药品安全的国家机关工作人员滥用职权或玩忽职守的行为也将被定性为独立、特殊的渎职罪。

其二，在本罪的构成要件中增加了除严重后果或者特别严重后果外的“其他严重情节”或者“其他特别严重情节”，从而将本罪由单纯的实害犯转变为“实害犯＋情节犯”，降低了本罪入罪的门槛，扩展了本罪构成要件的射程。

其三，以“列举＋兜底条款”的方式对于本罪可能的行为方式作了较为明确的描述，分为：（1）瞒报、谎报食品安全事故、药品安全事件的；（2）对发现的严重食品药品安全违法行为未按规定查处的；（3）在药品和特殊食品审批审评过程中，对不符合条件的申请准予许可的；（4）依法应当移交司法机关追究刑事责任不移交的，涵盖了从事前监管到事中监管再到事后监管的全过程中滥用职权或玩忽职守的行为形态，增强了司法的可操作性。

其四，删除了本罪第二款“徇私舞弊犯前款罪的，从重处罚”。

【修法背景】

2011 年刑法修正案（八）增设的“食品监管渎职罪”为食品安全法中有关监管人员渎职的处罚提供了规范效力的保障。然而近十年以来，立法机关一直未对药品监管渎职行为单独设置罪名及处罚条款，这导致司法机关在实务中只能适用普通渎职罪（滥用职权罪、玩忽职守罪）条款来追究相关药品监管人员渎职行为的刑事责任。可是，这一惩治药品监管渎职犯罪的模式面临查处难、追究责任难、处罚轻等诸多问题，严重阻碍药品监管体制整体效用的发挥。由曾经轰动一时的“郑某受贿、玩忽职守案”可以看到，单就渎职犯罪的处罚而言，郑某玩忽职守的行为造成如此严重的后果、导致如此恶劣的影响，却只能对其处以七年有期徒刑，这暴露出刑法对相关行为社会危害性评价及惩罚力度存在一定程度的不足。①

具体来说，刑法对药品监管渎职犯罪的规制至少存在以下两个方面的缺陷：一是与罪刑相均衡的内在要求相违背。按照现行刑法的规定，滥用职权罪、玩忽职守罪的法定最高刑为七年有期徒刑，只要当存在徇私舞弊情节特别严重的，才能升格为十年有期徒刑。而刑法修正案（八）增设的食品监管渎职罪，对食品监管渎职犯罪配置了更为严格的法定刑，只要造成了特别严重的后果就可以升格到最高十年有期徒刑，存在徇私舞弊的更是规定了从重处罚。相较于食品监管而言，药品监管之于药品安全的保障可能显得更为重要，因为普通消费者根本无法凭借一己之力去识别和消除药品交易中所蕴含的风险，所以此时国家必须主动承担起这一风险规制的任务。一旦出现药品监管人员滥用职权或者玩忽职守的行为，就相当于撤除了国家为一般公众设置的保护伞，药品安全事故的频繁发生也就不足为奇。可是适用一般渎职罪只能在七年以下有期徒刑量刑，罪刑极其不均衡。② 二是适用一般渎职罪不足以凸显对药品监管渎职行为的特别打击。既往立法中单独设立环境监管失职罪、食品监管渎职罪等特殊渎职罪名，其目的就在于加大对某一类渎职违法犯罪的打击力度。2019 年 8 月修订的药品管理法第一百五十条规定，药品监督管理人员滥用职权、徇私舞弊、玩忽职守的，依法给予处分。查处假药、劣药违法行为有失职、渎职行为的，对药品监督管理部门直接负责的主管人员和其他直接责任人员依法从重给予处分。这一修订明显表明，立法者要加大对药品监管渎职违法行为的惩治力度，然而，应当与该法衔接的刑法却缺少对应的药

---

① 《涉医行业的罪与罚之二》，载中国法学创新网，http：//www. fxcxw. org. cn/dyna/content. php? id＝15165，最后访问时间：2020 年 1 月 18 日。

② 参见王林林：《进一步完善药品监管渎职刑法规制》，载《检察日报》2019 年 11 月 23 日。

品监管渎职罪的设置。①

刑法修正案（十一）将食品监管渎职罪扩充为食品、药品监管渎职罪，有利于从严打击药品监管领域的职务犯罪，增加执法者的违法成本。借助于刑法对药品安全监管部门人员的心理威慑，有助于警示相关职能部门工作人员认真承担责任，建立一个负责高效的药品安全监管机制，在假药、劣药流入市场之前发现并解决问题。与此同时，此次修正案将本罪由单纯的实害犯转变为实害犯 + 情节犯，有利于发挥刑法的一般预防机能，将那些情节严重但没有导致严重后果的食品、药品监管渎职行为纳入刑法处罚的范围，提前扼杀可能产生的食品、药品安全事故风险；明确列举本罪典型的几种行为方式，有利于贯彻罪刑法定主义中的明确性原则，让本罪更加具有构成要件的定型性，使司法工作人员在适用刑法时更加具有可操作性。

【适用指南】

在本罪司法适用的过程中，主要涉及以下构成要件的解释问题：

一、能否认定有关国家机关工作人员违反了其职责范围内应负的监管义务

例如，被告人任某某、杨某、黄某分别为罗山县卫生监督执法所城市科科长、副科长、职工，负责本县卫生监督执法。按照内部分工，罗山县甲国际大酒店食品安全属三被告人监管辖区内。因三被告人对该酒店食品安全监管不到位，没有完全正确履行监管职责，造成 2012 年 5 月 8 日中午在该酒店参加婚宴的客人中有 79 人陆续发生食物中毒。经罗山县疾病预防控制中心鉴定，该起食物中毒事件为沙门氏菌感染所致。法院审理后认为，食品安全法第六十条明确规定食品监管部门应当对食品进行定期或不定期抽样检验。但三被告人没有对大酒店食品进行抽检，属于未认真履行食品安全监管职责的玩忽职守行为，导致 79 人食物中毒的严重后果，构成食品监管渎职罪。但由于本案属多因一果，综合本案案情，犯罪情节轻微，三被告人认罪态度好，故免予对三被告人判处刑罚。②

在本案当中，能否认定有关国家机关工作人员违反了其职责范围内应负的监管义务，取决于两个条件：一是具体监管人员的职责是否具体、清

---

① 参见王林林：《进一步完善药品监管渎职刑法规制》，载《检察日报》2019 年 11 月 23 日。

② 参见河南省罗山县人民法院（2012）罗刑初字第 99 号刑事判决书。

晰；二是监管人员是否具备履行该职责的能力和条件。上述判决书没有反映控方是否提供了三被告人具体职责中包含抽检食品质量的证据，倘若三被告人并没有抽检食品的职责，而只是定期、不定期地现场检查，那么认定三被告人玩忽职守就是有疑问的。而且，果真如判决书载明的辩护意见所言，罗山县卫生执法监督所没有配置专职检验人员和设备的话，那么三被告人就没有履行职责的条件，因而不可能构成对特定监管义务的违反。①

二、如何认定国家机关工作人员违反监管义务的行为与严重后果的发生之间存在刑法意义上的因果关系

例如，1999 年 3 月 22 日，时在黔江地区车辆管理所负责驾驶员体检工作的被告人龚某收到蒋某某的《机动车驾驶证申请表》后，在既未对蒋某某进行体检，也未要求其到指定的医院体检的情况下，违反规定自行在其《机动车驾驶证申请表》上的“视力”栏中填写上“5.2”，在“有无妨碍驾驶疾病及生理缺陷”栏中填上“无”，致使自 1995 年起左眼即已失明的蒋某某换领了准驾 B 型车辆的驾驶证。此后，在 2000 年、2001 年及 2002 年的年度审验中，蒋某某都通过了彭水县公安局交通警察大队的年度审验。2002 年 8 月 20 日，蒋某某驾驶一辆中型客车违章超载 30 人（核载 19 座）从长滩乡驶向彭水县城，途中客车翻覆，造成乘客 26 人死亡、4 人受伤和车辆报废的特大交通事故，蒋某某本人也在此次事故中死亡。黔江区人民法院认为，被告人龚某在蒋某某申请换证时，未能正确履行职责，致使蒋某某驾驶证换证手续得以办理，但其效力仅及于当年，此后年审均在彭水县交警大队办理，且现有证据不能确定发生车祸的具体原因，被告人龚某的行为不构成玩忽职守罪，依照刑事诉讼法第一百六十二条第三项的规定，判决被告人龚某无罪。②

食品、药品监管渎职罪因果关系的认定与普通渎职罪的认定遵循同样的原理。首先要认定的是，在具体个案当中被告人是否存在违反监管义务的渎职行为。在上述案例中，被告人龚某毫无疑问存在失职行为，因为龚某作为车辆管理所的工作人员，依法负有对蒋某某进行体检或要求其到指定医院体检的义务。其次，要检验被告人违反监管义务的渎职行为与发生

---

① 参见曲新久：《论缺陷产品过失责任》，载梁根林、［德］埃里克·希尔根多夫主编：《刑法体系与客观归责——中德刑法学者之间的对话（二）》，北京大学出版社 2015 年版，第 148 ~ 149 页。

② 参见最高人民法院刑事审判庭第一、二、三、四、五庭主编：《刑事审判参考》（总第 37 集），法律出版社 2004 年版，第 78 页。

严重后果之间是否存在条件关系和归责关系。在上述案例中，倘若被告人龚某依法履行了自己的监管职责，那么毫无疑问，蒋某某就不可能获得新的B型车辆的驾驶证，也就不会发生后续的特大交通事故，故“非P则非Q”的条件关系是可以得到肯定的。但仅仅存在条件关系并不足以肯定刑法上的因果关系，还要进一步检验行为人违反义务的行为与结果发生之间是否存在规范意义上的关联性。在这里，规范意义上的关联检验主要涉及规范保护目的的检验，也就是认定损害结果的发生是不是行为人所违反的注意规范所意在保护的范围。这一步检验的意义在于，避免将行为人没有义务防止的损害结果归责于他或她，即便行为人履行义务也能够在事实上避免结果的发生。在本案中，蒋某某能够通过审验，完全是由于他人体检失职行为所致，而非龚某的失职行为所致，因为龚某应当履行的体检义务在1年之后已经丧失了效力。在其后的年度审验中，相关人员如果认真履行了职责，则蒋某某不可能通过审验，其当然也就不可能合法地从事驾驶工作，“8·20”特大交通事故也可能就不会发生。就龚某的失职行为和其后的失职行为对交通事故发生的影响力而言，前者对结果的发生在法律上已经不具有影响力。因此，龚某的失职行为与交通事故之间不存在刑法上的因果关系。

刑法修正案（十一）第四十六条 【修改为境外窃取、刺探、收买、非法提供军事秘密罪】

> 四十六、将刑法第四百三十一条第二款修改为：“为境外的机构、组织、人员窃取、刺探、收买、非法提供军事秘密的，处五年以上十年以下有期徒刑；情节严重的，处十年以上有期徒刑、无期徒刑或者死刑。”

【条文主旨】

本条是关于修改为境外窃取、刺探、收买、非法提供军事秘密罪的规定。

在刑法修正案（十一）出台之前，为境外窃取、刺探、收买、非法提供国家秘密、情报罪的量刑分为三档，情节较轻的，处五年以下有期徒刑、拘役、管制或者剥夺政治权利；一般情况下，处五年以上十年以下有期徒刑；情节特别严重的，处十年以上有期徒刑或者无期徒刑。但是本罪的法定刑起点是十年有期徒刑，在司法实践中发现应用该罪名时法定刑设置偏高。本次修正对该罪名的刑罚结构进行调整，由一档法定刑调整为两档，在量刑时可以更为灵活，体现了宽严相济的刑事政策。

【条文对照】

修正前	修正后
第四百三十一条　【非法获取军事秘密罪】以窃取、刺探、收买方法，非法获取军事秘密的，处五年以下有期徒刑；情节严重的，处五年以上十年以下有期徒刑；情节特别严重的，处十年以上有期徒刑。 【为境外窃取、刺探、收买、非法提供军事秘密罪】为境外的机构、组织、人员窃取、刺探、收买、非法提供军事秘密的，<u>处十年以上有期徒刑、无期徒刑或者死刑。</u>	第四百三十一条　【非法获取军事秘密罪】以窃取、刺探、收买方法，非法获取军事秘密的，处五年以下有期徒刑；情节严重的，处五年以上十年以下有期徒刑；情节特别严重的，处十年以上有期徒刑。 【为境外窃取、刺探、收买、非法提供军事秘密罪】为境外的机构、组织、人员窃取、刺探、收买、非法提供军事秘密的，**处五年以上十年以下有期徒刑；情节严重的，处十年以上有期徒刑、无期徒刑或者死刑。**

【修正提示】

刑法修正案（十一）一审稿和二审稿、终稿在本条款上有所不同。草案第一次审议稿时本罪的法定刑与刑法第一百一十一条为境外窃取、刺探、收买、非法提供国家秘密、情报罪完全一致。将基本法定刑调整为“五年以上十年以下有期徒刑”，升档法定刑为“十年以上有期徒刑、无期徒刑或者死刑”，此外还规定了“情节较轻的，处五年以下有期徒刑”。但是，考虑到军事秘密作为国家秘密的重要组成部分，关系到国防安全和军事利益，与非法提供国其他国家秘密行为相比，对国家安全的法益危害相对更大。因此，在二审稿和最终通过的修正案删去“情节较轻”的一档量刑，将修正前的一个量刑幅度调整为两个量刑幅度，依照其行为的情节严重程度分别予以规制。

【修法背景】

在国际社会形势错综复杂的情况下，为进一步保障国家安全，贯彻总体国家安全观，维护军事安全，刑法修正案（十一）关注国家安全中至关重要的军事领域，着力构建刑事治理的组织反应效能，充分统筹实现当代刑法保障功能，从而提高国家总体安全保障力度。[①]

各国刑法对军人犯罪基本上都采取从严处罚的原则，我国刑法分则关于军职罪的处罚也体现这一原则，对军人犯罪的处罚严于非军人犯类似罪名的处罚，[②] 由此导致军事犯罪的刑罚设置偏高。而本次修正前的刑法对为境外窃取、刺探、收买、非法提供军事秘密的处刑起点设置更高，由于修法之前只有一档法定刑，实践中发现，除非按照刑法第十三条“情节显著轻微危害不大的，不认为是犯罪”可以出罪之外，构成该罪均要以“十年以上有期徒刑、无期徒刑或者死刑”来量刑。本罪的未遂犯，或者受人教唆、胁迫的共犯行为，即便从轻或者减轻处罚，法定刑依然较高。此次刑罚结构调整，有助于保持刑法的罪刑均衡。

【适用指南】

一、如何界定“军事秘密”的范围

保守国家秘密法规定，军事方面的国家秘密及其密级的具体范围，由中央军事委员会规定。2013 年 2 月，最高人民检察院、解放军总政治部制定《军人违反职责罪案件立案标准的规定》，其中第十二条对军事秘密进行了列举式的解读，内容包括：（1）国防和武装力量建设规划及其实施情况；（2）军事部署，作战、训练以及处置突发事件等军事行动中需要控制知悉范围的事项；（3）军事情报及其来源，军事通信、信息对抗以及其他特种业务的手段、能力，密码以及有关资料；（4）武装力量的组织编制，部队的任务、实力、状态等情况中需要控制知悉范围的事项，特殊单位以及师级以下部队的番号；（5）国防动员计划及其实施情况；（6）武器装备的研制、生产、配备情况和补充、维修能力，特种军事装备的战术技术性能；（7）军事学术和国防科学技术研究的重要项目、成果及其应用情况中

---

① 参见高铭暄、孙道萃：《〈刑法修正案（十一）（草案）〉的解读》，载《法治研究》2020 年第 5 期。

② 参见司风德、袁金明：《试论对军职罪的处罚原则》，载《东南大学学报（哲学社会科学版）》2001 年第 4 期。

需要控制知悉范围的事项；（8）军队政治工作中不宜公开的事项；（9）国防费分配和使用的具体事项，军事物资的筹措、生产、供应和储备等情况中需要控制知悉范围的事项；（10）军事设施及其保护情况中不宜公开的事项；（11）对外军事交流与合作中不宜公开的事项；（12）其他需要保密的事项。

二、如何把握“情节严重”的标准

本次刑法修改新增加了情节严重的法定刑，因此对于“情节严重”标准需要审查。由于尚未制定司法解释明确，参考《最高人民法院关于审理为境外窃取、刺探、收买、非法提供国家秘密、情报案件具体应用法律若干问题的解释》，本罪情节严重的判断应当从两方面入手。一方面，从形式上进行审查，即对为境外的机构、组织、人员窃取、刺探、收买、非法提供军事秘密的密级和数量进行审查。军事秘密分为秘密级、机密级、绝密级三类，一般而言，即为境外窃取、刺探、收买、非法提供军事绝密的社会危害性要大于提供军事机密，为境外窃取、刺探、收买、非法提供军事机密的社会危害性要大于提供军事秘密。另一方面，从实质上进行审查，为境外窃取、刺探、收买、非法提供军事秘密或者情报，对国家安全、军事利益和军队建设和作战进行，造成严重损害的。只要符合上述两点的其中一点，就可以认定为情节严重。

三、如何处理本罪与为境外窃取、刺探、收买、非法提供国家秘密、情报罪的关系

军事刑法与普通刑法之间是特别法与普通法的关系，本罪也不例外，与为境外窃取、刺探、收买、非法提供国家秘密、情报罪是特别法条和一般法条的关系，符合本罪的犯罪构成要件，优先适用本罪，而不适用第一百一十一条的规定。而军职人员为境外机构、组织、人员窃取、刺探、收买、非法提供军事秘密以外的国家秘密、情报的，只成立第一百一十一条规定的犯罪。① 由于本罪是身份犯，如果非刑法第四百五十条规定的特定主体，为境外机构、组织、人员窃取、刺探、收买、非法提供军事秘密，也只能以第一百一十一条的为境外窃取、刺探、收买、非法提供国家秘密、情报罪追究刑事责任。

四、如何处理本罪与非法获取军事秘密罪之间的关系

为境外窃取、刺探、收买军事秘密罪和非法获取军事秘密罪具有竞合关系，对于以窃取、刺探、收买方法，非法获取军事秘密的，如果是为了

① 参见张明楷：《刑法学》，法律出版社2016年版，第1279页。

境外的组织、机构、人员实施上述行为，对我国国家军事利益的危害更大，因此刑法特别规定了为境外的机构、组织、人员窃取、刺探、收买军事秘密罪，对此类行为的处罚更加严厉。非法获取军事秘密罪的法定刑为五年以下有期徒刑，情节特别严重的最高为十年以上有期徒刑。而本罪的法定刑起点就是五年以上有期徒刑；情节严重的最高处以死刑。按照特别法优先于一般法原则，构成本罪的以本罪论处。但本罪要求主观上行为人明知对方是境外的机构、组织、人员，如果误认为对方是境内机构、组织、人员而非法提供，对于以窃取、刺探、收买方法获取军事秘密的，应当以非法获取军事秘密罪追究刑事责任。

五、本罪和故意泄露军事秘密罪的关系

为境外非法提供军事秘密罪和故意泄露军事秘密罪具有竞合关系。故意泄露军事秘密罪，是指违反保守国家秘密法规，故意泄露军事秘密。相比非法获取军事秘密罪，故意泄露军事秘密罪的行为人多属于应当知悉军事秘密的人员，但是故意使军事秘密被不应知悉者知悉或者超出了限定的接触范围。如果泄露对象属于境外的机构、组织、人员，对我国国家军事利益的危害更大，因此刑法设置了为境外非法提供军事秘密罪。故意泄露军事秘密罪情节严重的，法定刑为五年以下有期徒刑或者拘役；情节特别严重的，处五年以上十年以下有期徒刑。为境外非法提供军事秘密罪的起点就是五年以上有期徒刑，情节严重的，处十年以上有期徒刑、无期徒刑或者死刑。这更能体现罪刑责相一致原则。按照特别法优先于一般法原则，构成本罪的以本罪论处。行为人明知是军事秘密但误认为对方是境内机构、组织、人员而非法提供的，应当以故意泄露军事秘密罪论处。①

刑法修正案（十一）第四十七条　【修改军人违反职责罪适用的主体范围】

> 四十七、将刑法第四百五十条修改为：“本章适用于中国人民解放军的现役军官、文职干部、士兵及具有军籍的学员和

① 参见张明楷：《刑法学》，法律出版社 2016 年版，第 684～685 页。

中国人民武装警察部队的现役警官、文职干部、士兵及具有军籍的学员以及文职人员、执行军事任务的预备役人员和其他人员。”

【条文主旨】

本条是关于修改军人违反职责罪适用的主体范围的规定，在中国人民解放军和中国人民武装警察部队原有官兵、文职干部、学员等主体的基础上增加了“文职人员”。

【条文对照】

修正前	修正后
第四百五十条　【本章适用的主体范围】本章适用于中国人民解放军的现役军官、文职干部、士兵及具有军籍的学员和中国人民武装警察部队的现役警官、文职干部、士兵及具有军籍的学员以及执行军事任务的预备役人员和其他人员。	第四百五十条　【本章适用的主体范围】本章适用于中国人民解放军的现役军官、文职干部、士兵及具有军籍的学员和中国人民武装警察部队的现役警官、文职干部、士兵及具有军籍的学员以及**文职人员、**执行军事任务的预备役人员和其他人员。

【修正提示】

刑法修正案（十一）与我国军队文职人员制度改革相适应，扩大了军人违反职责罪的主体范围，犯罪主体新增了文职人员。

【修法背景】

此前，刑法第四百五十条规定，军人违反职责罪的犯罪主体包含中国人民解放军的文职干部和中国人民武装警察部队的文职干部。但是随着近年来的文职人员改革，军队文职人员的概念虽然与文职干部相近，但是范围要宽于文职干部。

2005 年 6 月，国务院、中央军委制定《中国人民解放军文职人员条例》，首次提出文职人员概念和制度。2013 年，为深化国防和军队改革，党的十八届三中全会明确提出健全完善文职人员制度，将现有军队人员分为军官、士官、义务兵、文职人员四类，按照“老人老办法、新人新政策”，推进文职干部、文职人员、非现役公勤人员、职工制度向统一的文职人员制度并轨，扩大文职人员编配范围，优化军队人员构成。2017 年修订的《中国人民解放军文职人员条例》第二条明确，文职人员，是指在军民通用、非直接参与作战且社会化保障不宜承担的军队编制岗位从事管理工作和专业技术工作的非现役人员，是军队人员的组成部分。文职人员在军队和社会生活中，依法享有国家工作人员相应的权利，履行相应的义务。

在刑法修改之前，基于上述处罚漏洞，相关观点提出文职人员可以归入“执行军事任务的其他人员”，建议将“其他人员”的范围以立法解释的方式予以扩大，将文职人员纳入管辖的范围。[①] 但也有学者提出，“其他人员”是专门概念，特指在军队编制序列内的机关、部队、院校、医院、基地、仓库等单位工作的，没有军籍的正式职员或工人、聘用制非现役文职人员、临时征用或者受委托执行军事任务的地方人员等，不同于文职人员。[②] 因此，刑法修正案（十一）将文职人员单独列出，无疑是更为明确地将该主体纳入军人违反职责罪的范围，从而有利于提高文职人员履行职责的自觉性，保障其职责的履行。

【适用指南】

文职人员的认定应当以 2017 年修改的《中国人民解放军文职人员条例》为标准，我国的文职人员目前主要包括三种来源：一种是面向社会公开招考文职人员，适用于新招录聘用科级正职以下管理岗位的文职人员，以及中级以下专业技术岗位的文职人员；一种是直接引进文职人员，适用于选拔高层次人才和特殊专业人才；一种是现役军人转改文职人员，适用于选拔符合退役条件且拟作退役安置的现役军人。

对招录聘用的文职人员，根据军队有关规定实行委任制或者聘用制。在司法办案中，聘用制文职人员的认定主要依据其聘用合同。根据 2019 年中央军委办公厅颁布的《军队文职人员聘用合同管理暂行规定》，对实行聘用制的文职人员，自军队批准招录聘用之日起 30 日内，用人单位应当与其订立书面聘用合同。聘用合同文本一式 3 份，分别由用人单位和文职人

---

① 参见蔺春来：《文职人员职责履行中的刑事责任》，载《西安政治学院学报》2007 年第 5 期。

② 参见钱寿根、王继：《军事刑法学》，国防大学出版社 2007 年版。

员各执 1 份，有任免权限单位的政治工作部门存档 1 份。聘用合同期限一般为 3 年至 5 年。司法办案中可以通过调取文职人员聘用合同，在聘期内犯罪的文职人员具有刑法第四百五十条的特定身份，符合军人违反职责罪的身份犯要求。如果在聘期外犯罪，不符合军人违反职责罪的身份犯要求，一般不能认定为其具有刑法第四百五十条的特定身份。

附录：

中华人民共和国刑法修正案（十一）

（2020 年 12 月 26 日第十三届全国人民代表大会常务委员会第二十四次会议通过）

一、将刑法第十七条修改为：“已满十六周岁的人犯罪，应当负刑事责任。

“已满十四周岁不满十六周岁的人，犯故意杀人、故意伤害致人重伤或者死亡、强奸、抢劫、贩卖毒品、放火、爆炸、投放危险物质罪的，应当负刑事责任。

“已满十二周岁不满十四周岁的人，犯故意杀人、故意伤害罪，致人死亡或者以特别残忍手段致人重伤造成严重残疾，情节恶劣，经最高人民检察院核准追诉的，应当负刑事责任。

“对依照前三款规定追究刑事责任的不满十八周岁的人，应当从轻或者减轻处罚。

“因不满十六周岁不予刑事处罚的，责令其父母或者其他监护人加以管教；在必要的时候，依法进行专门矫治教育。”

二、在刑法第一百三十三条之一后增加一条，作为第一百三十三条之二：“对行驶中的公共交通工具的驾驶人员使用暴力或者抢控驾驶操纵装置，干扰公共交通工具正常行驶，危及公共安全的，处一年以下有期徒刑、拘役或者管制，并处或者单处罚金。

“前款规定的驾驶人员在行驶的公共交通工具上擅离职守，与他人互殴或者殴打他人，危及公共安全的，依照前款的规定处罚。

“有前两款行为，同时构成其他犯罪的，依照处罚较重的规定定罪处罚。”

三、将刑法第一百三十四条第二款修改为：“强令他人违章冒险作业，或者明知存在重大事故隐患而不排除，仍冒险组织作业，因而发生重大伤亡事故或者造成其他严重后果的，处五年以下有期徒刑或者拘役；情节特别恶劣的，处五年以上有期徒刑。”

四、在刑法第一百三十四条后增加一条，作为第一百三十四条之一：“在生产、作业中违反有关安全管理的规定，有下列情形之一，具有发生重大伤亡事故或者其他严重后果的现实危险的，处一年以下有期徒刑、拘役或者管制：

“（一）关闭、破坏直接关系生产安全的监控、报警、防护、救生设备、设施，或者篡改、隐瞒、销毁其相关数据、信息的；

“（二）因存在重大事故隐患被依法责令停产停业、停止施工、停止使用有关设备、设施、场所或者立即采取排除危险的整改措施，而拒不执行的；

“（三）涉及安全生产的事项未经依法批准或者许可，擅自从事矿山开采、金属冶炼、建筑施工，以及危险物品生产、经营、储存等高度危险的生产作业活动的。”

五、将刑法第一百四十一条修改为：“生产、销售假药的，处三年以下有期徒刑或者拘役，并处罚金；对人体健康造成严重危害或者有其他严重情节的，处三年以上十年以下有期徒刑，并处罚金；致人死亡或者有其他特别严重情节的，处十年以上有期徒刑、无期徒刑或者死刑，并处罚金或者没收财产。

“药品使用单位的人员明知是假药而提供给他人使用的，依照前款的规定处罚。”

六、将刑法第一百四十二条修改为：“生产、销售劣药，对人体健康造成严重危害的，处三年以上十年以下有期徒刑，并处罚金；后果特别严重的，处十年以上有期徒刑或者无期徒刑，并处罚金或者没收财产。

“药品使用单位的人员明知是劣药而提供给他人使用的，依照前款的规定处罚。”

七、在刑法第一百四十二条后增加一条，作为第一百四十二条之一：“违反药品管理法规，有下列情形之一，足以严重危害人体健康的，处三年以下有期徒刑或者拘役，并处或者单处罚金；对人体健康造成严重危害或者有其他严重情节的，处三年以上七年以下有期徒刑，并处罚金：

“（一）生产、销售国务院药品监督管理部门禁止使用的药品的；

“（二）未取得药品相关批准证明文件生产、进口药品或者明知是上述药品而销售的；

“（三）药品申请注册中提供虚假的证明、数据、资料、样品或者采取其他欺骗手段的；

“（四）编造生产、检验记录的。

“有前款行为，同时又构成本法第一百四十一条、第一百四十二条规定之罪或者其他犯罪的，依照处罚较重的规定定罪处罚。”

八、将刑法第一百六十条修改为：“在招股说明书、认股书、公司、企业债券募集办法等发行文件中隐瞒重要事实或者编造重大虚假内容，发行股票或者公司、企业债券、存托凭证或者国务院依法认定的其他证券，数额巨大、后果严重或者有其他严重情节的，处五年以下有期徒刑或者拘役，并处或者单处罚金；数额特别巨大、后果特别严重或者有其他特别严重情节的，处五年以上有期徒刑，并处罚金。

“控股股东、实际控制人组织、指使实施前款行为的，处五年以下有期徒刑或者拘役，并处或者单处非法募集资金金额百分之二十以上一倍以下罚金；数额特别巨大、后果特别严重或者有其他特别严重情节的，处五年以上有期徒刑，并处非法募集资金金额百分之二十以上一倍以下罚金。

“单位犯前两款罪的，对单位判处非法募集资金金额百分之二十以上一倍以下罚金，并对其直接负责的主管人员和其他直接责任人员，依照第一款的规定处罚。”

九、将刑法第一百六十一条修改为：“依法负有信息披露义务的公司、企业向股东和社会公众提供虚假的或者隐瞒重要事实的财务会计报告，或者对依法应当披露的其他重要信息不按照规定披露，严重损害股东或者其他人利益，或者有其他严重情节的，对其直接负责的主管人员和其他直接责任人员，处五年以下有期徒刑或者拘役，并处或者单处罚金；情节特别严重的，处五年以上十年以下有期徒刑，并处罚金。

“前款规定的公司、企业的控股股东、实际控制人实施或者组织、指使实施前款行为的，或者隐瞒相关事项导致前款规定的情形发生的，依照前款的规定处罚。

“犯前款罪的控股股东、实际控制人是单位的，对单位判处罚金，并对其直接负责的主管人员和其他直接责任人员，依照第一款的规定处罚。”

十、将刑法第一百六十三条第一款修改为：“公司、企业或者其他单位的工作人员，利用职务上的便利，索取他人财物或者非法收受他人财物，为他人谋取利益，数额较大的，处三年以下有期徒刑或者拘役，并处罚金；数额巨大或者有其他严重情节的，处三年以上十年以下有期徒刑，并处罚金；数额特别巨大或者有其他特别严重情节的，处十年以上有期徒刑或者无期徒刑，并处罚金。”

十一、将刑法第一百七十五条之一第一款修改为：“以欺骗手段取得银行或者其他金融机构贷款、票据承兑、信用证、保函等，给银行或者其他金融机构造成重大损失的，处三年以下有期徒刑或者拘役，并处或者单处罚金；给银行或者其他金融机构造成特别重大损失或者有其他特别严重情节的，处三年以上七年以下有期徒刑，并处罚金。”

十二、将刑法第一百七十六条修改为：“非法吸收公众存款或者变相吸收公众存款，扰乱金融秩序的，处三年以下有期徒刑或者拘役，并处或者单处罚金；数额巨大或者有其他严重情节的，处三年以上十年以下有期徒刑，并处罚金；数额特别巨大或者有其他特别严重情节的，处十年以上有期徒刑，并处罚金。

“单位犯前款罪的，对单位判处罚金，并对其直接负责的主管人员和其他直接责任人员，依照前款的规定处罚。

“有前两款行为，在提起公诉前积极退赃退赔，减少损害结果发生的，可以从轻或者减轻处罚。”

十三、将刑法第一百八十二条第一款修改为：“有下列情形之一，操纵证券、期货市场，影响证券、期货交易价格或者证券、期货交易量，情节严重的，处五年以下有期徒刑或者拘役，并处或者单处罚金；情节特别严重的，处五年以上十年以下有期徒刑，并处罚金：

“（一）单独或者合谋，集中资金优势、持股或者持仓优势或者利用信息优势联合或者连续买卖的；

“（二）与他人串通，以事先约定的时间、价格和方式相互进行证券、期货交易的；

“（三）在自己实际控制的帐户之间进行证券交易，或者以自己为交易对象，自买自卖期货合约的；

“（四）不以成交为目的，频繁或者大量申报买入、卖出证券、期货合约并撤销申报的；

“（五）利用虚假或者不确定的重大信息，诱导投资者进行证券、期货交易的；

“（六）对证券、证券发行人、期货交易标的公开作出评价、预测或者投资建议，同时进行反向证券交易或者相关期货交易的；

“（七）以其他方法操纵证券、期货市场的。”

十四、将刑法第一百九十一条修改为：“为掩饰、隐瞒毒品犯罪、黑社会性质的组织犯罪、恐怖活动犯罪、走私犯罪、贪污贿赂犯罪、破坏金融管理秩序犯罪、金融诈骗犯罪的所得及其产生的收益的来源和性质，有下列行为之一的，没收实施以上犯罪的所得及其产生的收益，处五年以下有期徒刑或者拘役，并处或者单处罚金；情节严重的，处五年以上十年以下有期徒刑，并处罚金：

“（一）提供资金帐户的；

“（二）将财产转换为现金、金融票据、有价证券的；

“（三）通过转帐或者其他支付结算方式转移资金的；

“（四）跨境转移资产的；

“（五）以其他方法掩饰、隐瞒犯罪所得及其收益的来源和性质的。

“单位犯前款罪的，对单位判处罚金，并对其直接负责的主管人员和其他直接责任人员，依照前款的规定处罚。”

十五、将刑法第一百九十二条修改为：“以非法占有为目的，使用诈骗方法非法集资，数额较大的，处三年以上七年以下有期徒刑，并处罚金；数额巨大或者有其他严重情节的，处七年以上有期徒刑或者无期徒刑，并处罚金或者没收财产。

“单位犯前款罪的，对单位判处罚金，并对其直接负责的主管人员和其他直接责任人员，依照前款的规定处罚。”

十六、将刑法第二百条修改为：“单位犯本节第一百九十四条、第一百九十五条规定之罪的，对单位判处罚金，并对其直接负责的主管人员和其他直接责任人员，处五年以下有期徒刑或者拘役，可以并处罚金；数额巨大或者有其他严重情节的，处五年以上十年以下有期徒刑，并处罚金；数额特别巨大或者有其他特别严重情节的，处十年以上有期徒刑或者无期徒刑，并处罚金。”

十七、将刑法第二百一十三条修改为：“未经注册商标所有人许可，在同一种商品、服务上使用与其注册商标相同的商标，情节严重的，处三年以下有期徒刑，并处或者单处罚金；情节特别严重的，处三年以上十年以下有期徒刑，并处罚金。”

十八、将刑法第二百一十四条修改为：“销售明知是假冒注册商标的商品，违法所得数额较大或者有其他严重情节的，处三年以下有期徒刑，并处或者单处罚金；违法所得数额巨大或者有其他特别严重情节的，处三年以上十年以下有期徒刑，并处罚金。”

十九、将刑法第二百一十五条修改为：“伪造、擅自制造他人注册商标标识或者销售伪造、擅自制造的注册商标标识，情节严重的，处三年以下有期徒刑，并处或者单处罚金；情节特别严重的，处三年以上十年以下有期徒刑，并处罚金。”

二十、将刑法第二百一十七条修改为：“以营利为目的，有下列侵犯著作权或者与著作权有关的权利的情形之一，违法所得数额较大或者有其他严重情节的，处三年以下有期徒刑，并处或者单处罚金；违法所得数额巨大或者有其他特别严重情节的，处三年以上十年以下有期徒刑，并处罚金：

“（一）未经著作权人许可，复制发行、通过信息网络向公众传播其文字作品、音乐、美术、视听作品、计算机软件及法律、行政法规规定的其他作品的；

“（二）出版他人享有专有出版权的图书的；

“（三）未经录音录像制作者许可，复制发行、通过信息网络向公众传播其制作的录音录像的；

“（四）未经表演者许可，复制发行录有其表演的录音录像制品，或者通过信息网络向公众传播其表演的；

“（五）制作、出售假冒他人署名的美术作品的；

“（六）未经著作权人或者与著作权有关的权利人许可，故意避开或者破坏权利人为其作品、录音录像制品等采取的保护著作权或者与著作权有关的权利的技术措施的。”

二十一、将刑法第二百一十八条修改为：“以营利为目的，销售明知是本法第二百一十七条规定的侵权复制品，违法所得数额巨大或者有其他严重情节的，处五年以下有期徒刑，并处或者单处罚金。”

二十二、将刑法第二百一十九条修改为：“有下列侵犯商业秘密行为之一，情节严重的，处三年以下有期徒刑，并处或者单处罚金；情节特别严重的，处三年以上十年以下有期徒刑，并处罚金：

“（一）以盗窃、贿赂、欺诈、胁迫、电子侵入或者其他不正当手段获取权利人的商业秘密的；

“（二）披露、使用或者允许他人使用以前项手段获取的权利人的商业秘密的；

“（三）违反保密义务或者违反权利人有关保守商业秘密的要求，披露、使用或者允许他人使用其所掌握的商业秘密的。

“明知前款所列行为，获取、披露、使用或者允许他人使用该商业秘密的，以侵犯商业秘密论。

“本条所称权利人，是指商业秘密的所有人和经商业秘密所有人许可的商业秘密使用人。”

二十三、在刑法第二百一十九条后增加一条，作为第二百一十九条之一：“为境外的机构、组织、人员窃取、刺探、收买、非法提供商业秘密的，处五年以下有期徒刑，并处或者单处罚金；情节严重的，处五年以上有期徒刑，并处罚金。”

二十四、将刑法第二百二十条修改为：“单位犯本节第二百一十三条至第二百一十九条之一规定之罪的，对单位判处罚金，并对其直接负责的主管人员和其他直接责任人员，依照本节各该条的规定处罚。”

二十五、将刑法第二百二十九条修改为：“承担资产评估、验资、验证、会计、审计、法律服务、保荐、安全评价、环境影响评价、环境监测等职责的中介组织的人员故意提供虚假证明文件，情节严重的，处五年以下有期徒刑或者拘役，并处罚金；有下列情形之一的，处五年以上十年以下有期徒刑，并处罚金：

“（一）提供与证券发行相关的虚假的资产评估、会计、审计、法律服务、保荐等证明文件，情节特别严重的；

“（二）提供与重大资产交易相关的虚假的资产评估、会计、审计等证明文件，情节特别严重的；

“（三）在涉及公共安全的重大工程、项目中提供虚假的安全评价、环境影响评价等证明文件，致使公共财产、国家和人民利益遭受特别重大损失的。

“有前款行为，同时索取他人财物或者非法收受他人财物构成犯罪的，依照处罚较重的规定定罪处罚。

“第一款规定的人员，严重不负责任，出具的证明文件有重大失实，造成严重后果的，处三年以下有期徒刑或者拘役，并处或者单处罚金。”

二十六、将刑法第二百三十六条修改为：“以暴力、胁迫或者其他手段强奸妇女的，处三年以上十年以下有期徒刑。

“奸淫不满十四周岁的幼女的，以强奸论，从重处罚。

“强奸妇女、奸淫幼女，有下列情形之一的，处十年以上有期徒刑、无期徒刑或者死刑：

“（一）强奸妇女、奸淫幼女情节恶劣的；

“（二）强奸妇女、奸淫幼女多人的；

“（三）在公共场所当众强奸妇女、奸淫幼女的；

“（四）二人以上轮奸的；

“（五）奸淫不满十周岁的幼女或者造成幼女伤害的；

“（六）致使被害人重伤、死亡或者造成其他严重后果的。”

二十七、在刑法第二百三十六条后增加一条，作为第二百三十六条之一：“对已满十四周岁不满十六周岁的未成年女性负有监护、收养、看护、教育、医疗等特殊职责的人员，与该未成年女性发生性关系的，处三年以下有期徒刑；情节恶劣的，处三年以上十年以下有期徒刑。

“有前款行为，同时又构成本法第二百三十六条规定之罪的，依照处罚较重的规定定罪处罚。”

二十八、将刑法第二百三十七条第三款修改为："猥亵儿童的，处五年以下有期徒刑；有下列情形之一的，处五年以上有期徒刑：

"（一）猥亵儿童多人或者多次的；

"（二）聚众猥亵儿童的，或者在公共场所当众猥亵儿童，情节恶劣的；

"（三）造成儿童伤害或者其他严重后果的；

"（四）猥亵手段恶劣或者有其他恶劣情节的。"

二十九、将刑法第二百七十一条第一款修改为："公司、企业或者其他单位的工作人员，利用职务上的便利，将本单位财物非法占为己有，数额较大的，处三年以下有期徒刑或者拘役，并处罚金；数额巨大的，处三年以上十年以下有期徒刑，并处罚金；数额特别巨大的，处十年以上有期徒刑或者无期徒刑，并处罚金。"

三十、将刑法第二百七十二条修改为："公司、企业或者其他单位的工作人员，利用职务上的便利，挪用本单位资金归个人使用或者借贷给他人，数额较大、超过三个月未还的，或者虽未超过三个月，但数额较大、进行营利活动的，或者进行非法活动的，处三年以下有期徒刑或者拘役；挪用本单位资金数额巨大的，处三年以上七年以下有期徒刑；数额特别巨大的，处七年以上有期徒刑。

"国有公司、企业或者其他国有单位中从事公务的人员和国有公司、企业或者其他国有单位委派到非国有公司、企业以及其他单位从事公务的人员有前款行为的，依照本法第三百八十四条的规定定罪处罚。

"有第一款行为，在提起公诉前将挪用的资金退还的，可以从轻或者减轻处罚。其中，犯罪较轻的，可以减轻或者免除处罚。"

三十一、将刑法第二百七十七条第五款修改为："暴力袭击正在依法执行职务的人民警察的，处三年以下有期徒刑、拘役或者管制；使用枪支、管制刀具，或者以驾驶机动车撞击等手段，严重危及其人身安全的，处三年以上七年以下有期徒刑。"

三十二、在刑法第二百八十条之一后增加一条，作为第二百八十条之二："盗用、冒用他人身份，顶替他人取得的高等学历教育入学资格、公务员录用资格、就业安置待遇的，处三年以下有期徒刑、拘役或者管制，并处罚金。

"组织、指使他人实施前款行为的，依照前款的规定从重处罚。

"国家工作人员有前两款行为，又构成其他犯罪的，依照数罪并罚的规定处罚。"

三十三、在刑法第二百九十一条之一后增加一条，作为第二百九十一条之二："从建筑物或者其他高空抛掷物品，情节严重的，处一年以下有期徒刑、拘役或者管制，并处或者单处罚金。

"有前款行为，同时构成其他犯罪的，依照处罚较重的规定定罪处罚。"

三十四、在刑法第二百九十三条后增加一条，作为第二百九十三条之一："有下列情形之一，催收高利放贷等产生的非法债务，情节严重的，处三年以下有期徒刑、拘役或者管制，并处或者单处罚金：

"（一）使用暴力、胁迫方法的；

"（二）限制他人人身自由或者侵入他人住宅的；

"（三）恐吓、跟踪、骚扰他人的。"

三十五、在刑法第二百九十九条后增加一条，作为第二百九十九条之一："侮辱、诽谤或者以其他方式侵害英雄烈士的名誉、荣誉，损害社会公共利益，情节严重的，处三年以下有期徒刑、拘役、管制或者剥夺政治权利。"

三十六、将刑法第三百零三条修改为："以营利为目的，聚众赌博或者以赌博为业的，处三年以下有期徒刑、拘役或者管制，并处罚金。

"开设赌场的，处五年以下有期徒刑、拘役或者管制，并处罚金；情节严重的，处五年以上十年以下有期徒刑，并处罚金。

"组织中华人民共和国公民参与国（境）外赌博，数额巨大或者有其他严重情节的，依照前款的规定处罚。"

三十七、将刑法第三百三十条第一款修改为："违反传染病防治法的规定，有下列情形之一，引起甲类传染病以及依法确定采取甲类传染病预防、控制措施的传染病传播或者有传播严重危险的，处三年以下有期徒刑或者拘役；后果特别严重的，处三年以上七年以下有期徒刑：

"（一）供水单位供应的饮用水不符合国家规定的卫生标准的；

"（二）拒绝按照疾病预防控制机构提出的卫生要求，对传染病病原体污染的污水、污物、场所和物品进行消毒处理的；

"（三）准许或者纵容传染病病人、病原携带者和疑似传染病病人从事国务院卫生行政部门规定禁止从事的易使该传染病扩散的工作的；

"（四）出售、运输疫区中被传染病病原体污染或者可能被传染病病原体污染的物品，未进行消毒处理的；

"（五）拒绝执行县级以上人民政府、疾病预防控制机构依照传染病防治法提出的预防、控制措施的。"

三十八、在刑法第三百三十四条后增加一条，作为第三百三十四条之一："违反国家有关规定，非法采集我国人类遗传资源或者非法运送、邮寄、携带我国人类遗传资源材料出境，危害公众健康或者社会公共利益，情节严重的，处三年以下有期徒刑、拘役或者管制，并处或者单处罚金；情节特别严重的，处三年以上七年以下有期徒刑，并处罚金。"

三十九、在刑法第三百三十六条后增加一条，作为第三百三十六条之一："将基因编辑、克隆的人类胚胎植入人体或者动物体内，或者将基因编辑、克隆的动物胚胎植入人体内，情节严重的，处三年以下有期徒刑或者拘役，并处罚金；情节特别严重的，处三年以上七年以下有期徒刑，并处罚金。"

四十、将刑法第三百三十八条修改为："违反国家规定，排放、倾倒或者处置有放射性的废物、含传染病病原体的废物、有毒物质或者其他有害物质，严重污染环境的，处三年以下有期徒刑或者拘役，并处或者单处罚金；情节严重的，处三年以上七年以下有期徒刑，并处罚金；有下列情形之一的，处七年以上有期徒刑，并处罚金：

"（一）在饮用水水源保护区、自然保护地核心保护区等依法确定的重点保护区域排放、倾倒、处置有放射性的废物、含传染病病原体的废物、有毒物质，情节特别严重的；

"（二）向国家确定的重要江河、湖泊水域排放、倾倒、处置有放射性的废物、含传染病病原体的废物、有毒物质，情节特别严重的；

"（三）致使大量永久基本农田基本功能丧失或者遭受永久性破坏的；

"（四）致使多人重伤、严重疾病，或者致人严重残疾、死亡的。

"有前款行为，同时构成其他犯罪的，依照处罚较重的规定定罪处罚。"

四十一、在刑法第三百四十一条中增加一款作为第三款："违反野生动物保护管理法规，以食用为目的非法猎捕、收购、运输、出售第一款规定以外的在野外环境自然生长繁殖的陆生野生动物，情节严重的，依照前款的规定处罚。"

四十二、在刑法第三百四十二条后增加一条，作为第三百四十二条之一："违反自然保护地管理法规，在国家公园、国家级自然保护区进行开垦、开发活动或者修建建筑物，造成严重后果或者有其他恶劣情节的，处五年以下有期徒刑或者拘役，并处或者单处罚金。

"有前款行为，同时构成其他犯罪的，依照处罚较重的规定定罪处罚。"

四十三、在刑法第三百四十四条后增加一条，作为第三百四十四条之一："违反国家规定，非法引进、释放或者丢弃外来入侵物种，情节严重的，处三年以下有期徒刑或者拘役，并处或者单处罚金。"

四十四、在刑法第三百五十五条后增加一条，作为第三百五十五条之一："引诱、教唆、欺骗运动员使用兴奋剂参加国内、国际重大体育竞赛，或者明知运动员参加上述竞赛而向其提供兴奋剂，情节严重的，处三年以下有期徒刑或者拘役，并处罚金。

"组织、强迫运动员使用兴奋剂参加国内、国际重大体育竞赛的，依照前款的规定从重处罚。"

四十五、将刑法第四百零八条之一第一款修改为："负有食品药品安全监督管理职责的国家机关工作人员，滥用职权或者玩忽职守，有下列情形之一，造成严重后果或者有其他严重情节的，处五年以下有期徒刑或者拘役；造成特别严重后果或者有其他特别严重情节的，处五年以上十年以下有期徒刑：

"（一）瞒报、谎报食品安全事故、药品安全事件的；

"（二）对发现的严重食品药品安全违法行为未按规定查处的；

"（三）在药品和特殊食品审批审评过程中，对不符合条件的申请准予许可的；

"（四）依法应当移交司法机关追究刑事责任不移交的；

"（五）有其他滥用职权或者玩忽职守行为的。"

四十六、将刑法第四百三十一条第二款修改为："为境外的机构、组织、人员窃取、刺探、收买、非法提供军事秘密的，处五年以上十年以下有期徒刑；情节严重的，处十年以上有期徒刑、无期徒刑或者死刑。"

四十七、将刑法第四百五十条修改为："本章适用于中国人民解放军的现役军官、文职干部、士兵及具有军籍的学员和中国人民武装警察部队的现役警官、文职干部、士兵及具有军籍的学员以及文职人员、执行军事任务的预备役人员和其他人员。"

四十八、本修正案自 2021 年 3 月 1 日起施行。

本书作者分工

主　编：劳东燕

副主编：蓝学友　喻浩东

撰稿人（以撰写内容为序）：

姚航　清华大学法学院2020级博士生（第一条至第四条、第三十七条）

喻浩东　上海交通大学凯原法学院助理教授（博士后）（第五条至第七条、第二十八条、第四十五条）

杜鲁帅　清华大学法学院2019级博士生（第八条、第九条、第十三条、第二十五条、第四十四条）

梁译如　清华大学法学院2018级博士生（第十条、第二十九条、第三十条）

蓝学友　清华大学法学院2018级博士生（第十一条、第十二条、第十五条、第十六条、第三十一条）

李昱　清华大学法学院2021级博士生（第十四条、第三十二条至第三十四条、第三十六条）

陶秋林　清华大学法学院2019级博士生（第十七条至第十九条、第二十二条至第二十四条）

劳东燕　清华大学法学院教授，博士生导师（第二十条、第二十一条、第二十六条、第二十七条）

金鸿浩　国家检察官学院讲师，清华大学法学院博士后（第三十五条、第四十六条、第四十七条）

王广利　清华大学法学院2020级博士生（第三十八条至第四十三条）

图书在版编目（CIP）数据

刑法修正案（十一）条文要义：修正提示、适用指南与案例解读／劳东燕主编．—北京：中国法制出版社，2021.6

ISBN 978－7－5216－1631－6

Ⅰ．①刑…　Ⅱ．①劳…　Ⅲ．①刑法－法律解释－中国②刑法－法律适用－中国　Ⅳ．①D924.05

中国版本图书馆CIP数据核字（2021）第021261号

策划编辑　王熹（wx2015hi@sina.com）

责任编辑　王熹　　　　封面设计　蒋怡　杨泽江

刑法修正案（十一）条文要义：修正提示、适用指南与案例解读

XINGFA XIUZHENGAN（SHIYI）TIAOWEN YAOYI：XIUZHENG TISHI、SHIYONG ZHINAN YU ANLI JIEDU

主编/劳东燕

经销/新华书店

印刷/三河市紫恒印装有限公司

开本/730毫米×1030毫米　16开　　　　印张／22.5　字数／338千

版次/2021年6月第1版　　　　2021年6月第1次印刷

中国法制出版社出版

书号 ISBN 978－7－5216－1631－6　　　　定价：76.00元

北京西单横二条2号

邮政编码 100031　　　　传真：010－66031119

网址：http：//www.zgfzs.com　　　　**编辑部电话：010－66010493**

市场营销部电话：010－66033393　　　　**邮购部电话：010－66033288**

（如有印装质量问题，请与本社印务部联系调换。电话：010－66032926）